当代法国史学研究新趋势

新趋势

史学研究

沈坚 乐启良 主编

浙江大学出版社
ZHEJIANG UNIVERSITY PRESS

编者说明

在某种意义上，在第二次世界大战结束后的"辉煌三十年"里，法国学者引领着西方史学发展的潮流，阿尔贝·索布尔的法国革命史学研究和拉布鲁斯的社会经济史研究享誉世界，年鉴学派更可谓执世界史学之牛耳。然而，随着石油危机的爆发、苏东欧社会主义阵营的解体以及革命激进主义的退潮，法国史学似乎也陷入了某种危机之中。弗朗索瓦·多斯发出警告，曾经令人钦羡的法国史学正面临着日趋严重的"碎片化"危险。《年鉴》杂志毫不避讳史学危机存在的事实，它在1988年呼吁人们为反思和革新法国史学展开深入的讨论。

在诊断法国史学危机，建构未来史学的可能形式方面，法国历史学家们可谓是"八仙过海，各显神通"。经过他们的集体努力，当代法国史学并没有随着年鉴学派的式微而消沉，而是出现了"百家争鸣、百花齐放"的新局面。曾经被年鉴学派鄙夷的政治史卷土重来，恢复了昔日的荣耀与尊严，政治精英和知识分子更是成为史家笔下的宠儿；曾经被视为社会经济附属物的文化现象获得了自主性，文化史、书籍史、宗教史蒸蒸日上；曾经被无产阶级范畴涵盖的弱势群体，如乞丐、流民、罪犯、移民尤其是女性等边缘群体，开始拥有自己的历史学家和学术期刊。除此之外，记忆史、环境史、企业史、身体史、情感史、全球史、公众史学等新流派如雨后春笋般涌现，它们在年鉴学派坍塌的瓦砾之下茁壮成长。

对于 20 世纪 70 年代末以来出版的法国史学精品，中国学界做过的翻译即便没有汗牛充栋，也蔚然可观。饶是如此，中国读者对于后年鉴时代法国史学发展的总体趋势，未必会有一个明晰的把握。实际上，对于当代法国许多史学流派及其提出的新方法、新领域和新观点，中国法国史工作者写了不少精细的研究论文，也对若干法国知名学者做过深入的专访。但令人遗憾的是，这些论文和访谈散落在各个学术期刊之中。这一次，中国法国史研究会将它们汇编成册，以便向国内学界呈现当代法国史研究的新趋势。

本书总共收录近十年以来中国法国史研究者发表的 17 篇论文和 3 篇法国知名历史学家的访谈，涉及的领域包括历史哲学、政治史、社会史、书籍史、记忆史、身体史、情感史、气候史、环境史、企业史、全球史等，较为全面地呈现了 20 世纪 80 年代以来法国史学研究的总体特征。要而言之，当代法国史学发展的基本趋势大致表现为四点：

第一，反思科学史学的局限性，捍卫历史学的自主性。

自从 19 世纪中叶以后，一代又一代的法国史学家不断地从地理学、经济学、哲学、社会学、统计学等学科汲取有益的概念、工具与方法，不遗余力地推动法国的科学化。在布罗代尔和拉布鲁斯等人的影响下，长时段、计量化和系列化成为"辉煌三十年"期间法国史学的鲜明特征。20 世纪 70 年代末以后，科学史学的局限日渐凸显，甚至历史的客观性也受到"语言学转向"和各种后现代主义的质疑。在法国史学界，鲜有人赞成这种从根本上否定了历史学之自主性的立场。但绝大多数的法国史学家都认为，人们应当在历史的阐释和编纂方面改弦更张。保罗·利科强调"重新把人拉回历史研究领域"、注重历史研究的主观性、倡导叙事的回归并呼吁重新思考历史学家的社会责任感等主张，在法国历史学家群体中引起了强烈的共鸣。米歇尔·伏维尔、莫娜·奥祖夫和安托万·里勒蒂的访谈在不同程度上体现了当代法国历史学家共同体革新史学的心路历程及其取得的重要成就。

第二，结构主义不再流行，微观研究大行其道。

在战后法国风靡一时的各种结构主义思潮陷于沉寂，年鉴学派倡导的"长时段"和"中时段"鲜有人实践。勒华拉杜里呕心沥血建构的气候史虽然令人叹为观止，但它产生的反响远不能和其《蒙塔尤》相提并论，后者通常被奉为微观史研究的圭臬。相比于把气候、地理、土地置于首要位置的年鉴学派，新一代的历史学家更关心和现代人的命运息息相关的微观世界，研究城市史和企业史的队伍不断壮大。与此同时，"民族""阶级""种族""社会""启蒙"曾经被视为不证自明的概念，而如今的法国历史学家纷纷从埃利亚斯、福柯和布尔迪厄等人的著作里寻找灵感，探讨权力、市场和知识在这些概念及其代表的历史现象形成过程当中发挥的作用。努瓦利耶的社会历史学和罗杰·夏蒂埃的书籍史研究无疑是新时代跨学科研究的典范。此外，民族国家神话的除魅也使法国历史学家走向了跨国史和全球史。

第三，革命话语日趋衰落，而民主话语深入人心。

随着斯大林体制的日趋僵化引起了越来越多人的嫌恶，法国许多左翼历史学家逐渐向右偏转，不再相信革命的弥赛亚主义，最终接受并认同自由的民主政制。弗朗索瓦·孚雷在1978年出版的《思考法国大革命》里喊出了"法国大革命已经终结"的口号，淋漓尽致地体现了法国知识分子回归民主的共同心声。孚雷及其追随者莫娜·奥祖夫、皮埃尔·罗桑瓦隆、皮埃尔·马南、马塞尔·戈歇等人致力于诊断革命狂热病，重新审视法国的自由主义思想家及其政治方案，建构了令人瞩目的政治概念史。勒内·雷蒙及其同僚尽管没有经历过"孚雷们"的心理阵痛，但他们追随雷蒙·

阿隆的脚步，矢志不渝地推动政治史的革新，在政治制度、政治文化、知识分子史和思想史等领域内长期耕耘。

第四，宏大叙事趋于解体，主观的体验占据上风。

由于革命弥赛亚主义的消亡，未来的光环变得黯淡无光，而往昔的岁月只能成为追忆，唯有当下才是触手可及的真实存在，唯有个人的利益、情感和欲望才最值得追求。于是，阿赫托戈所言的"当下主义"（présentatisme，或译"现时主义"）成为支配当代法国人的时间体制。历史和记忆的鸿沟渐趋模糊，记忆势不可挡地闯入了历史的王国，皮埃尔·诺拉的里程碑著作《记忆之场》在世界范围内掀起了记忆史研究的热潮，至今方兴未艾。口述史和公众史学也登堂入室，成为炙手可热的显学。每个地区、每个族群、每个个体都在用各自的方式记录自己的历史，唯恐自身记忆的"不在场"会造成自我身份的迷失。同时，人们对个体世界的省察远甚于对外在世界的关怀，身体和情感进入了法国历史学家的视野。

中国的法国史研究者在此只是呈现了当代法国史学发展的基本轮廓及其主要趋势，而没有把所有流派、名家与佳作尽收其中。在未来，我们将继续努力，在做好各自研究的同时，一如既往地向国内学界译介法国史学发展的新领域、新方法、新观点和新成果。最后，感谢各位作者的供稿，也要特别感谢李宏图、姜南、张智和罗宇维等多位老师的热心。没有他们的鼎力支持，本书不可能面世。

目　录

社会史的新生

政治史的复兴

时间和记忆

情感与身体

历史的阐释与编纂

保罗·利科的研究取向与科学
的历史阐释学的建构①

浙江大学历史系　吕一民

　　如同公共阐释需要有历史之维，历史阐释亦应尽量直面公众普遍关注的重要问题，并在可能的范围里让自身具有更多的"公共性"，唯其如此，史学研究才能在更为广泛的领域里发挥好自己的社会功能。进一步深入探究阐释学与历史学的关系，无论是对让公共阐释学更好地具有其必不可少的历史之维，还是对建构科学的历史阐释学，均具有不容低估的必要性。有鉴于此，史学工作者不妨从一定的理论自觉出发，有意识地关注阐释学的研究方法与成果，并从中获取对历史阐释有所助益的内容。毋庸讳言，人们在谈及阐释学时，每每会不无道理地把目光主要投向德国的海德格尔、伽达默尔等人。不过，笔者以为，在这一过程中，似乎也很有必要适当关注法国的阐释学以及像保罗·利科（Paul Ricoeur）这样具有代表性的法国学者，特别是对于阐释学和历史学之间的关系而言，尤当如此。

保罗·利科：颇受法国史学家重视的阐释学大师

　　法国学界有一个颇有意思的现象，那就是虽然近现代法国涌

①　本文发表于《历史研究》2018 年第 1 期，第 14—20 页。

现出许多极为出色的哲学家出身的思想家，但因为法国是一个史学高度发达的国度，史学发展态势颇佳，且一直在整个法国学界乃至世界学界范围内有着很高的地位，故历史学家们对哲学家出身的思想家们的一些观点，特别是后者就历史研究发表的一些观点往往不以为然。

在这一点上，年鉴学派的两大开创者之一吕西安·费弗尔可谓一个突出的例子。他在法兰西公学所做的首场讲座中宣称，历史学家"不太需要哲学"。为此，费弗尔还特意援引夏尔·佩居伊在《论现代历史学与社会学中的既成处境》一文里"揶揄"历史学家的言辞来支持自己的观点："历史学家在研究历史时通常不考虑历史学的局限与条件，他们这样做也许有其道理，还是各司其职为好；一般而言，历史学家在开始研究历史时最好不要那么好高骛远，否则，他将永远一事无成！"[1] 即便如米歇尔·福柯这样不仅是极为深刻的哲学家出身的思想家，甚至也可说是半路出家的历史学家——福柯曾执掌过法兰西公学的思想体系史讲席，在法国实际上也并不太受绝大多数历史学家待见。[2]

不过，就 20 世纪而言，如果人们意欲找出一位对当代法国史学影响最大的哲学家出身的思想家的话，那么，此人当非保罗·利科莫属。众所周知，利科是位声名隆隆的当代法国思想家，虽然他主要是一位哲学家，但其著述涉及面很广，包括宗教神学、文学批评、语言学、修辞学、心理分析、法律研究、政治学和历史学等在内的许多领域。而且更难能可贵的是，只要是他所写的东西，都能得到相关学科的高度重视。人们普遍认为，在当代法国思想家当中，就深刻性而言，利科或许难坐第一把交椅，但在思想的广博方面，利科则可谓无出其右。对此，国内曾有有识之士对利科作出如

---

[1]　Antoine Prost, *Douze leçons sur l'histoire,* Paris: Edition du Seuil, 1996，p.2 .

[2]　参见吕一民：《作为历史学家的米歇尔·福柯》，《世界历史》1995 年第 1 期。

下恰如其分的评价："在当代法国哲学的趋势中，利科不是最激进的一个，但却是基础最扎实、最为博学慎思的一个。"①

作为哲学家的利科首先是一位享誉国际学界的阐释学大师。诚如一些长期从事当代西方哲学研究的学者普遍认为的那样，他在这一领域中最大的功绩是博采众长，批判借鉴，将阐释学传统与现象学、存在主义等进行嫁接、改造后，提出了一些具有原创性的理论观点和学说。2005 年 5 月 20 日，92 岁高龄的利科撒手人寰，法国的不少著名报刊以整版篇幅介绍其生平和成就，并将其誉为二战后法国人文和社会科学领域最重要的思想家之一。时任总理拉法兰还发表声明："我们失去的不仅是一位哲学家，整个法国都在为失去这样一位人文传统的卓越阐释者而悲悼。"②

如前所述，著作等身的利科也有不少著述与历史学或曰历史研究的关系极为密切，而且对当代法国史学有过不容低估的影响。笔者以为，这类著作中特别值得我们关注的主要有：《历史与真理》《记忆、历史与遗忘》《法国史学对史学理论的贡献》，以及《时间与叙事》（3 卷本）等。

关于利科以阐释学为主的研究及其成果对当代法国史学的具体影响，因篇幅所限，暂无法在此加以详细的梳理和展开。但法国著名史学家安托万·普罗斯特所写的在法国历史学界影响深远的《历史学十二讲》，以及由德拉克鲁瓦等人撰写、在法国一版再版的法国史学史名著《19、20 世纪法国史学思潮》都有相当的篇幅提及利科的相关观点及其产生的影响，就是例证。在《历史学十二讲》当中，安托万·普罗斯特如是写道："如果时间有限，那么在哲

---

① 参见叶秀山：《利科的魅力》，杜小真编：《利科北大讲演录》，北京：北京大学出版社，2000 年，第 109—113 页。

② 参见保罗·利科：《爱与公正》译序，韩梅译，上海：华东师范大学出版社，2016 年，第 5-6 页。

学家中，最好读读保罗·利科的《时间与叙事》。这三卷书有点难度，但却激动人心，利科下了大功夫认真地阅读历史学家的作品，他的话因此更具有说服力。"①。而在《19、20世纪法国史学思潮》一书当中，作者指出：利科和《论历史知识》一书的作者亨利—伊雷内·马鲁一样，很早就出现在历史学家的"工地"上，以便证明历史学家的"工地"究竟在何种程度上处在了其研究对象的必要的客观性与他自身的主观性之间的紧张状态之中。支配着历史学家的技艺的规则支持了他的论证，况且这一论证主要是以马克·布洛赫就此提出的定义作为支撑物的。②此外，利科的《记忆、历史、遗忘》出版之际，更是得到不少法国史学家的高度重视，以《记忆之场》等佳作享誉史坛的皮埃尔·诺拉创办的法国著名思想刊物《争鸣》杂志，甚至开设专栏围绕《记忆、历史、遗忘》进行讨论，相关文章的撰稿者多为当时的史学名家。

不过，在肯定和凸显利科的研究对于历史研究的重要性方面，最为活跃者当推《碎片化的历史学——从〈年鉴〉到新史学》一书的作者——在当代法国乃至西方史坛广受关注的法国史学家弗朗索瓦·多斯。多斯不仅专门写过一本厚达789页、书名叫《保罗·利科：一生的多重意义》的传记，而且还不时在法国著名学术刊物上发表文章，强调面临危机、有待革新的法国史学界极有必要同像利科这样的对关乎历史的许多问题富有研究并充满洞见的哲学家对话。例如，早在1996年，多斯就在《社会学研究手册》中发表题为"保罗·利科和历史书写"或曰"利科如何引发史学革命"的文章，围绕利科的《时间与叙事》一书对相关问题进行探讨并提出类似主张。而在利科的《记忆、历史、遗忘》一书出版之后，他又

---

① Antoine Prost, *Douze leçons sur l'histoire*, pp.309-310.
② 德拉克鲁瓦、多斯、加西亚：《19、20世纪法国史学思潮》，顾杭、吕一民、高毅译，北京：商务印书馆，2016年，第316页。

在法国著名的新锐史学刊物《20世纪》上欢呼道，利科的这一扛鼎之作的出版终于为历史学界与哲学界展开真正的对话提供了良机。多斯甚至还把此文标题定为《历史编纂活动中的"利科时刻"》①。

以上可见，与其他哲学家出身的思想家不同，保罗·利科在20世纪晚期已经得到越来越多的历史学家的关注、认可甚至好感。

保罗·利科的研究取向举要

哲学家出身，尤其以阐释学蜚声学界的保罗·利科之所以得到历史学家的关注、认可甚至好感，一方面固然是因为对时间、记忆、叙事等怀有研究兴趣的利科很早就已出现在历史学家的"工地"上，不仅怀有同历史学家交流、对话的意愿，而且还曾经花费大量的时间与精力认真研读过许多历史学家的著作，遂使历史学家们觉得值得和他一谈，而在之前，法国历史学家们一般不屑于与哲学家对话，甚至将此类对话视为毫无意义的"聋子对话"。而在另一方面，在笔者看来甚至是更为重要的一面，则是20世纪晚期的法国史学在经历巅峰阶段之后日益面临新的局势、问题和挑战，迫切需要反省和变革，而利科的研究特点或曰研究取向以及相关研究成果，无疑让历史学家有望从中得到启迪和借鉴。

在此，笔者不揣浅陋，试从史学研究者的角度出发，梳理利科思想中值得我们关注乃至借鉴的若干研究取向。

一、恪守人文主义传统

利科是一位不折不扣的人文主义者。无论是从他自己写的文字还是别人写的关于他的传记中所提及的一些情况，都说明利科始终是一个对人类怀有大爱的人。人们甚至可以这么说，他的阐

---

① François Dosse, Le moment Ricoeur de l'opération historiographique, *Vingtième siècle, revue d'histoire*, n069,janvier-mars 2001 , pp.137-152 .

释学思想之所以如此广博，主要可归因于他对于人的生存以及人的文化的极度关怀。

换言之，正是因为对人的生存状况和人类命运的极度关注，以及出于对相关问题进行深入研究的需要，促使利科在其学术生涯中不断扩大自己的研究领域，并由此成为涉猎面广博之极的思想家。

同样令人印象深刻的是，利科曾经把历史学家的职责、历史学家的事业存在的理由定为对人性的研究。为此，利科"曾致力于揭露某些历史学家倾向于把人的维度从其学科剥离出来，以便在可以重复的现象中，以及在固定的巨大的结构性底座中，找到更具科学价值的客观化道路"。① 他的这种研究取向和大力倡导"重新把人拉回到历史研究领域"，在一定程度上推进了法国史学从年鉴学派到"新史学"的转变，更加注重对人的研究。

在此，我们不妨以勒华拉杜里为例。众所周知，年鉴学派第二代风头最劲的时候，法国史学在社会科学化方面迈出的步子极大（甚至以社会科学自居）。与此相应，当时的历史学家不仅比较注重长时段和结构之类的研究，而且喜欢以数字化、符号化的东西来反映历史，故此，图表、统计数字之类的内容，充斥法国史学著作。人，特别是具体的活生生的人或群体，在历史著作中占据的位置不是那么突出。当时的勒华拉杜里写了《公元 1000 年以来的气候史》（1967 年出版），人类在此书中既不是研究对象，也不拥有中心或周边地区。气候史在人类身上落下的痕迹可谓"微不足道"。因此，经常有人把此书作为"没有人的历史"的典型来举例。历史学家的研究旨趣随着"重新把人拉回到历史研究领域"的思潮而出现了新变化，及至后来，就连勒华拉杜里本人也把目光投向了普通人的日常生活史，成功撰写并出版了好评如潮的《蒙塔尤》。

---

① 德拉克鲁瓦、多斯、加西亚：《19、20 世纪法国史学思潮》，顾杭、吕一民、高毅译，北京：商务印书馆，2016 年，第 318 页。

二、责任意识或社会责任感

作为一个有信念的哲学家或思想家，利科在责任意识或社会责任感方面的表现也很突出。而且，正是在这种责任意识的驱使下，利科在漫长的学术生涯中始终表现得富有"现实关怀"，他有一本题为《从文本到行动》的论文集，可谓比较集中地反映了他在这方面的看法与追求。此外还值得注意的是，他在晚年还致力于政治哲学和正义理论方面的研究，写下了包括《论正义》在内的一系列相关著作。

不过，笔者以为，对具有现实关怀的历史学家来说，利科在这方面最富有启迪意义并更易引起共鸣的是，他不是只单纯地关怀正在发生的现实社会现象，而是试图进一步更深入地探讨造成这些现实状况的历史原因。他的这一观点主要体现在《历史与真理》一书当中。

概而言之，利科的上述观点与表现，得到许多当代法国历史学家的认同。在一些现当代法国的著名报刊和一些重要历史学家的回忆录中，不少法国历史学家以自己的史学研究及其成果作为"介入社会"的方式或手段，以求推进社会的良性发展，其中有些人曾提及利科的主张及其对他们的影响。

三、在历史研究的主客观问题上有着清醒认识，并具有极为重视"他者"的研究取向

诚然，利科早在 1952 年首次涉及历史研究问题时就已表明自己对历史学家的客观性的不完备有着清醒的认识，[①] 然而，他在肯定历史与叙述不可分离的同时，非常明确地捍卫了历史学的客观性和真实目的。其间，利科对当时法国历史编纂活动中越来越明显的在

---

① Christian Delacoix, François Dosse, Patrick Garcia (dir.), *Paul Ricoeur et les sciences humaines,* Paris, Editions La Découverte, 2007, p.25 .

客观化的境域和主观主义的视野之间进行选择很不以为然，认为这是一种虚假的选择。他明确指出，历史学家的实践，是一种始终处在客观性和主观性的张力之中的实践。[1] 他还强调，历史从属于一种混合的认识论，从属于一种客观性与主观性、解释和理解的相互交错。[2] 他的这些主张，为 20 世纪 90 年代法国史学界出现的新情况，即坚持历史客观真实性的共识的达成，起到一定的影响。[3]

在此还需强调的是，利科在研究过程中极为重视"他者"的取向，他曾写过《作为他者的自身》（或译《作为"他者"的"自我"》），甚至宣称"从自身到自身的最近道路就是通过他者"。正如已有学者指出的那样，利科还强调，自身为了能够发现自己、认识自己和发展自己，就必须永远地超出自己而注意、寻找、发现和理解由"他者"所发出的各种含有意义的信息和信号，必须通过对于尽可能多的"他者"的绕道，同各种各样的他者进行交流、沟通、相互理解和相互转化，然后再返回自身。[4] 可以说，他的这一取向也对当代法国史家产生过一定的影响。

四、重视历史学家的实践特性以及对历史性和叙事性的探讨

在当代法国哲学家出身的思想家当中，利科是少有的潜心研读过大量历史学家的著作，认真思考过历史学家的实践特性，并撰写出版过《法国史学对史学理论的贡献》之类著作的学者。事实上，为了证明历史学家的"工地"究竟在何种程度上处在了其研究对象的必要的客观性和他自身的主观性之间的紧张状态之中，利科不仅很早，而且多次出现在历史学家的"工地"上。也正是凭借这种"亲

---

① 德拉克鲁瓦、多斯、加西亚：《19、20 世纪法国史学思潮》，第 316 页。

② 德拉克鲁瓦、多斯、加西亚：《19、20 世纪法国史学思潮》，第 315 页。

③ 德拉克鲁瓦、多斯、加西亚：《19、20 世纪法国史学思潮》，第 472—475 页。

④ 参见高宣扬：《当代法国思想五十年》（下），北京：中国人民大学出版社，2005 年，第 541 页。

临其境"的经历或曰经验，利科得以就历史研究做出断言，历史学家的实践是一种始终处在客观性和主观性的张力中的实践。需要指出的是，利科还清楚地意识到在历史学家的这种实践当中，其客观性永远不会完整，"而这里的主观性则应是一种具有批判眼光的主观性，它应当通过划分出好的主观性，即'探求中的自我'，与不好的主观性，即'哀怨动人的自我'，抛弃一部分自身的因素。"①

"时间性"堪称是利科长期予以关注和思考的重大问题，在他看来，"人类经验的共同性——它通过叙述行为以各种形式得到标记、阐述和表明——就是它的时间性。凡是我们叙述的都要进入时间，占有时间，是时间性的展开；而且凡是在时间里发生的都是可以叙述的。"② 为此，利科非常重视对这方面的研究，并从 1983 年起以每年一本的进度出版了 3 卷本的《时间与叙事》(1983—1985 年)。此后，他又在被收入《从文本到行动》的长篇文章《论诠释》中对时间性和叙述性的问题展开进一步研究。此外，他还在《诠释学与人文科学》的第十一章《叙事的功能》中对叙事性和历史性等问题展开专门研究。③ 他在这些著述中提出的不少相关观点日益在一些法国历史学家当中产生影响。

五、通过倡导注重叙事来推进法国史学的"叙事的回归"

对当代西方史学有所了解的人都知道，战后一段时间史学的"社会科学化"的势头很猛，特别是在年鉴学派第二代当道的法国史学界更是如此。由此，利科在《时间与叙事》一书中曾回忆道：

---

① 德拉克鲁瓦、多斯、加西亚:《19、20 世纪法国史学思潮》，第 316 页。

② 保罗·利科:《从文本到行动》，夏小燕译，上海: 华东师范大学出版社，2015 年，第 8—9 页。

③ 参见保罗·利科:《诠释学与人文科学: 语言、行为、解释文集》，孔明安、张剑、李西祥译，北京: 中国人民大学出版社，2012 年，第 237—260 页。

在 20 世纪 60 年代，叙事在年鉴派史学中似乎消失了。对这种状况，利科很不以为然，因为在他看来，"历史和叙事的联系是不可能断开的，除非历史丧失了它在人文科学中的特性"①。由此，他深感有必要探讨这样一个问题，即叙述及其通俗易懂的特性对史学的价值。利科就此提出的一些观点，在开始时影响有限，但逐渐地得到越来越多的历史学家的关注与重视。及至 20 世纪 80 年代末，尤其是在 90 年代，随着《时间与叙事》出版后的影响逐渐增大，他的这类主张已为法国史学家所普遍接受。因而，这一时期出版的法国史学著作大多较为重视叙事，且可读性普遍较强，销路也颇佳。前已述及的勒华拉杜里从《公元 1000 年以来的气候史》到《蒙塔尤》的转变就是颇能说明问题的例子。

当然，这里所说的情况也并非法国的特例，实际上，在此一时期的其他西方史学界，特别是英国，也出现了所谓的叙事的回归，而英国史学家劳伦斯·斯通在《过去与现在》杂志上发表的题为《叙事史复兴：反思一种新的旧史学》的文章的影响，更是不容低估。

保罗·利科值得重视与借鉴的三个特点

以上纯属初步的梳理，难免挂一漏万。毋庸置疑，在建构中国当代阐释学，包括公共阐释学和具有中国特色的历史阐释学的过程中，我们应当尽可能多地致力于中国本土化的理论建构，大力彰显中国话语，但这绝非意味着需将此举与吸收、借鉴国外的优秀文化成果对立起来。笔者以为，仅从以上几个方面来看，利科就是一个我们在建构公共阐释学的过程中，特别是历史阐释学过程中很值得关注、借鉴的阐释学家和思想家。其中，对我们的启迪除了上述所梳理的几方面之外，还有以下三点值得特别强调。

---

① 保罗·利科：《从文本到行动》，夏小燕译，上海：华东师范大学出版社，2015 年，第 12 页。

其一是公共性

诚如学界中已有人指出的那样，"阐释是一种公共行为"①，而任何一种阐释活动都必然是在具体的历史语境中进行的，因此，即便是公共阐释，也一定具有历史的维度，与此同时，历史阐释也同样会有而且也应该具有公共性。有鉴于此，面对日益复杂多变的当今世界，以及面对社会公众越来越希望从包括历史学、哲学等在内的诸多学科的研究进展及其成果中获得知识与启迪，以期有助于他们更好地认识和理解当今世界的现状和演进的需求，在历史研究似乎显得日趋"专业化"的当下，史学工作者尤其应当避免一味自我陶醉于象牙之塔，而是应当着力探究如何消除史学界与公众之间的隔阂，让"历史"更多更好地回归到公共领域和公众生活中。要而言之，无论是在公共阐释历史之维的建构方面，还在是让历史阐释具有更多的公共性方面，史学工作者均不仅应当有所作为，而且也能够大有作为。就此而言，利科可谓为我们树立了很好的榜样，以至于在他去世之际，法国时任总统希拉克在表达悼念之情时说道："利科留下的著作，以其广度和深度，将会继续让那些寻求理解我们时代的人进行思考。"②此外，由在记忆和历史研究方面受到过利科影响并以《记忆之场》声名隆隆的皮埃尔·诺拉创办的思想刊物《争鸣》杂志也在一定程度上为我们做出了表率。作为一份向"有助于人们更好地理解当今世界的各种演进的分析和开放讨论"的刊物，其完整刊名还包括"历史、政治、社会"等字眼。有必要指出的是，该刊不仅在刊名中把"历史"放在了前面，而且历史学家们在其中起的作用也是最大的。

---

① 参见张江：《公共阐释论纲》，《学术研究》2017年第6期。

② 参见保罗·利科：《爱与公正》译序，韩梅译，上海：华东师范大学出版社，2016年，第5页。

其二是反思性

利科的阐释学因其极为强调反思性而被人称为"反思性阐释学"。与此同时，保罗·利科在法国得到历史学家的关注、认可甚至好感的阶段，恰逢在战后法国史坛长期称雄，甚至对全世界的历史学和社会科学研究产生过重大影响的年鉴学派在经历了从兴旺到逐渐衰落的过程后面临危机，而不少法国史学家觉得有必要好好反思的时期。大名鼎鼎的史学家乔治·杜比甚至宣称："我们走到了尽头……我有一种力不从心的感觉。"[①] 然而，如果说年鉴学派领导核心在《碎片化的历史学》第一版于 1987 年问世时还断然否定史学危机的存在，并把该书提出的问题视为无端的攻击，那么，在其后几年问世的《年鉴》中则不得不承认有必要重新确定史学发展的新方向，并在这一过程中把阐释学作为理论的本源。其间，时任编辑部秘书长的历史学家贝尔纳·勒珀蒂甚至声称，他为史学家构建了一种有效的时间模式，从而使这种职业"有益地具备了当今历史意识阐释学的性质"。[②] 但正如多斯指出的那样，勒珀蒂在定义这种阐释学时显然参照了《时间与叙事》一书中的分析，这也表明保罗·利科的著作对于历史写作具有新的重要意义。

其三是包容性

如前所述，利科不仅在思想的广博方面可谓无出其右，而且还在诸多不同学科的研究中洞见迭出。之所以如此，与利科甚为注重与传统的接续，在研究中坚信从启蒙时代以来的"理性"传统

---

① 弗朗索瓦·多斯：《碎片化的历史学：从〈年鉴〉到"新史学"》，再版序言，北京：北京大学出版社，2008 年，第 XVI 页.

② 弗朗索瓦·多斯：《碎片化的历史学：从〈年鉴〉到"新史学"》，再版序言，北京：北京大学出版社，2008 年，第 XIX 页.

仍需继续研究、不可废弃大有关系。但更为关键的是，他还总是以"一种纯净的宽容、兼蓄之心对待各种不同甚至对立的思想倾向和流派"。正如有学者指出的那样，"他在法国现象学、存在主义、人格主义、结构主义、解释学、语言学、文学批评、基督神学、叙事理论，甚至许多法国人感到陌生的盎格鲁－撒克逊思想等领域都有极深刻的研究和创见。但他却从来不愿把任何倾向推向极致，而是追求一种多种智慧的融通与和谐"。事实上，"这样的融通与和谐本身就体现着一种博大精深的智慧"。[①] 应当说，利科的上述特点也值得我们关注和借鉴。

---

① 参见杜小真编：《利科北大讲演录》，第116页。

气候、环境与经济

气候变迁的历史维度
——勒华拉杜里的气候史研究 [1]

中山大学历史学系　周立红

　　从 19 世纪到 20 世纪初，欧洲许多天文学家、气象学家认为历史时代的气候一成不变，一个地方只要有 30 年的气象记录，这 30 年平均气温和雨量便能代表该地历史时期气温和雨量的标准状况。到 20 世纪五六十年代，随着世界各地气象记录的积累，以及年轮、物候、冰川等代用资料的使用，学术界已经逐渐接受历史时期气候存在变化的事实，并对 20 世纪气候变暖问题给予了广泛关注。[2] 但是深受固定论、稳定论传统影响的法国学界很难放弃气候一成不变说，[3] 直到 1980 年，法国重量级期刊《气象学》仍拒绝承认全球气候回暖。法国著名气象学家马塞尔·加尼耶（Marcel Garnier）虽然亲自绘制了 18—20 世纪降雨量系列，但仍不相信阿尔卑斯山冰川后退这一事实。[4]

[1]　本文发表于《史学月刊》2014 年第 6 期，第 92—104 页。

[2]　竺可桢：《历史时代世界气候的波动》，《气象学报》1962 年第 4 期，第 275 页。

[3]　埃马纽埃尔·勒华拉杜里、周立红：《乡村史、气候史及年鉴学派——埃马纽埃尔·勒华拉杜里教授访谈录》，《史学月刊》2010 年第 4 期，第 128 页。

[4]　Emmanuel Le Roy Ladurie, *Naissance de l'histoire du climat*, Paris: Hermann, 2013, pp.69、35; Emmanuel Le Roy Ladurie and Anouchka Vasak, "Dimension climatique de l'histoire: un échange avec Anouchka Vasak", Le Débat, Vol.164, No.2, 2011, p.173.

布罗代尔最先向这种保守的观点发起挑战。他在 1949 年出版的《菲利普二世时代的地中海和地中海世界》①中开辟出一个章节——"作为一个自然单位的地中海：气候与历史"，澄清气候是有变化的，指出历史学家可以遵照弗朗索瓦·西米昂（François Simiand）的 A 阶段和 B 阶段，梳理出气候变化的周期。②勒华拉杜里于 20 世纪 50 年代中期跟随拉布鲁斯（Ernest Labrousse）做博士论文时，发现档案馆里保存了法国近代丰富的气候资料，受到布罗代尔的启发，他萌生了研究气候史的想法。为了破解气候一成不变说，他广泛阅读气象学家的著作，学习考察气候变迁的方法，并到阿尔卑斯山冰川实地考察，终于在 1967 年推出《公元1000 年以来的气候史》③一书，理清了自中世纪到当代一年一度的气候波动系列。多年后，他又接连推出《气候的人文史与比较史》④三部曲，通过饥荒和瘟疫考察气候波动对人类社会的影响。

经过勒华拉杜里 60 年的探索，气候史已经走出了被同行讥讽为"伪科学"的困顿阶段，发展成了一门广受关注的新兴学科，并在欧洲形成了一个由不同学科学者参与的跨国研究网络，勒华拉杜里也当之无愧地被尊称为"气候史之父"。⑤本文拟对勒华拉杜里

①　Fernand Braudel, *La Méditerranée et le Monde Méditerranéen à l'époque de Philippe II*, Paris : A. Colin, 1949.

②　费尔南·布罗代尔：《菲利普二世时代的地中海和地中海世界》第 1 卷，唐家龙、曾培耿等译，吴模信校，北京：商务印书馆，1996 年，第 389 页。

③　Emmanuel Le Roy Ladurie, *Histoire du climat depuis l'an mil, Paris:* Flammarion, *1967.*

④　Emmanuel Le Roy Ladurie, *Histoire humaine et comparée du climat. 1, Canicules et glaciers (XIIIᵉ-XVIIIᵉ siècles)*, Paris: Fayard, 2004; Emmanuel Le Roy Ladurie, *Histoire humaine et comparée du climat. 2, Disettes et révolutions, 1740-1860,* Paris: Fayard, 2006; Emmanuel Le Roy Ladurie and Guillaume Séchet, *Histoire humaine et comparée du climat.3, Le réchauffement de 1860 à nos jours,* Paris: Fayard, 2009.

⑤　Emmanuel Le Roy Ladurie and Anouchka Vasak, "Dimension climatique de l'histoire: un échange avec Anouchka Vasak", p.173.

气候史研究的历程与思路进行评述，以期引起国内同行对这门新兴学科的关注。[1]

挑战气候一成不变说

勒华拉杜里对气候的兴趣始于童年时代。1929 年，他出生在诺曼底的一个农民家庭，父亲雅克·勒华拉杜里（Jacques Le Roy Ladurie）曾在二战前创办全国农业工会联盟（Union nationale des syndicats agricoles），他"天天念叨着天气，担心小麦的收成"。[2] 1955 年起，勒华拉杜里跟随拉布鲁斯做博士论文，那正是社会经济史如日中天的年代，拉布鲁斯与布罗代尔是这一领域的两大翘楚。尤其是拉布鲁斯，他利用执掌巴黎大学经济社会史教席的便利条件，指导莫里斯·阿居隆（Maurice Agulhon）、勒华拉杜里、弗朗索瓦·孚雷（François Furet）、米歇尔·佩罗（Michelle Perrot）等一批青年才俊做社会经济史博士论文。[3] 勒华拉杜里的选题是朗

---

[1] 笔者在 2010 年发表的《乡村史、气候史及年鉴学派——埃马纽埃尔·勒华拉杜里教授访谈录》中，涉及一些气候史的内容，除此之外，国内还没有文章、著作详细介绍过勒华拉杜里教授的气候史研究。在法国，近年来发表的评述勒华拉杜里气候史研究的文章有阿努什卡·瓦萨克的《勒华拉杜里与气候史书写》（Anouchka Vasak, "Emmanuel Le Roy Ladurie et l'écriture de l'histoire du climat", *Revue de la BNF*, No. 36, 2010）、埃马纽埃尔·加尼耶的《伪科学还是新领域：历史中的气候》（Emmanuel Garnier, "Fausse science ou nouvelle frontière? Le climat dans son histoire", *Revue d'histoire moderne et contemporaine*, No. 3, 2010）与斯蒂凡·莱尼的《长时段的新进展：从乡村史到气候史》(Stefan Lemny, "Nouvelles de la longue durée:de l'histoire du monde rurale à l'histoire du climat", *Revue de synthèse*, Vol. 134, No. 2, 2013)。勒华拉杜里在 2013 年出版的《气候史的诞生》中对自己的学思历程做了总结。

[2] Françoise Dargent, "Le Roy Ladurie, seigneur météo", *Le Figaro*, 20 Feb. 2009.

[3] 1955 年，拉布鲁斯在罗马国际历史学大会上做了《研究西方资产阶级历史的新方法》的报告，随后指导五六十名学生研究法国不同地区的经济发展与社会结构。

格多克的乡村社会，[①] 在研究过程中，他翻阅了 16—17 世纪法国乡村社会的档案和土地册，发现了丰富的气候年表，读到了对风云雨雪、冷暖干湿的记载，进一步意识到气候状况和气候波动对农业社会的重要性。他由此产生了一个疑问：16 世纪末 17 世纪初的危机是否与气候恶化有关？[②]

那个时期，法国历史学界还是对研究气候变迁不屑一顾。一些朋友讥讽气候史是"伪科学"，还有一个朋友得了重感冒，就对勒华拉杜里挖苦道："请你别讲气候变化好不好？"[③] 因此，要想研究气候史，第一步工作需要证实气候有变动。法国从 1658 年开始使用温度计，但直到 19 世纪后半期才有关于气温、湿度、气压的严格观测记录，那时地面气象要素观测系统才完善起来。因此，要考察这之前的天气情况必须借助代用资料。

1955 年 12 月，勒华拉杜里读到阿尔贝·迪克罗克（Albert Ducrocq）发表在《科学与未来》杂志上的一篇论述树木年轮的文章，谈论的是美国西部干旱地区的情况。该文认为树木年轮是气候变化的指示器，天气越干燥，年轮就越细；天气越湿润，年轮就越粗。[④] 接着，勒华拉杜里读到这一年《气象学》杂志上的一篇文章，这是马塞尔·加尼耶写的《物候学对研究气候波动的贡

---

① 这篇博士论文在 1966 年以《朗格多克的农民》为题成书出版，是勒华拉杜里的成名作。参见 Emmanuel Le Roy Ladurie，Les Paysans de Languedoc, 2 vol，Paris: S.E.V.P.E.N，1966.

② Emmanuel Le Roy Ladurie and Anouchka Vasak, "Dimension climatique de l' histoire: un échange avec Anouchka Vasak", p.174.

③ Emmanuel Le Roy Ladurie, *Naissance de l'histoire du climat*, p.43.

④ Emmanuel Le Roy Ladurie and Anouchka Vasak, "Dimension climatique de l' histoire: un échange avec Anouchka Vasak", p.174 ; Emmanuel Le Roy Ladurie, *Naissance de l'histoire du climat*, pp.24、33.

献》①，顿时感到眼前打开了一扇门。这篇文章指出，葡萄采摘日
期②能揭示出每年 4 月到 9 月的天气状况，其依据是：果实成熟的
日期与植物在发芽与结果之间吸收的热量有关。如果这段时期天
气炎热、阳光充足，葡萄就会早熟；相反，如果这些月份天气阴
冷、多云、缺少阳光，葡萄就会晚熟。③借助这种方法，不仅可以
探知 19 世纪之前的天气状况，还可以矫正 20 世纪温度记载的误
差。勒华拉杜里顺着这篇文章的资料来源往前追溯，发现阿尔弗
雷德·安戈（Alfred Angot）早在 19 世纪 80 年代就已经搜集了自
14 世纪最后 30 年到法兰西第三共和国的每一年的葡萄采摘日期
数据。④H. 迪绍苏瓦（H.Duchaussoy）搜集了 1600 年以来巴黎地
区葡萄采摘日期数据。⑤勒华拉杜里决定继续补充这些数据，他在
准备博士论文的过程中，搜集了关于 16—19 世纪朗格多克地区葡
萄采摘日期的记录，并在朗格多克与鲁西永地区的历史学家联盟
大会上宣读了《18 世纪气象波动与葡萄采摘日期的布告》一文⑥。
他搜集的这些资料还被用在了 1966 年答辩的博士论文《朗格多克

---

① V. M. Garnier, "*Contribution de la phénologie à l'étude des variations climatiques*", *La Météorologie*, 1955 (Oct.-Déc).

② 在法国，自 15 世纪下半期以来，一方面为了防止人们在采摘剩余葡萄时劫掠别人家的果实，另一方面为了确保领收缴上来的实物地租——葡萄——足够成熟，每年葡萄采摘季节，各乡镇政府任命专家走访葡萄园，根据葡萄的生长状况确定葡萄采摘日期，再发文公之于众。因此法国各地市镇政府的汇编、决议与布告中保有大量葡萄采摘日期的记载。

③ Emmanuel Le Roy Ladurie，*Histoire du climat depuis l'an mil, Vol.1,* Paris: Flammarion，pp.61-62.

④ A.Angot, "Étude sur les vendanges en France", *Annales du Bureau central météorologique de France*, Vol.1, 1883.

⑤ H.Duchaussoy, "Les vendanges de la région Parisienne", *La Météorologie*, 1934（Mars-Avril）.

⑥ Emmanuel Le Roy Ladurie, "Fluctuations météorologiques et bans de vendange au XVIIIe siècle", *Fédération historique du Languedoc méditerranéen et du Roussillon, XXXme et XXXIme Congrès*, Montpellier, 1956-1957, pp.189-191.

的农民》的第一章。①

此外，勒华拉杜里在阅读德、英、美与北欧学者的著作中，发现很多学者讲述了17世纪冰川的微弱增长与20世纪冰川的消退，他决定亲自去考察欧洲的几大冰川，如阿尔卑斯山的夏蒙尼冰川（Chamonix）、格林德瓦冰川（Grindelwald）、阿莱奇冰川（Aletsch），意大利和奥地利的布昂瓦冰川（la Brenva）、卢图冰川（Le Ruitor）、维那特冰川（Vernagt）。勒华拉杜里几次前往夏蒙尼冰川，并根据夏蒙尼档案馆的资料，确定了16世纪末17世纪初冰川推移的具体地点与年代顺序，其成果的原创性得到冰川史学家的赞颂。②

在对年轮学、物候学、冰川学方法有了一定了解的基础上，勒华拉杜里于1959年在《年鉴》杂志上发表《历史与气候》③一文，主张走出传统方法的窠臼，采纳气象学、生物学甚至历史统计方法，建立气象学持续、计量、同质的年代系列。由于年轮学主要适用于美洲气候干旱的地区，所以他认为考察欧洲的气候变迁，有必要加强对"物候学"和"冰川学"方法的研究。1960年，勒华拉杜里在《年鉴》杂志发表《17—18世纪的气候与收成》④一文，利用冰川学、物候学和气象学（温度与降雨）系列，探讨气候波动与收成的关联。这两篇文章的发表表明勒华拉杜里已经找到了挑战气候一成不变说的武器，并正在形成自己的一套研究西欧气候变迁的方法。

---

① Emmanuel Le Roy Ladurie, *Naissance de l'histoire du climat*, pp.34-35 ; Emmanuel Le Roy Ladurie, H*istoire du climat depuis l'an mil, Vol. 1,* Paris: Flammarion, pp.64-65.

② Emmanuel Le Roy Ladurie, *Naissance de l'histoire du climat*, pp.41-42.

③ Emmanuel Le Roy Ladurie, "Histoire et Climat", *Annales. Économies, Sociétés, Civilisations*, Vol.14, No. 1, 1959.

④ Emmanuel Le Roy Ladurie, "Climat et récoltes : Aux XVIIe et XVIIIe siècles", *Annales. Économies, Sociétés, Civilisations*, Vol.15, No. 3，1960.

建构气候波动的精确系列

20世纪以来，随着全球气候变暖问题日益引起学界关注，在法国之外，已经有不少学者展开了对气候波动的研究。有一类学者是气象学家或气候学家，他们对气候变化的物理原因进行解读，并对这种变化本身进行思考，已经廓清了地球气候演变的大脉络，但是尚未建构出精确、细致的气候波动系列。另一类学者是地理学家或历史学家，他们尚未搞清楚气候本身的变化，就想从气候角度解读人类历史。例如，美国地理学家、耶鲁大学教授亨廷顿（Ellsworth Huntington），在没有细致梳理亚洲气候变迁的情况下，就考察了气候对蒙古人迁徙的影响。[1] 在勒华拉杜里看来，这两种方法都不是真正的气候史研究。他主张，气候史研究的首要任务是借助历史学家对时间阐述的精确性，同自然科学家进行交叉合作，编制出气象变化的主要系列。[2] 勒华拉杜里将这种方法称作纯粹的气候史研究，也称作"没有人的气候史"。他事后指出，之所以这样做，是因为气候史一开始没被看好，所以要小心翼翼。[3]

要编制气象变化的系列，需要搜集过去的气象资料，并将其制成图表。树木年轮法虽然对测定年代来说至关重要，但是不能仅凭一个大陆、一个地方的树木年轮就制定出气候曲线，推导出气候演变的周期。[4] 葡萄采摘日期数据能解决气候变化的关键问题，

[1] Emmanuel Le Roy Ladurie, *Histoire du climat depuis l'an mil, Vol. 1,* Paris: Flammarion, 1983, p.11.

[2] 埃马纽埃尔·勒鲁瓦·拉迪里:《气候史》，见雅克·勒高夫、皮埃尔·诺拉主编:《史学研究的新问题、新方法、新对象》，郝名玮译，北京: 社会科学文献出版社，1988年，第151页。

[3] 埃马纽埃尔·勒华拉杜里、周立红:《乡村史、气候史及年鉴学派——埃马纽埃尔·勒华拉杜里教授访谈录》，第128页。

[4] Emmanuel Le Roy Ladurie, *Histoire du climat depuis l'an mil, Vol. 1,* Paris: Flammarion, 1983, p.60; 埃马纽埃尔·勒鲁瓦·拉迪里:《气候史》，第159页。

在这方面，勒华拉杜里采用系列史方法，编制资料系列，绘制图表，对不同的研究成果进行归纳分析，去粗取精，去伪存真，并辅以自己的亲身试验，编制出了 1370 年至 2004 年气候波动的一年一度的、同质的、量化的系列。

博朗夫人（Mme Baulant）已经制作了 16 世纪巴黎的葡萄采摘日期的完整系列，16 世纪的勃艮第、弗朗什—孔泰和瑞士有着类似的资料系列。勒华拉杜里先是以法兰西岛资料系列中最完善的系列为参考依据，用补正方法，综合其他资料，编制成一个几乎没有空白的全地区的平均系列。然后将巴黎地区的图表同勃艮第、弗朗什—孔泰和瑞士的图表进行比较，得出一个平均系列，将整个北部的葡萄园编制成单一的图表，清楚地显示了整个 16 世纪春、夏气温的全部变化情况，[1] 揭示出 1500—1559 年葡萄采摘日期较早，而 1560—1609 年葡萄采摘日期较晚，气候更清凉，适逢阿尔卑斯山冰川在 1590—1602 年的普遍扩张。[2]

对于 17—19 世纪的情况，勒华拉杜里采用了分布在 11 个地区（法国 9 个地区，德国 1 个地区，瑞士 1 个地区）的 23 个单元的 103 个葡萄采摘日期系列，这些系列一方面来自安戈与迪绍苏瓦的那些较老的资料，另一方面来自日内瓦的 A.-M. 皮马泽（A.-M Piuz）、巴黎的博朗夫人和贝桑松的 R. 贡贝尔（R. Gombert）的未刊资料。勒华拉杜里以 1590 年到 1879 年葡萄采摘日期记载较为完整的第戎为基础，拿它与其他 102 个系列逐个进行对比，计算出 17 世纪（1590—1710 年）、18 世纪（1690—1810 年）、19

---

① Emmanuel Le Roy Ladurie, "Le climat, l'histoire de la pluie et du beau temps", in Jacques Le Goff and Pierre Nora, eds., *Faire de l'histoire, nouveaux objets*, Paris: Gallimard, 1974, pp.13-14.

② Micheline Baulant, Michel Demonet and Emmanuel Le Roy Ladurie, "Une synthèse provisoire: les vendanges du XVe au XIXe siècle", *Annales. Économies, Sociétés, Civilisations*, Vol.33, No.4, 1978, p.769.

世纪（1790—1879 年）每个世纪第戎与其他系列相同年份葡萄采摘日期的平均值。此外，再把不同系列中相同的过渡年份（1690—1710 年或 1790—1810 年）作为对照的基础。然后，再计算第戎系列与其他 102 个系列每一个世纪的平均差值。再把这个差值加到每个系列上，这样，每个系列的数值就与第戎一致了。以此为基础，再按每个省、每个地区计算平均值，然后计算出每一年每个地区的平均值。最后得出的结论是：在 19 世纪，1857—1875 年葡萄采摘日期提前，气候炎热；1813—1817 年、1850—1855 年葡萄采摘日期延迟，气候清凉。在 18 世纪，1713—1716 年、1739—1757 年、1766—1777 年，葡萄采摘日期延迟；1758—1762 年、1778—1784 年，葡萄采摘日期提前。在 17 世纪，1640—1644 年、1648—1651 年、1672—1675 年、1688—1698 年，葡萄采摘日期延迟；1636—1638 年、1676—1687 年葡萄采摘日期提前。[①]

勒华拉杜里在 1981 年与让－皮埃尔·勒格朗（Jean-Pierre Legrand）合作发表的文章中，对 1779—1879 年的葡萄采摘日期系列进行了纠正，并借用让－皮埃尔·勒格朗提供的资料，补足了 1880—1977 年的葡萄采摘日期系列。[②] 伊莎贝尔·许内（Isabelle Chuine）与勒华拉杜里等人合作于 2004 年发表在《自然》杂志上的文章，利用 1370 年到 2003 年葡萄采摘日期系列重建了春夏气温的变化轨迹。[③] 2006 年，勒华拉杜里又与瓦莱丽·多（Valérie Daux）和于尔格·吕特巴赫尔（Jürg Luterbacher）合作发表文章，

① Micheline Baulant, Michel Demonet and Emmanuel Le Roy Ladurie, "Une synthèse provisoire : les vendanges du XVᵉ au XIXᵉ siècle", pp.763-764、769.

② Emmanuel Le Roy Ladurie and Jean-Pierre Legrand, "Les dates de vendanges annuelles de 1484 à 1977", *Annales. Économies, Sociétés, Civilisations*, Vol.36, No. 3, 1981, p.436.

③ I.Chuine, et al ., "Grape harvest dates and temperature variations in France since 1370", *Nature*, Vol. 432, No.7015, 18 Nov. 2004, pp.289-290.

对 1382 年至 2004 年勃艮第的葡萄采摘日期系列进行了分析。[1] 勒华拉杜里在 2007 年出版的《中世纪至今的气候史概要》中，附有一份他与瓦莱丽·多整理的 1370—2004 年勃艮第地区葡萄采摘日期系列。从中可以看出，在 1787—2000 年间，勃艮第地区的葡萄采摘日期与巴黎 3 月到 8、9 月的温度记录相吻合。[2]

对于 1370 年之前的气候波动系列，由于缺少葡萄采摘日期的记载，勒华拉杜里借助范恩格伦（Van Engelen）与皮埃尔·亚历山大（Pierre Alexandre）的著作，指出 13 世纪不仅标志着从中世纪暖期到小冰河期（Le petit âge glaciaire）的过渡，而且对于西欧来说是一个温暖的世纪，春季炎热，夏季干燥。夏季较热的年份是 1205 年、1208 年、1217 年、1222 年、1228 年、1232 年、1235 年、1236 年、1238 年、1241 年、1244 年、1248 年。在这些年份中，6、7、8 月份的平均温度高于 17 摄氏度。1303 年是小冰河期的开端，在 1303 年至 1328 年的 25 年中，只有 1304 年冬季气候温和，其间有 11 个冬季"寒冷"，在这 11 个寒冷的冬季，有 4 个冬季"严寒"。1305—1306 年与 1322—1323 年两个冬季最严寒，与 1788—1789 年或 1962—1963 年冬季的气温不相上下。[3]

对于 1880 年之后的气候，虽然已经通过葡萄采摘日期制作出了一年一度的气候波动系列，但是勒华拉杜里还是参考了气象学家，也是《气候的人文史与比较史》第三卷的合作者纪尧姆·塞谢（Guillaume Sechet）收集的每年气温和降雨量记录，并且使用了气

---

① Emmanuel Le Roy Ladurie, Valérie Daux and Jürg Luterbacher, "Le climat de Bourgogne et d'ailleurs (XIVe-XXe siècle) ", *Histoire, économie et société*, Vol.25, No.3, 2006, pp.421-436.

② Emmanuel Le Roy Ladurie, entretiens avec Anouchka Vasak, *Abrégé d'histoire du climat: Du Moyen Age à nos jours*, Paris：Fayard, 2007, pp.163-170, 18.

③ Emmanuel Le Roy Ladurie, *Histoire humaine et comparée du climat. 1, Canicules et glaciers (XIIIe-XVIIIe siècles)*, pp.24-25、31-32.

象学家丹尼埃尔·卢梭（Daniel Rousseau）从法国气象台收集的数据系列。[1]

虽然通过艰苦的探索考察出来了气候波动的年度系列，但勒华拉杜里并没有就此止步，而是使用年鉴学派的三时段论，在气候波动一年一度的系列基础上，提炼出气候波动的中长期趋势。

他吸收了法国经济史学家的方法。后者注重研究周期性运动，在研究价格、收入或工资时，考察了十年内的波动（intradécennales）、十年的波动、十几年的波动和几十年的波动。[2]勒华拉杜里在考察气候的周期变化时，也以十年、十几年、几十年为一个时间段进行研究。他对中世纪到当代西欧气候变迁的整个历史进程做了梳理和概括，几乎在每个世纪都总结出了十几年、几十年的气候波动趋势。1303—1328年标志着小冰河期的开端。[3]小冰河期第一个寒冷的高峰出现在1380年，气候随后在1380—1455年变暖，其中1415—1435年是最温暖的时段，春夏两季尤其如此。随后直到1500年，气候相当清凉，1500年到1560年，天气又开始炎热。[4]真正寒冷的天气始自1560年，延续到1600年或1610年，达到了小冰河期第二个高峰，欧洲几座冰川扩展到最大状态，到17世纪中期前后才开始消退。17世纪初期，春夏炎热或比较温和，没有再出现寒冷的情况。1617年到1650年，非常清凉，即春夏很冷，葡萄晚熟，在1618—1621年、1625—1633年、1640—1643

[1] Emmanuel Le Roy Ladurie and Guillaume Séchet, *Histoire humaine et comparée du climat.3, Le réchauffement de 1860 à nos jours*, p.9.

[2] Emmanuel Le Roy Ladurie, H*istoire du climat depuis l'an mil, Vol 1,* Paris: Flammarion, 1983, p.98.

[3] Emmanuel Le Roy Ladurie, *Histoire humaine et comparée du climat. 1, Canicules et glaciers (XIIIᵉ-XVIIIᵉ siècles)*, pp.31-32.

[4] Emmanuel Le Roy Ladurie, *Histoire humaine et comparée du climat. 1, Canicules et glaciers (XIIIᵉ-XVIIIᵉ siècles)*, p.104.

年、1647—1650 年达到高峰。这一时期内有一些反常的现象：17 世纪 30 年代出现了热浪天气（1635—1639 年），热浪天气在 1637 年和 1638 年灼热的夏季之后达到顶峰。1651—1686 年这一时期，除了 1672—1675 年气候清凉外，在这 35 年中葡萄普遍早熟，或至少是不早不晚。17 世纪 90 年代，葡萄采摘日期很晚，春夏很冷。[1] 根据葡萄采摘日期系列，1700 年到 1800 年，有三段寒冷时期：1711—1717 年、1739—1752 年、1765—1777 年。在 18 世纪的法国，经常间歇性出现春夏炎热、葡萄早熟的情形，如 1718—1737 年、1757—1763 年、1778—1781 年。根据法国—瑞士葡萄采摘日期的记录，19 世纪第一个十年夏季炎热，1812—1817 年春夏很冷。1850—1856 年，春天结冰，夏天清凉，葡萄晚熟，阴雨连绵。[2]1860 年，小冰河期结束，冰川开始缓慢消退。虽然有一段时间天气暖和，但真正的气候变暖始自 1900—1910 年。1910—1911 年到 1950 年为气候变暖的第一阶段，1950—1955 年到 1970—1975 年期间，气候变凉。自 20 世纪 70 年代起，进入到气候变暖的第二个阶段。[3]

要想从整体上把握气候变迁的趋势，还不能满足于中短期趋势，必须从数十年的中时段的周期波动中，找出一百年甚至数百年的长时段。冰川是考察气候长时段变迁的重要指示器。

在地质史的几十亿年中，全球至少出现过 3 次大冰期，公认的有前寒武纪晚期大冰期、石炭纪—二叠纪冰期和第四纪冰期。我们目前正生活的第四纪末次冰期结束至今的一段时期，被称作

---

① Emmanuel Le Roy Ladurie, *Histoire du climat depuis l'an mil, Vol 1,* Paris: Flammarion, 1983, pp.71-72.

② Emmanuel Le Roy Ladurie, *Histoire du climat depuis l'an mil, Vol 1,* Paris: Flammarion, 1983, pp. 73-75.

③ Emmanuel Le Roy Ladurie and Guillaume Séchet, *Histoire humaine et comparée du climat.3, Le réchauffement de 1860 à nos jours*, pp.347-349.

"间冰期"或冰后期。13 世纪至 19 世纪，气候较为寒冷，被称作
小冰河期。阿尔卑斯山的冰川，诸如阿莱奇冰川、戈尔纳冰川（Le
Glacier de Gorner）、格林德瓦冰川、罗纳（Rhône）冰川、夏蒙尼
冰川，是考察西欧气候长时段变迁的有力工具。

　　勒华拉杜里通过冰川的增长与消退把西欧 9 世纪至今的气候
变迁划分为中世纪暖期（Le petit optimum médiéval）、小冰河期与
气候回暖三段时期。冰川学家借助于碳 14 技术和年轮学方法得
知，阿莱奇冰川与戈尔纳冰川自 9 世纪到 13 世纪处于退缩状态，
这一时期气候温暖，正属于中世纪暖期，适宜的气候促成了西欧
的人口增长、森林开垦与经济扩张。自 13 世纪末 14 世纪初起，
冰川开始增长，进入小冰河期。[1] 阿尔卑斯山诸冰川在 19 世纪 40
年代增长到了一个极限。自 1860 年起，阿尔卑斯山诸冰川开始
消融，[2] 从拿破仑三世"自由的帝国"到儒勒·格列维的共和国，格
林德瓦冰川萎缩了 1 千米，[3] 由此可判定小冰河期至此结束。但气
候回暖并没有紧接着开始，虽然冰川消退与 19 世纪六七十年代、
1891—1900 年气候炎热有关，但也是因为在大山高处的盆地积雪
不足，没办法形成冰川体。[4] 真正的气候回暖从 1910 年开始。

　　不仅如此，勒华拉杜里还通过冰川的增长与消退探测小冰河期
内部的高峰与低谷。在横贯 1303—1860 年的小冰河期，一共出现
过三次冰川增长的高峰：先是 1303—1380 年，然后是 1560—1600
年，由于夏天低气压，多雨，不利于冰川融化，冰川在 16 世纪 90
年代达到高峰，夏蒙尼和格林德瓦地区冰川的扩张击毁了位于冰舌

---

[1]　根据瑞士学者克里斯蒂安·菲斯特的研究，小冰河期始于 1300 或 1303 年。

[2]　Emmanuel Le Roy Ladurie, entretiens avec Anouchka Vasak, *Abrégé d'histoire du climat: Du Moyen Age à nos jours*, pp.111-113.

[3]　Emmanuel Le Roy Ladurie, *Histoire humaine et comparée du climat. 2, Disettes et révolutions, 1740-1860*, p.537.

[4]　Emmanuel Le Roy Ladurie and Guillaume Séchet, *Histoire humaine et comparée du climat.3, Le réchauffement de 1860 à nos jours*, pp.16-17.

附近的教堂和村庄，[①] 这种状况一直延续到 1640 年。随后在 1815—1860 年间，阿尔卑斯山冰川又出现了一次新的扩张高潮。当然，在接近 6 个世纪的小冰河期，也出现过一些气候温暖的间隔期：1415—1435 年气候温暖，冰川出现了微弱的退缩迹象；1500—1560 年气候温和；1718—1738 年气候变暖，格林德瓦冰川与 1600—1640 年或 1820—1830 年的最高峰相比，萎缩了 600 米。[②]

探究气候波动对人类社会的影响

其实自从 20 世纪初起，已经有不同学科的好几代学者探究过气候波动对人类社会的影响。最早的要数美国地理学家亨廷顿，他在 1911 年出版的《巴勒斯坦及其转变》中指出："在欧亚和北非的古代帝国占据的地区，气候的不利变化会造成人口减少、战争、移民、王朝覆灭与文明衰退；反之，气候的有利变化能促成民族扩张与强大，繁荣艺术与科学。"[③] 北欧历史学家古斯塔夫·乌特斯特姆（Gustav Utterstrôm）在 1955 年发表的一篇文章《近代早期的气候波动与人口问题》中指出，农业发展与气候波动密切相关，12—13 世纪英格兰葡萄种植增多是因为天气炎热有利于葡萄成熟；1560 年后气候变冷导致瑞典谷物减产。[④] 英国气象学家休伯特·兰姆（H.H.Lamb）在 1982 年发表专著《气候、历史与现代世界》[⑤]，考察了气候变化与农业生产、人类迁移、人口增长与疾病传播的

---

① Emmanuel Le Roy Ladurie, entretiens avec Anouchka Vasak, *Abrégé d'histoire du climat: Du Moyen Age à nos jours*, p.24.

② Emmanuel Le Roy Ladurie, *Histoire humaine et comparée du climat. 1, Canicules et glaciers (XIIIᵉ-XVIIIᵉ siècles)*, p.537.

③ Ellsworth Huntington, *Palestine and its Transformation*, Boston; New York: Houghton Mifflin Co., 1911, p.251. 转引自 Ellsworth Huntington, "Changes of Climate and History", *The American Historical Review*, Vol.18, No.2, 1913, p.223.

④ Emmanuel Le Roy Ladurie，"Histoire et Climat"，pp.4-5.

⑤ H.H.Lamb, *Climate, History and the Modern World*, London; New York: Methuen, 1982.

关系。美国考古学家布莱恩·费根（Brian Fagan）在《小冰河时代：气候如何改变历史（1300—1850）》[1]中考察了小冰河期变化莫测的气候对人类历史上重要事件的影响。由于这些学者不太清楚气候波动的精确系列，或者是对历史变迁本身不太熟悉，他们的研究缺乏系统性，有时带有很强的气候决定论色彩，有时只是随意地处理气候与历史事件的关系。相反，身为历史学家的勒华拉杜里对这一主题的探讨小心翼翼，他花费数年时间弄清楚气候波动的精确系列后，才着手探究气候变化对人类社会的影响。在三卷本《气候的人文史与比较史》中，勒华拉杜里广泛吸取乡村史家与人口史家的成果，依次考察了西欧 13 世纪至今每个时段的极端气候事件对人口繁衍、婚嫁丧娶、革命暴动等行为的影响，并在欧美各国展开比较。他的研究既有气象科学的根基，又深嵌在法国史学脉络中。

第一，根据气候波动的精确系列，依次探讨气候危机导致的事件。

年鉴学派历史学家虽然重视局势与结构，但并不拒斥事件。[2]勒华拉杜里在著作中直言受到瑟诺博司（Charles Seignobos）事件史的影响。[3]在三卷本《气候的人文史与比较史》中，勒华拉杜里考察了西欧 13 世纪至今发生的一系列极端气候事件。他指出，自 1315 年到 1740 年，至少有 42 个年份出现了气候危机或气候事件，可分为 4 组情况：其一，夏季干热，有 9 年属于这种情况，分别是 1351 年、1360 年、1370 年、1420 年、1516 年、1524 年、1538

① Brian Fagan, *The Little Ice Age: How Climate Made History, 1300-1850*, New York, NY: Basic Books Collection, 2000.

② E. 勒胡瓦拉杜里：《事件史、历史人类学及其他》，许明龙译，《国外社会科学》1995 年第 3 期，第 50 页。

③ Emmanuel Le Roy Ladurie and Guillaume Séchet, *Histoire humaine et comparée du climat.3, Le réchauffement de 1860 à nos jours*, p.21.

年、1545 年、1556 年；其二，春夏秋三季中一个季节或三个季节都潮湿、低气压、多雨，偶尔冬季雨水过多，有 19 年（或年群）属于这种情况。这些年份是：1315 年、1330 年、1342—1347 年、1374—1375 年、1381 年、1438 年、1521 年、1528 年、1529—1531 年、1562 年、16 世纪 90 年代（尤其是 1596 年）、1617 年、1630 年、1640—1643 年、1648—1650 年、1661 年、1692—1693 年、1713 年、1725 年；其三，冬季结冰、夏季潮湿多雨，如 1408 年、1432 年、1437 年、1481 年、1572—1573 年、1586 年、1621—1622 年、1649 年、1658 年、1696 年、1740 年；其四，只有冬季严寒，如 1564—1565 年、1607 年 —1608 年、1708—1709 年。[1] 自 1740 年 至 2009 年，在西欧出现气候危机的年份有 1747 年、1767 年、1788 年、1794 年、1799 年、1802 年、1811 年、1845 年、1871 年、1879 年、1893 年、1910 年、1911 年、1921 年、1929 年、1935 年、1943 年、1947 年、1959 年、1962—1963 年、1974 年、1976 年、1995 年、1998 年、1999 年、2003 年、2006 年。[2]

锁定这些重要气候事件后，勒华拉杜里依次考察它们对小麦收成、粮食价格、结婚、受洗与死亡的影响。例如，1315 年，春夏多雨，谷物歉收，在英国北部，最严重的时候收成减少了 81%，在位于弗朗德勒的伊普尔（Ypres），一个有 3 万人口的小城，自 1316 年 5 月到 1316 年 10 月，死了 2794 人。[3] 在法国，1747 年 2、3 月，由于冬末和春天过于潮湿，已经播种或发芽的小麦没有长出来，收成受到影响，粮食价格上涨，造成 23.1 万农村人口死亡，1748 年出生率显著下降（考虑到 9 个月怀孕时间），结婚人数持

---

[1] Emmanuel Le Roy Ladurie, *Histoire humaine et comparée du climat. 1, Canicules et glaciers (XIIIe-XVIIIe siècles)*, pp.614-616.

[2] 这些年份乃笔者根据《气候的人文史与比较史》第二、三卷总结而成。

[3] Emmanuel Le Roy Ladurie, *Histoire humaine et comparée du climat. 1, Canicules et glaciers (XIIIe-XVIIIe siècles)*, pp.36、39、42.

续走低，从 1744 年的 26.4 万场婚礼下降到 1747 年的 20.2 万场婚礼。[①]1811 年，法国南部气候炎热，而且遭遇了倾盆大雨，法国北部出现了暴风雨，谷物收成遭到严重破坏，当年减产 1000 万公担（1 公担 =100 千克）。1811—1812 年，谷物歉收（传染病也包括在内）致 6 万人或 7 万人死亡。全国的结婚人数自 1810 年到 1811 年下降了 16%。[②]

勒华拉杜里还考察了一系列重要事件的气候背景。例如，1560—1598 年的宗教战争正处于小冰河期冰川推动的一个高峰，遭遇了 5 次饥荒：1562 年、1565 年、1573 年、1586 年和 1595—1596 年。除了 1562 年之外，4 场饥荒发生时冬季结冰、夏季多雨。[③]1648—1652 年的投石党运动爆发的气候背景是：寒冷和潮湿造成谷物歉收，谷价上涨，民众不满，爆发骚乱，这一系列偶然性的因素为投石党运动的爆发提供了背景，但并不能说投石党运动是由恶劣天气造成的。[④]1879 年共和派元老格列维出任总统，标志着共和体制在法国的确立。这一年的冬季是历史上最严寒的冬季，这一纪录一直保持到 1956 年 2 月。12 月份，巴塞尔气温达到零下 10 摄氏度，在巴黎－蒙苏里（Montsouris），气温达到零下 6.5 摄氏度。[⑤]1935 年法兰西人民阵线成立时的气候背景是：1934 年、1935 年夏季炎热，葡萄酒产量增多，价格下跌。在 1928 年，每百升葡萄酒价格高达 194 法郎，1934 年跌至 78 法郎，1935 年跌至

① Emmanuel Le Roy Ladurie，*Histoire humaine et comparée du climat. 2*，*Disettes et révolutions*，*1740-1860*，pp.19-22.

② Emmanuel Le Roy Ladurie，*Histoire humaine et comparée du climat. 2*，*Disettes et révolutions*，*1740-1860*，pp.265、269-270.

③ Emmanuel Le Roy Ladurie，*Naissance de l'histoire du climat*，pp.96-97.

④ Emmanuel Le Roy Ladurie，*Histoire humaine et comparée du climat. 2*，*Disettes et révolutions*，*1740-1860*，pp.368-403.

⑤ Emmanuel Le Roy Ladurie and Guillaume Séchet，*Histoire humaine et comparée du climat.3*，*Le réchauffement de 1860 à nos jours*，pp.43-44.

64 法郎。法国南部的情况更糟，葡萄种植者因资金枯竭，没法提高工资，种植葡萄的工人因不满参加罢工，并投票支持法兰西人民阵线。因而，在 1936 年 6 月选举时，纳尔榜的左派，尤其是共产主义者取得胜利。法国北部也没有幸免于难，在法国的谷仓埃纳省，由于谷物大获丰收而导致价格下跌，在右翼势力退缩的情况下，社会主义势力发展迅猛。而在西南部更"保守"的地区，很多农民厌恶法兰西人民阵线，认为这只是一个"市民、社会主义、国家主义和世俗主义的大杂烩"。[①]

勒华拉杜里继承和发展了拉布鲁斯的学术脉络，尤其重视探讨革命爆发的气候背景。革命的发生机制是拉布鲁斯思考的一个核心主题。他在 1944 年出版的《旧制度末期与大革命初期法国经济的危机》[②]中指出，1778—1787 年的萧条让法国经济大受其害，乃至 1788 年歉收引发的危机变成了政治危机。他在 1848 年革命一百周年庆典时提交的一篇文章——《革命是如何发生的？》，分析了 1789 年革命、1830 年革命与 1848 年革命爆发的近因。他指出这三场革命几乎都遵循着相似的爆发时序：先是农产品歉收导致粮食价格上涨，生活费用高涨，百姓对工业产品需求减弱，进而引发工业部门危机。在这种氛围中，孕育出了社会骚动，并与政治危机相结合，引发革命。[③] 勒华拉杜里顺着拉布鲁斯的思路，考察了气候对 1789 年革命、1830 年革命与 1848 年革命的影响，并对拉布鲁斯的研究进行了修正。他从一开始就避免陷入气候决定论的陷阱，注意把气候因素的影响放置到经济、文化、政治、宗

---

① Emmanuel Le Roy Ladurie and Guillaume Séchet, *Histoire humaine et comparée du climat.3，Le réchauffement de 1860 à nos jours*，p.160.

② Ernest Labrousse, *La crise de l'économie française à la fin de l'ancien régime et au début de la Révolution*，Vol.1，Paris：Presses universitaires de France，1944.

③ *Ernest Labrousse, "Comment naissent les révolutions？"，Actes du Congrès du Centenaire de la révolution de 1848*），Paris：Presses universitaires de France，1949，pp.3-8.

教和科学多种因素作用的背景下深入分析。他认为，气候对法国大革命的爆发起了作用，但不是拉布鲁斯说的在1778—1788年这一时期就已经设定了局势，而是迟至1788年才在短时段中发挥作用。1788年春夏炎热、干燥，后来又下了冰雹，并时有暴风雨出现。粮食收成减少了20%～30%，价格上涨，对人们的心理造成了一定影响，致使出生率下降，结婚推迟，但并没有人饿死。民众发生骚动，四处寻找、抢夺谷物。他借助居伊·勒马尔尚（Guy Lemarchand）[①] 的研究，呈现了1789年2月至8月鲁昂地区频繁爆发的民众骚乱，又借用雅克·戈德肖（Jacques Godechot）[②] 的研究，阐明了自1789年7月11日至7月14日，罢免内克、寻找武器、抢夺谷物这三个事件是如何交织在一起的，正是在这个过程中，生计问题逐步政治化，并最终演变成"政治军事问题"。[③]

1830年革命爆发的动因同样是恶劣气候引发的不满。1827—1831年天气潮湿，清凉多雨，造成农业减产，物价上涨，民众不满情绪加重，这时中产阶级渴望执掌权力，民众骚动借此被政治化，促成了革命的爆发。[④]1848年革命爆发的背景有些不同。先是1845年，传自美国的土豆病虫害在爱尔兰暴发，破坏了很多农作物，次年引发爱尔兰大饥荒。土豆病虫害随后传到欧洲大陆，造成土豆减产。1846年夏季是北半球500年来最炎热的夏季，春季温热，冬季多冰，阿尔卑斯山冰川在这一时期的扩展达到高峰，

① Guy Lemarchand, "Les troubles de subsistances dans la généralité de Rouen, 2ᵉ moitié du XVIIIᵉ siècle", *Annales historiques de la Révolution Française*, Vol.35, No.4, 1963.

② Jacques Godechot, *La Révolution française - chronologie commentée, 1787-1799, suivie de notices biographiques sur les personnages cités*, Paris : Perrin, 1988, pp.61-65.

③ Emmanuel Le Roy Ladurie, *Histoire humaine et comparée du climat. 2*, *Disettes et révolutions*, *1740-1860*, pp.143-145、176-179.

④ Emmanuel Le Roy Ladurie, entretiens avec Anouchka Vasak, *Abrégé d'histoire du climat: Du Moyen Age à nos jours*, pp.102-103 ; Emmanuel Le Roy Ladurie, *Histoire humaine et comparée du climat. 2*, *Disettes et révolutions*, *1740-1860*, pp.334.

西欧、中欧的谷物普遍减产。1847 年，由于民众的购买力减弱，纺织业萧条，失业问题严重，出现了社会动荡和经济危机。[1]1848 年先是在法国爆发二月革命，随后中西欧国家纷纷爆发革命。

第二，注重不同国家气候波动的同时性，对西欧国家的气候波动及其影响进行比较。

勒华拉杜里受马克·布洛赫的比较史学影响，注重历史的同时性，主张对可比的事物进行比较。在《气候的人文史与比较史》中，勒华拉杜里主要在法、英、德之间做比较，有时还与美国、非洲、澳大利亚、阿根廷的情况做对比，当然，最常见的是在英法之间进行比较。比如，1747 年歉收后，英法都出现了结婚和受洗人数下降、死亡率上升的情况。[2]自 1751 年到 1756 年，英法葡萄晚熟，夏天很冷，谷物歉收，小麦价格上涨。[3]英法两国虽然表现出了众多的相似性，但是也出现过背道而驰的情况。18 世纪末期，英法两国谷价逐年下跌。但是在英国，1798—1799 年冬天严寒，春天延迟，夏天寒冷潮湿，谷物遭到破坏，价格翻倍，泥瓦匠的工资跌到 1597 年以来最低点，人们的购买力急剧下降。1800 年由于天气潮湿，谷物歉收，价格高涨，结婚人数与 18 世纪 90 年代的平均水平相比下降 10%，死亡人数增至 1794—1795 年的 3 倍。而在同一时期，法国的情况则好得多。19 世纪初，英法的情况对调了过来。英国的生计危机到 1802 年平复下来，法国的形势则朝坏的方向发展。1801 年天气极度潮湿，谷物供给不足。1802 年天气很干燥，谷物歉收，某些地区谷价翻番，谷物出现入超。

---

[1] Emmanuel Le Roy Ladurie, *Histoire humaine et comparée du climat. 2*, *Disettes et révolutions*, *1740-1860*, pp.368.

[2] Emmanuel Le Roy Ladurie, *Histoire humaine et comparée du climat. 2*, *Disettes et révolutions*, *1740-1860*, pp.19-20.

[3] Emmanuel Le Roy Ladurie, *Histoire humaine et comparée du climat. 2*, *Disettes et révolutions*, *1740-1860*, pp.25-26.

自 1803/1804 年到 1810/1811 年，法国谷物价格趋向平稳，开始有大量谷物出口。到了 1811 年，由于日晒过度引起干缩，谷物产量不足，进口了 1054000 公担谷物，1812 年前半年，为了补足 1811 年歉收造成的短缺，进口了 1399000 公担谷物。而英国自 1801 年到 1807 年的收成并不坏。自 1808 年到 1812 年，英国的收成则很糟糕。尤其是 1811 年，由于春夏秋很热，英国小麦出现歉收，收成大概是正常年份的 62.5%。到这时，英法的情况又趋向一致。[①]

在《气候的人文史与比较史》第三卷中，勒华拉杜里更是注重在整个西欧背景下（有时美国也包括在内）推进他的研究。他考察了 1881—1890 年全球清凉的时期，分别指出了英国中部、巴黎—蒙苏里、荷兰、斯特拉斯堡、维也纳、法兰克福、巴塞尔、苏黎世最寒冷的时间段。[②]勒华拉杜里又考察了 1893 年的热浪对奥地利、丹麦、芬兰、法国、德国、克罗地亚—斯拉沃尼亚、爱尔兰、意大利、荷兰、罗马尼亚、俄罗斯、西班牙、瑞士、大不列颠造成的影响。[③]1921 年热浪影响了伊比利亚半岛、法国、比利时、荷兰、卢森堡、瑞士、英国、苏格兰、意大利北部、德国与奥地利。在美国，从大西洋沿岸到中部和中西部，都受到热浪的影响。在波士顿，1921 年是 1750 年到 1948 年间最热的一年。在芝加哥，1921 年的年平均温度是 12.4 摄氏度，是 1873 年到 1993 年间最高的温度。但是在美国和欧洲，热浪造成的影响不同：在欧洲，1921 年的炎热、干燥对牲畜影响很大，但小麦与酒均量足质优；在美国，由于干旱发生在离大洋很远的大平原，小麦受到的影

---

① Emmanuel Le Roy Ladurie, *Histoire humaine et comparée du climat. 2*, *Disettes et révolutions*, *1740-1860*, pp.234-272.

② Emmanuel Le Roy Ladurie and Guillaume Séchet, *Histoire humaine et comparée du climat.3*, *Le réchauffement de 1860 à nos jours*, p.47.

③ Emmanuel Le Roy Ladurie and Guillaume Séchet, *Histoire humaine et comparée du climat.3*, *Le réchauffement de 1860 à nos jours*, pp.60-61.

响很大。[①]

需要补充的一点是，勒华拉杜里还重视纵向比较，当说到某年的气温、气候与收成时，总是将其放到整个历史中进行比较。例如，他指出 1363—1364 年冬天是 1303—1859 年 7 个最寒冷的冬季之一。[②]1929 年的收成非常好，勒华拉杜里说这是进入 20 世纪后直到 1932 年收成最好的一年。[③]1952 年 6、7、8 月最高气温达到 20.1 摄氏度，他指出这是 1950—1975 年间最热的一年。[④] 勒华拉杜里还把小冰河期初期的情势与蒙德极小期（Le minimum de Maunder）做对比，尤其注重考察这两个时期国家与民众对饥荒的不同反应。[⑤]

气候史的展望

经过多年的努力，勒华拉杜里逐渐与英国、瑞士、荷兰、德国的气象学家建立了合作关系。他的气候史研究也得到了法国国内学界的认可与关注，吸引了历史学、气象学、文学、地理学等领域的一批学者参与其中。如今，欧洲已经形成了一个跨国跨学科的气候史研究网络。

勒华拉杜里在 20 世纪 60 年代就与英国一批充满人文精神的气象学家建立了联系。他们中影响最大的当属休伯特·兰姆，他致

---

① Emmanuel Le Roy Ladurie and Guillaume Séchet, *Histoire humaine et comparée du climat.3，Le réchauffement de 1860 à nos jours*，pp.130-138.

② Emmanuel Le Roy Ladurie, *Histoire humaine et comparée du climat. 1，Canicules et glaciers (XIIIe-XVIIIe siècles)*，p.73.

③ Emmanuel Le Roy Ladurie and Guillaume Séchet, *Histoire humaine et comparée du climat.3，Le réchauffement de 1860 à nos jours*，p.143.

④ Emmanuel Le Roy Ladurie and Guillaume Séchet, *Histoire humaine et comparée du climat.3，Le réchauffement de 1860 à nos jours*，p.223.

⑤ Emmanuel Le Roy Ladurie, *Histoire humaine et comparée du climat. 1，Canicules et glaciers (XIIIe-XVIIIe siècles)*，pp.33、56.

力于探求气候变迁及其对人类生活的影响。他自 20 世纪 70 年代以来在方法论上重视用计量统计处理人文资料，量化手稿资料中气候事件的严重程度。[1] 多年来勒华拉杜里与瑞士气候史奠基人克里斯蒂安·菲斯特（Christian Pfister）相互支持，后者发表了一系列高质量的论著，运用传说、本笃会修道院档案、私人日记、政府文件等材料，梳理了瑞士近代的气候变迁，考察了气候变迁与农业现代化的关系。他在瑞士领导了一个出色的团队，H. 霍尔茨豪塞（H.Holzhauser）考察了 1500 年至今阿莱奇冰川的发展轨迹，J. 吕特巴赫尔（J.Luterbacher）探讨了 17 世纪末期以来的气象波动。[2] 该团队建立了一个叫作"欧洲气候史"的大型数据库，汇聚了欧洲各国气候史的丰富资料。[3] 荷兰皇家气候研究院的范恩格伦等学者深受勒华拉杜里的影响，他们在 1995 年推出 6 卷本著作，考察公元 1000 年至今荷兰的天气变化。欧洲科学基金会与欧盟近年来资助了"上一千年欧洲气候计划"，旨在衡量深受工业化影响的 20 世纪的气候变化是否比上一个千年欧洲气候的自然变化更为重要。这个计划吸引了欧洲 15 个国家 39 个大学和实验室的 100 来位学者参加，在这个项目中，孢粉学家—冰川学家、年轮学家、海洋学家、模型数据学家与历史学家一道，联合运用文献资料、统计工具与指标量化方法。[4]

在法国，勒华拉杜里影响了一批学者。老一辈学者让·尼古拉（Jean Nicolas）、巴托洛梅·本纳萨尔（Bartolomé Bennassar）

[1] Emmanuel Garnier, "Fausse science ou nouvelle frontière？ Le climat dans son histoire", *Revue d'histoire moderne et contemporaine*, Vol.57, No.3, 2010, p.22.

[2] Emmanuel Le Roy Ladurie, *Naissance de l'histoire du climat*, pp.54-55.

[3] Emmanuel Garnier, "Fausse science ou nouvelle frontière? Le climat dans son histoire", p.23.

[4] Emmanuel Garnier, "Fausse science ou nouvelle frontière? Le climat dans son histoire", p.12.

与大卫·赫利希（David Herlihy）也在他们的研究中仿照勒华拉杜里使用葡萄采摘日期的记录。[1] 近些年，科学、文学、绘画、音乐等领域的学者对气候史展开了跨学科研究。几个理科背景的气候史研究中心贡献卓著：在普罗旺斯，法兰西公学教授爱德华·巴尔（Édouard Bard）领导的一个实验室正在研究全球变暖时期温室效应以及太阳辐射的波动。在图卢兹，气象学家达尼埃尔·卢梭制作了自 1658 年 6 月至今巴黎大区每一年，甚至每一个月的平均气温。在格勒诺布尔，以克洛德·罗瑞斯（Claude Lorius）、让·茹泽尔（Jean Jouzel）及其弟子为中心的团队正在研究南极、北极与格陵兰岛的冰川。在伊维特河畔吉夫（Gif-sur-Yvette），气候与环境科学实验室（LSCE）推进了勒华拉杜里关于葡萄采摘日期的研究，伊莎贝尔·许内与瓦莱丽·多贡献卓著。[2] 文学史学者阿努什卡·瓦萨克与勒华拉杜里有过多次合作，[3]2007 年出版专著《气象学：自启蒙运动到浪漫主义时期关于天空与气候的言说》。[4] 她在法国高等社会科学院还主持了一个研讨班，2011—2012 学年的主题是"天气与气候的图像"，探讨电视与电影中天气与气候的图像。2012—2013 学年的主题是"对气候的感知：当气候引起轰动时"，重点考察历史上几个突发气候事件对人类生活造成的影响，如 1954 年与 1956 年的冬季、2003 年的热浪、2009 年 1 月 24 日

---

[1] Emmanuel Le Roy Ladurie and Anouchka Vasak，"Dimension climatique de l'histoire：un échange avec Anouchka Vasak"，p.176.

[2] Emmanuel Le Roy Ladurie，*Naissance de l'histoire du climat*，pp.69-71.

[3] 阿努什卡·瓦萨克与勒华拉杜里合作出版了访谈录（《中世纪至今的气候史概要》）和一篇访谈文章（《历史的气候维度：埃马纽埃尔·勒华拉杜里与阿努什卡·瓦萨克对话录》），她还为勒华拉杜里的著作《气候史的诞生》写序。

[4] Anouchka Vasak，*Météorologies: discours sur le ciel et le climat, des Lumières au romantisme*，Paris：Honoré Champion，2007.

朗德地区的风暴。[1] 索邦大学的地理学家亚历克西·梅斯热（Alexis Metzger）2012 年出版了《冰的乐趣：黄金世纪荷兰冬季的绘画》，运用气候史与艺术史结合的视角，将荷兰绘画作品中的冰与气候结合起来考察。[2]

奥赛博物馆文化与音乐部主任马蒂娜·考夫曼（Martine Kaufmann）与法国国家图书馆音乐部主任伊丽莎白·朱利亚尼（Elizabeth Giuliani）分别考察了音乐中的风暴以及莫扎特与天气的关系。[3] 斯特拉斯堡大学克里斯托夫·格朗热（Christophe Granger）2009 年出版的《夏日的身体：20 世纪季节变化的出现》，研究了 1920 年出现沙滩日光浴以来，法国社会围绕身体的裸露尺寸、体型与皮肤晒黑程度的争议以及相关的法律规范。[4]

与其他学科气候史研究百花齐放的景象不同，在当今法国历史学界，大多数历史学家对气候史仍旧是半冷不热。成绩比较突出的仅有法国国家科研中心——贝藏松大学编年史—环境研究所研究员埃马纽埃尔·加尼耶（Emmanuel Garnier）和南锡大学博士毕业生洛朗·利岑比尔热（Laurent Litzenburger）。前者写了一本较有影响的气候史著作《天气的混乱》，[5] 探讨了历史上的极端天气。后者 2011 年答辩的博士论文《城市的脆弱：中世纪末期南锡及气

① 参见法国高等社会科学院主页对课程的介绍，http://www.ehess.fr/fr/enseignement/enseignements/2012/ue/1049/，2013-09-20.
② Alexis Metzger，*Plaisirs de Glace: Essai sur la peinture hollandaise hivernale du Siècle d'or*，Paris：Hermann, 2012.
③ 参见法国国家图书馆 2012 年 10 月 16 日至 2013 年 1 月 15 日举办的活动："气候与气象：历史、文字、图像、声音"。
④ Christophe Granger，*Les corps d'été: naissance d'une variation saisonnière XXe siècle*，Paris：Autrement, 2009.
⑤ Emmanuel Garnier, *Les Dérangements du temps. 500 ans de chaud et de froid en Europe*, Paris, Plon, 2010.

候》[1] 考察了中世纪末期南锡的气候及其人们面对极端天气的态度。对气候史的未来，勒华拉杜里显得忧虑重重：一方面在历史学界，气候史研究后继乏人。年轻的历史学者小觑计量史学，对物质史不感兴趣，而这些本应该是从事气候史研究的必要条件；另一方面，虽然不断有其他学科的新生力量加入到气候史研究中，但是他们对历史背景所知甚少，很难做成真正的气候史。[2]

近年来，勒华拉杜里着眼于气候史的长远发展，不断地在报纸杂志、电视台上宣传气候史的最新成果，通过访谈的形式向学界普及气候史研究的基础知识，与青年学者合作著书立说，参与编辑气候史论文集。那么，勒华拉杜里的气候史还有哪些发展空间呢？笔者不揣浅陋，试就此略谈一二。

第一，勒华拉杜里广泛考察了气候变迁对人类社会的影响，但鲜有涉及人类活动对气候变化的影响。如今，已经发展的比较成熟的环境史将其研究主题分为三大类：（一）环境本身及其对人类的影响；（二）人类活动所引起的变化在自然环境中的影响以及反过来对人类社会及其历史的影响；（三）人类关于自然环境的思想以及对待它的态度。[3] 对照环境史研究，勒华拉杜里的气候史主要是完成了对第一大类主题的研究，至于第三大类主题，法国文学界、音乐界、绘画界学者的著作已经有所涉及，但还不成系统。可以预见，对于气候史来说，第二大类与第三大类主题还有很多尚待挖掘的空间。

---

① Laurent Litzenburger，*La vulnérabilité urbaine: Metz et son climat à la fin du Moyen Âge*，Thèse de doctorat d'Histoire d'Université Nancy 2，2011.

② "Histoire du climat avec Emmanuel Le Roy Ladurie : quel avenir pour la discipline en France?"，*Canal Académie*，http://www.canalacademie.com/ida7534-Histoire-du-climat-avec-Emmanuel-Le-Roy-Ladurie-quel-avenir-pour-la-discipline-en-France-6-6.html，2012-01-08.

③ 梅雪芹：《环境史研究叙论》，北京：中国环境科学出版社，2011 年，第 121—123 页。

第二，受布洛赫比较史学启发，勒华拉杜里在一个同时性序列中对西欧不同国家的气候变迁进行了比较。由于受语言限制，西欧之外同一时期的气候变化很少进入他的视野。竺可桢在他那篇已成为经典的文章《中国近五千年来气候变迁的初步研究》中已探测到，气候波动是全世界性的，在不同的国家，最冷年和最暖年可以在不同的年代出现，但彼此是先后呼应的。如果将公元 3 世纪以来欧洲温度升降图与中国同期温度变迁做一对照就可以看出，"两地温度波澜起伏是有联系的。在同一波澜起伏中，欧洲的波动往往落在中国之后。如十二世纪是中国近代历史上最寒冷的一个时期，但是在欧洲，十二世纪却是一个温暖时期；到十三世纪才寒冷下来。如十七世纪的寒冷，中国也比欧洲早了五十年。欧洲和中国气候息息相关是有理由的。因为这两个区域的寒冷冬天，都受西伯利亚高气压的控制。"[1] 无独有偶，勒华拉杜里在《气候的人文史与比较史（卷二）：饥荒与革命》中也提供了一条有意思的信息：1751 年到 1756 年，在法国和英国，有一系列年份夏天很冷，谷物歉收，小麦价格上涨。这一情况在瑞士很明显，维也纳、柏林和慕尼黑也出现了很重要的生计危机。他还发现，在 1753—1756 年，德国和日本都发生了饥荒，但还没有材料证明，两者之间是否真有联系。[2] 由此可见，把中、日等亚洲国家纳入气候史研究范围，再进一步研究全球范围内的气候变迁，这或许是气候史在未来应努力的方向。

---

[1] 竺可桢：《中国近五千年来气候变迁的初步研究》，《考古学报》1972 年第 1 期，第 35 页。

[2] Emmanuel Le Roy Ladurie, *Histoire humaine et comparée du climat. 2*, *Disettes et révolutions*, *1740-1860*, pp.25-26.

法国的城市环境史研究：缘起、发展及现状 [1]

四川大学外国语学院　肖晓丹

作为环境史的一个新兴分支领域，城市环境史是环境史发展到一定阶段，与城市史、技术史等史学分支深度整合的产物。欧美的城市环境史学诞生于 20 世纪八九十年代，主要探讨城市与自然之间的交互作用，以及这些互动所引发的环境与社会变迁。我国学界在介绍外国城市环境史学史的研究现状时往往聚焦于美国和英国，对法国在该领域的研究状况着墨甚少。[2] 一些国外学者在回顾城市环境史的兴起历程，分析其发展新趋势时提到了法国学界的研究成果，但比较简略。[3] 法国的城市环境史主要脱胎于技术史和公共工

---

[1]　本文发表于《史学理论研究》2016 年第 2 期，第 132—141 页。

[2]　就笔者目力所及，国内仅发表过两篇有关法国环境史学的评介文章。崇明在为著名森林史学者安德蕾·科沃尔主编的《法国环境史资料》所撰写的书评中简要介绍了该书对法国城市空气污染问题的研究。包茂宏发表的 2003 年采访法国学者热讷维耶芙·马萨—吉波的访谈文章有助于我们初步了解当时法国环境史研究的发展状况，文中对城市环境史有所提及。（参见崇明：《法国环境史三题：评〈环境史资料〉》，《学术研究》，2009 年第 6 期；包茂宏：《热讷维耶芙·马萨—吉波教授谈法国环境史研究》，《中国历史地理论丛》，2004 年第 19 卷第 2 辑）

[3]　参见 Dieter Schott, "Urban environmental history: what lessons are there to be learnt ? " Boreal Environment Research, vol.9, 2004, pp.519-928.; Geneviève Massard-Guilbaud and Peter Thorsheim, "Cites, Environments, and European History", Journal of Urban History, vol.33, 2007.; Stéphane Frioux, "At a green crossroads: recent theses in urban environmental history in Europe and North America", Urban History, 2012(39), pp. 529-539.

程史，并从历史地理学、年鉴学派和城市史当中汲取了丰厚的营养，虽然兴起的时间并不长，但最近十余年来发展势头强劲，涌现出一批造诣精深的知名学者，佳作层出不穷。本章拟对法国城市环境史的学术源流、发展脉络、研究主题和内容进行梳理，审视其理论框架和分析路径的嬗变，探究其在研究方法方面带来的启示。

一

法国的环境史学者马萨－吉波与美国环境史学者托尔谢姆在《城市、环境和欧洲历史》一文中指出，城市环境史在欧洲的发展植根于城市史和技术工程史。[1] 这一点在法国体现得尤为明显。城市史学作为一门历史分支学科诞生于 20 世纪 60 年代。在年鉴学派的总体史观主导下，对城市的研究通常是在人口史、社会史、经济史、政治史和文化史框架内展开的。城市不过是社会经济活动的发生地或背景，而非参与历史事件和进程的主体。因此，城市本身尚未成为一个特定的历史研究对象。

20 世纪 70 年代是法国城市史学的转折点。构成现代欧洲城市今日面貌的建筑材料新技术、照明设施、下水道铺设、沥青街道、市民公园等物质环境因素逐步走进城市史学者的研究视野。著名城市史家让－克洛德•佩罗的代表作《现代城市的形成》[2] 创立了一种全新的城市史书写模式。城市不再只是社会史或经济史的背景，而成为一种独特的空间。佩罗在书中提到了可能对城市的诞生与发展施加影响的一系列自然环境因素，并用大量篇幅描述了 18 世纪的卡昂市环境卫生糟糕的状况，以及水污染、下水道设施等人

---

[1] Geneviève Massard-Guilbaud and Peter Thorsheim, "Cites, Environments, and European History," *Journal of Urban History*, vol.33, 2007.

[2] Jean-Claude Perrot, *Genèse d'une ville moderne moderne. Caen au XVIIIe siècle*, Paris-La Haye, Mouton : Éditions de l' EHESS, 1975.

为干预环境的现象。20 世纪 80 年代，法国的城市史研究路径发生明显变化，逐渐从单个城市的变迁史向城市规划思想、建设历程、物质文化史等主题研究和综合性研究转型。城市史家贝尔纳·勒佩蒂在《现代法国的城市：1740—1840》一书中将城市视为一个大结构体系内部的数个子单元，强调城市发展过程具有空间和时间的双重内涵。[①] 他详细描述了由经济和行政结构变动所引起的城市地理分布和层次上的变化，尤其关注城市道路网的生成。社会史家让－皮埃尔·顾贝尔的代表作《水的征服》[②] 紧密围绕工业时代都市用水问题，细致地考察了 18 世纪晚期至 20 世纪 70 年代十余座法国城市供水和排水系统的建设，社会对清洁、卫生、健康等概念认知历程的嬗变，以及相关科学知识的传播和影响。

同一时期，源于技术史的城市基础设施及公共工程史的研究在法国逐渐兴盛起来。技术史专家加布里埃尔·杜比伊、安德烈·纪尧姆和萨宾娜·巴尔勒就城市地下管网系统出版了若干颇具影响力的著作[③]，重点考察了城市供排水系统的历史变迁及其与社会、经济、政治和生态环境的相互作用问题。他们的研究表明，城市地下管网工程的实施不仅缘起于技术知识的变革，同时也依赖于复杂的决策过程。杜比伊、纪尧姆和巴尔勒先于其他历史学家投身城市环境史研究，被法国环境史学界公认为是该领域的开拓者。杜比依与美国城市环境史的奠基人乔尔·塔尔联袂编撰的论文集

---

①   Bernard Lepetit, *Les Villes dans la France moderne 1740-1840*, Paris : Albin Michel, 1988., p.80.

②   Jean-Pierre Goubert, *La conquête de L'eau . L'avènement de la santé à L'âge industriel*, Paris: Éditions Robert Laffont, 1986.

③   此处仅列举部分相关著作：G. Dupuy. et G. Knaebel, *Assainir la ville hier et aujourd'hui*, Paris: Dunod, 1982.; G. Dupuy, *L'urbanisme des réseaux: théories et méthodes*, Paris : Armand Colin , 1991.; Sabine Barles et A. Guillerme, *L'urbanisme souterrain*, Paris: PUF, 1995.

《技术与欧美管网城市的兴起》① 出版于 1988 年，着重讨论了公共交通、给排水管网，垃圾处理、能源供应体系等基础设施与技术选择对城市环境的影响。有学者认为，这部论著的诞生标志着欧洲城市环境史学正式迈入起步阶段。②

城市环境史的生根发芽也是环境史发展到一定阶段的必然结果。欧洲的环境史研究发轫于 20 世纪 80 年代，而 1995 年《环境与历史》（*Environment and History*）杂志的创办、1999 年欧洲环境史学会（ESEH）的成立，则标志着欧洲环境史学的制度化与学科化建设步入了正轨。对于欧洲学界而言，自然与文化的分野并不明晰，曾经主宰美国环境史坛的荒野观念几乎不存在，因而"农业－生态"分析模式从未像在美国那样占据主导地位。正如马萨－吉波和托尔谢姆所指出的，美国的城市环境史脱胎于一场反对以"荒野"为主导思想的史学传统的学术论争，而欧洲的城市环境史学无须在既定的环境史框架内争取合法性，因为两者的发展步调基本一致。③

相比美国、英国和德国，环境史作为一门独立的学科在法国萌生较晚，这在很大程度上是由于法国深厚的地理学传统在历史学家和地理学家之间筑起了一道无形的藩篱，阻碍了环境史在短时间内脱离地理学，成为历史学的一个分支学科。但法国人文地理学对人地关系中人文要素的关切，促使历史学家将目光投向境地（milieu）与社会的密切互动，尤其是人类通过经济、政治制度

---

① Joel A. Tarr and Gabriel Dupuy, eds., *Technology and the Rise of the Networked City in Europe and America*, Philadelphia: Temple University Press, 1988.

② Geneviève Massard-Guilbaud and Peter Thorsheim, "Cites, Environments, and European History".

③ Geneviève Massard-Guilbaud and Peter Thorsheim, "Cites, Environments, and European History".

对自然环境施加的影响。[1] 作为典型的人工环境，城市从法国环境史学兴起伊始就是重点研究对象。美国的欧洲史专家迈克尔·贝斯认为，法国学者没有从自然主义的单一视角去片面地理解生态，而是将城市、工业、技术等因素融入对自然生态的阐释中，同时不否定环境保护的必要性。这种思考方式是法国学界的一大贡献，值得美国同行学习和借鉴。[2]

随着环境史研究领域的拓宽以及纵向的深入，在环境史的框架内催生出了一些深度交叉的次分支领域，如农业生态史、城市环境史、自然保护史、环境政治史等。在环境史学勃兴之际，人与环境的关系逐渐引起更多欧洲城市史学家的浓厚兴趣，一个围绕城市环境史的学术团体也渐成雏形。法国学者马萨－吉波是这一团体的领军人物之一，在她的积极倡导下，首届欧洲城市环境史学术研讨会于 2000 年在法国的克莱蒙－费朗市召开。6 年之后，以"十九和二十世纪欧洲城市环境、原料与物质性"为主题的第四届欧洲城市环境史学研讨会在巴黎举行。2007 年，法国城市史学会（Société française d'histoire urbaine）主办的权威期刊《城市史》推出了"城市与环境"专号。在《现当代史杂志》于 2009 年刊出的"环境史"专号《序言》中，社会史学者法比安·罗歇与格里高利·凯内着重阐述了城市环境史的重要性，认为"城市环境史现已成为环境史的中心论题"。[3] 此外，以 EHESS、Champ Vallon 为代表的

---

① 参见 Geneviève Massard-Guilbaud, "Historiens et géographes français et relation de l'homme au milieu : de Vidal de la Blache aux programmes de recherche interdisciplinaires de la fin du XXᵉ siècle", in Robert Chenorkian et Samuel Robert, eds., *Les interactions hommes-milieux. Questions et pratiques de la recherche en environnement*, Versailles : Quæ, 2014, pp. 77-96.

② Michael Bess, "Quelle leçon les Américains peuvent-ils tirer de l'histoire du mouvement écologiste en France ? ", *Responsabilité et Environnement, Les Annales des Mines*, avril 2007, n°46.

③ Fabien Locher et Grégory Quenet, "L'histoire environnementale: origines, enjeux et perspectives d'un nouveau chantier", *Revue d'Histoire Moderne & Contemporaine,* vol.4, 2009.

出版社推出了一系列城市环境史的精品佳作。由于学术组织、出版机构的鼎力支持，城市环境史吸引了大批钻研社会史、城市史的学者，大有呈显学之势。

法国的历史学者虽然较为晚近才踏足于城市环境史领域，但在过去 20 年里成果斐然。擅长城市史和社会史的热讷维耶芙·马萨－吉波是法国环境史学界的领军人物。马萨－吉波现执教于法国社会科学高等研究院（EHESS），是法国第一位环境史讲席教授，曾担任欧洲环境史学会会长（2007—2011），在欧美城市环境史学界享有盛誉。近些年，法国城市环境史研究领域新人辈出，如斯蒂凡尼·弗里乌（Stéphane Frioux）、托马·勒胡（Thomas Le Roux）、洛朗斯·莱斯泰尔（Larence Lestel）、米歇尔·勒岱（Michel Letté）、让－巴蒂斯特·弗雷索兹（Jean-Baptiste Fressoz）等。

二

从诠释范式来看，法国的城市环境史学经历了从以"物质－技术"分析路径为主，到"技术－生态"路径与"社会－文化"路径并重的嬗变。脱胎于城市史和技术史的城市环境史研究最初往往聚焦于基础设施网络本身，或是着眼于城市内部的水、空气污染及其对公共健康的危害，对技术管网长久以来造成的生态破坏重视不够，更没有深刻意识到由此诱发的社会与自然关系的深层质变。萨宾娜·巴尔勒开创性地将奥地利社会生态学家 M. 费舍尔－科瓦斯基提出的"社会代谢"理论和物质流分析法（MAF）[①] 融入城市环境史研究，从物质和能量交换的角度切入来探究城市与外部世界的关联互动，清晰地勾画出城乡物质循环系统以及城市、工业、农业三者间物质交换模式的变迁。巴尔勒对 19 世纪和 20 世纪巴

[①] M. Fischer-Kowalski, "Society's metabolism: The intellectual history of materials flow analysis, Part I: 1860-1970", *Journal of Industrial Ecology*, 1998, 2(1).

黎市资源流动及废物排放的研究表明，自工业革命以来，包括乡村、河流在内的广阔腹地遭到了城市扩张的剧烈冲击，而 19 世纪末联系城市与乡村的传统物质循环链条的断裂是"垃圾"这一概念生成的根源。[1] 巴尔勒还采用物质流分析法对 19 世纪巴黎市氮素流动去向的转移展开量化考察，揭示出下水道排污模式在净化城市内部的同时却给水环境造成严重的负荷。[2] 她甚至还借鉴了"生态足迹"这一当代生态学理论模型，评估和衡量城市生态系统对自然资源的利用状况及其可持续性。[3]

传统的污染史的书写要么只涉及某一类环境介质（尤其是水或空气），要么在个案研究中将水体、空气、土壤污染等问题分开论述，单纯着眼于城市代谢的某个局部环节，忽略了污染在不同环境介质之间的转移扩散。而且其关注点局限于发生在城市内部的污染，周边乡村腹地遭受的生态破坏长期以来遭到忽视。正如环境史学家本恩哈特和马萨—吉波在《现代的恶魔》序言中所指出的，"这种对输入物与排放物，水、空气与土壤分而视之的观念实质上是把环境割裂来看的，必然导致片面化的治理手段"。[4] 代谢

---

[1] Sabine Barles, "A metabolic approach to the city : Nineteenth and Twentieth Century Paris", in Dieter Schott, Bill Luckin and Geneviève Massard-Guilbaud, eds., *Resources of the City: Contributions to an Environmental History of Modern Europe*, Aldershot: Ashgate, 2005, pp.48-62.

[2] Sabine Barles, "L'invention des eaux usées : l'assainissement de Paris, de la fin de l'Ancien Régime à la seconde guerre mondiale", in Christoph Bernhardt and Geneviève Massard-Guilbaud, eds., *Le Démon Moderne. La pollution dans les sociétés urbaines et industrielles d'Europe*, pp.129-156.）

[3] Sabine Barles, "Comprendre et maîtriser le métabolisme urbain et l'empreinte environnementale des villes", *Annales des Mines - Responsabilité et environnement*, 2008/4, N° 52.

[4] Christoph Bernhardt and Geneviève Massard-Guilbaud, eds., *Le Démon Moderne. La pollution dans les sociétés urbaines et industrielles d'Europe*, Clermont-Ferrand: Presses Universitaires Blaise-Pascal, 2002, P.16.

理论的引入为探究城市环境问题的根源提供了新视角，开辟了整体主义（holistic）的研究思路。这一研究路径大大超越和延展了传统城市史对研究对象的框定，将城市置于更宽广的生态系统当中。城市不再仅仅被视为污染的发生地，它一方面是消耗资源和排出废弃物的新陈代谢体，另一方面又是积极开发自然资源，通过技术手段对其进行配置，从而参与塑造环境的行动主体。城市史学家让－吕克·皮诺尔指出，"环境成本的外化形式体现在城市攫取自然资源的触角越伸越远的同时，污染型产业和各种废弃物被迁移至更远的地方"，因此，"将城市史与环境问题结合起来显得势在必行"。[1] 近年来，有更多法国学者把研究视野转向城市对自然资源的利用方式及其对生态环境、城乡关系的影响，从而实现了城市环境史从"内部"向"外部"的突破，从而为促进城市史与乡村史的贯通创造了契机。

不同于"技术－生态"视阈，"社会－文化"视阈下的城市环境史研究，将政治和文化视为城市环境发展演变机制中的关键因素。著名的感官史学家阿兰·科尔班的早期代表作《瘴疠与黄水仙》[2]，独辟蹊径地从社会和文化的角度论述了 18 世纪下半叶法国城市开启的"嗅觉革命"，将气味这一符号象征与城市环境卫生的改善联系起来，证明气味不仅是一种文化建构，更在现实中推动了社会思想观念和个人及集体实践的变迁。科尔班本人虽然并不属于环境史学家的行列，但他所开辟的文化研究路径启迪了后来的法国学者，促使他们针对"污染"这一特定时代文化的产物以及环境感知、环境观念展开了更深入的探讨。

---

[1] Jean-Luc Pinol, " Préface", *Les batailles de l'hygiène, Villes et environnement de Pasteur aux Trente Glorieuses*, par Stéphane Frioux, Presses Universitaires de France, 2013.

[2] Alain Corbin, *Le miasme et la jonquille. L'odorat et l'imaginaire social, XVIIIe-XIXe siècles*, Paris : Aubier Montaigne, 1982.

早期的法国城市环境史将地下管网系统、工业化导致的环境污染问题，与环境政策、公共卫生等社会问题紧密相连，把社会各阶层的回应作为重要主题来研究，为社会史与环境史的有机融合奠定了基础。年鉴派强调地理环境等深层结构之于社会变迁的重要作用，所提倡的总体史观念和跨学科合作有利于自然史与社会史的统一。进入 21 世纪后，环境史与社会史、文化史的交叉互渗日益加深。马萨－吉波与英国环境史学家斯蒂芬·莫斯利共同撰文倡导打破社会史和环境史之间的学科界限和长久统治西方学术界的自然－文化二分法，主张把环境、社会、经济、政治和感知等多重因素统统糅进历史研究中。他们指出，当代环境史研究"有一种强烈的倾向，即将人高度抽象化为地球万物中的一个物种。这一立场无疑促使我们以更谦卑的态度审视历史进程中人类发挥的作用，但其弊端在于，这种'过分简化的整体主义'将不同文化、不同群体的观念和行动一概而论，从而埋没了民众生活经历的特殊多样性"，因此，"一个有待（环境史学者）深入探讨的问题是，利用自然和自然资源过程中的冲突、纷争和权力机制，以及日复一日的惯常举动和消费行为如何塑造了历史时空中人类与环境的关系"。[1]

当今法国的城市环境史研究越来越频繁地采用文化史、社会史的分析工具，主要从以下三个维度展开探讨：一、注重对环境文化的解读，从表象史的角度深入人的精神层面发掘人们处在特定环境中所形成的环境观念和日常体验。二、将环境史视角融入社会史的一个显著体现就是有关环境正义的历史书写。即以环境权利为切入点，从政治、阶级、文化等角度剖析环境不公产生的根源，重新审视城市空间组织、城乡关系、日常生活等社会史研究对象，以及城市自然资源的分配和使用所引发的社会权利纷

---

[1] Geneviève Massard Guilbaud, Stephen Mosley, *Common Ground. Integrating the Social and Environmental in History*, Newcastle upon Tyne: Cambridge Scholars Publishing, 2011, p.4.

争。三、将环境与政治学视阈下科学知识的核心概念"权力"紧密关联，重视环境文化、知识塑造和交流背后不同层次的权力交锋及其文化内涵，如利益纠葛、制度变革、权力关系和社会文化特色等。

三

马萨－吉波将城市环境史的研究方向归纳总结如下："城市扩张对腹地的影响以及城市内外关系；城市对自然资源的认知和利用；城市污水排放与处理，与环境相关联的公共卫生事务；城市管网对环境的影响；工业污染以及城市空间工业化的环境效应；社会对污染的定义和认知演变；非工业来源的环境污染（比如噪声）；城市灾害及其社会管理；环境正义问题；城市中的自然生态系统；涉及环境的法规。"[1] 上述研究主题涵盖了物质－技术史、经济史、社会史、政治史、文化史等诸多方面的内容。总体来看，法国的城市环境史研究主要围绕城市水环境、工业污染史、垃圾与污水处理三个方面展开。

1. 城市水环境

城市周边或内部的沼泽地、河流、湖泊等构成了滋养城市的水环境。早在环境史兴起以前，城市与河流的关系就是法国地理学家热衷研究的一大主题。从地理学的维度上看，河流只是参与塑造城市地理环境的一个自然因子，因此以往的城市与河流关系史研究多局限于某段流域的物资运输和人员交通。城市环境史跨越学科界限，将地理学方法与文献档案相结合，从全新的角度考察历史上的沼泽、河流与城市的互动关系，让水的历史与城市的历史水乳交融、合二为一。

---

① Geneviève Massard-Guilbaud, "Pour une histoire environnementale de l'urbain", *Histoire urbaine*, vol.18, 2007.

城市郊区沼泽的功能演变曾长期被史学界所忽视。帕特里克·富尼埃的《17和18世纪沼泽地带中的城市》一文对城市与周边沼泽地带的关系进行了颇具开创性的研究。富尼埃指出，沼泽以及更广泛意义上的湿地对于前工业化时代城市生态系统的运行发挥过重大作用。然而，在18世纪盛行的疫气理论影响下，沼泽因散发湿气而被医学界视为一种不利于人体健康的"境地"（milieu），湿地排水遂成为城市环境改造的头号工程。① 随着大量沼泽陆续被排干，河流取代沼泽成为最重要的水环境因素，从此对城市布局、环境、经济和文明扮演至关重要的角色。

　　安德烈·纪尧姆于1983年出版的《水时代》② 一书纵览法国北部城市近1500年间的环境变迁，着重考察城市水网在各个历史时期对巴黎盆地一带城市经济所发挥的不同作用，以及每一段特定时期内人们对水的态度和利用方式。该著作鲜活地再现了法国北部城市史上两个河网密集的"水时代"。在中世纪早期和盛期，奔腾的河流为各类手工业带来源源不断的机械动能。而文艺复兴时期盛行的化学手工业则普遍采用有机物浸泡发酵工艺，遍布城区的沟渠为其提供了有利的静水环境。

　　巴古什所著的《河流的痕迹》③ 生动地呈现了一部城市与河流之间跌宕起伏的关系史。18世纪的塞纳河及其河畔作为独特的城市空间，扮演着水运航道、定居点、商业区等多重角色。国王和地方政府围绕其使用权和管理权的竞争愈演愈烈。第一帝国和复辟王朝时期，巴黎市政府逐渐丧失了对河域的管辖权，塞纳河被交由省长和国家路桥工程师全权负责，河流整治工程由此拉开序

---

① Fournier Patrick, "La ville au milieu des marais aux XVIIᵉ et XVIIIᵉ siècles : Discours théoriques et pratiques de l'espace", *Histoire urbaine*, 2007/1 n° 18.

② André Guillerme. *Les temps de l'eau : la cité, l'eau et les techniques, Nord de la France, fin IIIᵉ siècle-début XIXᵉ siècle*. Seyssel : Editions du Champ Wallon, 1983.

③ Isabelle Backouche, *La trace du fleuve. La Seine et Paris (1750-1850)*, Paris : EHESS, 2000.

幕。在功能主义城市规划思想主导下，决策者们以国家整体经济发展为首要考量，将塞纳河打造成为法国内河航运的主动脉。塞纳河从此与巴黎市民的生活逐渐剥离开来。

法国历史地理学界的知名杂志《地理汇刊》于 2010 年第 3 期推出了"城市与河流"专辑，收录的六篇论文均出自历史研究者，内容涵盖了 18 世纪以来深刻改变城市居民与河流关系的重大事件。在历史学者眼中，"城市河流不仅是经过人类彻底改造的空间，同时还是沿河社会群体争夺的对象"。[①] 相较以往的研究成果，该专辑从环境史的视角出发，更加深入地探究了城市与河流关系变革背后的经济、政治和文化推动力，市民对河流的功能定位和形象认知，社会行动者之间的交互作用，包括有关水资源使用权的法律冲突，围绕水质污染与河流净化方案的社会各方的争论和博弈等问题。

2. 工业污染与社会反应

工业化造成的环境污染是欧美城市环境史最早涉及，也是着墨最多的一大主题。相比美国、英国和德国同行，法国学者较晚踏足这一领域。进入 21 世纪以来，法国的工业污染史研究迅速升温，一批优秀成果随之相继问世。

巴雷－布古安所著《工业城市及其毒瘤》[②] 细致地刻画出 19 世纪法国东部工业重镇格勒诺布尔市社会各阶层对城市环境质量恶化的感受和体验。城市居民环境诉求的演变趋势反映出人们对健康和安全风险的敏感性在不断提高。热讷维耶芙·马萨－吉波的代表作

---

① Stéphane Frioux, "Fléau, ressource, exutoire : visions et usages des rivières urbaines (XVIIIᵉ-XXIᵉ s.)", *Géocarrefour*, Vol. 85/3, 2010.

② Estelle Baret-Bourgoin, *La ville industrielle et ses poisons. Les mutations des sensibilités aux nuisances et aux pollutions industrielles à Grenoble*, 1810-1914, Grenoble : Presses Universitaires de Grenoble, 2005.

《法国工业污染史》[1]被欧洲史学界公认为城市环境史领域的一部经典之作。作者以《1810 年法令》[2]为叙述主线，灵活运用"技术－决策""文化－表象"两种分析框架，立体化地呈现出在经济自由主义和工业至上主义盛行的时代背景下行政管理部门、公共卫生机构、司法部门、工程学界等主体围绕城市工业污染治理所形成的一整套复杂机制。托马·勒胡的《工业污染的实验室》[3]重在考察 18、19 世纪之交巴黎市民与城市环境之间关系的剧变。作者通过梳理巴黎工业污染管治政策的变迁得出的结论是，相比于旧制度时期，《1810 年法令》对污染型行业的规束明显削弱；其颁布实施，标志着工业至上主义的胜利以及城区工业生产的强势回归。与此同时，科学－卫生鉴定与政治权力的融合越发紧密。在《欣悦的世界末日》[4]一书中，弗雷索兹对 19 世纪的城市煤气照明的研究表明，针对技术风险和环境污染，来自政界和公众的争议和反对声音从未断绝，但最终未能阻碍技术的强行实施；政府监管机构和权威学术机构通过塑造话语权、出台技术标准和生产程序等方式，竭力平息公众的质疑及其对环境风险的焦虑，起到了为工业发展保驾护航的作用。

　　法国学界关于 18 世纪至 20 世纪上半叶城市工业污染史的研究表明，污染不完全是外在于人类社会的独立而抽象的客观现实；

---

[1]　Geneviève Massard-Guilbaud, *Histoire de la pollution industrielle. France (1789-1914)*, Paris : EHESS, 2010.

[2]　1810 年 10 月 15 日，法兰西第一帝国颁布《关于工厂释放不卫生或妨害安宁的气味的法令》(Décret impérial relatif aux établissements et ateliers qui répandent une odeur insalubre ou incommode)(简称 1810 年法令)，根据污染程度大小将工业设施分为三级，并制定相应的行政许可程序。该法令是欧洲乃至世界上首部针对城市工业污染进行监管的全国性立法，对欧洲大陆工业污染防控政策的影响长达一个世纪。

[3]　Thomas Le Roux, *Le laboratoire des pollutions industrielles. Paris, 1770-1830*, Paris: Albin Michel, 2011.

[4]　Jean-Baptiste Fressoz, *L'apocalypse joyeuse : une histoire du risque technologique*, Paris : Éditions du Seuil, 2012.

从另一角度来看，它也是社会在思考与自然环境的关系过程中诞生的一种理念，承载着丰富多元的社会文化意义。社会对污染现象的认知与工业污染源的变化、医学和科技进步及其话语渗透不无关联。从关注"卫生"到重视"生态"，法国社会环境意识的觉醒是一个渐进的、累积的过程。19世纪初，政府在卫生学思想指导下通过国家立法对污染型工业实施干预，其宗旨在于优先保障工业发展，同时兼顾保护私人财产权和公共卫生，而非保护自然或城市环境。然而不可否认的是，法国城市的反污染斗争早在19世纪中期就已初现端倪，可以被视作当代环境主义运动的先声。近年来，法国工业污染史研究的着眼点逐渐由污染防治政策扩宽至"工业失范"（débordements）和由此引发的社会冲突。[1]

3. 垃圾处理与排污系统

城市物质流是探究城市这一人工构造与自然环境之间互动关联的关键所在。因此给排水系统、生产生活资料的运入、物质的生产和消费、固体和液体废弃物的产生与处理，成为城市环境史研究的重要主题。

垃圾位于物质能量转化链条的末端，也是城市生态系统物质循环中举足轻重的一环。20世纪80年代，法国学者布德里奥曾撰文分析前工业化时期巴黎的城市废弃物构成和垃圾处理措施。[2]萨

---

[1] 参见 Thomas Le Roux et Michel Letté (dir.), *Débordements industriels. Environnement, territoire et conflit XVIIIe - XXIe siècle*, Rennes : PUR, 2013.; Michel Letté, "L'histoire des débordements industriels à l'origine de conflits autour de l'environnement", *Responsabilité & Environnement*, N° 62, 2011, pp.43-49.

[2] P.-D. Boudriot, "Essai sur l'ordure en milieu urbain à l'époque préindustrielle. Boues, immondices et gadoue à Paris au XVIIIe siècle", *Histoire, économie et société*, 5-4,1986, pp. 515-528.

宾娜·巴尔勒的代表作《法国城市垃圾的生成》①就18世纪末以来城市废弃物循环经济的历史与垃圾这一名词语义的生成展开了深入研究。巴尔勒指出，"垃圾"（déchet）一词诞生于19世纪末，标志着城市的新陈代谢模式经历了一个历史性的转折。18世纪末至19世纪晚期是城市废弃物回收利用的黄金时期，城市曾一度被视为工农业生产原料的宝藏，而非靠周边地区养活的资源消耗者，因而不存在"垃圾"这一概念。然而，从19世纪末起，由于廉价替代品不断涌现，工业和农业对城市废品的需求逐渐减低，维系城市与乡村之间物质循环纽带的断裂，"垃圾"于是取代了过去通用的"污泥""烂泥""排泄物"等词，并沦为城市环境的负担。

巴尔勒的另一部著作《不健康的城市》以18世纪至20世纪的巴黎为个案，详细考察了医生和工程师在对城市代谢系统进行"殖民干预"过程中发挥的作用以及两者影响力的此消彼长。前工业化时代城市环境的主要特征为街道肮脏不堪、臭气熏天。卫生专家将城市环境视为不健康因素的集合体，并主导起草城市改造规划。步入19世纪后，工程师逐渐取代医生成为城市改造中的主角。第二帝国时期巴黎路桥工程师着力打造的三大主体工程（引水、地面防水处理和地下排水）深刻改变了城市区域的水循环，其宗旨是"将静滞、潮湿、有机的环境转变为动态、干燥和矿物质的环境"②，并由此带来下水道淤塞和灰尘污染等新的环境问题。

社会史学者斯蒂凡尼·弗里乌着重审视深刻改变城市生态环境的技术创新与传播。他于2013年出版的《卫生之战》③将视野放大

---

① Sabine Barles, *L'invention des déchets urbains. France, 1790-1970*, Seyssel: Champ Vallon, 2005.

② Sabine Barles, *La Ville délétère: médecins et ingénieurs dans l'espace urbain, XVIIIᵉ-XIXᵉ siècle*, Seyssel : Champ Vallon,1999, p.331.

③ Stéphane Frioux, *Les batailles de l'hygiène. Villes et environnement de Pasteur aux Trente Glorieuses*, Paris : Presses Universitaires de France, 2013.

至全法国甚至法国以外的欧洲城市，过去一贯遭忽视的中小城市也被纳入研究范畴。该著作综合环境、社会、政治、经济等多重因素，全方位地再现了围绕 19 世纪末至第二次世界大战后城市环卫技术与设施嬗变的激烈论争，深入解析了饮用水供应、污水排放和垃圾处理的技术创新逐渐推广至法国全境的曲折过程。作者指出，现代卫生技术的传播与普及并非像人们通常认识的那样总是由上至下的，即从经济文化实力强劲的首都或首府输入到小城镇。法国城市环卫技术创新最活跃的试验场恰恰是小城市，技术创新呈现出从边缘向中心渗透的态势。

四

与美国、英国和德国相比，法国的城市环境史涵盖的内容更加丰富多样，理论与方法也更加多元化，其主要特征可作如下归纳：

一是技术－生态分析与社会－文化分析两种研究路径并重。缘起于技术史、公共工程史的法国城市环境史学延续了其一贯注重物质和技术层面的学术传统，并逐步把研究侧重点从管网化的城市内部空间转向城市与周围环境之间的物质交换与相互影响。环境史与社会史、文化史的交叉融合则是近十余年来的发展新趋向。文化分析研究路径强调不同社会群体与自然交互过程中的感知和体验，注重从表象史的角度对社会的环境观念进行深入挖掘。同时，越来越多的社会史研究者运用社会分层、空间隔离等分析工具审视环境正义问题以及围绕城市空间使用的社会冲突。"环境不公问题如今已成为环境史学，兴许也是社会史学当中最富前景的研究领域之一。"① 面对美国环境史学"文化转向"的热潮②，法国学者大多持较为冷静的态度，始终坚持把生态、经济和技术因素置于其研究中心。

二是鲜明的跨学科研究特色。与美国同行多数任职于历史系不同的是③，法国资深城市环境史学者当中有相当一部分是科学技术史专家。杜比伊、纪尧姆、巴尔勒均为城市规划工程师出身。在城市声音环境史研究领域独树一帜的奥利维耶·巴莱（Olivier Balaÿ）原本是一名建筑师。具有理工科背景的研究者往往能够娴熟地运用自然科学的研究方法，自觉地将生态分析融入以档案材料为依据的历史剖析当中。一些学者也在努力尝试引入人类学和文化分析的理论视角。另一方面，以经济史、社会史见长的专业历史学者近年来热衷于探讨技术对环境的影响，开辟出"技术创新""技术风险""权力与知识"等新的研究视野。这在客观上要求历史学家掌握物理学、化学等学科的一些基本知识，对他们而言是不小的挑战。此外，一系列以城市环境为研究主题的交叉学科研究机构为整合各专业优势资源，促进多学科学者之间的交流与合作搭建起有利的平台。④

三是理性客观的历史批判观念。受 20 世纪六七十年代激进环

---

① Fabien Locher et Grégory Quenet, "L'histoire environnementale : origines, enjeux et perspectives d'un nouveau chantier. "

② 正如高国荣所指出的，近二十年来美国环境史研究的文化转向"过分强调文化的作用和社会差异"，"削弱了环境史以自然为中心及跨学科研究的特色"。参见高国荣：《美国环境史学研究》，北京：中国社会科学出版社，2014 年，第 270 页。

③ 高国荣：《美国环境史学研究》，北京：中国社会科学出版社，2014 年，第 265 页。

④ 比如国立科学技术与管理学院（CNAM）下属的"技术与环境史研究中心"（CDHTE）；隶属于法国国家科研中心（CNRS）的"罗讷－阿尔卑斯历史研究中心"（LARHRA）；法国文化传播部建筑与遗产局（BRAUP）下设的"声音空间与城市环境研究中心"（CRESSON）；法国国家科研中心下属的"环境与发展国际研究中心"（CIRED）等。

境保护运动的影响，环境史带有强烈的道德伦理诉求和文化批判色彩。[①] 早期的环境史学批判倾向于把所有环境问题都归结于资本主义生产方式。[②] 法国学者在论述城市与工业化的关系时没有单纯从道德角度出发抨击工厂主对控制污染政策的抵制与不合作姿态，而是更强调环境治理政策的内在妥协性。包括政界人士、工业家、医生、科学家和工程师在内的社会参与者在反污染和环卫技术创新过程中发挥的积极作用得到了充分肯定。虽然以《1810 年法令》为核心的城市环境污染治理措施从总体上看是失败的，但它客观上促进了 19 世纪法国环境意识、治污观念、减污技术和法律制度等多方面的进步。这一点已获得多数学者的认同。

法国城市环境史具有明显的时空特色。受年鉴派影响，法国学者比较倾向于以长时段的视角来开展研究。一些著作的时间跨度长达数百年甚至上千年。18 世纪晚期至 20 世纪中叶是最受研究者瞩目的历史区间，因为此段时期正好与欧洲资本主义工业化和城市化从萌发到勃兴，后又趋缓的整体进程相重合。中世纪和前现代化时期也受到了一些学者的青睐。从空间上看，工业发达的西欧是法国研究者关注较多的区域，其次是北欧、南欧。近年来，法国史学界对中东欧前社会主义国家城市环境史的关注度在不断上升。

不过我们也应看到，环境正义史的研究目前在法国尚未形成气候。法国学者过去针对防治环境污染的法规研究较多，相形之下忽略了环境权利。其中部分原因在于历史上法国社会的种族问题不像美国那样尖锐，也从未掀起过轰轰烈烈的自下而上的环境正义运

---

① 参见梅雪芹:《环境史学的历史批判思想》,《郑州大学学报（哲学社会科学版）》,2005 年第 38 卷第 1 期。

② 比如，美国学者安德鲁·赫尔利在其代表作《环境不公正》一书中给工业家和政界人士笼统地贴上"资本家"的标签，并认为工业家企图通过持续排放污染物来维持其"环境霸权"。参见 Andrew Hurley, *Environmental Inequalities: Class, Race, and Industrial Pollution in Gary, Indiana, 1945–1980*, Chapel Hill, NC, 1995.

动。就学术传统而言，法国史学界对于"环境正义"（environmental justice）的概念比较陌生，而更偏向于使用"环境不公"（inégalités environnementales）这一术语。[1] 此外，关于城市中的自然生态系统以及非工业污染的研究目前还处于起步阶段，亟待开拓。近年来，法国学界加强了城市环境史的比较研究，相关著述不断涌现，既涉及两座以上城市基础设施变迁的对比，也有针对不同国家环境认知、体验以及治污政策的比较研究等。但现有的学术成果还局限于欧美发达国家之间的比较，有待进一步地拓展和深化。

---

[1] 参见 Geneviève Massard-Guilbaud and Richard Rodger, "Reconsidering Justice in Past Cities: When Environmental and Social Dimensions Meet", in Geneviève Massard-Guilbaud and Richard Rodger, eds. *Environmental and Social Justice in the City: Historical Perspectives*, Cambridge: The White Horse Press, 2011, pp.1-42.

法国企业史研究的新动向 [1]

华南师范大学历史文化学院　周小兰

在法国，企业史作为一门学科始于 20 世纪五六十年代。欧洲企业史的产生、发展和壮大都与美国企业史的发展轨迹息息相关。这一学科于 20 年代在哈佛大学创立，由艾尔弗莱德·钱德勒（Alfred Chandler）、彼得·德鲁克（Peter Drucker）、约瑟夫·熊彼得（Joseph Scumpeter）、托尔斯坦·凡勃伦（Thorstein Veblen）和马克斯·韦伯（Max Webber）等学者逐渐地支撑和巩固起来。法国的企业史研究是社会经济史的一个重要分支，也直接受到经济史发展趋势的影响。从 1925 年企业史学科在美国首创以来，法国本土企业史研究的著作和专论达到 600 多种，[2] 这个数字证明了这一年轻的学科充满着活力和生机。在法国，企业史专家不仅站稳了脚跟，还逐渐在主要的研究机构占据了一席之地。起初，法国的企业史研究以钱德勒的《看得见的手》[3] 一书为圭臬，对企业，特别是大型企业的策略和组织进行历史学的分析和总结。后来这种趋向出现了分化，许多与企业关联的因素被重新发掘，使这项研究

---

[1]　本文发表于《世界历史》2013 年第 1 期，第 113—120 页。

[2]　Alain Beltran, Jean-Pière Daviet, Michèle Ruffat, "Histoire des enterprises. Essai bibliographique", *Cahiers de l'IHTP*, No. 30, 1995.

[3]　小艾尔弗雷德·D. 钱德勒：《看得见的手——美国企业的管理革命》，重武译，北京：商务印书馆，1987 年。

越来越多元化。1998 年法国经济科学协会（Association Française de Sciences Economiques）和法国经济史学家协会（Association Française des Historiens Economiste）正式建立了企业史的分部，这一学科的地位逐渐在法国确立了。自此，围绕企业史研究的圆桌会议每年在巴黎召开，会上除了邀请法国企业史专家，近期还邀请了拉丁语国家、英语国家，甚至亚洲国家占据企业史研究前沿地位的学者前来交流各自的学术见解。无疑，在弗朗索瓦·卡隆（François Caron）、多米尼克·巴尔若（Dominique Barjot）等人的努力下，法国企业史研究取得了长足进步。下文将对企业史研究的几个主要趋势和几个前沿问题进行概括和梳理。

研究视角的转变

一、左派与右派

左派历史学家在企业史研究中长期占据主导地位，年鉴学派从 20 世纪 30 年代正式建立，到逐渐掌握法国历史学界大权（发表、任命、经费），他们的左派倾向是十分显著的。第一代的马克·布洛赫（Marc Bloch）、吕西安·费弗尔（Lucien Febvre）到第二代的费尔南·布罗代尔以至第三代的埃马纽埃尔·勒华拉杜里都延续了这种倾向。社会经济历史一直是年鉴学派最具优势的战场，但近年来经济史的分支之一——企业史领域却出现了一些分化。70 年代末传统的研究方式被以弗朗索瓦·卡隆、莫里斯·勒维—勒波瓦耶（Maurice Lévy-Leboyer）、埃马纽埃尔·夏铎（Emanuelle Chadeau）、多米尼克·巴尔若为首的新古典经济学（néo-classique）推崇者打破。过去，传统观念认为社会财富的创造者是工人和广大的劳动者，所以工作协议（convention）、调控（regulation）是这些研究最着重的领域。而现在，在几位学者长期而坚韧的努力下，传统的观念被推翻了：对社会经济进步起着积极作用的大企业的企业主、受到圣西门主义影响的从各大工程学校（如巴黎综合理工学院和巴黎中央理工学院）毕业的工程师们、进入企业领导阶层或者直接创造企业成为企业主的工程师和技师们，在新的历史学家的笔下，都一改过去保守唯利是图的形象，变成了为社会建设贡献力量并推动社会进步的新生力量。

　　大多数右派企业史专家，研究方向多关注企业的生产结构方面，因此对法国经济甚至政治生活有卓越影响力的大企业的研究得到了长足发展。巴黎十大的卡隆教授是首位研究大型综合企业的学者，20 世纪 70 年代就以法国的北方铁路公司为对象[1]，探讨了企业的技术革新和生产结构。在他的启发和指导下，许多与大企业相关的著作或论文纷纷出版，其中包括对汽车产业雪铁龙（Citröen）[2]、电力企业施耐德（Schneider）[3]、玻璃制造业的圣戈班（Saint-Gobain）[4]、路桥修筑公司柯拉斯（Colas）[5]等与现代法国经济生活和公共工程建设紧密联系的企业的内部技术革新历史。巴黎四大的多米尼克·巴尔若对公共工程建设及其相关企业的历史贡献良多。他的博士论文是长达 4000 多页的《法国公共工程的大型企业（1883—1994 年）：局限与策略》[6]，这篇论文奠定了他在这一领

---

① 他于 1969 年完成的博士论文题为：*L'Histoire de l'exploitation d'un grand réseau de chemin de fer, la Compagnie du chemin de fer du Nord de 1846 à 1937*，2005 年还出版了 *Histoire des chemins de fer en France: Tome 2, 1883-1937*, Paris: Fayard, 2005.

② Jean-louis Loubet, "Citröen et l'innovation (1915-1996)", *Vintième Siècle. Revue d'histoire*, Vol. 57, No. 1, 1998, pp.45-56.

③ Claude Beaud, "L'innovation des établissements Schneider (1837-1960)", *Histoire, économie et société*, Vol. 14, No. 3, 1995, pp.501-518.

④ Jean-Pierre Daviet, "Saint-Gobain et l'industrie de la glace: l'innovation dans un vieux secteur", *Histoire, économie et société,* Vol. 6, No. 2, 1987, pp.235-261.

⑤ Dominique Barjot, "L'innovation, moteur de la croissance: le procédé Colas (1920-1944)", *Histoire, économie et société*, Vol. 2, No. 1, 1983, pp.41-61.

⑥ Dominique Barjot, *La Grande Entreprise française de Travaux publics (1883-1974)*, Paris: Economica, 2006.

域的领袖地位。此后，他的注意力转向了法国主持公共工程建设的大人物和相关企业的历史：2008 年出版了《150 年的土木工程建设：中央高等工艺制造学校校友的历史》[1] 对中央高等工艺制造学校对法国公共工程事业发展输入的新鲜血液给予了积极的肯定，尤其是包括贝尔纳·康培农（Bernard Campenon）在内的中央高等工艺制造学校的校友们以及他们所建立起来的杜麦公司（Dumez）在公共工程领域的突出贡献。2007 年的《思考和建设欧洲（1919—1992 年）》[2] 将欧洲公共工程建设的历史进行了梳理，该书在将欧洲视为一个统一的共同体的前提之下，对欧洲大型基建工程的重大政策、重大转折点和重要协议进行了独到的分析。2005 年的《公众投资的特许权和优化》[3] 将研究的方向转向了与公共工程密切相关的投资行为。此后，巴尔若的研究重点大多在西欧的工业化、大型企业的国家化以及 19 世纪末以来的国际卡特尔三大方面。[4]至此，19 世纪 50 年代法国学者依从美国学者对企业主马尔萨斯主义精神的研究已经失去了往日的主导地位。企业主的唯利是图的

---

[1]　Domnique Barjot, J.Dureil(dir.), *150 ans de genie civil: Une histoire de centraliens*, Paris: PUPS, 2008.

[2]　Dominique Barjot, *Penser et construire l'Europe (1919-1992)*, Paris: Editions SEDES, 2007.

[3]　Dominique Barjot, M.-F. Berneron-Convenhes(dir.), "Concession et optimisation des investissements publics", *Entreprises et Histoire*, No. 38, 2005.

[4]　Dominique Barjot, E.Bussière (dir.), "Industrialisation et société en Europe occidentale (1880-1970)", *HES*, No. 1, 1998 ; Dominique Barjot (dir.), *Industrialisation et sociétés en Europe occidentale du début des années 1880 à la fin des années 1960. France, Allemagne-RFA, Royaume-Uni et Benelux*, Paris: CNED-SEDES, 1997 ; Dominique Barjot, *International Cartels Revisited -- Vues nouvelles sur les cartels internationaux 1880-1980* , Caen: Editions du Lys, 1994 ; Dominique Barjot, *Travaux publics de France. Un siècle d'entrepreneurs et d'entreprises*, Paris: Presses de l'Ecole des Ponts et Chaussées, 1993 ; Dominique Barjot, *Les Patrons du Second Empire: 1- Normandie-Maine-Anjou*, Paris: Picard-Cénomane, Le Mans: Éd. Cénomane, 1991 ; Dominique Barjot, L.Badel, H.Morsel (dir.), *La nationalisation de l'électricité en France. Nécessité technique ou logique politique ?*, Paris: PUF, 1996.

传统形象在以巴尔若为代表的企业史和技术史专家的研究中被改写。企业主们对革新和冒险精神为这一领域带来了新的契机。这些方面在大部头的《第二帝国的企业家》中得到了具体的体现。[1]

对于以上企业史学家的观点，左派学者大多持反对意见，作为一直受到马克思主义熏陶的社会主义者，他们仍然强调着资本主义生产模式之下的阶级斗争，针对通常具垄断性质的大型基建企业的老板进行主观的批判，这主要体现在对工作协议和规章制度方面的研究。但是，在马克思主义的影响下，对工人的研究仍然受到传统历史学家的青睐，里昂二大的伊夫·勒干就在其专著中以历史学、社会学和人口学的角度关注了城市工人这一社会群体的历史。[2] 此外，贝尔纳·夏尔洛和马德兰·非热的《1789 至 1984 年工人职业培训的历史》[3] 也将工人的历史与企业和企业家的命运紧密结合在一起，对将近两百年的职业培训的历史进行了归纳和总结。另外历史研究中心（CRH）的弗洛伦斯·阿薛－勒洛尔也在研究铝在法国企业乃至整个欧洲公共工程建设中扮演的角色的同时，对职业学校和大学的职业培训的历史进行了跨学科的分析。[4]

二、宏观与微观

微观经济学和宏观经济学的方法的分歧也成为法国企业史学家

---

[1] Dominique Barjot, Eric Anceau, I.Lescent-Giles, B.Marnot(dir.), *Les entrepreneurs du Second Empire*, Paris: Presses de l'Université de Paris-Sorbonne, 2003.

[2] Yves Lequin, *Ouvriers, Villes et Société*, Paris: Nouveau Monde Editions, 2005. 勒干也对社会保障和劳动立法的历史进行过关注，曾与克里斯蒂安娜·科里、索朗日·拉蒙（Christiane Coly, Solange Ramond）合作编写 *Législation du travail et sécurité sociale,* Paris: Delagrave,1996.

[3] Bernard Charlot, Madeleine Figeat, *Histoire de la formation des ouvriers, 1789-1984*, Paris: Éditions Minerve, 2001.

[4] Florence Hachez-Leroy, M.-N.Polino, "Les formations universitaires au patrimoine industriel: aperçu et enjeux", *Historiens et géographes*, No. 398, 2007, pp.193-398; "La formation technique, une arme commerciale", in *Cahiers d'Histoire de l'Aluminium*, No. 17, Paris: IHA, 1996, pp.64-73.

争论的前沿阵地所在。法国历史学家首先运用微观经济学的方法进入企业史研究领域，这也是企业史创始人钱德勒首先引进并运用于研究个别企业的方法。但这种方法将研究对象最大限度地具体化、细节化，以达到最细致的描述。可是，微观企业史的倾向有时会误导读者对一个国家企业发展状况的总体认识。比如在以纺织品、皮草工业和时尚产业著称的意大利，其企业史的研究却偏向于其国民经济的软肋冶金业、缫丝业和化工工业等方面。史学的侧重点与真实的工业重心并不吻合，这就是批评微观经济学方法的一派所提出的研究代表性（representativité）的问题。这种史学维度是否应该受到批判呢？这个疑问让宏观经济学方法重新进入研究者的视野。

宏观经济学方法早在企业史建立以来就占据了主导地位。从20世纪70年代能源危机以来，这种方法渐渐式微。[1] 在2001年的一次企业史圆桌会议上巴黎四大的名誉教授弗朗索瓦·克鲁泽（François Crouzet）强调了总结性的宏观的经济学方法对企业史研究的重要启发作用。克鲁泽的重要贡献在于英国经济史的研究，尤其是拿破仑时代的英法经济乃至整个欧洲的经济历史的研究，其著述在学术界的地位为他坚持采用宏观经济学方法的学术主张提供了最有力的支持：《1806—1813年的英国经济和大陆封锁政策》《大通胀：路易十六至拿破仑时代的法国货币》《欧洲经济史，1000—2000年》。[2] 此外，波尔多大学的让－夏尔·阿斯兰教授（Jean-Charles Asselain）也在宏观经济的研究方法中摸索出各个

---

[1] Jean Charles Asselain, "Histoire des entreprises et approches globales. Quelle convergence", *Revue Economique*, Vol. 58, No. 1, 2007.

[2] François Crouzet, *L'économie britannique et le Blocus Continental, 1806-1813*, 2 vols, Paris: Presses Universitaires de France, 1958; François Crouzet, *De la supériorité de l'Angleterre sur la France. L'économique et l'imaginaire, XVIIe-XXe siècle*, Paris: Libr. Académique Perrin, 1985; François Crouzet, *La grande inflation: La monnaie française de Louis XVI à Napoléon*, Paris: Fayard, 1993; François Crouzet, *Histoire de l'économie européenne, 1000-2000*, Paris: Albin Michel, 2000.

年代较为明显的趋势，并发现问题。跳脱出企业史细枝末节的部分，从宏观角度把握企业史也许是改善当前企业史现状的有效方法。阿斯兰就在 2000 年发表了一篇以宏观经济研究方法为导向的论文《从战前的欧洲到今日的欧洲：1939 年欧洲之观察》，[①] 将一定时段内企业活动的重大史实、潮流和过程呈现了出来。但是过于倚重宏观经济学方法是危险的，因为宏观的企业史会导致选取的事件或趋势过于笼统空泛，会忽视企业个体的特殊性。

有鉴于此，巴尔若教授于 2001 年的企业史圆桌会议上提出对微观和宏观经济方法互补的恰当性进行探究，也就是"中观经济学"（méso-économie）对历史学家的指导作用。[②] 其实中观经济学方法在 20 世纪 90 年代初就有迈克尔·波特（Michael Porter）做出了尝试。他的研究倾向于各国（企业是主要的载体）在全球化的竞争中的优劣势。[③] 他的研究角度不再是企业内部的结构和策略，更多的是企业生存环境的变化，当地的、国内的和国际的环境的变化都影响着企业的竞争力。这种新的研究维度的提出其实是希望历史学家在处理宏观与微观的关系时，尽力实现某种平衡。首先，微观经济的企业史已经遭到越来越多学者的诟病，其缺陷似乎已昭然若揭，其次，一些十分值得重视的企业个体，如中小型企业却缺乏应有的关注。因此，高估微观经济学方法在企业史中的运用，选取的个案的代表性不足会导致对企业史内部其他因素的忽视，而低估宏观经济学方法会影响历史学家对一个国家或地

---

① Jean-Charles Asselain, Jean Batou (dir.), "De l'Europe d'avant-guerre à l'Europe d'aujourd'hui: Regards sur l'Europe de 1939", *Revue économique*, Vol. 51, No. 2, 2000.

② Dominique Barjot, Marie-Françoise Berneron and Sébastien Richez, "Où en est l'histoire des entreprises aujourd'hui ?", *Histoire, économique et société*, 20ᵉ année, No. 4, 2001, pp.597-603.

③ Michael Porter, *L'avantage concurentiel des nations*, Paris: InterEditions, 1993.

区企业发展的总体状况和趋势的判断。微观经济学方法与宏观经济学方法的不和谐是肯定存在的，但是两者之间是不是绝对的对立关系呢？许多学者已经在考虑以合理的方式促成两种方法融合的有效办法，高等实践研究中心的主席帕特里克•弗里顿森（Patrick Fridenson）就是其中的代表，从20世纪70年代起，他就开始对著名汽车企业雷诺（Renault）展开研究，[①] 后来引进钱德勒的企业史研究方法，[②] 在对企业进行细致入微的研究之后才着手对整个法国汽车工业在不同历史时期的表现进行综合分析，[③] 可以说，从弗里顿森的学术经历来看，我们可以总结出法国企业史学史的一些规律：从微观经济学的角度转向更为宏观的界面，最终体现了法国历史学家的基本特质与法国企业历史发展的基本潮流。这样的学术发展由有到无、由粗放到细致再到粗放，研究水平可以说是上了新的台阶。这些都经历了50年左右的沉淀与积累，体现的是健康、稳妥的学术逻辑。

---

① Patrick Fridenson, *Histoire des usines Renault*, Paris: Seuil, 1972; "Les Usines Renault et la banlieue (1919-1952)", in Annie Fourcault, ed., *Banlieue rouge, 1920-1960*, Paris: Autrement, 1992, pp.127-144.

② "Préface" de Alfred D. CHANDLER Jr., *Organisation et performances des entreprises*, Paris: Editions d'Organisation, 1992, pp.11-18; Patrick Fridenson, "France: The relatively slow development of big business in the twentieth century", in Alfred D. Chandler Jr., Franco Amatori, eds., *Big business and the wealth of nations,* Cambridge: Cambridge University Press, 1997, pp.207-245; Patrick Fridenson, "L'héritage d'Alfred D. Chandler", *Revue française de gestion*, Vol. 33, No. 175, 2007, pp.7-8.

③ Patrick Fridenson, "Les quatre âges de l'automobile en France", *in* A. Puig, ed., *L'automobile. Marchés, acteurs, stratégies*, Paris: Elenbi Editeur, 2003, pp.20-35; Patrick Fridenson, "L'automobile dans la société", *in* A. Puig, ed., *L'automobile. Marchés, acteurs, stratégies,* Paris: Elenbi Editeur, 2003, pp.10-19 ; Patrick Fridenson, "L'innovation dans la construction automobile sous l'Occupation", *Les Cahiers de Récits*, No. 2, 2002, pp.63-74 ; Patrick Fridenson, "étendue et limites de l'Europe de l'automobile", *Entreprises et histoire*, No. 33, 2003, pp.91-100.

新的问题

一、劳动者

进入 21 世纪，劳动者历史的研究由里昂二大的希尔薇·舒瓦策 [1] 开辟了新的局面。她的研究倾向于工业革命之后的里昂劳动者的历史 [2]，与传统的马克思主义研究方法不同的是，舒瓦策的著述运用了职业人士的资料、退休档案和集体协议等一手材料。以里昂为例，她阐述了劳动者行列出现的几大趋势：妇女与男性劳动者对立，外国移民与本国劳动者薪金的差异强化，职业、薪酬和培训水平的多样化，以及与职业相关的立法程序的分化和复杂化。其实对劳动者 / 工人的研究早已不是未开发的处女地，因为法国史学界长期被左派历史学家占据着（如坚定的社会主义记者、历史学家让·饶勒斯，被盖世太保处死的社会主义历史学家马克·布洛赫）。20 世纪 40 年代的若尔志·杜沃（George Duveau）研究了第二帝国治下的工人生活。[3] 50 年代末，路易·舍瓦里耶（Louis Chevalier）就对劳动阶层进行了研究，因为带着较为浓重的政治色彩，因此此书名为《劳动阶层和危险的阶层》。[4] 70 年代有洛兰

---

[1]　她于 20 世纪 80 年代起研究雪铁龙公司的生产线，之后转向女性工人和新移民工人的研究。

[2]　Sylvie Schweitzer, "Gestions de salariés: métiers et flexibilités(Lyon, XIXe-XXe siècles)", *Histoire, économie et société*, Vol. 20, No. 20-4, 2001, pp.455-470; Sylvie Schweitzer, *Les femmes ont toujours travaillé. Une histoire du travail des femmes aux XIXe et XXe siècles*, Paris: Odile Jacob, 2002; Sylvie Schweitzer, "Marché du travail et genre", *Vingtième Siècle Revue d'histoire*, No. 48, 1995; Sylvie Schweitzer, "Industrialisation, hiérarchies au travail et hiérarchies sociales au 20e siècle", *Vingtième Siècle. Revue d'histoire*, No. 54, 1997；Sylvie Schweitzer, "Les enjeux du travail des femmes", *Vingtième Siècle. Revue d'histoire,* No. 75, 2002.

[3]　George Duveau: *La Vie ouvrière sous le Second Empire*, Paris: Gallimard, 1946.

[4]　Louis Chevalier, *Classes laborieuses et Classes dangereuses*, Paris: Plon, 1958, réed. Paris: Hachette, 1984.

德•特朗佩对卡尔莫（Carmaux）的矿工进行的探讨，[1]雷米•卡扎尔（Rémy Cazals）对20世纪初一战前的工人罢工的历史有深入的见解。[2]对工人的研究已经取得了非常丰富的成果，除了专门对工人的工作、生活状况和精神状态进行研究之外，一些对大型企业或家族企业的研究也探讨了企业雇员的情况，因为雇员所领取的福利保障涉及企业的内部政策和企业的前途命运，1995年出版的《施耐德、克雷索：家族、企业、城市（1836—1960）》[3]就详细地描述了以施耐德为代表的大型企业为了妥善安置其雇员，如何大兴土木为其修建住宅区以改善其生活状况。而对女性劳动者的研究，在舒瓦策之前就有从20世纪70年代就关注女性工人运动的米歇尔•佩罗（Michelle Perrot），[4]还有关注女性如何平衡家庭妇女和劳动者两个角色的历史的琼•斯科特（Joan W. Scott）[5]等等。可见，法国企业史学界对劳动者的研究已经不是一朝一夕的事情，这种积累导致了年鉴学派确立以来法国史学界总体研究的取向以及之后出现的分化。

二、政府角色

政府与企业的关系是频繁引起历史学家争论的话题，然而，引起史学家共识的观点是：带来经济增长的是企业而非国家。因此

---

[1] Rolande Trempé, *Les Mineurs de Carmaux 1848-1914*, Paris: Gallimard, coll. "Archives", 1978.

[2] Rémy Cazals, *Avec les ouvriers de Mazamet, dans la grève et l'action quotidienne (1909-1914)*, Paris: Maspero, 1978.

[3] Schneider Dominique, *Les Schneider, Le Creusot. Une famille, une entreprise, une ville (1836-1960)*, Paris: Fayard, 1995.

[4] "Grèves féminines", in Michelle Perrot, *Les Ouvriers en grève (France, 1871-1890)*, Paris: Mouton, 1974; "Travaux de femmes dans la France du XIXe siècle", numéro spécial du *Mouvement social*, No. 105, 1978.

[5] Louise A. Tilly, Joan W. Scott, *Les femmes, Le Travail et la Famille*, Paris: Rivages, 1987; "La travailleuse", in Georges Duby, Michelle Perrot, Geneviève Fraiss(dir.), *Histoire des femmes en Occident, t.IV, Le XIXe siècle*, Paris: Plon, 1991.

企业的主导地位是不容抹杀的，但是国家的力量在经济生活中也是无处不在的。时至今日，法国的许多大型企业仍然带有明显的政府特征，如国家铁路公司（SNCF：Société Nationale de Chermins de fer）、法国电力（EDF：Electricité de France）、法国游戏公司（La Française des Jeux）、法国电视台（France Television）等，与法国人日常生活起居饮食息息相关的行业，都被直接纳入了政府的管理之中。特别是 20 世纪 70 年代席卷全球的经济危机使许多对法国经济举足轻重的企业奄奄一息，政府加大了对企业监管和扶持的力度。80 年代初，左派政治势力上台，引发了一系列的企业国有化进程。政府在危机时期大规模地运用了财政和金融手段拯救了不少濒临破产的企业。这也是凯恩斯主义影响政府财政策略的重要阶段。绝对的市场经济与政府干涉这两个互相对立的主张对政策的导向很早就引起了历史学家的关注。早在 50 年代，安德雷•G. 德龙与亨利•普热，就分别出版了《政府与国有企业》[1]和《法国与其它国家的国有化》。[2]80 年代弗朗索瓦•卡隆也开始了对企业国有化的研究，其中《19—20 世纪的企业与企业家》[3]探讨了 20 世纪法国企业日益集中化的倾向，《19 世纪法国的企业与其关系网》也从历史的层面解析了企业生存所依赖的网络，其中政府是不容忽视的力量之一。还有卡隆的学生之一，以研究法国航空工业历史著称的夏铎，也在处理航空工业发展历史的过程中讨论了国家与企业的关系，出版了《政府、工业、国家：法国航空

---

[1] Andre G. Dellon, *L'Etat et les Entreprises publiques*, Paris: Sirey, 1959.

[2] Henry Puget, *Les Nationalisations en France et à l'étranger*, Paris: Sirey, 1958.

[3] "L'évolution de la concentration des entreprises en France au XX*e* siècle", in F. Caron, ed., *Entreprises et Entrepreneurs. XIXe et XXe siècles, Actes du 4*e* congrès de l'Association française des historiens économistes*, Paris: Presses de l'Université de Paris-Sorbonne, 1983, pp.184-198.

技术的形成（1900—1950）》。[1] 企业史发展到今天，史学家观察的角度已经有所改变，近期备受关注的主题有二：公共事业的特许权（la concession）问题和国有化与私有化（la nationalisation et la privatisation）的问题。公共事业自诞生以来就引起了对经营权的争议：到底是政府自主经营还是发放特许经营权给私人经营？这一争论最明显地体现在 19 世纪法国邮船公司（Les Messagerie maritimes）这一个案上，[2] 海上邮政服务早在 19 世纪就出现了，但是在法国的经营遇到了财政管理方面的困难，后来政府将其经营权转让给邮船公司，并给予资助。但随着这项业务在全世界的扩张，这一制度又成为掣肘企业发展的枷锁，政府又审时度势地逐渐增加了控制和管理力度。这一现象让史学家开始思考转让经营权的做法对优化公共服务的积极作用。[3] 如今有关国有化和私有化的争论，"战场"转向了电力企业方面。阿兰·贝尔特朗和马丹·希克将法国和英国的国有化和去国有化的形势进行了类比，[4] 得到了对现实十分有借鉴意义的结论，也将政府角色的研究推向了全新的阶段。

---

[1] Emanuelle Chadeau, "Etat, industrie, nation: la formation des technologies aéronautiques en France (1900-1950)", *Histoire, économie et société*, Vol. 4, No. 2, 1985, pp.275-300.

[2] Marie-Françoise Berneron-Convenhes, "La concession des services maritimes postaux au XIXe siècle: le cas exmemplaire des Messageries maritimes", *Revue Economique,* Vol. 58, No. 1, 2007, pp.259-276.

[3] D. Barjot(dir.), "La concession, outil de développement", *Entreprises en Histoire*, No. 31, 2002; D. Barjot, M.-F. Berneron-Couvenhes(dir.), "Concession et optimisation des investissements publics", *Entreprises en Histoire*, No. 38, 2005.

[4] Alain Beltran, Martin Chick, "Nationalisation et dénationalisation de l'électicité: expériences comparées", *Annales historiques de l'électricité*, No.1, 2003; Alain Beltran, Martin Chick, H. Viv Nelles, "Nationalisation and Privatisation: Ownership, Markets and the Scope for Introducing Competition to the Electricity Supply Industry", *Revue économique*, Vol. 58, No. 1, pp.277-293; Alain Beltran, P. Lanthier, Martin Chick(dir.), "Nationalisation et dénationalisation", *Entreprises et Histoire*, No. 37, 2004.

三、中小型企业

当今的企业史受到新古典经济学理论的影响。这种理论强调的是企业绩效的分析和阐释，随后延伸到企业的三大领域：策略—结构—绩效。对大型企业历史的梳理和分析成为运用这种新经济学理论的重要领域，这也导致了企业史学界对中小型企业的忽视。随着 20 世纪 80 年代以来中小型企业的蓬勃发展，国民经济的发展与之联系日益密切，很多史学家已经意识到这种趋势的不平衡[①]。20 世纪 70 年代全球性危机爆发以来，大型企业不可一世的优势地位逐渐被打破，中小型企业以其灵活的经营管理方式和有效的融资手段逐渐赢得了市场份额和利润，地位也不断凸显，因而引起了历史学家的注意。计量史学是研究中小型企业的重要技术手段。80 年代起，学者对面临大企业竞争的中小企业的命运进行了关注，许多饶有建树的专论发表在《经济与数据》(*Economie et Statistiques*) 和《工业经济杂志》(*Revue d'économie industrielle*) 上，可以说这两本刊物对推动中小型企业研究的贡献良多。米歇尔·德拉特尔从理解大型企业与中小企业的联系的角度入手，解释了中小企业的活力所在，[②] 罗伦·华斯利则从客观的角度探讨了中小型企业在财政方面的脆弱但获利丰厚的特质，[③] 阿兰·迪利巴尔尼则对中小企业在技术革新方面的巨大活力以及强大竞争力进行了综合的分析。[④] 然而，中小企业对于大部分历史学家而言仍然是

[①] Jean Charles Asselain, "Histoire des entreprises et approches globales. Quelle convergence ? ", *Revue Economique,* Vol. 58, No. 1, 2007, pp.153-172; Dominique Barjot, "Introduction," *Revue Economique*, Vol. 58, No. 1, p.17.

[②] Michel Delattre, "Les PME face aux grandes entreprises", *Economie et statistique*, Vol. 148, 1982, pp.3-19.

[③] Laurent Vassille, "Les PME: fragilité financière, forte rentabilité", *Economie et statistique*, Vol. 148, 1982, pp.21-37.

[④] Alain D'iribarne, "PME, innovations technologiques et compétitivité économique", *Revue d'économie industrielle*, Vol. 38, 1986, pp.1-12.

马尔萨斯主义和商业保护主义的产物。90 年代，中小型企业研究得到了较为成功的发展，这一时期的论著改变了人们对中小企业的旧有印象。《经济杂志》（*Revue économique*）则开始大力推动中小企业研究，出版相关的论文。专论方面还是以研究企业的策略、财政手段和融资方式为主。[①] 米歇尔·赖斯库尔[②] 的著述从中小企业的老板、雇工、与之打交道的银行，以及负责中小企业事务的政治人物等方面入手，是中小型企业研究领域的集大成者。中小企业经营模式的其中一个分支——家族企业是历史学家近期关注的对象，弗朗什·孔泰大学的让-克洛德·多马斯于 2003 年出版了《家族的资本主义：逻辑和轨迹》[③] 就是这种研究取向之下的一部颇有深度的理论著作，为此后的家族企业史研究提供了完备的理论支持。紧接着，"我知道什么？"丛书也应着家族企业史研究的潮流出版了《家族企业》[④] 一书，强调了家族企业虽然早就作为中小

---

① Gilles Paché, "L'impact des stratégies d'entreprises sur l'organisation industrielle: PME et réseaux de compétences", Revue d'économie industrielle, Vol. 56, 1991, pp.58-70; Elisabeth Lefebvre, Louis A. Lefebvre, Mario Bourgault, "Performance à l'exportation et innovation technologique dans les PME manufacturières", *Revue d'économie industrielle*, Vol. 77, 1996, pp.53-72; Bernard Geffroy, Christian Picory, "Degré d'intégration bancaire des PME: Une approche par l'organisation industrielle", *Revue économique*, Vol. 46, No. 2, 1995, pp.365-392; Mohamed Sassenou, Benoît Mulkay, "La hiérarchie des financements des investissements des PME", *Revue économique*, Vol. 46, No. 2, 1995, pp.345-363.

② Michel Lescure, *PME et croissance économique*, Paris: Economica, 1996. 此后，作者的研究方向转向法国的银行系统。

③ Jean-Claude Daumas(dir.), *Le capitalisme familial: logique et trajectoires*, Besançon: Presses Universitaires franc-comtoises, 2003; Jean-Claude Daumas, "Entreprises et parenté en France au XIX*e* siècle", in Françoise Thelamon, ed., *Aux sources de la puissance: sociabilité et parenté*, Rouen: Publications de l'université de Rouen, 1988, pp.169-177.

④ Denise Kenyon-Rouvinez, John-L Ward, *Entreprises familales*, in *Que sais-je*?, Paris: PUF, 2004.

企业的重要分支，但相关的研究仍然缺乏深度和广度。此外，中小型企业也是宏观和微观视角之争的重地。一方面有学者反对继续深入研究这些企业，因为它会让历史研究进入极度细致的层面（les faits ultimes）；另一方面随着中小型企业羽翼渐丰，它们开始对法国经济、社会和政治施加影响，忽视这一群体会直接导致对整个法国企业史理解的片面性和盲目性。

结语

法国的企业史研究经过了半个世纪的播种、开花和结果的过程，无疑是一个充满活力、始终保持着开放的视角的学科。从传统地照搬美国企业史的研究方法到最终发展出有自身学术特色的分支和领域，法国的企业史专家可谓功不可没。法国企业史研究的这种全新的局面是由一系列个案研究堆积起来的。首先，对银行[1]、铁路[2]、煤炭[3]、纺织工业[4] 这些分支的研究已经较为彻底，其

---

[1] Jean Bouvier, *Naissance d'une banque: le Crédit lyonnais*, Paris: Flammarion, 1968; E.Bussière, *Parisbas, l'Europe et le Monde 1872-1992*, Anvers: Fonds Mercador, 1992; Michel Lescure, Alain Plessis, Banques locales et régionales en Europe au XXe siècle, Paris: Albin Michel, 2004; Michel Lescure, Alain Plessis, André Straus, *Le Crédit Lyonnais (1863-1986): Etudes historiques,* Paris: Droz, 2002; H.Bonin, *La Banque de l'Union parisienne(1874-1974). Histoire d'une grande banque d'affaires françaises*, Paris: Plage, 2001.

[2] 弗朗索瓦·卡隆的主要研究成果：*Histoire des chemins de fer en France: Tome 1, 1740-1883,* Paris : Fayard, 1997; *Tome 2, 1883-1937*, Paris: Fayard, 2005 ; *Tome 3, 1937-1997*, Paris: Fayard, 2017.

[3] G. Montant, *Les stratégies des compagnies minières du Nord-Pas-de-Calais dans l'entre-deux-guerres*, Arras: Artois Presses Université, 2006.

[4] J.-C. Daumas, *Les territories de la laine. Histoire de l'industrie lainière en France au XIXe siècle*, Lille: Presses Universitaires du Septentrion, 2004.

次，公共工程 [①]、奢侈品 [②] 和造纸行业 [③] 这些没有得到足够重视的非工业经济行业的研究也正在兴起。可见，法国企业史研究的深度广度正达到前所未有的境界。

① 多米尼克·巴尔若的主要研究成果：*La Grande Entreprise française de Travaux publics (1883-1974)*, Paris: Economica, 2006; *Travaux publics de France. Un siècle d'entrepreneurs et d'entreprises*, Paris: Presses de l' Ecole des Ponts et Chaussées, 1993 ; Dominique Barjot, L.Badel, H.Morsel (dir.), *La nationalisation de l'électricité en France. Nécessité technique ou logique politique ?*, Paris: PUF, 1996.

② C. Desbois, *L'extraordinaire aventure du champagne. Moël & Chandon: Une affaire de famille*, Paris: PUF, 2003.

③ Marc de Ferrière le Vayer, *De la fin des familles à la mondialisation. L'industrie papetière française depuis 1945*, Orléans: ENP, 2006.

社会史的新生

当代法国社会史的革新
——热拉尔·努瓦利耶的社会历史学探析 [①]

浙江大学历史学系　乐启良

自 20 世纪 80 年代以来,欧美史学界涌现出了形形色色的新流派,"语言学转向""新叙事转向""新文化史""新政治史""政治概念史""微观史学""日常生活史",诸如此类,不胜枚举。它们的出现无疑大大拓展了西方史学的研究范畴,也推动了史学方法论的诸多创新。对于其中的若干流派、人物或经典著作,国内学者已经做过不少的译介,笔者在此不作赘述。

然而,不容否认的是,现有的译介作品大都囿于单个派别的翻译和介绍,较少关注它们之间彼此的联系与异同。各种西方史学新流派尽管在研究对象、研究方法或研究视野上大异其趣,但却有着一个清晰可辨的共同点:均把在 20 世纪五六十年代盛行的社会史,尤其是拉布鲁斯—布罗代尔确立的史学范式作为批评的对象。新史学流派的层出不穷及其汉译作品的不断出现,固然能让我们对西方史学发展的整体趋势有整体上的把握,但也有可能因此产生另外一个意想不到的后果,即让中国学者形成新文化史、新政治史、表征史适逢其时,而社会史已然没落的印象,进而对前者趋之若鹜,而对后者弃如敝履。

本章通过介绍当代法国史学名家热拉尔·努瓦利耶(Gérard

---

① 本文发表于《历史研究》2014 年第 4 期,第 146—164 页。

Noiriel）的"社会历史学"（socio-histoire），旨在引起国内学界重新关注近年来我们总在不断批评却很少给予真正关注的法国社会史的最新进展。对中国学者来说，努瓦利耶并非完全陌生，其《社会历史学导论》的中译本已经让我们对其史学思想略知一二。[①]他属于"68一代"的法国知识分子，其人生经历、政治立场和学术研究都因1968年"五月风暴"以来法国政治环境和社会形势的急剧变化而发生巨大转变。因此，对努瓦利耶的"社会历史学"的产生、发展及其演变进行梳理，不仅有助于理解努氏的史学观念，也可以管窥当代法国社会史艰难转型背后的智识环境。

法国经典社会史的基本特征及其挑战

众所周知，由于马克思主义、结构主义、年鉴学派等思潮的流行，社会史（histoire sociale）在战后法国风行三十年，并由此涌现了一批以研究社会史见长的史学名家。拉布鲁斯（Ernest Labrouss）以对18世纪末物价的研究蜚声世界，阿尔贝·索布尔（Albert Soboul）对无套裤汉的分析构成了法国大革命研究的经典，而年鉴学派更是在世界范围内掀起了一场声势浩大的史学革命。[②]

然而，什么是社会史？它涵盖的内容是如此的纷繁复杂，以至于人们根本无法对之作出一个令所有人满意的定义。年鉴学派的奠基人吕西安·费弗尔承认"social"一词的模棱两可性，认为它一方面外延极广，能够指代众多的事物，另一方面又太过宽泛，有陷于什么也没有说的嫌疑，但他认为该词的模棱两可性正是他和马克·布洛赫创办《经济与社会历史年鉴》（*Annales d'Histoire économique et sociale*）时使用它的重要原因。有鉴于此，费弗尔宣

---

① 努瓦利耶：《社会历史学导论》，王鲲译，上海：上海人民出版社，2009年。
② 彼得·伯克：《法国史学革命：1929—1989年的年鉴学派》，刘永华译，北京：北京大学出版社，2006年。

称："从定义的角度来说，一切历史皆是社会的。"[1] 年鉴史学的集大成者费尔南·布罗代尔对社会史的定义也很含糊，仅仅将之界定为与政治史相对的历史领域，"历史只承认两种普遍的领域：一是政治，二是社会"。[2] 年鉴学派的历史学家们也基本上沿袭了费弗尔和布罗代尔的做法，并未刻意追求社会史的精确定义。

尽管社会史的含义相当模糊，其内容可以包罗万象，但自命为或被称为社会史的作品还是具备一些公认的特征。英国著名的马克思主义史学家埃里克·霍布斯鲍姆概括说，社会史通常指向三种不尽相同但又彼此重叠的史学类型。首先，它指涉及穷人或社会底层的历史，以及他们为改善自身命运的社会斗争史；其次，它可以指代普通大众的社会活动，囊括除政治以外的各个社会领域，如礼仪、习俗、日常生活等（此种维度的社会史和布罗代尔眼里的社会史相差无几）；最后，它特指在法国和德国特别流行的"经济与社会史"，如拉布鲁斯的社会经济史研究。[3] 法国著名政治史家莫里斯·阿居隆在纪念拉布鲁斯的一篇文章中也曾指出，满足"社会史家"（historien social）标签的人必须具备两个特征：一是要做工人和革命的代言人；二是要认同集体，反对个人，至少要将个人的命运和其所属的社会团体或阶级相联系。[4]

霍布斯鲍姆和阿居隆对社会史的界定虽有出入，但对社会史的基本内涵与外延还是有着大致相同的看法。综合其观点，我们知道战后法国流行的经典社会史通常具备四个特征：

① Lucien Febvre, "Propos d'initiation: vivre l'histoire", *Mélanges d'histoire sociale*,no.3,1943,p.6.

② Fernand Braudel, "Sur une conception de l'Histoire sociale", *Annales.Economies, Sociétés, Civilisations,* no.2,1959,p.317.

③ Eric Hobsbaum, "From social history to the history of society", *Daedalus*, vol. 100,no.1,Historical Studies Today(Winter,1971),pp.20-21.

④ Maurice Agulhon, "Ernest Labrousse Historien Social(XIXe siècle) ", *Annales historiques de la Révolution française*,no.276,1989,pp.128-131.

第一，崇尚激进的社会运动。拉布鲁斯、索布尔、勒华拉杜里以及青年时期的弗朗索瓦·孚雷都是社会党员或者共产党员。从某种意义上说，他们的史学研究都是为了社会党或共产党的现实政治斗争，他们批判资本主义制度的腐朽，揭露资本家对工人阶级的沉重盘剥，只是为了预示社会主义制度降临的不可避免性。[①]

第二，笃信社会经济决定论。社会史家在不同程度上都是历史唯物主义的信徒，他们相信生产力决定生产方式并进而决定上层建筑（如政治、文化、宗教或道德等）的观念。相应地，他们在从事历史研究时，更加关注社会经济领域，着重研究工人、农民以及与之命运息息相关的工资、价格、罢工或革命等问题，而对专注研究政治人物、国家机器、政党组织、国际外交的政治史嗤之以鼻。在这个问题上，年鉴学派的历史学家走得更远，认为地理、气候、土壤、河流、山川等才是人类社会发展过程中最具决定性的因素。

第三，主张研究集体，倡导合作研究。社会史家倾向于从宏观角度考察社会团体的集体命运，[②] 研究贵族、资产阶级、工人、农民的社会经济地位的变迁，不太关注个人的兴衰荣辱。即便在研究具体的历史人物时，他们也不忘阶级斗争和阶级分析法。与此同时，他们竭力摒弃方法论上的个人主义，不遗余力地推动合作研究，最有名的例子莫过于拉布鲁斯领导的社会经济史研究团队，后者在派遣学生到指定省份从事研究工作时，就好像昔日的

[①] 莫里斯·阿居隆表示，马克思主义历史学家之所以研究资本主义、工人运动、"工人阶级政党"或阶级斗争，乃是为了更有效地参加共产党领导的政治运动，思考它的政策，并推动其宣传与行动。Maurice Auglhon,"Vue des coulisses", *Essais d'ego-histoire*, réunis et présentés par Pierre Nora, Paris: Gallimard,1987,p.25.

[②] 阿居隆指出，拉布鲁斯并不排斥政治研究，"他会毫不犹豫地研究政治史，只要其对象是集体的行动者，因而也是（社会的……）"。（M. Auglhon, "Vue des coulisses", *Essais d'ego-histoire*,p.26.）

国王或内政部长在任命地方长官。①

第四，推崇科学史学，鼓吹计量研究。拉布鲁斯和布罗代尔的信徒们也日趋僵化，把社会史等同于计量史、统计史。阿德里娜·道玛尔（Adeline Daumard）和弗朗索瓦·孚雷在20世纪50年代末信誓旦旦地宣称："从科学的角度而言，只存在计量的社会史。"② 在70年代初，勒华拉杜里则鼓吹把新兴的计算机技术引入历史研究的重要意义，并预言未来历史学家的角色犹如程序员。③

毋庸置疑，拉布鲁斯的史学研究是经典社会史研究的范本。他对社会主义的信仰、对18世纪法国物价的研究以及对团队研究的倡导，奠定了其在法国史学界的不朽名声。年鉴学派的几代领军人物，如费弗尔、布洛赫、布罗代尔、雅克·勒高夫、勒华拉杜里在不同程度上亦是此种社会史的倡导者与实践者。毫不夸张地说，对上述立场的坚持正是拉布鲁斯和布罗代尔确立的"经典社会史"能够在战后法国辉煌30年的关键因素。④

法国经典社会史的繁荣，并不能掩盖其自身存在的重大缺陷。

---

① 对于拉布鲁斯的做法，一些法国史学家颇有微词。作为拉布鲁斯的学生，阿兰·科尔班（Alain Corban）也不无嘲讽道："拉布鲁斯就像从前的苏丹以及今日的内政部长，分封领主，任命省长。"引自 G. Noiriel, *Qu'est est –ce que l'histoire contemporaine*,Paris:Hachette,1998,p.86.

② Adeline Daumard et François Furet, "Méthodes d'histoire soicale. Les archives notariales et la mécanographie", *Aannales.Eoconomies,Sociétés,Civilisatoins*, 34,1959,p.676.

③ 勒华拉杜里表示："未来的历史学家要么是程序员，要么什么都不是。"（Le Roy Ladurie, *Le Territoire de l'historien*, Paris:Gallimard,1973,p.14.）

④ 毋庸讳言，拉布鲁斯和布罗代尔存在许多不同，前者是马克思经济决定论的信奉者，后者更多受到法国地理学派以及年鉴学派两位奠基人的影响。然而，他们之间的共同点是如此之多，以至于波兰学者经常将他们放在一起讨论。英国的情况也大抵如此，英国历史学家认为拉布鲁斯、马克·布洛赫、乔治·勒费弗尔以及布罗代尔从事的史学研究几无区别。（Eric Hobesbawm,*On History*,London:Weidenfeld & Nocolson,1997,p.179）这是笔者把拉布鲁斯和布罗代尔确立的史学范式统称为"经典社会史"的重要原因。

譬如，机械的社会经济决定论导致社会史研究的范围越来越窄，逐渐局限于布罗代尔所设定的社会史，并顽固地把政治史、文化史排除在外。同时，计量史学的局限日益突出，《年鉴》主编勒佩蒂（Bernard Lepetit）也不得不承认"计量史学不再时髦"。[①]

然而，经典社会史最大的挑战并不是来源于其方法论的局限，而是来自外部世界的冲击。

20世纪60年代末以来法国国内外形势的风云突变以及由此在思想界引起的地震，给经典社会史带来了史无前例的挑战。1968年"五月风暴"、东欧社会主义国家的政治抗争以及1974年《古拉格群岛》法文版的出版等事件接踵而至，对法国知识分子的心理构成了强烈的冲击，致使他们逐渐放弃了对革命的崇拜和期许。共产党员、社会主义者及其同路人纷纷改弦易辙，把批判的矛头指向马克思主义、社会主义以及其他主张用激进手段全面改造社会的左翼思潮。《精神》（l'*Esprit*）、《自由》（*Libre*）等杂志开辟极权主义批判的专栏，前托洛茨基主义者克劳德·勒福尔（C. Lefort）、科尔内留斯·卡斯托里亚迪斯（Cornelius Castoriadis）专注思考社会经济决定论的局限，强调政治的自律，安德烈·古拉克斯曼（André Glucksmann）、贝尔纳—亨利·列维（Bernard-Henri Lévy）等所谓的"新哲学家"则在电视上大肆诋毁马克思主义。这些杂志、作者和节目曾经轰动一时，在法国知识分子当中产生鲶鱼效应，致使他们纷纷叛离左翼的政治组织，转向民主政治或自由主义。法国知识分子告别左翼思潮的集体心态是如此决绝，以至于英国马克思主义史学家佩里·安德森毫不客气地批评说，巴黎俨然成了"欧洲反动的首都"。[②]

---

① Bernard Lepetit, "L'Histoire quantitative: Deux ou trois choses que je sais d'elle", *Histoire et Mesure*, no.4 (1989), p.191.

② Perry Anderson, *In the Tracks of Historical Materialism*, London: Verso, 1983, p.32.

法国历史学家也竞相跟风，某些历史学家还充当了极权主义批判的急先锋。弗朗索瓦·孚雷即是一个典型个案。他早年加入法国共产党，师从拉布鲁斯研究旧制度的社会结构。后来，他不但宣布脱离法国共产党，和勒福尔、卡斯托里亚迪斯等人过从甚密，还对传统革命史学进行了毫不留情的批评，[1] 主张另辟蹊径，倡导与经典社会史大相径庭的政治概念史研究。[2] 法国历史学家也纷纷影从孚雷，放弃了激进的信仰，宣布脱离共产党、社会党、总工会等左翼政治组织。[3]

知识分子的右倾风潮对法国史学的转向产生了举足轻重的影响。法国史学家开始对经典社会史进行尖锐批判，力图从各方面突破拉布鲁斯－布罗代尔范式的束缚。以研究对象而言，曾经遭受冷遇的政治史、文化史、表征史强劲复苏，其在当代法国史学界的影响如日中天，风头已然盖过社会史。从研究视角来看，自上而下的宏观研究逐渐让位于自下而上的微观分析，意大利的微观史学成为法国学者竞相追捧的对象。在叙述手法方面，计量化、系列化的史学遭到抵制，叙事史学卷土重来。从此以后，年

① François Furet, *Penser la Révolution française*, Paris:Gallimard,1978.

② 对于孚雷政治立场和史学观念的变化及其在法国思想界产生的影响，不少英美学者做过专门探讨，可参见：Steven Kaplan, *Farewell,Revolution: Disputed Legacies: France,1789-1989*,Ithaca:Cornell University,1995; Michael Scott Christofferson, "Antitotalitarianism against the Revolutionary Tradition: François Furet's revisionist history of the French Revolution", in *French Intellectuals against the Left: the Antitotalitarianian Moment of the 1970s*,New York·Oxford:Berghahn Books,2004.

③ 安妮·凯格尔（Annie Kriegel）、拉杜里、莫里斯·阿居隆等人也纷纷脱离共产党，他们"变节"的负面影响一直延续到 20 世纪 90 年代中期。20 世纪 90 年代中期，在法国出版界集体拒绝出版英国马克思主义史学家霍布斯鲍姆的《极端的年代》时，皮埃尔·诺拉被传言是法国知识分子进行意识形态审查的"幕后黑手"。诺拉表示，《外交世界》（*Le monde diplomatique*）等左翼喉舌终于逮到一个机会反攻脱离共产党的历史学家们，而他本人因此不幸地成为其友人的替罪羊。（Pierre Nora,*Historien Public*,Paris: Gallimard,2011, pp.216-217.）

鉴学派的独领风骚变成了百家争鸣，"叙事转向""文化转向""政治转向"或者"语言学转向"等新提法如春笋般涌现，让人目不暇接。在米歇尔·福柯（Michel Foucault）和雅克·德里达（Jaques Derrida）等后现代主义哲学家的影响下，少数人走得更远，开始质疑"真理""客观性"等概念，质疑科学史学的可能性。譬如，保罗·维内（Paul Veyne）曾表示，"只存在真实的叙述"，"不存在历史"及"没有事实，只有阴谋"等论调。①

在各史学流派竞相绽放的当代法国史学界，社会史似乎成了唯一的输家。因为法国历史学家在放弃激进政治的同时，也逐渐放弃了对与革命运动相关的众多课题（如工资、物价、经济危机、革命等）的研究。某些社会史学家（孚雷和阿居隆）的华丽转身②以及长期耕耘政治史或文化史的学者的功成名就，③似乎进一步证实社会史已日薄西山。而且，在相当长的一段时间内，曾是显学的社会史也一度门庭冷落，原本不证自明的阶级概念和阶级分析法也招致了诸多批评。

然而，激进史学的消亡，并不表明社会史在法国就此沉沦。事实上，法国社会史也获得了长足进步，尤其是 1968 年五月风暴后出现的新社会运动为社会史的新生开辟了广阔天地。妇女、同性恋、族群、移民、罪犯、乞丐以及其他弱势群体开始成为法国

---

① Paul Veyne, *Comment on ecrit l'histoire: essai d'épistémologie*,Paris:Seuil, 1971.

② 孚雷和阿居隆都是拉布鲁斯的学生，前者转向政治概念史研究，在 1997 年入选法兰西学院（Academie français），后者致力于共和国象征——玛丽安娜——的研究，在 1986 年当选法兰西学院（Collège de France）讲座教授。2001 年，曾经与年鉴学派过从甚密，自 20 世纪 70 年代中期后开始推动记忆史学研究并在 1984—1993 年间组织出版《记忆之场》的皮埃尔·诺拉亦当选为法兰西学院院士。

③ 1998 年，新政治史的领军人物勒内·雷蒙填补了孚雷逝世后在法兰西学院留下的空额。2001 年，孚雷的追随者皮埃尔·罗桑瓦隆当选法兰西学院"近现代法国政治史"讲座教授。2006 年，新文化史家罗杰·夏蒂埃当选法兰西学院"现代欧洲的著作与文化史"讲座教授。

历史学家重点关注的对象。只不过，绝大多数的作者不再以社会史家自居，他们竞相批判年鉴学派，宣称要与拉布鲁斯—布罗代尔的史学范式决裂，并试图创建新的史学流派，如妇女史、性别史、家庭史、私人生活史、同性恋史、后殖民主义史。可是，谁又能够否认，其研究对象仍属于经典社会史所关注的"社会"范畴呢？

显而易见，伴随着马克思主义、存在主义、结构主义以及年鉴学派的衰落，法国社会史家必须在方法论上有所创新，才能满足新式研究的需要。在矢志革新社会史的众多学者当中，热拉尔·努瓦利耶是一个佼佼者。努瓦利耶凭借对移民史、知识分子史的研究以及在历史学方法论上的深邃思考，在法国史学界独树一帜。

努瓦利耶的移民史研究

热拉尔·努瓦利耶的人生经历和学术道路，与 1968 年以来法国社会环境和思想氛围的重大变化存在惊人的契合。

1950 年，努瓦利耶出生于孚日的一个贫困家庭。母亲是马格里布后裔，但其家族自 19 世纪起便定居孚日。他的母亲原先以刺绣为生，破产后到巴黎从事女佣工作。父亲是"地道的法国人"，[①]是一名发报员，收入微薄，而且酗酒成性，经常对妻子和子女拳脚相加。作为长子，努瓦利耶很早就承担起"拯救"家庭的责任，并在抵制父亲暴力的过程中逐渐培养起了反叛的性格。后来，努瓦利耶举家前往阿尔萨斯，其北非移民的体貌特征受到当地孩童的百般嘲弄。[②] 无疑，童年的受辱记忆是他日后选择移民史研究的

---

① 努瓦利耶本人特别反对"地道的法国人"（Français de souche）的提法，因为三分之一的法国人都有移民的血统。

② G. Noiriel, "Postface", *Penser avec, penser contre. Itinéraire d'un historien*, Paris: Belin, p.254.

一个重要原因。

中学毕业后，由于家庭贫困，努瓦利耶被迫选择免费的孚日师范学校，后者专门培养小学教师。由于不愿成为小学教师，他在师范学院毕业后，选择到南锡文学院继续深造。在此期间，1968年"五月风暴"爆发。工人阶级出身以及打小培养出反叛性格的努瓦利耶加入了"法国共产党学生联合会"，开始接触马克思主义和阿尔都塞的学说。毕业后，他到非洲刚果服了两年兵役，随后来到洛林的隆维（Longwy）地区担任中学教师。1979年，由于经济危机以及调整产业布局的需要，法国政府决定关闭洛林地区的冶金企业，结果引发了战后法国规模最大的罢工运动。努瓦利耶积极投身这场罢工，还与一位摩洛哥裔工会领袖合作，撰写了其平生第一本著作，旨在为工人提供"斗争武器"。[①]

20世纪80年代初，由于密特朗总统的上台及其在1983年放弃社会主义改革的决定，努瓦利耶对共产党、社会党、总工会等左翼组织日渐失望，并最终告别了激进的政治运动。与很多同龄的法国激进分子（如罗桑瓦隆、马塞尔·戈歇）一样，努瓦利耶开始弃政从学。他师从法国人权同盟前主席、饶勒斯研究专家玛德莱娜·雷贝利乌（Madelaine Rebébrioux）。不过，以学术为业的努瓦利耶并没有因此蜕变成一个蜗居象牙塔的学者。其博士论文《两次大战期间隆维盆地的冶金和钢铁工人》[②]及《19—20世纪法国社会中的工人》[③]等著作的相继出版，充分表明努瓦利耶依然在坚持社会批判，依然在关心法国工人的历史命运。但自此以后，他关注

---

① G.Noiriel et Benaceur Azzaoui, *Vivre et lutter à Longwy*, Paris: Librairie François Maspero, 1980, p.8.

② G.Noiriel, *Les ouvriers sidérurgistes et les mineurs de fer dans le Bassin de Longwy pendant l'entre-deux-guerres: premières recherches*, Paris: 1982.

③ G.Noiriel, *Les ouvriers dans la société française XIXᵉ-XXᵉ siècle*, Paris: Editions du Seuil, 1986.

的焦点不再是工人阶级，而是移民群体。

努瓦利耶学术兴趣的转移和极端民族主义在法国的复活密切相关。1973年石油危机爆发后，法国结束了"辉煌的30年"。此后，法国经济长期疲软，失业率高居不下，社会福利急剧下降。伴随着经济形势的恶化，右翼势力在法国开始抬头，让－玛丽·勒庞领导的"民族阵线"更是从默默无闻的小团体发展成为法国政坛的第三大势力。在勒庞等人的煽动下，民族主义、排外主义和种族主义日渐猖獗。这让在1968年"五月风暴"影响下成长起来的努瓦利耶始料不及，因为其所属的一代人曾认为两次大战的阵痛已经让民族主义和种族主义在欧洲彻底失去了生长的土壤。种族主义和排外主义的死灰复燃，让他觉得探讨其中的深层原因并找到遏制的办法，乃是刻不容缓的事情。①

努瓦利耶之所以转向移民史研究并与之结下不解之缘，是因为其马格里布移民后裔的身份也是一个不可忽视的因素。② 他早年加入法国共产党，也与此密切关联，"为数众多的第二代移民之所以支持法国共产党，不仅因为经济或职业的考虑，也因为共产党的组织在推动他们融入法国社会方面厥功至伟。"③ 努瓦利耶表示，法国共产党对他个人还具有一种特别的意义，因为通过参加共产党领导的激进政治运动和集体学习活动，他宣泄了由来已久的家庭压力，获得内心极度渴望的社会认同。因此，面对共产党在法

① G.Noiriel, *Immigration,antisémitisme et racism en France(XIXe –XXe siècle):Discours publics,humiliations privées*,Paris:Fayard,2007,p.11.
② 努瓦利耶在最近一次的访谈中指出，他选择移民史研究的一个直接动机就是摆脱移民后裔的身份所产生的焦虑感："如何在争取向上社会流动的同时，又能够忠于自己的出身？这个问题曾经让我苦恼不已。这是一个移民后裔需要经常面对的问题。"（Entretien avec G. Noiriel, "Parler d'autres langages que celui de la science", http://www.laviedesidees.fr/Parler-d-autres-langages-que-celui.html.）
③ G.Noiriel, *Etat,nation et immigration:Vers une histoire du pouvoir*, Paris:Belin, 2001,p.218.

国的式微，努瓦利耶的心情比孚雷、罗桑瓦隆等人更加复杂。[1] 他不禁哀叹："共产党的衰落是更为普遍的一种病症。创建于工业革命初期的各种独立组织主要以无产阶级为基础；如今，它们丧失了绝大多数的追随者和选民。激进的媒体已经消亡。由于连锁反应，这些组织在 19 世纪末以来创建的各种社会交往形式也荡然无存，而且没有形成任何的替代形式。"[2] 自从法国共产党衰落以后，我们很难再找到一个致力于推动外国移民融入法国的政党。或许，这也是移民群体在当代法国处于弱势的一个重要原因。

因此，在法国历史学家纷纷抛弃社会史，转向心态史、政治史、文化史或表征史之际，努瓦利耶没有放弃对社会问题的关注和批判。只不过，其研究对象不再是拉布鲁斯们关注的工人或农民，而变成了与其自身命运息息相关的移民群体。由于移民大多地位低下、收入微薄并遭受沉重剥削，仍属于经典意义上的无产阶级范畴，所以努瓦利耶的研究和经典社会史有诸多相似之处，在关心社会底层命运、坚持社会批判的立场上，更是与之一脉相承。[3]

---

[1] 努瓦利耶没有像孚雷那样，对曾经信仰的马克思主义大加挞伐，也不以青年时期参加过激进政治运动为耻。相反，他还认为这对于其自身的成长具有不可或缺的影响，使他意识到"大学生活具有某种意义"，开始形成"为了造福他人、改变世界，就应当成为学者"的信念。同样，他也没有选择成为贡斯当、托克维尔以及雷蒙•阿隆的信徒，"鉴于自己的社会出身，我不可能用自由主义取代马克思主义，让基佐占据马克思的位置"。(G.Noiriel, *Penser avec, penser contre.Itinéraire d'un historien*, Paris:Belin,2003,p.263,269.)

[2] G.Noiriel, *Immigration,antisémitisme et racism en France(XIXe –XXe siècle):Discours publics,humiliations privées*, p.597.

[3] 努瓦利耶指出，他倡导的社会历史学和经典社会史存在诸多的共同点："社会历史学在经济社会史的废墟上发展起来。……经济社会史在阶级斗争和动员工人世界的时代里发展得一帆风顺。尤其在一批同情社会底层，并在青年时期参加左派的历史学家的推动下，它长期坚持一种历史学科的批判立场，反抗政治史的霸权，并谴责政治史家在学术界、国家权力和新闻之间建立了过于紧密的联系。社会历史学继承了这样一种批判的传统。" (G.Noiriel, *Introduction à la soicio-histoire*,Paris:La Découverte,2006,p.53.)

然而，努瓦利耶在转向移民史后，很快认识到该领域研究的薄弱与苍白。他为此感到非常失望，甚至有些愤怒。在 20 世纪 70年代以及 80 年代初出版的各类史学著作当中，移民史占据的比重微乎其微。譬如，乔治·杜比的《法国通史》和皮埃尔·肖奴的《法国》对移民问题几乎是一笔带过。[①] 皮埃尔·诺拉的《记忆场所》在法国史学界掀起了一股研究记忆史的热潮，但该书的第一、二卷对移民问题只字不提，后面五卷虽稍有涉及，但篇幅也极为有限。[②] 有鉴于此，努瓦利耶把其移民史研究的里程碑著作——《法国熔炉》的第一章针锋相对地命名为"记忆的不在场"（non-lieu de mémoire）。[③]

为什么在一个移民大国，移民史会成为学术研究的"盲点"，与美国构成鲜明的对比？[④] 在《法国熔炉》在第一章里，努瓦利耶专门分析了移民在法国集体记忆中"不在场"的原因。具体而言，主要有以下几个原因：

第一，法国民族国家形成的模式不同于美国。美利坚民族的形成，在很大程度上就是外来移民不断涌入并逐渐融合的过程。因此，美国人在谈及自身的历史时，从不避讳各个外来族群的贡献。法国则是另一种情形。在外国移民大量涌入之前，民族国家

---

① Georges Duby(éd.), *Histoire de France*,Paris:Larousse,1972; Pierre Chaunu, *La France:Histoire de la sensibilité des Français à la France*, Paris:Robert Laffont, 1982.

② Pierre Nora, *Les lieux de Mémoire*, Paris:Gallimard, 1984-1992.
   对于皮埃尔·诺拉其代表作《记忆场所》，参见沈坚："记忆与历史的博弈：法国记忆史的建构"，《中国社会科学》，2010 年第 3 期。

③ G.Noiriel,*Le creuset français.Histoire de l'immigration XIXe-XXe siècle*,Paris: Seuil,1988,p.13.

④ 法国有超过 1/3 的人口是移民或移民的后裔，而且世系不超过四代。移民在法国人口中的比例如此之高，对法国社会的影响如此之大，以至于努瓦利耶将法国称为"欧洲的美国"。（G.Noiriel, *Population,immigration et identité nationale en France,XIXe- XXe siècle*, Paris:Hachette, 1992,p.43.）

早已形成。民族国家先于移民浪潮的事实很容易导致法国人形成民族的"起源神话",① 忘记法兰西民族的成分已经由于 19 世纪中期以后不断涌入的外来移民及其后裔的大量出生而发生巨大变化的事实。

第二,法国共和主义民族观的负面影响。在法国共和主义者当中,认为法兰西民族拥有某种"集体人格"的观点源远流长。19 世纪中叶,米什莱就曾指出法国的"民族性格或民族人格最接近于个体的人格","假如英国是一个帝国,德国是一个地区或一个种族,那么,法国就是一个人"。②20 世纪 60 年代,皮埃尔·肖奴的论调与之如出一辙,"法国就是一个人;集体人格的秘密并不比基于生理基础的个人秘密更为深奥。"20 世纪 80 年代,诺拉还在老调重弹,认为法兰西民族具备"自我认知""自我恢复""自我发现"等多种能力。③努瓦利耶表示,共和主义的人格化民族概念让法国人自觉或不自觉地认为法兰西民族自始至终都是一个有机整体,并由此自然而然地产生了把外国移民视为他者的观念。

第三,法国社会学家对移民问题漠不关心。在美国,社会学家是移民问题和移民史研究的拓荒者。反观法国,社会学家,尤其是爱弥尔·涂尔干、马塞尔·毛斯等社会学的奠基人尽量避免介入移民问题。涂尔干们的漠视立场可从两方面来解释:一是实证主义的理论传统让他们不愿意介入聚讼纷纭、难有定论的热点问题;另一方面则是犹太人的身份让涂尔干、毛斯对移民问题研究有所顾忌,因为作为"被同化的犹太人",生活在法国的最佳选择或许就是在反犹主义甚嚣尘上之际,不要直接参与讨论这个会让他们

---

① G.Noiriel, *Le creuset français,* pp.22-24.

② G.Noiriel, *Etat, nation et immigration: Vers une histoire du pouvoir,* p.93; Jules Michelet, *Tableau de la France: géographie physique,politique et morale,* Paris:Lacroix et Ce Editeur, 1875, p.80.

③ G.Noiriel, *Le creuset français,*p.59.

感到尴尬的问题。①

第四，法国年鉴学派的历史观难辞其咎。年鉴学派尤其是费尔南·布罗代尔的"历史时段"理论，难以让移民史成为科学史学的研究对象。布罗代尔把历史时间划分为"长时段"、"中时段"和"短时段"。自然气候、土壤成分、河流山川等静止的要素属于"长时段"范畴，它们主导着历史的发展脉络；经济、社会、文明等因素属于"中时段"的范畴，其影响仅次于长时段；第三部分则是属于"短时段"的个人史、事件史和政治史，它们虽然"最动人心弦、最富有人情味"，但也是"最危险的历史"。②显而易见，民族国家的发展以及移民问题的出现属于最不值得深究的短时段范畴。对于理解法国当代史而言，布罗代尔的史学模式的局限性不容辩驳。第三代年鉴学派的领军人物雅克·勒高夫也承认，布罗代尔"没有为理解当代史建构出一种严肃的方法论"③。努瓦利耶分析说，布罗代尔之所以不能为移民史研究创造出"必要的工具"，正是因为其历史方法论的局限。④

因此，在努瓦利耶看来，如果想要让移民史成为科学的研究对象并有所突破，就必须具备两个基本前提。一方面，要批判法国共和主义的人格化民族观念。为此，努瓦利耶从民族、民族性、政治难民等概念入手，通过剖析它们在形成、演变和传播过程中的偶然性以及充斥其中的权力斗争，⑤戳破法兰西民族的"起源神

① G.Noiriel, *Le creuset français*,p.32.
② 费尔南·布罗代尔：《菲利普二世时代的地中海和地中海世界》，唐家龙等译，北京：商务印书馆，1996年，第9-10页。
③ Jaques Le Goff, "Le changement dans la continuité", *Espaces Temps*,34-35, (1986) , p.22.
④ G.Noiriel, *Le creuset français*, pp.50-67.
⑤ G.Noiriel, "La question nationale comme objet de l'histoire sociale," *Genèse*, 4, (1991) , pp.72-94; "Socio-histoire d'un concept.Les usages du mot 'nationalité' aux XIXe siècle", *Genèses*,20,1995,pp.4-23; "Représentation natioale et categories socials.L'exemple des réfugiés politiques", *Genèse*,26,1997, pp.25-54.

话"，指出法国共和主义民族观念的荒谬性。另一方面，要批判法国人文社会科学的某些传统。也就是说，要摒弃经典社会学和年鉴史学对当代史的轻视立场，在方法论上捍卫移民史研究的正当性与必要性。努瓦利耶把自己在研究法国移民史过程中形成的历史学方法论，称为"社会历史学"。

社会历史学的诞生

努瓦利耶的史学研究独树一帜，并在法国史学界占有一席之地，与他倡导的"社会历史学"密不可分。在很大程度上，努瓦利耶移民史研究的创新也有赖于此。

在论述努瓦利耶的"社会历史学"之前，我们首先需要统观介绍 20 世纪 50 年代以来西方尤其法国史学界对拉布鲁斯—布罗代尔史学模式的批评。尽管经典社会史在战后法国独领风骚 30 年，但对它持批评意见的人始终存在。这些批评不仅见证了战后法国史学发展的基本趋势，也为努瓦利耶等新一代历史学家革新社会史研究做了铺垫。

早在 20 世纪 50 年代，政治史家夏尔勒—埃德蒙·普塔（Charles-Edmond Pouthas）、国际关系专家皮埃尔·勒努万（Pierre Renouvin）以及人口学家路易·舍瓦利埃（Louis Chevalier）就从不同角度指出了把经济决定论推向极端的荒谬性。[1] 但是，他们对拉布鲁斯—布罗代尔模式的批评在当时史学界的影响有限。不过，其努力并没有白费，最终在年鉴学派趋于衰落的 80 年代末结出了果实。一个突出的例子就是勒内·雷蒙（勒努万的学生）成为政治史复兴的领军人物，并在 1998 年当选法兰西学院院士。

20 世纪 60 年代末 70 年代初，拉布鲁斯阵营内部出现了不同的声音。拉布鲁斯曾经把许多学生派到指定的省份研究经济社会

---

① G.Noiriel, *Qu'est-ce que l'histoire contemporaine?*, pp.76-80.

史。此举尽管催生了一批优秀论著，但也充分凸显了系列化、计量化研究方法的局限。譬如，被派到瓦尔省的莫里斯·阿居隆就发现，他根本无法用社会、经济或阶级的因素去解释当地农民为何成为激进共和派的现象。他最终得出一个与社会经济决定论截然不同的结论：异常活跃、数目众多的互助社、行会、兄弟会以及社团导致当地民众形成了一种自由的、平等的"社会交往性"（sociabilité），从而利于共和主义在当地的传播和扎根。① 被派到利穆赞省的阿兰·科尔班也放弃了社会经济史研究，转而探讨人的"感知性"（sensibilité）（如嗅觉、听觉等）在西方历史中的变化。② 阿居隆表示，拉布鲁斯倡导的分省研究原本是要创设"社会经济史研究的实验室"，却出乎意料地导致其弟子远离马克思主义，抛弃经济决定论或地理决定论，走向了被经典社会史所轻视的"日常生活"和"小历史"。③ 弗朗索瓦·孚雷更是义无反顾地拥抱了拉布鲁斯轻视的政治史，成为"政治概念史"（histoire conceptuelle du politique）的开山鼻祖。

阿居隆对"社会交往性"的研究以及科尔班对"感知性"的研究清楚表明，经典社会史对经济、社会、政治、文化或表征的划分过于机械，其笃信的社会经济决定论更是存在致命的缺陷。然而，阿居隆、科尔班在微观层面上的经验分析并没有让他们像意大利的卡尔洛·金兹伯格等人那样作出令人印象深刻的方法论思

---

① M.Agulhon, *La sociabilité méridionale(confréries et associations en Provence orientale dans la deuxième moitié du XVIIIe siècle)*, vol.2, Aix:La Pensée universitaire, 1966.

② A.Corbin, *Le Miasme et la jonquille.L'odorat et l'imaginaire social, XVIIIe-XIXe siècle*, Paris:Flammarion,1986; *Les cloches de la terre.Paysage sonore et culture sensible dans les campagnes au XIXe siècle*, Paris: Flammarion, 2000.

③ M,Agulhon, "Vu des coulisses", *Essais d'ego-histoire*, p.43.

考。① 与此同时，他们在实践层面的重要突破也因为被归入第三代年鉴学派的阵营，被贴上"心态史"的标签而令人遗憾地被遮蔽。②

20世纪70年代以后，法国学界对经典社会史方法论的批判日趋激烈。一个重要标志是法国史学家开始重新思考叙事在史学研究中的地位。米歇尔·德·塞尔多的《历史的书写》，③ 尤其是保罗·维内令人争议的《如何书写历史：认知论》④ 在法国史学界掀起一股讨论历史认知论的热潮，他们开始思考历史学的学科属性，并使曾经长期遭受冷遇的史学史研究呈现了史无前例的活力。另一个标志就是有关外国史学流派的译介不断增多。譬如，介绍叙事史学、微观史学和埃利亚斯的历史社会学就是新生的《争鸣》的一个重头戏。⑤ 高等社会科学院前院长雅克·雷维尔（Jaques Revel）更是不遗余力地在法国推介意大利的微观史学，⑥ 后者和阿居隆、科尔班的经验研究共同证明了法国史学界正在兴起的一种新风尚——"小即美"（small is beautiful）。⑦ 最后，弗朗索瓦·多斯在

---

① 阿居隆和科尔班对历史学方法论的漠视，可以在前者的自传中得到体现。阿居隆承认，其著作中的"理论维度微不足道，或者相当平庸"，"尽管摆脱了经济主义和马克思主义，但却没有真正地将之替代"。这固然有自谦的成分，但他在理论上缺乏建树却也是不争的事实。（M.Agulhon, "Vu des coulisses", *Essais d'ego-histoire*, pp.9-59.）

② M.Agulhon, "Vu des coulisses", *Essais d'ego-histoire*, p.54.

③ Michel de Certeau, *L'Écriture de l'histoire*, Paris:Gallimard, 1975.

④ Paul Veyne, *Comment on écrit l'histoire :essai d'épistémologie*, Paris:Éditions du Seuil, 1970.

⑤ Lawrence Stone, "Retour au récit ou réflexions sur une nouvelle vieille histoire", *Le Débat*,no.4,(1980/4),pp.116-142; Carlo Ginsberg,"Signes, traces, pistes. Racines d'un paradigme de l'indice", *Le Débat*, no.6, (1980/6), pp.3-44; Carlo Ginzburg et Carlo Poni, "La micro-histoire", *Le Débat*, no.17(1981/10), pp.133-136; Roger Chartier, "Norbert Elias interprète de l'histoire occidentale", *Le Débat*,no.5(1980/5pp.138-143.

⑥ Jaques Revel(éd.), *Jeux d'échelle*, Paris:Le Seuil-Gallimard, 1996; Jaques Revel, "Microanalysis and the construction of the social", in Jaques Revel and Lynn Hunt eds., *Histories:French constructions of the past*, New York:The New Press, 1995, pp.493-502.

⑦ G.Noiriel, *Qu'est est –ce que l'histoire contemporaine*, pp.142-143.

1987 年出版了《碎片化的历史学》,^① 对年鉴史学进行了猛烈抨击,斥责它是当代法国史学危机的罪魁祸首。

面对如火如荼的批判,年鉴学派并没有熟视无睹。自从 20 世纪 70 年代中期起,年鉴史学家就在思考如何让社会史研究走出困境的问题。1974 年,雅克·勒高夫和皮埃尔·诺拉主编出版《从事历史》,试图从"新问题""新方法""新对象"突破拉布鲁斯-布罗代尔范式的藩篱。^②1988 年,《年鉴》杂志更是刊发专文,呼吁法国历史学家反思史学正在经历的"一场关键转折"。年鉴学派承认马克思主义、结构主义和计量的研究范式已经"过时",认为与社会科学结盟的法国史学也因此遭受牵连,出现了多斯所批评的"历史的碎片化",进入了一个"不确定性的时代"。它表示,单纯地批判年鉴学派,简单地重返叙事、事件、政治或传记,乃是一些"懒惰的办法",并不足以克服当代法国史学的危机。为此,它号召法国史学家群策群力,共同参与讨论变革社会史的新方法和新同盟(即建立新的跨学科模式)。^③ 总体而言,这篇文章更像是年鉴学派的一份自我辩护,而非谋求变革的纲领。我们由此也不难理解,年鉴学派的官方立场为何会在法国史学界招致众多的批评。^④

年鉴学派将法国史学危机归咎于社会科学的诊断并没有得到多少法国历史学家的赞同。甚至,与会参加讨论的学者也纷纷表

---

① François Doss, *L'Histoire en miettes: Des* "Annales" *à la* "nouvelle histoire", Paris:La Découverte,1987. (弗朗索瓦·多斯:《碎片化的历史学:从〈年鉴〉到"新史学"》,马胜利译,北京:北京大学出版社,2008 年。)

② Jaques Le Goff et Pierre Nora(ed.), *Faire de l'histoire*, Paris:Gallimard, 1974. 诺拉回忆说,在《从事历史》出版之际,就有人认为"布罗代尔的史学时代终结了"。(Pierre Nora, *Historien public*, Paris :Gallimard,2011, p.359.)

③ "Histoire et sociences sociales.Un tournant critique?", *Annales. Economies, Sociétés,Civilisations*, no.2 (1988), pp.291-293.

④ Christian Delacroix," La falaise et le ravage.Du 'tournant critique' à la conversion des Annales", *Espaces Temps*, no.59, (1995), pp.86-111.

达了不同意见。夏蒂埃强烈反对"社会科学出现了普遍危机"的提法，他认为马克思主义和结构主义的衰落并不表明社会学和人类学也处于危机中。他指出，法国社会史面临的主要问题不是社会科学出现了"普遍的危机"，而是年鉴学派本身出了问题，因为它把社会机械地划分为经济、社会、政治和文化等领域，夸大了地理、气候、经济和社会的决定作用，却忽视了对个体性、特殊性的研究，从而偏离了"理解的原则"（principes d'intelligibilité）。夏蒂埃对经典社会史提出了毫不客气的批评："如果不能立足于个体事实的集合，那么我们又如何能够获得普遍性呢？"[1]

努瓦利耶没有明确否认年鉴学派的结论，但其保留态度可以从其关于加强史学和社会学之间联系的主张上得以体现。在他看来，历史学家与社会学家之间长期的门户之见以及由此产生的相互误解，严重阻碍了法国史学的革新。具体而言，由于涂尔干、西米昂等社会学家始终强调历史学不是科学，[2] 法国史学家长期纠结于史学的科学性问题，在追求科学化的道路上渐行渐远，只重视可计量化和系列化的历史，却忽略了本应给予高度重视的历史行动者本身。在马克思主义、结构主义以及"长时段"观念的影响下，法国史学家对社会学尤其是"主体主义"（subjectiviste）社会学所取得的进展缺乏足够的关注或者干脆对之置若罔闻。"主体主义"社会学的主要代表是马克斯·韦伯和诺贝特·埃利亚斯，他们注重个体性和亲身经历，与鼓吹普遍性、排斥特殊性的法国经典

[1]　Roger Chartier, "Le monde comme représentation", *Annales. Economies, Sociétés Civilisations*, 44e année, no.6, (1989), p.1508.

[2]　涂尔干试图以科学为名，将社会学凌驾于历史学之上，"历史学只有超越个人才能成为一门科学。如果这样做的话，它便不再是历史学，而会变成社会学的一个分支"。（转引自弗朗索瓦·多斯：《碎片化的历史学：从〈年鉴〉到"新史学"》，第15—16页。）

社会学大相径庭。[①]

经典社会史的最大顽疾即在于忽视对主体性、个体性、特殊性的认知和研究，这是夏蒂埃和努瓦利耶对经典社会史作出的相同诊断。在这一点上，他们与英国的新社会史（E.P. 汤普森为代表）、意大利的微观史学、德国的"日常生活史"（Alltagsgeschichte），以及以阿居隆、科尔班等人的微观研究有许多共同之处。所不同的是，夏蒂埃和努瓦利耶在注重考察社会行动者在微观层面的行动与互动的同时，并不主张抛弃经典社会史所推崇的宏观分析。

然而，如何才能够实现经典社会史的结构分析与微观史学的人际交往之间的有机融合，并灵活地将之运用到经验的历史研究呢？长期为结构主义和年鉴学派所忽视的社会学传统，尤其是埃利亚斯（Norbert Elias）和皮埃尔·布尔迪厄（Pierre Bourdieu）的社会学理论，是夏蒂埃和努瓦利耶共同借鉴的理论资源，是他们革新各自史学领域的重要前提。

在 20 世纪 80 年代，埃利亚斯的著作在法国广泛传播，[②] 布尔迪厄在法国知识界的声誉更是如日中天。[③] 因此，任何试图克服

---

① Gérard Noiriel, "Pour une approche subjectiviste du socal", *Annales.Economies, Sociétés, Civilisations*, no.6,(1989), pp.1435-1459. 在《法国熔炉》里，努瓦利耶也表达了类似的观点。（G.Noiriel, *Le creuset français*, p.61）

② 自从 1983 年埃利亚斯的第一部法文译作《宫廷社会》面世以来，他在法国社会科学界的影响与日俱增。法国学者对他是如此崇拜，以至于有人批评他们将之"神圣化"了。（Daniel Gordon, "The canonization of Norbert Elias in France: a critical perspective", *French Politics, culture and society*, vol.20, No.1, (Spring 2002), pp.68-94.）

③ 当代知名政治学者米歇尔·奥弗莱曾经这样描述布尔迪厄在他这一代法国学者心中的崇高形象："我们当中的绝大多数人是……在追捧布尔迪厄在图尔街以及随后在法兰西学院的讲座中成长的。我们就像去'朝圣'。参加此种学校的人学会了谈论布尔迪厄，学会思考布尔迪厄，学会书写布尔迪厄。" Cf. Michel Offerlé, "En Rvenant de la Rue", *Politix*, No.100,(2012/4), p.68.

法国社会科学界当中存在的一种对立——推崇结构、等级、立场和客观关系的宏观研究方法与注重社会主体、个人以及人际关系的微观分析方法之间的对立——的学者都不能无视其学说。[①] 在埃利亚斯和布尔迪厄的眼里，处在某个独特"场域"（champs）或"社会配置"（configuration social）里的个人，虽然不能摆脱来自国家或外部世界的统治、法律、文化以及市场的影响，但绝不是被动地、消极地接受它们，而会利用各种可能的条件，使它们服务于自身的立场、利益与情感，进而不知不觉地将之"内化"（intériorisation）。[②] 所以，他们在批判结构主义或功能主义时共同使用的概念——"惯习"（habitus）或"社会惯习"（habitus social），可以很好地帮助消解客观主义—主观主义、社会—个人、结构—意图以及宏观—微观等纯粹属于人为建构的对立。[③] 在相当程度上，夏蒂埃和努瓦利耶各自作出的方法论思考皆建立在对埃利亚斯、布尔迪厄的相关理论的学习、吸收和改造之上。

夏蒂埃和布尔迪厄过从甚密，双方的对话与交流对彼此的学术生涯皆产生了重要影响。两人在"法国文化电台"就当代法国社会学和历史学之间交流的深入访谈——《社会学家与历史学家：布尔迪厄与夏蒂埃对话录》，即是其思想火花碰撞后的产物。[④] 埃

---

① 此种概括是夏蒂埃的说法。Cf. "Gens à histoire, gens sans histoire:dialogue Bourdieu/Chartier", Politix, Volume 2, NO.6(Printemps 1989), p.53.

② 事实上，布尔迪厄的理论建构也从埃利亚斯身上汲取了不少的灵感。有关二人理论的异同，可参见: Bowen Palle, Bart van Heerikhuizen and Mustafa Emirbayer, "Elias and Bourdieu", in Simon Susen and Bryan S Turner, eds., *The Legacy of Pierre Bourdieu.Critical Essaiys*,London/New York:Anthem Press,2011, pp.145-172.

③ 埃利亚斯在谈及其"个人的社会惯习"（social habitus）概念时，表示它可以避免社会学对个人与社会的关系进行毫无意义的争论，认为把个人与社会视为两种独立的事物乃是"错误的观点"。(Norbert Elias, *The society of individuals*, edited by Michael Schröter and translated by Edmund Jephcott, New York/London: Continuum, 1991, p.182.)

④ 皮埃尔·布尔迪厄，罗杰·夏蒂埃：《社会学家和历史学家》，马胜利译，北京：北京大学出版社，2012年。

利亚斯最初是被作为心态史、表征史或文化史的同盟者，而不是作为韦伯社会学的传人介绍到法国。① 所以，乔治·杜比、孚雷尤其是夏蒂埃等历史学家最先成为埃利亚斯在法国的热心传播者并非偶然。夏蒂埃本人不仅发表多篇论文，专门介绍埃利亚斯的历史社会学，② 还为《宫廷社会》、《个人社会》、《介入与距离：论认知社会学》以及《运动和文明：被约束的暴力》等法文版译作撰写序言。③

　　埃利亚斯、布尔迪厄对夏蒂埃对历史学方法论的影响，可以在后者对"文化"的独特定义上得到体现："文化并不凌驾社会经济关系之上，也不与之等量齐观。它也不是一种可以摆脱各种表征——个人会利用这些表征建构自身存在的意义，而此种意义通常寄寓在各种词汇、姿势和仪式里——的实践。这就是把规范社会运行的机制、支配个人关系的结构理解为各种对立世界观之间不稳定且互有冲突的关系所产生的结果。因此，我们不能把组织经济活动、维系个人关系的各种实践归结为物质性的目标及其产生的社会后果：一切实践皆是'文化的'，因为它们把人们赋予其世界以意义的多元方式都变成了行为。所以，任何历史，无论它自称经济史、社会史或宗教史，都要求人们对一些表征体系及其产生的

① Michel Wieviorka, André Burgiere,Roger Chartier,Arlette Farge and Georges Vigarello, "L'Oeuvre de Norbert Elias, son contenu, sa reception", *Cahiers Internationaux de Sociologie*, (Juillet-Décembre 1995), p.218.

② Roger Chartier, "Norbert Elias interprète de l'histoire occidentale", *Le Débat*, no.5,(1980/5),pp.138-143; "Elias:une pensée des relations", *Espaces-Temps*, no.53-54,(1993), pp.43-60; "Norbert Elias, l'actualité", *Labyrinthes*, no.1(automne 1998), pp.42-44; "The second death of Nobert Elias", in Eric Dunning et Sthephen Mennell,eds., *Norbert Elias*, London: vol.4, (2003), pp.301-305.

③ Entretien avec Roger Charter, "Pour un usage libre et respectueux de Norbert Elias", *Vingtième Siècle. Revue d'histoire*, No,106 (avril-juin 2010), pp.51-52.

行为作出研究。由此看来，任何历史皆是文化史。"①

从夏蒂埃对"文化"的定义可以看出，他摒弃了经典社会史对经济、社会、政治与文化的机械划分，认为文化涵盖了其生产者、传播者和消费者所涉及的全部世界（物质、表征与内心）。在这个意义上，诚如他所言，"任何历史皆是文化史"。但是，我们也要知道，由于夏蒂埃的文化史研究能够揭示隐藏在各种文化表征背后的深层社会结构，所以它在某种意义上也可以被归入社会史研究的范畴。正因此，夏蒂埃拒绝将其研究称为"文化史"或"思想史"，而更愿意将之叫作"社会文化史"（histoire socio-culturelle）。②

布尔迪厄和埃利亚斯之于努瓦利耶的影响绝不亚于夏蒂埃。在其自传《思考既要继承，也要批判：一位历史学家的历程》里，努瓦利耶列举了对其影响最大的学者，如布尔迪厄、埃利亚斯、伍尔夫、理查·罗蒂、米歇尔·福柯、马克斯·韦伯、弗朗索瓦·西米昂、马克·布洛赫、费迪南·布罗代尔、罗杰·夏蒂埃等人。相对而言，努瓦利耶对前二者的偏爱更多一些，有关布尔迪厄章节的副标题是"向布尔迪厄致敬"，他论述埃利亚斯的口吻更是特别，字里行间洋溢着钦佩之情，鲜有批评的字眼。努瓦利耶之所以在自传里对二人"礼遇有加"，主要是因为在其人生道路和学术研究中，他们占据了无可替代的位置。在20世纪80年代初，布尔迪厄的社会学理论，尤其是他对知识分子的批判思考，让对马克思主义和激进政治渐趋失望的努瓦利耶确立了新的人生方向，决定投身学术研究，因为前者使之相信科学研究也能推动社会的解放，"为了帮助

---

① Roger Chartier, *Lectures et lecteurs dans la France d'Ancien Régime*, Paris:Seuil, 1987, p.17. 国内学界对夏蒂埃的研究，可参见：周兵："罗杰·夏蒂埃的新文化史研究"，《史学理论研究》，2008年第1期，第56—67页。

② Roger Chartier, "Intellectual history or sociocultural history", in Dominick Lacapra and Steven L. Kaplan, eds., *Modern European Intellectual History,* Ithaca and London: Cornell University Press, pp.13-46.

弱者，只需发现和诉说真理即可"。[1] 如果说布尔迪厄是努瓦利耶学术人生的指路明灯，那么埃利亚斯就是其研究法国民族史和移民史的"一个工具箱"，[2] 埃氏的"民族惯习"（l'habitus national）概念对他研究"民族认同问题"极具启发价值。[3]

布尔迪尔和埃利亚斯对努瓦利耶的深刻影响远不止于此。他们让后者重拾起因为马克思主义、年鉴学派、结构主义以及解构主义的流行而被冷落的社会学传统，重新关注涂尔干、韦伯、毛斯等社会学家终身思考的经典命题，即："双元革命（工业革命与政治革命）如何让欧洲从传统的共同体变成了现代的社会？"[4] 埃利亚斯对西方社会学的一个重大贡献就是将涂尔干、韦伯们思考较少的民族国家置于其理论思考的重心，借鉴并创造性拓展了韦伯的"惯习"的概念，将"国家的社会发生学"（une sociogenèse de l'Etat）和"个人的心理发生学"（une psychogenèse de l'individu）有机结合，[5] 对民族国家的诞生及其对西欧国家的影响进行了令人耳目一新的比较研究。[6] 然而，埃利亚斯对民族国家的研究仅限于其诞生阶段，仅限于 18 世纪末以前西欧历史的考察，而很少论及它在 19 世纪以来在西欧的发展及其社会影响。依笔者管见，这正是努瓦利耶研究的着力点和创新处。

法国何时并且如何成为一个真正意义上的民族国家？这是一个贯穿努瓦利耶整个学术生涯的核心问题。众所周知，美国著名

---

[1]　G.Noiriel, *Penser avec, penser contre.Itinéraire d'un historien*, p.156.

[2]　G.Noiriel, *Penser avec, penser contre.Itinéraire d'un historien*, p.186.

[3]　需要指出的是，埃利亚斯本人很少使用"民族惯习"，更多地使用"社会惯习"。

[4]　Gérard Noiriel, *Etat,nation et immigration:Vers une histoire du pouvoir*, p.34.

[5]　Michel Wieviorka, André Burgiere, Roger Chartier, Arlette Farge and Georges Vigarello, "L'Oeuvre de Norbert Elias, son contenu, sa reception", *Cahiers Internationaux de Sociologie*,p.215.

[6]　诺贝特·埃利亚斯:《文明的进程：社会的社会起源和心理起源的研究》（第一、二卷），王佩莉、袁志英译，北京：三联书店，1998 年。

历史学家尤金·韦伯在《农民变成法国人：1870—1914年期间乡村法国的现代化》里做过类似研究，他从现代化或工业革命的角度，指出学校、公路、铁路和货币经济的发展是法国农民在第一次大战爆发前融入第三共和国的关键因素，他们最终接受了自己首先是法国人而不是布列塔尼人、诺曼底人、普罗旺斯人或勃艮第人的观念。[1]尤金·韦伯的著作对努瓦利耶的影响不容置疑，后者表示，其移民史著作《法国熔炉》更为恰当的书名应当是"移民变成法国人"（Immigrants into Frenchmen）。[2]与这位美国学者一样，努瓦利耶认为工业革命及其创造的货币、公路、铁路、电报等"远距离关系"（relations à distance）为法国民族国家的发展创造了坚实的物质基础，但他认为第三共和国的民主革命（普选制、新闻自由、工会自由等）也是一个不可或缺的因素。对政治民主化及其社会影响的重视，使得努瓦利耶得出了一个和尤金·韦伯不同的结论：在19世纪末，法国就已经变成一个真正意义上的民族国家。

努瓦利耶表示，在19世纪80年代末90年代初，法国民族国家在法律层面的建构取得了决定性的胜利。一个重要的标志是1889年国籍法以及一系列针对外国移民法律的颁布。[3]他表示，它们的出台在很大程度上是在1884年世界性经济危机爆发的背景下，双元革命（工业革命和民主革命）共同作用的结果。

面对经济危机导致日益恶化的就业市场，法国公民利用第三共和国确立的人民主权原则而赋予他们的选票权以及伴随工会自由化而不断壮大的工人运动，不断向政府施压，要求政府限制、禁止乃至驱逐外国工人，保护本国公民的工作权利。

---

[1] Eugen Weber, *Peasants into Frenchmen.The Modernization of rural France*, 1870-1914, Stanford:Stanford University Press, 1976.

[2] G.Noiriel, *Le creuset français*, p.10.

[3] G.Noiriel, *Le creuset français*, p.88.

面对民众的压力，第三共和国开始驱逐外国工人，严格控制法国边境，并颁布一系列严格监督、管理甚至歧视外国移民的法律。譬如，1888年10月2日条例在法国历史上破天荒地要求外国人向当地市政府递交住址等信息；1893年8月9日法律完善了外国人登记制度，要求外国人必须在抵达法国48小时内完成登记手续。与此同时，第三共和国对法国公民身份的界定也日趋严格，1889年国籍法对成为法国人的资格进行了明确限定，[①]并且还歧视性地规定，归化的法国人10年之内不得当选国家议员。对第三共和国的政治家而言，对法国公民身份的认定和对外国移民的排挤并行不悖。

努瓦利耶得出结论认为，当代法国管理移民问题的基本原则主要承袭了第三共和国在19世纪颁布的这些法律，而且没有出现过实质性的断裂。他指出，臭名昭著的维希政府也有其"共和主义的起源"，因为第三共和国的移民法律以及管理犹太人时留下的档案为维希政权的反犹政策提供了不少便利。[②]同样，希特勒消灭犹太人、墨索里尼镇压反法西斯主义者的许多政策法规也不是出自他们的创造。[③]有鉴于此，努瓦利耶认为，法国并不存在所谓的共和主义整合模式。因为各个时期的法国政府通常都是根据经济形势的变化和选举政治的实际需要，对外国移民的管理做出或松或紧的调整。努瓦利耶的结论并非无的放矢。他列举了一个很有说服力的证据：1884年、1929年和1973年经济危机爆发后，法国都

[①] 1889年国籍法第8条规定："如下人等可以成为法国人：任何法国人在法国或在国外生下的个人；任何身份不明或者国籍不明的父母在法国生下的个人；任何父母一方为出生在法国的外国人在法国生下的个人。"（M.Th.Ducrocq, *De la nationalité au point de vue du dénombrement de la population dans chaque pays*, Nancy:Imprimerie Berger-Levrault et Cie, 1890, p.3.）

[②] G.Noiriel, *Les origines républicaine de Vichy*, Paris:Hachette, 1999.

[③] G.Noiriel, *Penser avec,penser contre. Itinéraire d'un historien*, pp.179-180.

出现过民族主义高涨，掀起过排挤移民的浪潮。[①]民族主义的起伏、移民政策的宽松与法国经济的走势间存在着惊人耦合。努瓦利耶的结论或许会让一些法国共和主义者感到不快，但不可否认的是，他对法国移民史的解读得到了越来越多人的认可和接受。

努瓦利耶在研究法国移民史的实际过程中，借鉴了不少社会学的工具、概念和问题意识，将之用于指导经验的历史研究，并形成了一套独特的历史学方法论——"社会历史学"。限于篇幅，笔者不能详加论述。

笔者只想强调，"社会历史学"的精髓就是综合了历史学和社会学的长处。努瓦利耶这样定义其"社会历史学"："通过援引历史学家对经验工作的定义，依赖档案研究，致力于理解而不是评判人类活动，社会历史学限定了自身的活动领域。与此同时，它又从社会学家那里借鉴了他们确定的目标，即研究权力关系以及把个人维系在一起的远距离关系。"[②]为了强调社会科学尤其是社会学对于革新社会史的意义，努瓦利耶抛弃了曾经使用过的"社会史"概念，将其研究命名为"社会历史学"。[③]另外，率先把社会学理论运用到文化史研究，并将之命名为"社会－文化史"的夏蒂埃，也

---

① 努瓦利耶在《法国熔炉》第 5 章详细分析了民族主义、种族主义和排外主义的兴起和三次经济危机的密切关联。(G.Noiriel, *Le creuset français*, pp.249-293.)

② G.Noiriel, *Introduction à la soicio-histoire*, p.14.

③ 在相当长的时间内，他一直使用法国史学家惯用的"社会史"（histoire sociale）。1989 年，他在强调移民史研究的重要性时追问："一种政治的社会史是否成为可能？"〔G.Noiriel, "Une histoire sociale du politique est-elle possible?", *Vingtième Siècle. Revue d'histoire*, No.24(Oct.-Dec.,1989), pp.81-96.〕1991 年，在呼吁把民族国家纳入史学研究的范畴时，他仍旧在使用"社会史"的概念。〔G.Noiriel, "La question nationale comme objet de l'histoire sociale", *Genèse*, 4, (1991), pp.72-94.〕直到 1995 年，在一篇和他人合著的文章里，努瓦利耶才首次提出了"政治的社会历史学"的概念，试图为理解法国历史提供一种和勒内·雷蒙的新政治史或孚雷的政治概念史所不同的新思路。〔G.Noiriel et Monsieur Michel Offerlé, "Histoire politique, histoire du politique", *Genèses*, 20, (1995), pp.2-3.〕

是努瓦利耶提出"社会历史学"概念的一个重要原因。[1]

夏蒂埃的"社会—文化史"和努瓦利耶的"社会历史学"表明，当代法国史学的革新仍然和经典社会史一样，有赖于跨学科研究的开展。只不过，新时代的法国史学不再推崇科学化、计量化和系列化的研究，而更加注重社会行动者在既定历史场域中的活动自由及其历史束缚。在夏蒂埃和努瓦利耶对历史学方法论的反思中，埃利亚斯和布尔迪厄代表的社会学理论举足轻重。

努瓦利耶的知识分子观

纵观努瓦利耶的学术生涯，始终贯穿着对法国知识分子的思考及其历史的研究。与米歇尔·维诺克、让-弗朗索瓦·西里奈利等人的著作[2]相比，努瓦利耶的知识分子史独具特色。努瓦利耶没有拘泥于梳理知识分子的学术生涯、政治立场、人际交往及其社会影响，而是侧重于总结、归纳和批判近代法国知识分子介入社会的各种模式，[3]试图为当代法国知识分子尤其是历史学家介入社会提供新的模式。

对努瓦利耶而言，知识分子不包括记者和政治家，特指"大学人士"（universitaires）。他们在大学和学术机构里进行专业研究的同时，又心系社会，满怀热忱地参与公共事务，希望帮助消除世界上的饥饿、贫困和不平等。很明显，知识分子兼具学者和公

---

[1] G.Noiriel, *Etat,nation et immigration:Vers une histoire du pouvoir*, p.10.

[2] 米歇尔·维诺克：《自由之声：19世纪法国公共知识界大观》，吕一民等译，北京：中国人民大学出版社，2006年；《知识分子的世纪》，孙桂荣等译，凤凰出版传媒集团，2006年。让-弗朗索瓦·西里奈利：《20世纪的两位知识分子》，陈伟译，南京：江苏人民出版社，2001年。

[3] 根据努瓦利耶，法国知识分子介入社会的方式主要可分为三种：革命知识分子（夏尔勒·贝矶、乔治·索雷尔、让-保罗·萨特）、政府型知识分子（如勒内·雷蒙、孚雷）、专业知识分子（福柯、布尔迪厄）。参见：Gérard Noiriel, *Dire la vérité au pouvoire: Les intellectuels on Question,* Paris:Agone,2010.

民的双重身份。然而，在学者和公民这两个身份之间，并非没有张力。知识分子概念的出现本身，即充分说明了它的模棱两可性。它以否定的形象首次出现在反德雷福斯派的笔下，后者用来批判德雷福斯派的学者，批评他们背离学术独立的原则，介入了本不属于他们的政治领域。①

鉴于学者与公民之间不可能彻底消除的张力，知识分子在介入社会时，总会伴随着或多或少的自我辩护。

在战后法国30年，让－保罗·萨特一直捍卫知识分子介入社会的正当性。在《为知识分子辩护》中，他明确指出知识分子的存在价值很大程度上是与介入社会联系在一起的："知识分子就是介入与己无关的事务的人，他们以人和社会的整体观念——如今，此种观念已经不再可能，似乎显得抽象而荒谬——的名义，挑战一切现有的真理以及受其影响的行为。"② 在他眼里，投身学术研究与参与政治活动并不矛盾。萨特本人不仅从事哲学研究和小说戏剧的创作，还积极参加"与己无关的事务"，尖锐地批判资本主义的异化，热衷于追求个人解放的手段。毫不夸张地说，萨特的哲学、小说和戏剧直接服务于普通民众的解放斗争。并且，他还特别强调知识分子与无产阶级革命相连的必要性："只有在民众阶级身上，并且唯有借助于它，（知识分子）才能洞悉资产阶级社会的真理；通过抛弃改良主义的幻想，他可以激进化，变成革命分子，并借此认识到：人民群众除了会打破压迫他们的偶像外，不会再做别的事情。"③

萨特的激进主义在20世纪70年代初的法国并非个案，哲学家阿尔都塞及其信徒也在宣扬类似学说。在他们的熏陶下，法国

---

① Gérard Noiriel, *Dire la vérité au pouvoire: Les intellectuels on Question*, p.60.

② Paul Satres, *Playdoyer pour les intellectuels*, Paris:NRF, 1972, p.12.

③ Paul Satres, *Playdoyer pour les intellectuels*, p.63.

青年学生当中流行起一种到工厂、农村学习，帮助工人和农民认识异化、反对压迫的风潮。然而，在出身贫寒的努瓦利耶看来，此种革命浪漫主义"虽然值得称道，但却荒谬至极"。[①]毫无疑问，萨特鼓吹的民粹主义知识分子观并没有得到其认可。

20年代70年代中期以后，伴随着革命运动的偃旗息鼓、马克思主义的暂时退潮，尤其是索尔仁尼琴《古拉格群岛》法文版面世，法国知识分子纷纷脱离左翼阵营，转向自由主义。萨特也由此受到越来越多的抨击，米歇尔·福柯和皮埃尔·布尔迪厄开始倡导新型的知识分子观。

福柯曾是萨特的崇拜者，但1968年"五月风暴"让他走向了批判萨特的立场。福柯表示，在革命希望已经彻底落空的年代，知识分子不能再盲从萨特，大言不惭地宣称自己掌握普世真理，并冥顽不灵地以无产阶级代言人自居。福柯不无嘲讽地说："知识分子在过去宣称，他们要向那些不懂真理的人诉说真理，要为不能诉说真理的人宣扬良心和优雅。然而，最近的事情让他们恍然大悟，民众在认知时并不需要他们的帮助；民众比他们知道得更完善，更清楚，也更好；民众同样能够铿锵有力地诉说真理。只不过，有一种体系在禁锢、阻碍和否定他们的知识和话语。……事实上，知识分子就是此种权力体系的一部分；他们自命为良心和民众话语之代理人的观念也是权力体系的组成部分。"[②]福柯宣称萨特代表的"普世知识分子"（intellectuel universal）已经过时，强调知识分子的使命不再是革命斗争，而是对权力—知识的批判。有鉴于此，福柯全身心投入监狱史、疯癫史、性史、知识考古学以及生物政治学的研究，深入批判家庭、两性、学校、监狱甚至人脑里存在的所谓的真理和体系，揭露其压迫的本质，试图为正在从

① G.,Noiriel, *Penser avec,penser contre.Itnéraire d'un historien*, p.264.

② Michel Foucault, *Dits et Ecrits*, Paris: Gallimard, 1994, tome II,p.308.

事具体社会斗争的普通民众提供专业的知识工具。这就是福柯提出的"专业知识分子"（intellectuel spécifique）的职责所在。

布尔迪厄也把批判矛头指向"普世知识分子"，指出马克思主义革命学说的局限性，认为社会的压迫不仅存在于经济和政治层面，表现为资本对劳动的剥削，还存在于知识、思想、文化或者如其所说的"象征资本"中。更可怕的是，"象征资本"的压迫还因社会大众不知不觉地将之内化为"惯习"而变得异常隐蔽。作为福柯的朋友，布尔迪厄也赞同其"专业知识分子"的提法。不过，他表示，知识分子的单打独斗无法击溃甚嚣尘上的新自由主义或保守主义。因此，在"专业知识分子"的基础上，布尔迪厄提出了"集体知识分子"（intellectuel collectif）的概念，因为唯有"集体知识分子"才可能创造出"现实主义的乌托邦的社会条件"。[1]

福柯和布尔迪厄的立场表明，知识分子在革命消亡后仍有介入社会的可能和必要，即通过自身的专业研究，为弱势的社会群体提供批判武器，为他们的反抗增加成功的可能性。与试图在无产阶级身上追求真理的萨特相比，他们更强调知识分子的独立和科学研究的自律。他们的知识分子观在法国思想界产生了深远影响。法国史学家也纷纷在福柯和布尔迪厄的基础上，重新思考历史学家如何在新的时代更好地履行社会责任。

譬如，皮埃尔·诺拉在伽利马出版社创办的《争鸣》杂志，即法国历史学家对这一问题进行集体思考的产物。在《争鸣》创刊号上，诺拉再次提出了自德雷福斯事件以来法国知识分子从未停止过思考的一个问题："知识分子能够做什么？"诺拉对20世纪80年代法国思想界的诊断和福柯在70年代中期的结论如出一辙。"先知的知识分子"（intellectuel-oracle）已经逝去，萨特的时代悄然终结，而列维－斯特劳斯、米歇尔·福柯和雷蒙·阿隆成了新的

---

① Pierre Bourdieu, *Contre-Feux 2*, Paris: Raisons d' agir, 2001, p.37.

偶像；相应地，伴随着萨特的消隐，文学和作家的辉煌也开始让位于人文科学和专业知识分子的严谨。① 诺拉创办《争鸣》的初衷，就是要为专业知识分子创造一个摆脱政治权力斗争、意识形态分歧和尊重思想民主的公共平台。颇具反讽意味的是，尽管诺拉反复宣称要坚持科学独立，反对政治干预，但实际的情况却并非如此，《争鸣》总是与现实的政治斗争纠缠不清。在极权主义批判、人权运动以及当代法国的民主改革等重大问题上，诺拉及其朋友就经常举办圆桌会议，并把相关发言发表在《争鸣》上。

努瓦利耶不愿以诺拉为榜样，而是要做与福柯、布尔迪厄一样的专业知识分子或"介入的研究者"，② 立足科学研究，又矢志于社会批判。努瓦利耶在 20 世纪 80 年代中期开始从事移民史研究，就是因为他相信移民问题的科学研究可以帮助消除法国民众对移民群体的偏见，使"右派理论彻底失去吸引力"，从而建立"多元的法国"，③ 最终改善所有移民群体在法国的处境。不过，他并不满足做福柯意义上的"专业知识分子"，还致力于在历史学领域内推动形成布尔迪厄所说的"集体知识分子"。具体而言，其努力主要表现在两个方面。

首先，诊断法国史学危机，捍卫历史学的自律。自从 20 世纪 80 年代以来，宣称法国史学陷入"危机"的声音不绝于耳。弗朗索瓦·多斯④ 和弗朗索瓦·贝达里达⑤ 等人都谈论过法国的史学危机，

---

① Pierre Nora, "Que peuvent les intellectuels?", *Le Débat*, No.1(mai 1980), pp.3-19.
② 在对福柯的知识分子观进行批判性反思时，努瓦利耶提出了"介入的研究者"（ chercheur engagé ）的概念。（ G.Noiriel, *Penser avec,penser contre.Itnéraire d'un historien*, p.248. ）
③ G.Noiriel, "Le fin mot de l'histoire,Immigration:Le fin mot de l'histoire", *Vingtième Siècle. Revue d'histoire*, No.7, (Jul.-Sep.1985), p.148.
④ 弗朗索瓦·多斯：《碎片化的历史学：从〈年鉴〉到"新史学"》。
⑤ F.Bedarida, "Préface", *L'histoire et le métier d'histoire en France 1945-1995*, in François Bedarida, ed., Paris: Editions de la Maison des sciences de l'homme, 1995, p.17.

并作出了各自的诊断。努瓦利耶并不否认当代法国史学面临着历史学教席数量的削减、大学功能的衰落、学术著作出版的困难以及集体合作的消亡等诸多问题，但他反对法国史学深陷危机的提法，因为在当代法国社会舆论中，它的声誉是"前所未有的卓著"。① 尽管如此，努瓦利耶强调不能对"历史学危机"论调的泛滥掉以轻心，因为它们有可能让历史学家的共同体陷入混乱甚至分裂。

努瓦利耶认为，批判年鉴学派的各种史学新流派——如"语言学转向""关键的转向""新思想史""新文化史""新政治史"等——在某种程度上是史学危机论调泛滥的罪魁祸首。在他看来，新史学流派的不断涌现，并不是历史学繁荣的标志，而是一种危机的症状，因为为它们取代经典社会史而鼓吹的理论范式不过是一些"自说自话的预言"（prophéties autoréalisantes）。② 他特别批评了"语言学转向"和《年鉴》的"关键转向"。尽管鼓吹语言学转向的美国史学家或者倡导"关键转向"的年鉴学派拥有良好的意图，试图援引相邻学科的理论推动史学创新，但由于使用了一种多数历史学家不熟悉甚至颇为反感的话语（如否定历史的真实性），"把哲学的狼引入历史学的羊圈"，所以取得的结果往往适得其反，徒劳地让历史学家卷入谁也无法获得胜利的认知论纷争，历史学也可能因此丧失其学科认同的危险。③ 他表示，历史学家在进行跨学科研究时，应当以马克·布洛赫为榜样，因为后者知道如何利用历史学家熟悉的语言，把社会学、地理学和哲学的成果"翻译"（traduire）到历史学，并最终促成了一场伟大的史学革命——年鉴学派的诞生。④

① G.Noiriel, *Sur la "crise" de l'histoire*, Paris: Belin, 1996, p.11.

② 对于形形色色的"转向"理论，努瓦利耶很不以为然。他嘲讽道："绝大多数流派的寿命不会长于作者的年龄，甚至比一本书或一个研讨会还要短暂。"（G.Noiriel, *Sur la "crise" de l'histoire*, p.124.）

③ G.Noiriel, *Sur la "crise" de l'histoire*, p.125.

④ G.Noiriel, "En mémoire de Marc Bloch.Retour sur l'Apologie pour l'histoire", *Genèses*, 17, (1999), pp.122-139.

努瓦利耶对"语言学转向"和"关键转向"的批评，大致反映了崇尚经验研究的法国历史学家面对各种后现代主义思潮的基本立场，但招致了美国女权主义史学家乔安·斯科特的辛辣批评。[1]

与此同时，努瓦利耶认为某些在名利场中春风得意的历史学家，也应当为当代法国史学界的混乱局面负责。在他看来，勒内·雷蒙（René Rémond）、孚雷等"政府型知识分子"与政界、出版界过从甚密的关系，使之甘于充当权力的谋士和记者的顾问，而丧失了对政治话语或公共舆论的应有批判。[2]他并不反对历史学家介入社会，但强调不能阿谀政客、附会记者，应当捍卫"学者的世界相对媒体和政界的独立，因为捍卫此种独立，就是在加强科学工作的集体维度"。努瓦利耶表示，真正有良知的历史学家"应当能够'翻译'媒体和政界的常识问题，将之问题化（problematiser），从而揭示充斥我们周围的众多话语背后的压迫形式和社会痛苦[3]。"

其次，推动历史学家集体地介入社会。由于青年时期有过参

[1] 乔安·斯科特是美国语言学转向的重要倡导者，努瓦利耶在《历史学的"危机"》中曾经点名批评她。斯科特表示，努瓦利耶在对待语言学转向的态度，与他在移民史研究中所坚持的立场截然相反。在从事移民史研究时，努瓦利耶反对整体的、统一的民族观，"但在这本书（即《历史学的"危机"》）里，他却站在相反的立场，打着历史学家共同体的整体性（完整性和一致性）的旗号，排斥哲学"。(Border Patrol and Joan W.Scott, "A crisis in History? On Gérard Noiriel's sur la 'crise' de l'histoire", French Historical Studies, vol.21, no.3(summer 1998),p.388

[2] G.Noiriel, *Dire la vérité au pouvoire: Les intellectuels on Question,* pp.150-163.

[3] G.Noiriel, *Penser avec, penser contre,* p.248. 努瓦利耶捍卫历史学相对政治与媒体的独立，其矛头不仅指向"政府型知识分子"，也指向了批判型知识分子（革命知识分子在当代社会的变形）。譬如，他特别批评了后殖民主义史学在移民问题上的立场，认为它们"把历史学家变成检察官"的同时，也把历史人物简化成了消极的和被动的受害者。(G.Noiriel, *Chocolat Clown nègre,*Montrouge: Bayard, c2012, pp.235-236.)《巧克力：黑人丑角》的主人公曾因积极扮演种族主义者施加的歧视性角色，变成了一个在巴黎妇孺皆知的丑角演员，并因此过上富足的、幸福的家庭生活。历史的吊诡在于，当种族主义在法国公共舆论中招致越来越多批评，变成某种禁忌时，他却丢失了饭碗，最后在穷困潦倒和默默无闻中悲惨地死去。

加学运和罢工的经历，努瓦利耶深知集体行动对于历史学家介入社会的重要性。他甚至认为，唯有诉诸集体行动，历史学家才能摆脱学院的个人主义，克服知识和政治之间的鸿沟。[1] 因此，无论从事学术研究，抑或参与公共事务，努瓦利耶总是试图搭建共同行动的平台和组织，尽可能地团结一批志同道合的人士。为了探索法国社会史的革新，他参与创办《新生》（Genèses）杂志，并在贝兰（Belin）出版社组织出版"社会历史学"丛书。为了消除法国社会对移民群体的偏见，强化移民研究在集体记忆中的分量，他推动创建法国国家移民史博物馆（CNHI，2007 年正式开放）。为了探索传播史学研究成果的新路径，他还与剧作家们合作，创作旨在消除社会公众对移民的偏见的政治戏剧。[2] 最后，为了抗议 2005 年 2 月 23 日法律，[3] 为了反对前总统萨尔科齐创建"移民与民族认同部"，他宣布退出法国国家移民史博物馆的科学委员会，并牵头创建"历史学之公共用途的警觉委员会"（CVUH），强调历史学家捍卫其科学知识的迫切性，"如果我们不能在公共空间中捍卫自己生产的知识类型，没有人会替我们去做这件事"。[4]

对努瓦利耶而言，捍卫历史学的自律和集体地介入社会是历史学家转变成"集体知识分子"的两个关键要素。二者相辅相成，

---

[1]　Entretien avec Gérard Noiriel, "L'histoire est sport de combat", *Vacarme* 32(2 Juillet 2005), http://www.vacarme.org/article478.html.

[2]　努瓦利耶表示："致力推进艺术家和学者的联盟也是今日法国一种重要的政治手段。"（G.Noiriel, *Histoire, théâter&politique*, Paris: Agone, 2009, p.178.）

[3]　该法律第 4 条在法国历史学家当中引发了强烈的抗议，它规定："教学大纲要特别宣扬法国在海外，尤其在北非的积极作用，应当承认来自这些地区的法国士兵的历史及其贡献。"

[4]　G.Noiriel, *A quoi sert "l'identité nationale"*, Paris:Agone, 2007, p.8. 努瓦利耶及其同僚的抗议赢得了法国知识分子的尊敬和支持，他们的请愿书最后获得了超过 1 万人的签名。在努瓦利耶的眼里，这是"集体知识分子"的一次伟大胜利，因为这场活动超越了法国，也获得了众多国际学者的声援。

缺一不可。

20 世纪 70 年代初期法国社会政治形势的风云变化，不仅颠覆了法国知识分子的集体信仰，也对拉布鲁斯—布罗代尔的经典社会史产生了颠覆性影响，经济决定论、长时段的历史观念都在不同程度上遭到了挑战，长期为它排斥的政治史、文化史、表征史开始复苏并在当代法国史学界占据突出的位置。

有鉴于此，年鉴史学家开始为法国社会史研究寻求脱困之道，然而无论在经验研究，抑或理论反思方面，他们的努力均没有取得令人信服的成绩。这可能是因为年鉴学派昔日的盛名和成就在无形之中构成了一种沉重的历史包袱。所以，倡导"关键转折"的新一代年鉴学者没有深入反思年鉴史学自身的局限，反而把当代法国的史学危机归咎于社会科学，归咎后者出现了"普遍的危机"。

相反，努瓦利耶却没有任何的包袱。他早年投身激进政治，在地处偏远的孚日和南锡接受教育，随后又师从饶勒斯主义者雷玛德莱娜·贝利乌教授，因而无须也不会受到年鉴学派的僵化信条的束缚。在从事工人史、移民史和知识分子研究时，他往往能够秉持实用主义的立场，灵活借鉴和运用相关学科的知识与理论。马克思、涂尔干、韦伯、埃利亚斯、福柯、布尔迪厄以及马克·布洛赫等风格迥异的思想家的思想，均成了其"社会历史学"的重要理论来源。

经过努瓦利耶的孜孜耕耘和积极倡导，移民史如今已不再无人问津，而成为一个青年学者趋之若鹜的热门领域，身份证史、护照史、政治流亡史等也得到了越来越多人的关注和研究。尽管努瓦利耶在法国学界的声势不能与勒内·雷蒙、孚雷、夏蒂埃、罗桑瓦隆等人相提并论，但谁也无法否认，他已经切实地推动了法国社会史的革新。依笔者管见，努瓦利耶的社会历史学相对于经典社会史的创新主要变现在以下三点：

第一，在继承了经典社会史的批判立场同时，摒弃了其僵化的社会经济决定论，把移民史、工人史和知识分子史置于权力关系的框架下考察，这样既能从宏观的角度揭示民族国家的形成之于移民群体的重大影响，也给考察历史行动者的主体性、能动性留下了足够的空间。

第二，在弘扬跨学科的传统同时，又坚持实用的方法，[①] 从其他的人文学科中选取有用的理论、方法和概念，并运用历史学家所熟悉的语言，将之翻译到历史学界，从而避免走向"语言学转向"等新流派否定史学根基的困境。

第三，捍卫历史学家介入社会的必要性，同时又强调史学自律的原则，坚决抵制历史知识御用化和工具化的危险，为在历史学领域推动形成"集体知识分子"进行了诸多有益的探索。

而且，努瓦利耶倡导的"社会历史学"的影响并不仅仅局限于历史学领域。当代法国知名政治学家米歇尔·奥弗莱不但和努瓦利耶共同创办了《新生》杂志，还竭力主张把"社会历史学"运用到政治学研究，特别强调社会学理论之于选举、政党、利益集团和雇主协会的研究的不可或缺性。[②] 此外，还有一些政治学者的方法

[①] 努瓦利耶主张历史研究要摒弃无谓的认知论纷争，对各种后现代主义理论嗤之以鼻。不过，他对美国哲学家理查·罗蒂的实用主义倒是推崇备至，因为后者拒绝讨论真理的标准问题，认为真理标准的判定属于学者所在的科学共同体，需要得到未来研究的进一步检验。（Entretien avec G.Noiriel, "Quel pragmatism en histoire", *Pragmatisme*, 15(2008), http://traces.revues.org/923.）

关于努瓦利耶实用主义史学的局限，可参见 Etinne Anheim, "Gérard Noiriel lecteur de Rorty:l'histoire face à la philosophie pragmatiste", *Revue d'histoire moderne et contemporaine*, tome 51, no.4(2004), pp.34-42.

[②] 奥弗莱（Michel Offerlé）在政治领域内推广"社会历史学"的努力，可参见其最近的一篇访谈（Michel Offerlé, "En Rvenant de la Rue", *Politix*, no.100(2012/4), pp.63-81）。他的主要著作有：*Les partis politiques*, Paris: PUF, 1987; *Sociologie des groupes d'intérêts*, Paris: Montchrestien, 1994; *Sociologie de la vie politique française,* Paris: Editions La Découverte, 2004; *Sociologie des organisations patronales*, Paris, Editions La Découverte, 2009.

社会史的新生 121

论和努瓦利耶、奥弗莱的"社会历史学"相差无几，但他们却倾向于使用另一个概念——"政治的历史社会学"。① 毫不夸张地说，"社会历史学"在政治学领域内取得的成功远甚于历史学领域。②

　　总而言之，努瓦利耶的"社会历史学"及其在法国学界的广泛影响充分表明，我们已经不能再停留于年鉴史学批判的阶段，法国社会史的革新及其取得的显著成就已经不容小觑。对于努氏的史学贡献，因批判年鉴史学而声名大噪的弗朗索瓦·多斯可能看得更为清楚，其结论也更具说服力。他认为，努瓦利耶的史学研究"告别了机械的决定论，能够严肃对待行动者，是范式转换中的经典个案"。③ 但是，我们也不要忘记，"社会历史学"的提出，与努氏本人独特的人生道路和阅读经历密切相关。至于它是否能够成为一种新的研究范式，是否能够在更多的领域取得突破，则需要等待未来经验研究的进一步检验。

① Yves Déloye, *Sociologie historique du politique*, Paris:Editions La Découverte,1997.

② François Buton et Nicolat Mariot, *Pratiques et Méthodes de la socio-histoire*, Paris: PUF, 2009.

③ François Dosse, "Review of *Penser avec, Penser contre. Itinéraire d'un historian* by Gérard Noiriel", *Vintième Siècle.Revue d'histoire*, No.81(Jan.-Mar.,2004), p.182.

从社会史到文化史：18 世纪法国书籍与社会研究 [①]

上海师范大学人文学院世界史系　洪庆明

　　自 20 世纪 60 年代以来，西方史学界对 18 世纪法国书籍与社会的研究，改变了过去仅注重启蒙思想巨擘及其著作中的思想原则的研究范式，从社会和文化的角度描摹了启蒙时代法国社会的思想图景。他们所取得的成果，已成为今天史学家认识和重构启蒙文化史的重要知识来源，[②] 而且在史学视野和方法上引领着整个西方学界的书籍史研究潮流。在这个过程中，针对不同时期的具体成果，屡有同行学者的评论或反思文章问世，[③] 但将书籍史研究

[①] 本文发表于《历史研究》2011 年第 1 期，第 143—158 页。

[②] 譬如 Jean-Pierre Rioux & Jean-François Sirinelli,eds., *Histoire culturelle de la France*, 4tomes, Paris, 1998. 这部著作已不是仅关注文学、艺术和哲学等高端文化的传统文化史，而是社会文化史，且其中第 3 卷前面牵涉到启蒙时代的内容，基本上是 20 世纪 80 年代以来西方史学界研究法国 18 世纪社会文化史成果的综合。

[③] Alphonse Dupront, "Livre et culture dans la société française du XVIIIe siècle(réflexions sur une enquête) ", *Annales : ESC*, Vol.20e, no.5(1965), pp.867-896 ; Roger Chartier & Daniel Roche, "Le livre, un changement de perspective", Jaques Le Goff et Pierre Nora(dir.), *Faire de l'histoire: nouveaux objets*, Paris, 1974, pp.115-136; Chartier & Roche, "L'Histoire quantitative du livre", *Revue française d'histoire du livre*, no.16(1977), pp. 477-501; Robert Darnton, "Reading, Writing, and Publishing in Eighteenth-Century France: A Case Study in the Sociology of Literature", *Daedalus,* (Winter 1971), pp.214-256; Raymond Birn, "Livre et Société after Ten Years: Formation of a Discipline", *Studies on Voltaire and the Eighteenth Century*, no.151(1976) pp.287-312; Roger Chartier, "Frenchness in the History of the Book: From the History of Publishing to the History of Reading", *Proceedings of American Antiquarian Society*, vol.97(1988), pp.299-329.

的整个历程置于西方当代史学思潮变革的视野中加以系统的评析，到目前为止笔者尚未见到。20 世纪 80 年代以来，中国学界对西方书籍史的零星介绍陆续出现，[1] 但大多数是针对西方书籍史的研究方法或路径的概括性介绍，深入到书籍史的具体研究领域，并探讨其成就和不足的文章尚付阙如。因此，笔者不避浅陋，试图结合 20 世纪六七十年代以来法国史学潮流演变的主要背景，考察 18 世纪法国书籍与社会研究状况，在简略地介绍该研究领域的"前史"之后，主要梳理它兴起与发展的基本背景、研究所据的材料来源、分析史料的方法理论以及探索的历史面向，并对不同阶段研究成果的贡献和不足略加评估，希图促进我们对 18 世纪法国社会文化转型复杂性的了解。

——

美国史学家达恩顿在研究 18 世纪巴黎的新闻和媒体时说，法国旧制度时代如同今天一样，也拥有一个由各种媒体和体裁组成的密集传播网络，只不过在今天，它们早已被彻底地遗忘了。[2] 但无论当时法国的传播媒介如何复杂，在一个处于前工业社会的世界里，书籍无疑是信息和思想传播最重要的载体。1758 年，时任法国出版局局长的开明官僚马尔泽尔布就法国出版业问题，给

---

[1] 安占华：《法国书籍史研究简介》，《世界史研究动态》1986 年第 1 期，第 30—33 页；李长声：《书、读书、读书史》，《读书》1993 年第 6 期，第 136—142 页；孙卫国：《西方书籍史研究漫谈》，《中国典籍文化》2003 年第 3 期，第 92—96 页；张仲民：《从书籍到阅读史——关于晚清书籍史/阅读史研究的若干思考》，《史林》2007 年第 5 期，第 151—180 页；于文：《西方书籍史研究中的社会史转向》，《国外社会科学》2008 年第 4 期，第 917 页；秦曼仪：《书籍史方法论的反省与实践——马尔坦和夏提埃对于书籍、阅读及书写文化史的研究》，《台大历史学报》2008 年第 41 期，第 257—314 页。

[2] Robert Darnton, "An Early Information Society: News and the Media in Eighteenth-Century Paris," *American Historical Review*, vol.105, no.2(2000), p.7.

王储所写的陈情书中提到，"整个民族都渴求书籍"，用以阅读和收藏。① 而且，包括马尔泽尔布在内的诸多启蒙人物，都将书籍视为一个新的国民论坛，是理性得以普及和真理得以发扬的必要条件。②

　　尽管书籍在 18 世纪法国社会生活和文化思想里占有如此重要的地位，但法国学术界对 18 世纪书籍史的研究起步较晚，一直到 19 世纪中期之后才出现相关的研究著作。欧仁·阿丹，一位图书馆员和书目学家，于 1859 年至 1861 年间出版了《法国出版物的政治文学史》(8 卷本)。因其特定的学术背景和兴趣，该著作依然是传统的书目学，主要从政治和文学两个方面，介绍法国漫长历史中出版的书刊概况。有鉴于此，他需要面对浩繁的资料，因此，他所作的描述时常不可避免地显得仓促草率，他所收录的书刊目录也存在大量的遗漏。③

　　20 世纪早期，一些文学史家从不同的视角关注到 18 世纪旧制度下的法国书籍史。1913 年，巴黎大学文学系的 J.-P. 贝兰博士出版了一本有关 18 世纪下半期巴黎禁书贸易的著作。该书从法国国家图书馆、巴黎印刷出版同业公会、巴士底监狱档案和私人回忆录中发掘了许多颇有价值的材料，在内容上涉猎了旧制度末期法

① Guillaume de Malesherbes, *Mémoires sur la librairie et sur la liberté de la presse*, Paris, 1809, p.427.

② Denis Diderot, *Lettre sur le commerce de la librairie*, Paris, 1861, 在这份力图声张作者权利的作品里，他认为书籍是人类知识传播和传承最重要的工具，随着时间的流逝它终会让真理战胜偏见；Marquis de Condorcet, *Esquisse d'un tableau historique des progrès de l'esprit humain*, Paris, 1900, 将印刷术发明视为人类进步历程上的第八个时代，对印刷术促进人类思想解放的作用更是不吝赞美之辞；康德：《什么是启蒙运动？》，《历史理性批判文集》，北京：商务印书馆，1990 年，第 22—31 页，把著作的出版视为学者公开地运用理性的基本条件。

③ Eugène Hatin, *Histoire politique et littéraire de la presse en France*, 8tomes, Paris, 1859-1861.

国的书籍检查制度、禁书的出版和销售、当局的管理措施等多方面。[1] 作者从社会和政治这两个历史维度考察巴黎的禁书情况，明显不同于当时文学史和目录学的研究路径，但他也仅止步于对禁书出版销售和旧制度书籍管控状况的简单描述，没有注意到这种非法书籍的传播手段、流行程度以及对阅读公众的思想影响，在当时的学界影响不大。

与此同时，法国另一位文学史学者达尼埃尔·莫尔内，开始尝试从思想的社会传播过程审视启蒙运动。他没有仿照当时文学史的流行做法，即仅从 18 世纪少数著名文本里寻找和归纳启蒙时代的精神现象。相反，莫尔内通过检视旧制度末期法国私人图书馆的藏书清单，发现诸如卢梭的《社会契约论》等伟大著作被收藏得极少，在 2 万册图书中他只发现 1 本卢梭的《社会契约论》。[2] 因此，要弄清启蒙时代法国社会的总体精神氛围，必须另觅途径。经过 10 年努力，莫尔内于 1933 年出版了他的《法国大革命的智识起源》。在这部业已成为经典的著作中，莫尔内一改传统的研究范式，把目光从经典作家的著名文本上转移开来，不再针对文本进行那种美学倾向的、非历史的文学解读，他转而从社会传播角度研究 18 世纪法国的出版物：不仅考察文本本身，更关注著作的传播及其读者，以及文学传播的机制，试图从总体上了解一个时代的文化出版状况。因为在莫尔内看来，"无论（启蒙运动）在人们的思想中散播了什么样的政治不满和不轻信，我认为都没有更具普遍性和决定性的公众意见演变来得重要"[3]。也就是说，莫尔内

---

[1]　J.-P. Belin, *La Commerce des livres prohibés à Paris de 1750 à 1789*, Paris, 1913.

[2]　Daniel Mornet, "Les enseignements des bibliothèques privées, 1750-1780", *Revue d'histoire littéraire de la France*, no.17(1910), pp.449-496.

[3]　Mornet, *Les Origines intellectuelles de la Révolution française, 1715-1787*, Lyon, 1989 (1ère éd., Paris, 1933), p.528.

认为，18世纪法国革命思想的形成，不是那些少数一流作家或著名文本带来的，而是源自法国社会普遍的知识和文化变化。因此，那些名不见经传的文人作者和文学作品，以及具有煽动性的小册子、报纸杂志都被他纳入了研究范围。他相信，要真正抓住这个社会总体的精神氛围变化，不能仅注意一流文人，也要研究二流三流乃至十流作者；不能仅关注著名文本，也要研究那些业已被遗忘的卷册。

实际上，莫尔内的这种思路在他的书名中即已得到体现，他使用的是包含了精英思想、民众思想、舆论气候、文学运动、思想传播、集体心态乃至世界观等一切思想形式的"智识"一词，[①]而非仅仅关注哲学论著里那种经艰深思考而形成系统的"观念"。为此，莫尔内不得不摆脱传统的文学史研究路径，寻求新的史料来源和研究方法。他以大革命后私人藏书的拍卖清单为材料，并使用统计方法，弄清18世纪法国私人藏书的构成，希图借此衡量法国18世纪各种出版物在巴黎和外省的传播情况，进而了解到社会公众思想总体的演变轨迹。

通过研究，莫尔内对启蒙时代的思想转变提出了一套新的解释。在他看来，18世纪中期到18世纪70年代，并非启蒙的伟大作者们及其著作改变了人们的头脑，他们既非革命者，亦非坚定的改革者。相反，大量三流乃至十流作者撰写的书籍或小册子，论题大胆激烈且数量众多，使社会公众得到了普遍阅读的前提条件，"所有人都渴望去了解去学习；所有人都不仅要知其然而且要知其所以然"。[②]正是这种大量的广泛阅读，培育出怀疑和批判性的思想方式，并从社会精英向普通民众、从城市向乡村渐次传递渗透，使大革命前的法国社会形成了批判思考的总体思想氛围，

---

① Mornet, *Les Origines intellectuelles de la Révolution française*, p.24.

② Mornet, *Les Origines intellectuelles de la Révolution française*, p.236.

"当人们获得'观察'和'实验'的习惯之时；当人们要求科学对其提出的解释加以证明之时；当人们在农学体系原理中想要了解该种植什么和费用几何之时，人们同时也就获得了这样的习惯，即相信政治与物理、化学，或者小麦的生长并无不同之处，君主神话、秘密政治以及'国家理性'（raison d'État）均应摒弃和排除，人们有权去观察、讨论和要求现实各种改革"①。

莫尔内的经验研究如今在许多方面业已被超越，他的一些结论也遭到质疑或否定，如他认为卢梭著作的流传并不广泛，是因为他所使用的材料是拍卖的私人藏书清单，这些书在拍卖前要经过官方检查，所以卢梭的书都被过滤掉了；他认为思想的传播遵循从精英到大众的模式，实际上下层民众并非原封不动地接纳精英的思想，他们会按自己内在的经验加以接受和改造。但不容否认的是，他率先实现了研究范式的更新：试图将所有出版物都纳入考察范围，并引入统计方法分析这些浩繁的材料；他不是仅仅对少数著名文本中的思想原则进行精致的分析和归纳，而是将书籍与社会连接起来，考察18世纪法国出版物在社会中的流播过程，以及由此带来的思想演变，从而开辟了"思想的社会史"研究之先河。②就具体的历史认识而言，他的研究还提出了旧制度与大革命史领域的一个重要论题，即：18世纪的法国人究竟在读什么书？书籍是否引发了革命？这些问题，仅仅依靠解读少数显赫文人的著作是不能解答的，必须把书籍置于社会当中考察。

然而，莫尔内的这部著作并未推动18世纪法国书籍史研究的兴起，甚至到20世纪60年代，法国史学界开始启动的18世纪法国书籍史研究——尽管与莫尔内类似，通过对书籍进行统计分

---

① Mornet, *Les Origines intellectuelles de la Révolution française*, pp.529-530.
② René Pomeau, "préface", *Les Origines intellectuelles de la Révolution française*, pp.16-20. 文中对莫尔内在此一方面的影响做了简略的介绍。

析来衡量社会的集体心态，也与他的这部著作没有多大的直接关系。[①] 造成这种情况的原因主要有三：一是当时年鉴学派在法国边陲城市斯特拉斯堡刚刚启动，他们倡导的新史学观念在史学界占据主导性地位尚需很长的时间；二是当时法国革命史的研究权威落在索邦大学史学家乔治·勒费弗尔和继后的阿尔贝·索布尔等人手中，他们强调革命的社会经济起源，将思想文化的转变视为居于次要地位的上层建筑；三是莫尔内作为文学史家，与年鉴学派并无联系，而且他所关注的是具备阅读能力的有教养阶层的心态世界，与马克·布洛赫和吕西安·费弗尔所关注的"默默无闻"的下等阶层存在显著不同。[②]

概言之，从 19 世纪后半期到 20 世纪前半期，历史和文学领域对法国出版物历史的了解主要依据阿丹的著作。书籍计量史研究的真正兴起，还需等待整个史学思想的深刻转变。

二

书籍史研究的兴起，与 20 世纪法国史学研究实践存在直接关联，其中主要是计量系列史的大规模应用。20 世纪 30 年代，系列史被用于经济史领域，更准确地说是用于价格长期波动的研究。[③]到 50 年代，随着布罗代尔以多元的时间观构建总体史图式，年鉴

---

① 后文将提到，书籍史研究的兴起，主要是二战后包括法国年鉴派在内的史学趋势演变的结果。但这并不等于说，莫尔内的著作，对年鉴派在二战后的文化社会史研究没有影响。实际上，如美国史学家罗伯特·达恩顿所说，《法国大革命的思想起源》一书，为年鉴派史家 20 世纪六七十年代后对外省学院、教育、共济会、知识分子、新闻业、图书馆、非基督化和公众舆论的研究提供了蓝本。

② Jack R. Censer & Jeremy D. Popkin,eds., *Press and Politics in Pre-Revolutionary France*, Univ. of California Press, 1987, pp.3-4.

③ 关于系列史研究的演进，参见 Jacques Le Goff, Roger Chartier & Jacques Revel(dir.), *La nouvelle histoire*, Paris, 1978, pp.508-509.

派史学家们开始大规模地采用计量系列史，研究人口和社会等中时段的"情势"变化周期。尽管在布罗代尔时代，集体心态史和其他形式的文化史研究被降至边缘的地位，但正是对社会经济史领域研究的持续深入，酝酿了突破变革的因子。

最先引起连锁变化的是最富成果的人口史领域。这主要是因为，一方面，20 世纪 60 年代初出现的一些有关集体心态史论著，使人口史研究者开始注意到与人口行为有关的价值和心态因素；另一方面，计量系列史极大地扩展了能够纳入研究之用的材料，为史学家关注抽象的情感世界提供了支持，如"对整理分析贫民档案的资料卡片进行耐心的探究，导向了系列宗教史、生活态度史、夫妻婚姻史，进而是社会生活最根本的基础结构，导向爱情、生活和死亡史"。[1] 人口史研究的这种递变过程，启发了一些年鉴学派学者，他们发现系列史同样可以延伸到第三层次的计量，开始倡导对集体心理、意识形态或文化观念层面进行研究，以便让总体史更趋完整。[2] 在他们看来，研究社会意识层面"拥有的资料与经济学或人口学领域一样丰富，拥有的系列一样同质：它们可用于研究大众的识字率、教育社会学、宗教情感、精英观念的形成过程以及政治意识形态的显性和隐性内容等"。[3]

---

① Pierre Chaunu, "L' économiques--Dépassement et prospective", Le Goff et Nora(dir.), *Faire de l'histoire: nouvelles approches*, Paris, 1974, p.65.

② Alphonse Dupront, "Problèmes et méthodes d'une histoire de la psychologie collective", *Annales: ESC*, Vol.16e, no.1(1961), pp.3-11; Pierre Chaunu, "Un nouveau champ pour l'histoire sérielle: le quantitatif au troisème niveau", *Mélanges en l'honneur de Fernand Braudel*, Tome2, pp.105-125; François Furet, "Le quantitatif en histoire", Le Goff et Nora(dir.), *Faire de l'histoire: nouvelles problèmes*, Paris, 1974, pp.42-61. 需要说明的是，肖努和孚雷倡导朝意识和文化层次研究进发的文章虽然出版于 20 世纪 70 年代，但他们早在 1965 年就有集体心态研究的论著问世，因此这里所注的文章实际上是思考并实践后的表达而已。

③ Furet, "Le quantitatif en histoire", p.59.

年鉴派史学家们意欲将研究从社会经济层面延展至文化心态层面，书籍史无疑是他们践履这种想法的适恰对象。因为它具有流通商品和文化载体的双重属性，既能够将它作为生产出来用以交易和谋利的商品来研究，又可以将它作为通过图像和文本传递意义的文化符号来研究。[1]

1958 年，吕西安·费弗尔和亨利—让·马丹合作著述的《书籍的出现》问世。该书以长达 500 多页的篇幅，缕述近代早期印刷物的发展演变史，分析书籍世界里变动的社会关系，阐明书籍在商业贸易动能下的传播方式，并透视书籍与社会文化变革之间的关系。[2] 两位作者既未像观念史那样，把书籍与生产并利用它的社会环境隔绝开来，文本被假定为一种独立的抽象存在，也没有像印刷史学者那样，仅关注出版印刷技术的变迁过程。从内容构成上看，吕西安·费弗尔和马丹所据的显然是年鉴学派社会经济史的视角，把书籍视为一种用专门技术生产出来的社会商品，同时具有文化传播功能。因此，他们把书籍置于社会当中，研究它在经济、社会、政治乃至文化等不同层面的作用和影响，力图构建一部书籍的总体史，从而为后来者提供了一个可供仿效的模式。[3]

上述诸多因素的辐辏，为书籍史研究的兴起提供了较为完整的认识论和方法论支援。正是在这样的背景下，20 世纪 60 年代，高等研究实践院（École pratique des hautes études）第六部的一批学者组成了以弗朗索瓦·孚雷为首的研究团队——后来被称为"书籍与社会"学派，接管了过去主要是文学史家、目录学家和印刷史学

① Chartier & Roche, "Le livre, un changement de perspective", Le Goff et Nora(dir.), *Faire de l'histoire: nouveaux objets*, p.115.

② Lucien Febvre & Henri-Jean Martin, *L'Apparition du livre*, Paris, 1958.

③ Jack R. Censer & Jeremy D. Popkin,eds. , *Press and Politics in Pre-Revolutionary France*, p.4.

者关注的问题。孚雷明确宣称，"斗胆跟上经济史的新近进展，追随其脚步"，利用计量方法和18世纪恰好具备的计量材料——旧制度当局授予书籍出版发行权的许可证，一方面对社会文化产品的总体情形给出全景式描述，另一方面对各社会文化阶层或群体进行大量的专门研究。① 把"物"与"人"这两个层面结合起来加以研究，在孚雷看来，"人们就可以对大趋势及其发展机制历史事实获得一定程度的认知"，从而得以弥补传统的书籍史研究内在（对解读文本内容的路径）与外在（书目学的路径）、个别例证（个体文本）与一般结论（社会思想趋势）二元割裂的局面。

孚雷等人这种重构法国出版物的社会经济史努力，产生了两卷本的《18世纪法国的书籍与社会》。他们的研究实践，呈现了18世纪法国书籍与社会的种种面向，包括书籍的生产、流通、分布情况，以及与群体心态的关系；同时，更确立了一种书籍史研究的新范式。

第一，将计量系列法大规模地应用于书籍研究。在孚雷等人的书籍与社会研究开始之前，法国学者R.埃斯蒂瓦尔就开始以计量方法衡量旧制度时代的书籍生产状况。他利用出版备案局（Le Dépôt Légal）的档案，统计了自16世纪到波旁王朝倒台这个漫长时期内法国业已出版的书籍数量。② 但出版备案记录没有涵盖王国的所有出版物，埃斯蒂瓦尔因此用其他材料加以补充，其中包括出版管理局（la Direction de la Librairie）批准书籍出版的特许和默许记录、海关查缉的禁书登记册以及出版同业公会的记录簿，此外还有诸如《文学法兰西》等报刊上登载的书评信息。埃斯蒂瓦尔于1963年完成的《18世纪君主制下法国的书目统计》论文中，通

---

① François Furet, "La Libraire du royaume de France au XVIIIᵉ siècle", Geneviève Bollème et al., *Livre et société dans la France du XVIIIᵉ siècle*, Tome1, Paris, 1965, p.4.

② Robert Estivals, *Le dépôt légal sous l'Ancien régime, 1537-1791*, Paris, 1961.

过对这些材料的计量分析，基本廓清了 18 世纪法国旧制度时代的书籍出版周期变化状况，以及君主政府对出版业复杂的行政管制的影响。[1] 但他的目标更多地在于用简练科学的方式表达历史，也就是"历史的图式化"（schématisation historique）。因此，马克·博卢瓦佐在针对该书的出版简介中提到，人们期待着综合性研究，通过出版物追索启蒙时代"法国思想总体的和量化的演变历程"。[2]

孚雷等人组成的研究团队，正是根据埃斯蒂瓦尔发掘出来的材料源——法国出版管理局的特许和默许记录和官方文学报刊中登载的书评信息等从事研究。孚雷把 18 世纪 20 年代到 1788 年旧制度当局特许和默许出版的书籍，按照书名分别归入神学、科学和艺术、法律、历史、纯文学五大门类下，[3] 然后，选取几个间距均匀的时间段组成同质的、反复的和可比较的系列，并对它们进行计量。让·埃拉尔和雅克·罗热则选择《学者报》和《特雷武报》上刊载的书评作为计量材料。他们同样按照受评图书的内容，分别归入旧制度时代的五大图书分类中，据此观察这五种类型图书出版数量的消长变化。[4]

第二，"书籍与社会"研究团体明确地将书籍出版发行与社会心态联系起来，希图借助研究书籍探明 18 世纪法国社会思想的

---

[1] Robert Estivals, *La statistique bibliographique de la France sous la monarchie, au XVIIIe siècle*, Paris, 1965.

[2] Marc Bouloiseau, "Notices:La statistique bibliographique de la France sous la monarchie, au XVIIIe siècle", *Annales historiques de la Révolution française*, no°186, 1966. pp. 612-613.

[3] Furet, "La Librarie du royaume de France au XVIIIe siècle", pp.14-17. 上述五大类是 18 世纪通行的图书分类法，当时长长的书名提供的信息，使人能够很容易判定书籍属于什么门类，但也有从书名上看不出来的，研究者们必须花费时间进行鉴定。

[4] Jean Ehrard et Jaques Roger, "Deux périodiques francais du 18e siècle : 'le Journal des Savants' et 'les Mémoires de Trévoux'", G. Bollème et al., *Livre et société dans la France du XVIIIe siècle*, tome1, pp.33-60.

演变。费弗尔和马丹的《书籍的出现》，在阐述"书籍的文化作用和影响"时，仍然只是从书籍的传播效应讨论书籍对文化思想变迁——如宗教改革和拉丁文化式微——所起的作用，尚未有意将书籍内容与社会心态取向联结起来。而在"书籍与社会"研究团体的实践中，则明确了此一方向。

孚雷重现了18世纪法国书籍出版的基本趋势：在整个18世纪特许出版的书籍中，法律、历史和纯文学方面书籍的出版数量在书籍出版总数中所占的份额基本保持不变。但从1724年到1789年间，两类书籍——"神学"与"科学和艺术"所占的份额颠倒了过来，宗教书籍从17世纪末占特许出版书籍总量的1/2降至18世纪80年代的1/10，填补它空出份额的是代表世俗文化的科学和艺术类书籍；默许出版的书籍也呈现类似的趋势，神学和法律书籍几近消失，纯文学、科学和艺术方面的题材占绝对优势，其中科学和艺术增长尤为显著。[1] 孚雷得出结论说，这种趋势的变动，是18世纪法国集体趣味转变和易于接受新观念的显见征象，它表明了一个众所周知的现象，即启蒙哲人努力将神性从人的世界里排除出去。埃拉尔和罗热对两份文学报刊的书评进行统计也得出了同样的结论："我们能够论证的总的事实是，神学书籍数量下降，自18世纪初开始，科普书籍比重日增，各种传统形式的文学书籍持续不变。"[2]

第三，沿用社会史惯常的社会分层阐释图式，"书籍与社会"研究团体通过考察书籍在社会不同阶层中的传播或占有情况，探究18世纪法国特定环境下从大众到精英阶层的基本社会状况——既包括财富等级、经济地位、阶层差异和社会流动，也包括不同

---

[1] Furet, "La Libraire du royaume de France au XVIIIe siècle", pp.20-22.

[2] Jean Ehrard et Jaques Roger, "Deux périodiques francais du 18e siècle : 'le Journal des Savants' et 'les Mémoires de Trévoux'", p.56.

类型社会群体的知识结构和心态世界，从而在社会阶层与文化心态之间建立对应关系。

伯莱姆试图从"蓝皮丛书"（Bibliothèque bleue）和民间历书着手，解析18世纪法国大众文化心态的转变。她认为，17、18世纪以"蓝皮丛书"为代表的大众文学内容发生了缓慢的变化，原先的占星术和神鬼故事逐渐被关于社会现实和人本身的故事所取代。这种"朝着现实，朝着当下，朝着人本身的渐变"，反映了18世纪法国大众心灵世界中理性和世俗精神的滋长。她宣称："受占星术控制和深信谚语的地道的农夫，也开始追寻方法、道理。"① 17、18世纪的民间历书内容反映了与"蓝皮丛书"类似的变化趋势，这表明了在启蒙运动的影响下，理性和怀疑精神开始渗流到法国大众的心态世界当中。②

布朗科利尼和布伊西以1777年出现的"简单许可"（permission simple）③ 登记记录为计量材料，分析了外省的书籍消费情况。他们得出结论说，除教科书和宗教书籍外，18世纪法国外省的书籍消费非常微小。"启蒙世界的书籍根本没有渗透到法国外省，仅

---

① G. Bollème, "Littérature populaire et literature de colportage au 18e siècle", G. Bollème et al., *Livre et société dans la France du XVIIIᵉ siècle*, tome1, pp.88-89. 与芒德鲁此前的研究不同，伯莱姆认为，流行在乡村世界的"蓝皮丛书"是"激情的囚笼"，与当时强调理性、反对宗教的精英文化相反，"蓝皮丛书"代表的大众文化反映的是17、18世纪法国大众惰性的心态结构，参 Robert Mandrou, *De la culture populaires aux XVIIᵉ et XVIIIᵉ Siècle*, Paris, 1964.

② G. Bollème, *Les Almanachs populaires aux XVIIᵉ et XVIIIᵉ Siècle*, Paris, 1969.

③ 根据1777年8月30日国务会议决议，对特许权到期或作者去世后的著作，所有出版商都可以向出版总局申请再版。官方批准的许可状上带有掌玺大臣个人的简单签名。在巴黎占据着出版垄断权的情况下，该法令给外省出版商提供了一定的机会空间，因此96%的"简单许可"都给予了外省。参 J. Brancolini et M. Bouyssy, "La vie provinciale du livre à la fin de l'Ancien Régime", M. T. Bouyssy, et al., *Livre et société dans la France du XVIIIᵉ siècle*, tome2, Paris, 1970, p.4.

有小说开启了现代性的文化冒险历程，但微不足道"。[1]

那么，相比于深陷在惰性心态结构当中的外省受教育阶层，更高层次的外省知识精英阶层的情况怎样？根据 D. 罗什的研究，由传统精英（包括贵族和医生、律师等职业人士）组成的外省学院，不仅对社会的贤能之士敞开大门，对新思想也持开放的态度，关心科学进步和社会福祉。[2] 在让－路易和玛丽•弗朗德兰研究的巴黎沙龙社会里，处于思想变革中心的知识精英更热衷于启蒙的新思想。这些上流社会的人们谈论科学，尤其是人文科学，涉及时事、哲学、政治甚至经济学等。[3]

<h2 style="text-align:center">三</h2>

在"书籍与社会"学派的推动下，20 世纪六七十年代，18 世纪法国书籍史研究得以在广度和深度上进一步发展，[4] 具体表现在两方面：一是资料范围继续扩大，如教会的结婚登记册、私人藏书清册和死后财产清册均被纳作新的计量材料；二是关注的主题更加广泛，更为细致的区域和个案研究开始出现，研究者们将目光对准 18 世纪的识字率、不同阶层读者的藏书偏好等主题，试图借此弄清楚 18 世纪法国"谁在读书"、"谁在读什么书"和特定地区的阅读取向，进而以此辨析出这个时期法国不同社会群体或不同地

---

[1] J. Brancolini et M. Bouyssy, "La vie provinciale du livre à la fin de l'Ancien Régime", p.32.

[2] Daniel Roche, "Milieux académiques provinciaux et société des lumières", G. Bollème et al., *Livre et société dans la France du XVIIIe siècle*, pp.93-184.

[3] Jean-Louis et Marie Flandrin, "La circulation du livre dans la société du 18e siècle: un sondage à travers quelques sources", M. T. Bouyssy, et al., *Livre et société dans la France du XVIIIe siècle*, pp. 39-72.

[4] 安占华："法国书籍史研究简介"，《世界史研究动态》1986 年第 1 期，第 30—33 页。该文对法国书籍史研究在 20 世纪七八十年代的进展作了简要的介绍。

区的心态状况。

18 世纪的法国"谁在读书"？研究识字率对回答这个问题有着至关重要的意义。1972 年至 1975 年，孚雷和莫娜·奥佐夫与高等实践研究院第六部其他专家们一道，利用教区婚姻登记簿上的签名作为编制计量系列的材料，统计了从加尔文到茹尔·费里时代法国人读写能力的发展。研究结果表明：17 世纪之前只有社会精英阶层能读能写会算。直到 18 世纪，由于资产阶级识字率大幅提高，因而拉升了法国的总识字率水平：从 1686—1690 年至 1786—1790 年，男性的识字率从 29% 上升到 47%，女性则从 14% 上升到 27%。但因为社会经济发展的差异，18 世纪法国人的读写水平存在地域上的不平衡，北部要高于南部，城市要高于农村。[①] 丹尼埃尔·罗什对巴黎民众阅读的研究从侧面证明了这一点，他认为，在 18 世纪，"日益提高的识字率、阅读物的增加、图画和歌曲的流行，所有这些都让巴黎普通人或多或少地介入了阅读"。[②]

18 世纪的法国"谁在读什么书"？众多法国学者利用此一时期的公证人记录、死后财产清册和私人藏书拍卖清单，研究某个阶层或个人的书籍占有情况，将关注的视野进一步拓展至阅读倾向层面。M. 马里翁统计了 1750—1759 年巴黎近 4000 份财产清册，其中仅有 841 份提到至少 1 本的书。拥有书籍的人数比例，僧侣阶层是 62.5%，贵族 44.5%，而第三等级只有 17.5%，这表明不同等级、不同财产水平的阶层具有各自不同的文化特点。[③] 罗什分析

---

① F. Furet & W. Sachs, "La Croissance de l'alphabétisation en France(XVIIIe et XIXe siècle)", *Annales : ESC*, Vol.29e, no.3(1974), pp.714-737; Furet & M. Ozouf, *Lire et écrire: L'alphabétisation desFrançais de Calvin à Jules Ferry*, Paris, 1977.

② D. Roche, *Le Peuple de Paris: essai sur la culture populaire au XVIIe siècle*, Paris, 1981, p.315.

③ Michel Marion, *Recherches sur les bibliothèques privée à Paris au milieu du XVIIIe siècle, 1750-1759*, Paris, 1978.

了法兰西科学院终身秘书迈朗的藏书，在 18 世纪这位贵族化资产阶级知识分子的藏书中，科学和艺术类藏书比例高达 65%，而神学著作仅占 5%。因此，罗什认为：18 世纪法国贵族化资产阶级的精神状态，是对宗教的忽视和对知识的渴求。[1] 其他学者对巴黎教士、总包税人和外省知识精英的研究，也得出了类似的结论，即在 18 世纪法国人的阅读旨趣里，对知识和精神的世俗化追求超越了宗教虔诚，也就是孚雷所谓的"非神圣化"趋向。[2]

此外，一系列论著将目光对准地方性的书籍文化，以便能够更清晰地了解 18 世纪法国阅读社会学的景象。阿尔贝·隆萨对洛林的研究表明，这个不受法国司法控制的地区，尽管向邻近的省份供应书籍，但鉴于该地区较高的识字率和相对发达的文化，它所生产的书籍大部分被用来满足本地消费，在宗教、哲学或淫秽书籍方面甚至是重要的进口者。莫利纳则研究了另一个不受王国政府司法控制的地区——阿维尼翁的印刷出版业情况，他发现，为了避免王权的遏制，该地区向邻近市场供应的书籍主要是传统的宗教著作，对于远方的顾客则供以哲学、科学艺术和文学著作。[3] 凯尼亚尔早先用商业簿记、公证书和政府档案，研究了1760—1789 年间鲁昂的书籍生产和销售情况，他从宗教书籍数量

---

[1] D. Roche, "Un savant et sa bibliothèque au XVIIIᵉ siècle: les livres de Jean-Jaques Dortous de Mairan, secrétaire perpetual de l'Académie des sciences", *Dix-huitième siècle*, no.1(1969), pp.47-88. 该文后收录在作者的文化社会史研究论集 *Les républicains des lettres : Gens de culture et Lumière au XVIIIᵉ siècle*(Paris, 1988, pp.47-83) 里。

[2] Christiane Thomassery, "Livre et culture cléricale à Paris au XVIIIᵉ siècle: quarante bibliothèques d'ecclésiastiques parisiens", *Revue française d'histoire du livre*, vol.6(1973), pp281-300; Yves Durand, *Les Fermiers généraux au XVIIIᵉ siècle*, Paris, 1971, pp.561-573.

[3] Albert Ronsin, " l'industrie et le commerce du livre en Lorraine au XVIIIᵉ siècle ", *La Lorraine dans l'Europe des lumières*, Nancy, 1968, pp.139-176 ; René Moulinas, *L'imprimerie, la librairie et la presse à Avignon au XVIIIᵉ siècle*, Grenoble, 1974.

的大幅下降判定，这个城市的集体心态在旧制度末期呈现"非神圣化"的趋势。凯尼亚尔接着对18世纪法国整个西部地区阅读模式的研究，更是将书籍计量史的研究路径提升到新的高度。他借助日趋成熟的计量分析路径，用结婚登记册来计量读写水平，用财产清册探察书籍占有情况。凯尼亚尔精细入微地辨析出不同社会阶层所阅读的书籍类型，表明在不同时期西部各城市或地区间的阅读模式存在复杂的变化。17世纪末只有雷恩和鲁昂这样的大城市读者数量较多；到1725—1730年，提到书籍的财产清册数量在西部各地都上升了10%。在此后的30年里，只有少数几个城市的书籍持有量继续上升；1760年后，除鲁昂外，这个数字在各地都处于下降中。但他所计量的系列也显示了同样的趋势，即宗教类型的书籍数量至18世纪中期急剧下降。①

概言之，20世纪60年代，"书籍与社会"学派主要追随年鉴学派社会经济史的成熟经验，利用计量方法，着重于从经济和社会层面探索书籍的出版发行和社会传播情况，并根据此种情况加以分析，从中寻找出显示18世纪法国社会的群体心态和文化思想长时段的演变趋势。他们的研究成果，不仅丰富和深化了旧制度思想史的内容，而且拓展了史学研究的视域，构成了20世纪六七十年代史学演变进程的重要一环。

首先，就旧制度思想史研究而言，传统的文学史和观念史主要依靠传之后世的文字材料，解析这个时代的思想原则。那些没有能力留下自己文字的社会群体，或留下了文字但这些文字却被时间湮没的个人，他们的观念世界皆被排斥在了历史的重构之外。承袭着年鉴学派关注下层民众史观的"书籍与社会"研究，意欲去除的正是这种依靠少数文本归纳时代思想的研究取向，孚雷在他

---

① Jean Quéniart, l'Imprimerie et la librairie à Rouen au XVIIIe siècle, Paris, 1969 ; idem, *Culture et société urbaine dans la France de l'ouest au XVIIIe siècle*, Paris,1978.

的研究论文里明确地指出了这一点："传统的文学研究导致根据个体的证据推定社会的和集体的现象，这个方面恰是史学家首先想要推翻的。"① 他们试图利用计量系列法，将该时代生产的所有书籍都纳入研究范围，分析社会的总体思想趋势，同时对各阶层进行特定研究，通过探明书籍在不同社会阶层中的分布情况，来辨识社会的群体心态、观念和信仰。

正是在这样的史学观念背景下，书籍与 18 世纪法国下层社会的心灵世界之间的关联，被带到了历史的聚光灯下。多样的群体心态图景取代了单一抽象的思想原则，18 世纪法国社会的思想画面因此显得更加丰富和完整。我们从中可以看到，在这个被称为"理性时代"的法国社会中，存在的并非如过去史学中所描述的某种新思想一往无前的简单画面，而是有着复杂的地区差异和阶层差异，呈现出变化和抵制变化的"惰性"并存的局面。

其次，就"书籍与社会"学派研究在促进史学进步方面的贡献而言，该团体将书籍置于社会当中进行考察，分析书籍在各个社会面向——从经济的、社会的、政治的到文化心态的——中的作用和影响，发展出一种书籍的社会学。这种研究路径，"揭示了 18 世纪法国芸芸大众所经历的，而非出现在后人所选择的少数经典中的书籍文化的总体轮廓"，② 它既有别于观念史对上层精英文本进行精致解读的做法，也不同于社会史专注于对下层社会结构的深入探究，而是将文化观念与社会结合到一起进行考察。这种被史学界称为"观念的社会史"的研究路径，不像社会史那样，仅按财富或身份贵贱概括社会分层，而是按文化差别，如文化能力（读与写）、文化产品（如书籍的拥有）和文化态度（如生死观念）进

---

① Furet, "La Librarie du royaume de France au XVIIIᵉ siècle", p.3.

② Robert Darnton, "In Search of the Enlightenment: Recent Attempts to Create a Social History of Ideas", *The Journal of Modern History*, Vol.43, No.1(1971), p.132.

行社会等级的划分。它也不像旧的观念史那样，仅解读少数著名的文本，将观念隔离在它所植根的社会环境之外，而是对书籍和心态进行全面总体的考察。更重要的是，从新的历史面向考察书籍，需要新的方法论，发掘新的材料或从旧资料中发现新的用途，"书籍与社会"学派经过大量的研究实践，最终确立了书籍史研究的范式。而且，这种范式逐步传布到欧洲和美国，促进了书籍史研究在整个西方世界的兴起。[1]

然而，他们利用计量方法研究18世纪法国的书籍和社会，在史料、方法和历史解释方面也存在着一些难以克服的问题，这一做法很快就遭到了质疑。

一是有关史料方面的。书籍计量史主要是建立在有可计量的材料编制成用以比较和分析的时间系列的基础上，但仅根据官方的出版许可登记编制而成的系列数据来衡量18世纪法国书籍的生产和流通状况，这是否合理？答案自然是否定的，因为在18世纪法国流通和消费的书籍，不仅仅是这些得到官方准许出版的，还有大量在国外出版然后偷运到法国销售的非法书籍，以及外省的盗版书。自16世纪以降，法国边境上甚或其他地方的国外出版商就出版禁书，并秘密将它们输入法国市场，尤其是荷兰和瑞士，"这两个庇护着政治和宗教自由的新教共和小国，成为哲学和淫秽书籍生产的活跃家园"。[2] 据法国国家文献学院的 J. 阿尔蒂埃后来的统计，1764年出版并存留至今的1548种法文著作，只有22%得到官方的特许，另外还有18%默许出版，也就是说，还有60%的书籍没有被囊括到孚雷的研究范围内。[3] 到18世纪后半期，每两

① Robert Darnton, "What is the History of Books?", David Finkelstein & Alistair McCleery(eds.), *The Book History Reader*, London & New York, 2002, p.10.

② J.-P. Belin, *La Commerce des livres prohibés à Paris de 1750 à 1789*, p.38.

③ Roger Chartier, *The Cultural Origins of the French Revolution*, Duke Univ. Press, 1991, p.72.

本法文书中就至少有一本是在王国之外出版的。[1]

根据达恩顿后来的研究，这些为逃避旧制度官方的审查制度在境外出版的书籍，被巴黎的书籍警察称为"坏书"（mauvais livres），印刷商的行业切口称之为"marron"，而出版商和售书商则用一个比较褒扬的词："哲学书籍"。[2] 它们既包括伏尔泰、卢梭、梅西耶等启蒙哲学家的严肃著作，也包括黄色小册子、政治流言和桃色故事。这些"哲学书籍"通过嘲笑宫廷的繁文缛节，消解国王的神圣面纱，并让读者感到自己是一个专制腐朽国家的受害者，从而在意识形态上对旧制度更具侵蚀作用。因此，孚雷仅凭官方的出版许可档案计量 18 世纪法国书籍，就得出"法国社会和文化非神圣化"的结论，这种论证实际上是不能令人信服的。

二是研究方法上，以计量方法研究作为文化载体的书籍是否合理，同样遭到了质疑。毫无疑问，计量方法可以澄清书籍生产的总体构成，也能够统计个人的藏书类型。但书籍计量史通过统计书籍在社会不同阶层中的分布情形来判定集体心态状况，这在许多批评者看来，存在着化约论的倾向。首先，它套用社会史的分析框架，以阶级分层或社会环境界定思想心态。难道同一个社会中，精英和大众之间的文化心态世界完全隔绝两分？更重要的是，这种研究路径把思想内容化约为文化物品的数量，忽略了读者的能动作用和文本的具体内容，将书籍视为脱离具体内容的抽象存在，将阅读看作不存在历史变量的普遍过程，读者是阅读物的完全被动的接受者。但事实上，即便属于同一类型的书籍，每一本具体的内容也千差万别；即便读者拥有同一本书，不同的读者

[1]　Chartier, "Frenchness in the History of the Book: From the History of Publishing to the History of Reading," p.305.

[2]　Robert Darnton, *The Forbidden Best-Sellers of Pre-Revolutionary France,1769-1789*, New York, 1996, p.7.

或不同的阅读方式（如朗读或默读），也会导致对文本的反应或理解不同。诚如夏蒂埃所说，读者的头脑不是随意印刻的蜡，"书籍提出的种种新表象（représentation）并不会印刻到读者的头脑当中，在任何时候，书籍都有可能产生不同的用途和多样的解释"。[①] 达恩顿对法国学者利用计量方法研究心态的做法，也提出了严厉的批评："不同于经济学的物价系列、人口学的生命统计以及（更成问题的）社会史里的职业类别，文化对象不是由历史学家而是由他所研究的人们来制造的。它们自行传递着意义，因此它们需要被解读，而非统计。"达恩顿甚至断言，曾在法国势头强劲的心态史学，在15年时间里就似乎耗竭了，或许正是因为它过分使用文化的量化，而低估了社会交互过程中的象征元素。[②]

三是在历史解释方面，书籍计量史采用大规模的文献资料，组成长时段的均质系列，统计在此时段里书籍生产的总体变化和各文类数量的消长，并据此分析集体心态的演变过程。这种典型年鉴式研究取向的本身，带来的历史结论必然是，18世纪法国社会的心态世界充满惰性，连续性超过了变化性。结论之所以在研究尚未开始时即已注定，是因为他们要研究的心态，在年鉴派理论中属于长时段的"情势"之列，是一个连续稳固的结构。此后计量的操作路径，只是选取了书籍作为对象来证明理论的预设而已。大革命是一个突变，所以计量系列的时间范围只能限定在旧制度下，才能保证这个结论。

因此，有学者批评说，计量的系列史忽略了具有独创性的个体作品，枉顾了启蒙时代活跃的创造。20世纪70年代，孚雷本人转向大革命史后，在自己那本著名的革命史著作中提出，1750年后

① Chartier, *The Cultural Origins of the French Revolution*, pp.82-85.

② R. Darnton, *The Great Cat Massacre and Other Episodes in French Cultural History*, New York, 1984, p.258.

急剧生成的、以卢梭为代表的平等主义意识形态，是大革命发生和发展的原动力。[1] 前后短短数年间，他对 18 世纪法国社会精神图景的看法差异如此之大，只因其视角从长时段转向了政治史而已。

四

"书籍与社会"学派研究范式的上述诸多疑问之处，"削弱了方法论上的确定性，凸显了权威认知的局限性"。[2] 为了应对质疑，弥补书籍计量史范式存在的不足，一些法国史学家不断对既有成果进行反思，探索新的研究路径。

有关 18 世纪法国书籍史研究领域的新尝试，从马丹和夏蒂埃在 20 世纪 70 年代末着手编纂的《法国出版史》开始。[3] 夏蒂埃在阐释主编这部 4 卷本巨著的基本意图时强调说："这是一部出版史，而不是一部书籍史。"因为在他看来，"出版活动显然是一个基本的过程，其中包括选择或定制文本、控制将文本变为书籍的操作过程，以及确保书籍在购买者中的配送。在这个过程里，书籍的技术史与生产史之间、书籍交易社会学与阅读社会学之间、书籍的实体研究与文本的文化研究之间产生了相互联系。"[4] 夏蒂埃等人在这部著作里所展示的新的视野，与他此前持续数年的思考有着密切的关系。

早在 1974 年，他和罗什在一篇书籍史研究评述的文章里，除了回顾书籍史研究已有的进展外，更针对现有成果中的不足提出了补正的路径。夏蒂埃和罗什不仅建议把书籍史研究范围扩展到文化社会学和书籍版本学领域，而且倡导借鉴语义分析、图像分

---

① François Furet, *Penser la Révolution Française*, Paris, 1978.

② Chartier, "Frenchness in the History of the Book", p.308.

③ Henri-Jean Martin et Roger Chartier, *Histoire de l'Édition Française*, 4tomes, Paris, 1982-1986.

④ Chartier, "Frenchness in the History of the Book", p.318.

析和符号学的方法，以非计量的路径探索书籍与心态。① 书籍计量史通过统计不同文类书籍的生产和占有情况判定心态世界，这一研究取向遭到了金兹伯格等人的批评。他们认为书籍计量史否认了社会行动者对待文化产品或思想内容时的变化，读者如何使用读物才是具有决定性的问题，仅分析印刷物的主题和不同文类书籍的传播情况，是不能解答该问题的。② 有鉴于此，夏蒂埃和罗什在接下来的文章中，接受了来自批评者的视角，提出要关注"读者使用读物的方式"。③

1980 年，在一篇检讨观念史 / 心态史研究的文章中，夏蒂埃借鉴德·塞托的文化消费理论，就读者使用读物的问题给出了基本的理论构想：打破文化生产和消费遥相对立的观念，把读者的文化消费看作另一种形式的生产，尽管它生产的不是产品，但是建构了表象，一种与生产者（作家或艺术家）在作品中引介的表象永不相同的表象。④ 也就是说，读者在阅读书籍过程中，会对文本进行创造性和发明性的"挪用"，生成自己的表象。然而，如何在研究中把读者的角色提升至中心的地位，夏蒂埃在这篇文章中尚未有清晰的思路。对于什么是阅读、如何重构从前的阅读，他还只是尝试性地提出了几种可能的解决办法。⑤ 但接下来的一系列研究实践，透露了他解答此一问题的基本路径。这些研究表现出来的特点大体可以归纳为：

第一，突出文本研究，分析文本的话语和实体形式对读者阅

① Chartier & Roche, "Le livre, un changement de perspective", pp.122-131.

② Carlo Ginzburg, *Il formaggio et I vermin. Il cosmo di un mugnaio del' 1500*, Turin, 1976. 本文参英译版 *The Cheese and the Worms: The Cosmos of a Sixteenth-Century Miller*, Johns Hopkins Univ. Press, 1980, p.xxii.

③ Chartier & Roche, "L'histoire quantitative du livre", p.492.

④ Roger Chartier, *Cultural History: Between Practices and Representations*, Polity Press, 1988, p.40.

⑤ Chartier, *Cultural History: Between Practices and Representations*, p.42.

读的影响。1982 年，在研究 17、18 世纪"蓝皮丛书"中有关社会流浪群体的文学时，夏蒂埃对 6 个具有代表性的文本进行解读。[①]他详细把梳了文本使用第一人称的叙述策略、出版商为适合大众阅读对内容的精心裁剪、书名的更改、插图的使用等各方面，试图解析文本的实体形制对读者阅读感受的影响。而且，夏蒂埃进一步深入到文本的具体内容当中，分析故事主旨与现实之间的连结，如根据行会团体的规章描绘"乞丐王国"的入会仪式，把乞丐社会描写为一个与君主制法国类似的等级王国，用俚语叙述的乞丐生活与当时城市公共空间的习惯文化的交织。这些细节，为读者的阅读想象提供了熟悉的参照系，让他们相信内容的真实性，并在将社会上层与底层的比照中得到愉悦。"当共同的社会经历被转变为常见的文学形象时，关于乞丐和流氓的书籍——主旨契入对现实的统治阶级的想象中——就很可能被估量为确凿的事实。"[②]

　　1984 年出版的《法国出版史》第二卷，有大量篇幅用于阐述书籍的实体形式以及文本内容的传统和革新。因为在作者们看来，无论前者还是后者，都与读者的阅读体验密切相关，读者对"作品的接受，不仅仅取决于其作者所推介的阅读程式，也取决于诸多微末且多变的印刷排版现实，它们外在于文本，但却组织着对文本的诠释"。[③]

　　第二，加强对不同时间和空间中的阅读实践研究，探索读者对书籍的各种使用方式和多样的阅读习惯。书籍计量史将阅读假

① Chartier, "Figures littéraires et expériences sociales: la littérature de la gueuserie dans la Bibliothèque bleue", Roger Chartier(dir.), *Figures de la gueuserie*, Paris, 1982. 本文参考该文的英译本，Chartier, "The Literature of Roguery in the *Bibliothèque bleue*," *The Cultural Uses of Print in Early Modern France*, Princeton Univ. Press, 1987.

② Chartier, "The Literature of Roguery in the *Bibliothèque bleue*," p.334.

③ H.-J. Martin et R. Chartier, *Histoire de l'Édition Française*, tome2, Paris, 1990(1ère éd., 1984), p.148.

定为被动的和静态的，夏蒂埃和罗什对此提出批评说，阅读方式在历史上并非一成不变，相反，它是与特定文化和社会实践相联系的活动，受社会关系模式和时代观念的影响。因此，在《法国出版史》第二卷中，他们着力重构了17世纪中期到旧制度末期法国人的阅读实践模式。[1] 夏蒂埃和罗什首先承袭此前书籍史的路径，描述了这个时期法国各个阶层对书籍的使用情况。接着，他们转向纠正过去研究中的偏颇，即根据私人藏书情况勾勒旧制度下法国人的阅读经验。他们提到："读者读过一本书，绝不意味着他就一定拥有该书。1660—1780年，王国内有利于促进书籍阅读的机构和实践方式纷纷涌现，我们应该对这个私人藏书之外的领域加以研究。"[2] 这个领域不仅包括各个层次的（国王的、城市的、教区的或修道院的）公共图书馆网络，还有读书会（sociétés littéraires）、阅览室（chambre de lecture）和租书店等民间网络。图书流通的公共机构的发展，拓宽了该时期法国人获取书籍的渠道。

那么，法国人怎样使用这些书？针对这个问题，夏蒂埃和罗什围绕着三个相对应的概念——私人独自阅读和公共场所阅读、朗读和默读、精英的阅读和民众的阅读，勾勒了18世纪60—80年代法国人的阅读方式。他们利用18世纪画作呈现的阅读场景，观察到此一时期法国人阅读私密化的趋势，但集体的大声朗读在城市空间时时可见，一些人向那些不识字者或阅读困难者大声朗读公告招贴的内容。然而，精英私密的静默阅读和民众集体的大声朗读并不是绝对的，精英在社交聚会时也高声朗读读物给朋友听，而依靠别人朗读的民众，也会在挪用过程中建立自己与读物的关系。

夏蒂埃希望通过对以上两方面的研究，描摹出书籍与集体表象形成之间精微复杂而又至关重要的"中间环节"——读者的阅读

---

① H.-J. Martin et R. Chartier, *Histoire de l'Édition Française*, tome2, pp.521-558.

② H.-J. Martin et R. Chartier, *Histoire de l'Édition Française*, tome2, p.533.

实践，它决定着读者对文本的最终接受。这样的研究路径，在他看来，可以矫正书籍计量史的简单化取向，即仅通过衡量书籍在不同社会群体中的不均衡分布判定文化心态的差别。①

夏蒂埃等人的努力，首先极大地丰富了书籍史研究的领域，关乎读物获取途径的社会传播机制、②关乎读者挪用文本的各种阅读方式和文本的实体形制及内容，都成为研究的新对象，此前围绕着书籍的各种社会面向的书籍社会学研究，转变为围绕着影响阅读活动的各种因素的阅读社会学研究。其次，他们也实现了方法论的更新，将书籍计量史对书名的分类统计，发展到深入文本的具体内容进行解读。更重要的是，《法国出版史》的面世，标志着法国书籍文化史研究范式的成功转型。如果说前期书籍史阐释的基本脉络是"书籍文类及分布→集体心态状况"，那么到夏蒂埃这里则发展为"文本的实体和话语形式→读者的利用和接受→集体表象的形成"，后者考虑了从书籍到心态之间种种复杂的变量。但值得一提的是，新兴的阅读史与前期的书籍史是彼此相连的。夏蒂埃坦陈，计量书籍史研究累积下来的大量专业论著，为大型的综合性研究提供了基础。在《法国出版史》中，他不仅大量引用了书籍计量史的研究成果，而且继承了年鉴派的传统，研讨书籍的经济、社会和政治面向仍然是该书的重要组成部分。他的目的，只是希望纠正书籍计量史对历史简约化的阐释，通过研究读者接受文本的复杂情境，以便更全面地认识印刷物的文化作用和影响，让书籍史生成新的"法国性"。

在 1990 年出版的《法国大革命的文化起源》中，夏蒂埃进一

---

① Roger Chartier, "Labourers and Voyagers: From the Text to Reader," David Finkelstein & Alistair McCleery(eds.), *The Book History Reader*, London & New York, 2002, p.49.

② 夏蒂埃对书籍公共传播机制的关注，给一些学者提供了新的研究领地，如 Claude Jolly, *Histoire des bibliothèques française: Les bibliothèques sous l'Ancien Régime, 1530-1789*, Paris, 1988.

步检验了他的"文本→阅读实践→集体表象"的阐释脉络。他声称，旧制度末期法国传统权威的"非神圣化"，既不是因为那些蕴涵启蒙话语的书籍，也不是因为攻击权威的诽谤性小册子。读者读什么类型的书籍并不重要，重要的是他们怎么读。他提出，18世纪法国经历了一场"阅读革命"，法国人从精读细读为数甚少的权威著作，开始转向广泛的、自由的和带有批判性的阅读。所以，"问题的症结不在于'哲学书籍'的内容，它们可能没有一般认为的那样影响巨大。更可能是一种新的阅读模式——即便人们阅读的书籍内容完全遵从宗教和政治规范——发展出一种批判的态度，从而把人们从对先前的表象的尊崇和依赖关系中解放出来。"①

与此同时，"作为年鉴派思想在大西洋彼岸主要传播者"的达恩顿，在启蒙时代的书籍／阅读史方面也做出了重要贡献。他的第一部力作是《启蒙运动的生意：百科全书出版史》。该书是达恩顿受法国60年代书籍史研究的影响和英国史学训练的教益相结合的产物。他在序言里指出，法国人将书籍史研究领入了广阔的总体史道路，他们的研究倾向于统计学和社会学，对书籍生产进行宏观考察或对私人藏书予以微观分析，但忽视了书籍的生产和流通过程。而这个过程在英国得到了最好的研究，英国人从出版商的账簿和销售商的分类账簿中挖掘材料，不同于法国人主要利用国家的出版登记档案或私人财产公证档案。所以，他试图将英国人的经验主义和法国人的社会史视野结合起来，在美国开创出具有原创性的书籍史。②

在这样的雄心下，达恩顿以百科全书作为切入点，首先静态地追溯了它的版本史和印刷史，接着从动态上描绘了18世纪法国

---

① Chartier, *The Cultural Origins of the French Revolution*, pp.90-91.

② Darnton, *The Business of Enlightenment: A Publishing History of the Encyclopédie, 1775-1800*, Harvard Univ. Press, pp.2-3.

社会各色人等围绕着百科全书出版所进行的各种活动：出版、盗版和反盗版、运输、销售、阅读和沉思活动，这些人的活动构成了社会史、经济史和文化史的内容。如此，达恩顿将纷繁复杂的书史及宏大社会经济史水乳交融地糅合在了一起。后来，他把这种研究路径归结为"传播循环"理论，[1] 作为书籍史研究的一种范式。

但达恩顿对法国人过度地使用计量方法研究文化心态的不满，使他很快转向文化人类学的术语。他的灵感主要来自人类学家格尔茨，他们曾在普林斯顿大学共同开办"历史—人类学"讨论班。格尔茨将文化定义为"由人自己编织的意义之网"，礼仪、习俗、行为或文本等象征符号则是意义的承载物，人们通过这些象征形式交流、传承和发展他们关于生活的知识和对生活的态度。[2] 那么，怎样解码蕴含在这些难以理解的、隐晦的象征符号里的意义，以勾勒异文化的生活与心灵世界呢？格尔茨给出的破译工具是"深描说"（thick description），也就是研究者要深入其研究对象的文化系统内部，对捕捉到的符号行动进行密集的描述，析出其中的意义。

达恩顿试图按照上述格尔茨提供的文化概念、方法和研究程序，构建了 18 世纪法国书籍文化史研究的新范式。此后，在研究旧制度书籍阅读史的著作里，他走上了对具体文本进行微观释读的道路。按照他的思路，所有文本都带有它产生的时代特定的通行话语习惯——显然是来自格尔茨的文化观；且它们都具有激起读者反应的潜在策略——用他自己的语汇来说就是文本的"说服技巧"（technique of persuasion）；文本内外相通的文化编码使读者与文本角色发生共振，[3] 文本的主旨由此进入读者的头脑。因而，通

[1]　Darnton, "What is the History of Books?" p.11.

[2]　Cliford Geertz, *The Interpretation of Cultures*, New York, 1973, pp.6, 89.

[3]　这里达恩顿借鉴了文学批评中的"身临其境"（mise-en-abîme）理论，也就是读者无形中把自己与文本中的角色等同起来，使自己追随文本角色的认同和情感，有时候停下来进行反思。

过深入文本及其语境当中，就能较好地明了旧制度读者在面对文本时的阅读反应。达恩顿对18世纪法国读者怎么读卢梭作品和非法的"哲学书籍"的分析，就是根据这样的思路进行的。①

综上所述，在法国18世纪阅读史的研究中，夏蒂埃和达恩顿发展出了两种不同的路径。夏蒂埃主要接受了社会学理论的影响，因此他关注的是具体实在的阅读实践，认为阅读行为的历史变化，是造成18世纪法国社会集体心态转变的关键因素。达恩顿则主要接受了文人人类学和文学理论的影响，因而将研究的焦点投向了文本的文化意义的解读，认为"读者的内在经验与文本说教之间的沟通"，决定了他对文本内容的吸纳和世界观的形成。

两者的不同，实际上从一个侧面反映了20世纪七八十年代以来法美两国在文化史研究方向上的差异。与美国相比，社会史传统极其深厚的法国，尽管也借鉴其他学科新开辟的视野和方法，但其重心未脱离具体的社会实在，如年鉴学派的历史人类学，只是将人类学的研究主题引入历史研究领域，而非完全仿效文化人类学的阐释路径。由是之故，对于达恩顿将经过创作的文本等同于实际发生的实践行为，夏蒂埃表示质疑，他们之间因此曾爆发过一场争论。②但无论如何，他们的研究成果，为我们呈现了从文本向心态转变过程中复杂的历史机制，有助于我们更深入全面地

---

① Darnton, "Readers Respond to Rousseau: the Fabrication of Romantic Sensitivity", *The Great Cat Massacre and Other Episodes in French Cultural History*, pp.215-255.; idem, *The Forbidden Best-Sellers of Pre-Revolutionary France*, New York & London, 1996. 篇幅所限，这里不拟对达恩顿研究的具体内容加以复述。譬如，在《新爱洛绮丝》中，卢梭就自己和文本主角的阅读经验的说教，给读者提供了阅读的策略；在色情书籍《哲人泰雷丝》里，主角泰雷丝窥视他人性爱的经历，促成了读者的阅读策略，也就是窥淫癖。读者也因此进入文本的角色状态中，文本的主旨变成读者的信仰。

② Chartier, "Text, Symbols, and Frenchness", *Journal of Modern History*, vol.55, no.4(1985), pp. 682-695; 回应见 Darnton, "The Symbolic Element in History", *Journal of Modern History*, vol.56, no.2(1986), pp.218-234.

思索启蒙话语与革命意识形态之间的关系。

然而，阅读史研究所存在的弊端也是显而易见的。首先，这种研究背后的理论影响过大，导致史学家们更多地沉浸在寻求理论视角和构建解释模式中，而在档案材料挖掘和拓展方面比前期大为逊色，如夏蒂埃的《法国大革命的文化起源》，主要是根据既定的研究路径，利用众多二手材料构建起来的解释模式。其次，阅读史研究过度地注重对文本、表象或象征符号的解读，使历史看上去不像是真实发生的客观存在，而更多地像是观念构建的产物，如果每个人的观念不同，对同样的历史就会给出不同的解释。接受文化人类学和文学影响的达恩顿的阅读史研究尤其如此，乃至他自己都不无担心地说："这种文化史属于解释性科学，它看上去也许太过文学化，在英语世界难以列入'科学'的名册。"[1]

结语

对 18 世纪法国书籍与社会的研究存在这样两个不同的阶段，从文化的社会史到社会文化史，"从以非常强烈的统计学和社会学为基础的历史转向读者接受的历史、实践行为的历史和意义重构的历史"，但它们并非截然分开，而是相互联系的。

年鉴派的史学家们把书籍和印刷品研究从书目版本学家和印刷史学者那里接了过来，改变了传统的文学史和观念史的研究范式，将它们放在社会中，作为一种经济的、社会的、政治的和文化思想的力量加以研究，极大地加深了我们对 18 世纪法国社会经济和文化思想演变历程复杂性的了解和认识。

更重要的是，他们的研究让人们看到书籍在历史进程中的重要作用，并为如何研究书籍/阅读史开创了一种行之有效的范式。

---

[1] Darnton, *The Great Cat Massacre and Other Episodes in French Cultural History*, p.6.

《法国出版史》的研究视角和撰写体例，为包括美国、加拿大、英国、西班牙、意大利和澳大利亚等各国史学家仿效，是西方书籍史研究勃兴过程中的标志性事件。20 世纪 90 年代以来，包括夏蒂埃、达恩顿在内的西方史学工作者继续在该领域耕耘，[1] 着力研究西方世界近 500 年来的书籍的出版史、印刷史、传播史、阅读史和书写文化史等各个方面，既有国家以上层面的宏观研究，也有地区层面的专门研究；既有纵贯百年的长时段研究，也有某一具体时间或事件里的短时段研究，既有总体的计量统计，也有单独的文本解析，研究主题扩展到人们能够想得到的任何与书籍相关的方面。甚至有学者将这种视野转向遥远的古希腊罗马世界，研究那个时代人的识字率、写作和阅读活动。[2] 递及 20 世纪 90 年代中期，由 18 世纪法国书籍与社会研究形成和引申而来的范式，也开始被用于中国的书籍史研究。国外汉学界借鉴和移植有关西方近代早期书籍史研究的术语，考察中国的书籍出版史。[3]

---

[1] 夏蒂埃主要沿着他此前的阅读史研究路径，继续探索文本被读者接受过程中的种种可变因素，如文本的书写、编排和话语形式，达恩顿在 20 世纪 90 年代后期开始关注社会传播史的研究，关注传播网络与公众舆论的形成。这些已超越本文的主题范围，因此不拟置喙。有关夏蒂埃在书写文化史方面的探索，可参秦曼仪：《书籍史方法论的反省与实践——马尔坦和夏提埃对于书籍、阅读及书写文化史的研究》，《台大历史学报》2008 年第 41 期，第 286-306 页。

[2] Jesper Svenbro, *Phrasikleia: Anthropologie de la lecture en Grèce ancienne*, Paris, 1988 ; William Allen Johnson & Holt N. Parker, *Ancient Literacies : The Cultre of Reading in Greece and Rome*, Oxford Univ. Press, 2009.

[3] 以美日为主的海外学者利用西方书籍史的视野研究中国书籍出版史的回顾评述，参见梅尔清：《印刷的世界：书籍、出版文化和中华帝国晚期的社会》，刘宗灵、鞠北平译，《史林》2008 年第 4 期，第 1—19 页。张仲民：《从书籍史到阅读史》，北京：新星出版社，2017 年，第 161—163 页，其中也有部分介绍。

法国比较社会史的兴起、方法与争议 ①

华东师范大学历史学系　肖琦

在 20 世纪的法国史学界，社会史研究独树一帜。70 年代以后，随着新史学的文化转向，经典社会史研究陷入"碎片化"的危机，史学界围绕着社会史如何走出困境展开了热烈的讨论。其中，比较社会史成为法国经典社会史内部转型的一条重要路径。比较社会史研究是如何出现并发展起来的？它与法国经典社会史研究和比较史研究有怎样的继承关系？在方法上有哪些创新，引发了怎样的争论？与连接史（Histoire connectée）、交叉史（Histoire croisée）、文化迁移（Transferts culturels）等史学范畴有何异同？又有哪些具体的应用？本文试图就以上问题展开讨论。

经典社会史研究的"危机"

20 世纪法国经典社会史研究源自两个传统。一是拉布鲁斯传统。拉布鲁斯（Ernest Labrousse）的史学研究与马克思主义史学有较深的渊源。② 这种路径从饶勒斯、马迪厄（Mathiez）、勒费弗尔那里一脉相承，重视对经济、阶级关系的研究，后期又把关注的重点转向社会、心态史的考察。另一传统为年鉴学派传统。年鉴

---

① 本文发表于《史学理论研究》2019 年第 1 期，第 78—87 页。
② 庞冠群，顾杭：《马克思主义影响下的法国拉布鲁斯史学探析》，《史学史研究》，2015 年第 1 期。

学派的创始人马克·布洛赫与费弗尔虽然也对经济的方法十分热衷，但费弗尔更多受到法国地理学的影响，布洛赫则受到社会学家涂尔干的影响。到了年鉴学派第二代，布罗代尔成为经典社会史研究的集大成者，他的代表作《菲利普二世时代的地中海与地中海世界》体现了年鉴学派对总体史、社会史的应用。年鉴学派与以拉布鲁斯为代表的社会经济史学在20世纪上半叶进行过紧密的合作。[1]

　　法国经典社会史研究总体特征表现为注重对经济、社会、心态和整体史的研究，不重视对个体与政治事件史的研究。然而20世纪下半叶，这种研究范式受到了来自内部和外部因素的挑战。在内部，年鉴学派第三代历史学家们受到历史人类学、"语言转向"、精神分析学等学科不同程度的影响，研究方向更为多元，他们缺乏布罗代尔这样强势的掌门人，学派内部呈现出多中心化的状态。布罗代尔在去世前曾表示"我的门徒们没有遵循我的教诲……我的接班人和我之间存在巨大鸿沟"。[2] 在马克思主义史学看来，新史学忘记了社会经济基础，混淆了经济基础和非经济基础现象，把历史分割成很小的领域，"将支离破碎的历史拼凑在一起"。[3] 在外部，挑战一方面来自马克思主义影响力的下降。经历了20世纪60年代的学生运动和苏共社会主义建设实践后，法国知识界普遍滋生出对马克思主义的失望情绪。另一方面，从20世纪70年代起，法国经济发展停滞，失业率与通货膨胀率居高不下，对进步主义的质疑促使历史学家把目光投向社会边缘群体与日常生活。80年代，社会史研究在继续享有几代学人累积起来的

---

[1]　C. Delacroix, F.Dosse (dir.), *Historiographie, I Concepts et Débat,* Gallimard, 2010, p. 424.

[2]　转引自弗朗索瓦·多斯：《碎片化的历史学——从〈年鉴〉到"新史学"》，马胜利译，北京：北京大学出版社，2008年，第146页。

[3]　皮埃尔·西利：《法国社会史的研究动向》，谈春兰译，《国外社会科学文摘》，1982年第12期。

世界性声誉的同时，质疑之声也不绝于耳。

1987年，弗朗索瓦·多斯《碎片化的历史学：从〈年鉴〉到"新史学"》一书出版。多斯认为，年鉴史学发展到第三代后出现了革命性的危机，必将瓦解。事实部分如多斯所言，曾经与勒高夫一同编撰《历史研究》[1]的皮埃尔·诺拉早就投入记忆史的研究中，他还创建了《争鸣》杂志，将政治史视野重新纳入历史书写。[2]而诺拉的内兄，接替勒高夫担任社会科学高等研究院院长的年鉴学派第三代的另一位代表人物弗朗索瓦·孚雷就于1983年在《现代历史杂志》中撰文指出，现在的年鉴学派只是一种霸权式的影响力与声望，"它不是一种思想流派，甚至不再是一种集体精神"。[3]孚雷在1985年辞去了院长一职，专注于雷蒙·阿隆研究中心的建设与政治思想史、哲学史的研究。综合这些情况，20世纪80年代中后期，"危机说"确实引发了媒界与学界的关注。

年鉴学派对"危机说"持较为谨慎的态度。[4]年鉴第三代历史学家达尼埃尔·罗什1986年在《20世纪》杂志上发表了题为"今天的历史学家——对一场争论的评论"的文章。在这篇文章中，他用历史学的危机论取代了年鉴学派危机说，指出在法国史学蓬勃发展的背后其实隐藏着巨大的危机。他从历史专业人才培养、就业、机构设置、论文选题、人才流动机制等方面分析了阻碍历史学发展的

---

[1] Jacques Le Goff, Pierre Nora(dir.), *Faire de l'histoire*, Gallimard, 1974.

[2] 诺拉主编的7卷本《记忆之场》从1984年起陆续出版。

[3] Francois Furet, "Beyond the Annales", *The Journal of Modern History,* nº3, 1983, pp. 389-410.

[4] 多斯在《碎片化的历史学》再版序言中提及，年鉴学派领导核心第一个反应是否定危机的存在，并商定永不提《碎片化的历史》一书。见弗朗索瓦·多斯：《碎片化的历史学：从〈年鉴〉到"新史学"》，马胜利译，北京：北京大学出版社，2008年，第16页。彼得·伯克在其关于年鉴学派的研究中也避免使用危机一词，参考彼得·伯克：《法国史学革命：年鉴学派，1929—1989》，刘永华译，北京：北京大学出版社，2016年。

内外部因素，指出缺乏与时俱进的招聘制度、大学机构的衰落和已有人员的老龄化、缺乏流动性、选题上创新速度放缓、社会科学缺乏必要的改革、市场的导向性等构成了对历史学这一职业的威胁。① 《20世纪》在这场争论中扮演了积极的角色，该杂志于次年又刊出了一组以"历史学的未来"为主题，有十几位历史学界知名人士参与的讨论。危机论的支持者多斯、弗朗索瓦·贝达里达与勒内·雷蒙等都认为罗什所说的制度层面的危机不是新生事物，而是与代际的更迭和国家经济的衰退相关。真正的危机是历史被年鉴学派垄断地诠释，拒绝对自身话语与功能进行反思。② 而危机论的反对者，在年鉴学派史学家中以勒高夫的反应最为激烈，他认为罗什对媒体与学术相结合的担忧有些过度。③ 在1988年《新史学》再版序言中他进一步写道，"危机说"是被媒体放大的流言。即使有危机，那也是因为年鉴史学太过成功，且整个社会科学尤其是社会都出现了危机。④ 勒高夫指出，"虽然历史研究乍看起来有些无政府主义和碎片化，但它从未像今天这样焕发出勃勃生机"。⑤

　　这场"危机"争论的背后是历经三代发展而成为法国史学主流的年鉴学派（主要是新史学）与其他历史研究思潮的交锋与清算。以拉布鲁斯年鉴学派为核心的经典社会史研究曾经以政治史为靶子，重经济、社会，轻政治；重视对古代中世纪与近代早期的研究，主张历史研究要与现实保持距离。而批评者们以思想史、政

---

① Daniel Roche, "Les historiens d'aujourd'hui, remarques pour un débat", *Vingtième Siècle, Revue d'histoire,* n°12, 1986, pp. 3-20.

② Francois Dosse, "Sclérose en plaques", René Rémond, "le Renversement de Situation", François Bédarida, "Ouvrir portes et fenêtres", in *Vingtième Siècle. Revue d'histoire,* n°15, 1987, pp. 115-116, 124-126, 123-124.

③ Jacques le Goff, "Vigilance, Courage, Imagination", *Vingtième Siècle. Revue d'histoire*, n°15, 1987.

④ Jacques le Goff, *la Nouvelle Histoire*, Editions Complexe, 2006, pp. 10-12.

⑤ Jacques le Goff, *la Nouvelle Histoire,* p. 17.

治史和当代史（现时史）领域的研究者居多，他们认为年鉴发展到第三代的文化转向之后，历史成了一个失重的社会里的消遣，[1]没有承担起它作为进行民族文化、政治、文明与道德的教育工具的功能。[2] 这场霸主与挑战者之争虽然不乏意识形态的因素，[3] 也引发了人们对历史学和社会科学发展制度层面的思考，但更多地是促使人们对历史学自身的定位、研究方法及对象展开探讨。

比较社会史的提出

20 世纪 80 年代末关于危机的讨论最终以《年鉴》杂志于 1988 和 1989 年发表的两篇社论告一段落。在这两篇文章中，年鉴史学承认历史学处在一个关键的转折点上，呼吁并尝试在分析方法、学科联盟等方面进行深入的探讨。[4] 有观点认为，1989 年人文学科内部的反思有两个促因，一是世界政治的风云变化，二是文化转向的影响。[5] 无论如何，1989 年法国大革命两百周年纪念讨论与苏东剧变使这一反思更为迫切。与此同时，更年轻一代的历史学家登上了历史舞台，汇入这一波新的学科发展的探索与实践中。

弗朗索瓦·孚雷、皮埃尔·罗桑瓦隆（Pierre Rosanvallon）等完全转向概念史、哲学史、思想史。弗朗索瓦·阿赫托戈（François Hartog）与德·塞尔托（Michel de Certeau）在史学思想和历史写

---

[1] Francois Dosse, "Sclérose en plaques", *Vingtième Siècle. Revue d'histoire*, n°15, 1987, 115-116.

[2] François Bédarida, " Ouvrir portes et fenêtres", in *Vingtième Siècle. Revue d'histoire*, n°15, 1987, pp. 123-124.

[3] 例如多斯的马克思主义倾向与新史学的非马克思主义化倾向，与勒内·雷蒙的右翼倾向之间的意识形态冲突。

[4] "Histoire et Sciences sociales: Un tournant critique", *Annales. Histoire, Sciences Sociales*, n°2, 1988, pp. 291-293; "Tentons l'expérience", *Annales. Histoire, Sciences Sociales*, n°6, 1989, 1317-1323.

[5] Werner Michael, Zimmermann Bénédicte, "Penser l'Histoire Croisée : entre Empirie et Réflexivité", *Annales. Histoire, Sciences Sociales,* 1/2003 (58e année), pp. 7-36.

作研究方面成绩斐然。诺拉则继续其集体记忆的理论探索与实践。在社会史内部，罗杰·夏蒂埃提出社会文化史的研究方向，认为文化史会引发社会史的革新，而不是附属于社会史。[1] 达尼埃尔·罗什、阿兰·科尔班投入到微观史和日常生活史的写作中。热拉尔·努瓦利耶转向"社会历史学"（Socio-histoire），用社会学的工具、概念与问题意识指导历史研究。此外，经典社会史研究还向身体史、图像史、政治文化史等方向拓展和延伸。在这一背景下，比较的维度从经典社会史传统中被重新发掘出来，作为对后者的继承与革新加入社会史研究模式的自我反思中，涌现出了如克里斯托夫·夏尔（Christophe Charle）、米夏埃尔·维尔纳（Michael Werner）、米歇尔·埃斯帕涅（Michel Espagne）等主张从事比较研究的社会史家。他们不仅出版了《帝国社会的危机：英、德、法三国之比较（1900—1940）》《首都的剧院：舞台社会在巴黎、柏林、伦敦、维也纳的诞生（1860—1914）》等研究专著，还从理论层面对比较社会史研究的方法进行了论述。[2]

事实上，法国 18 世纪启蒙思想家已经使用过比较的方法。伏尔泰的《风俗论》，孟德斯鸠的《论法的精神》与《波斯人信札》都旨在突破时间与地理的边界。只是启蒙运动时期的比较分析完全

---

[1] Christophe Charle, "Histoire Sociale, Histoire Globale ?", *Vingtième Siècle. Revue d'Histoire*, n°23, 1989, pp. 124-129.

[2] Christophe Charle, *Les Intellectuels en Europe au XIXᵉ siècle. Essai d'Histoire Comparée,* Le Seuil, 1996; Christophe Charle, *La Crise des Sociétés Impériales, Allemagne, France, Grande-Bretagne, 1900-1940, Essai d'Histoire Sociale Comparée,* Seuil, 2001; Christophe Charle, *Théâtres en Capitales, Naissance de la Société du Spectacle à Paris, Berlin, Londres et Vienne, 1860-1914,* Éditions Albin Michel, 2008 ; Christophe Charle, *Homo Historicus: Réflexions sur l'Histoire, les Historiens et les Sciences Sociales*; Kott Sandrine, Nadau Thierry, "Pour une Pratiqe de l'Histoire Sociale Comparative, la France et l'Allemagne Contemporaines", *Genèses,* 17, 1994, pp. 103-111 ; Michael Werner, Bénédicte Zimmermann (dir.), *De la comparaison à l'histoire croisée,* Seuil, 2004 等。

取决于在欧洲和"他者"之间做出二元划分,这种分析旨在强化欧洲对非欧洲人的统治。[1] 而 19 世纪是民族国家的世纪,史学书写多服务于民族国家的建构。[2] 这一情况直到 20 世纪才发生改观,比较研究也由此重新焕发出生机。根据克里斯托夫•夏尔的研究,20世纪的比较史学经历了两个发展阶段。1928 年布洛赫倡导比较研究始至 1970 年为第一阶段,1970 年代以后至今为第二阶段。[3]

1928 年,马克•布洛赫在提交给在奥斯陆召开的国际历史科学大会的文章"一种欧洲社会的比较史"(同年发表于《历史综合杂志》(Revue de synthèse historique))中探讨了比较研究的问题,开启了 20 世纪比较史学的第一个发展阶段。布洛赫主张比较欧洲相邻国家,对被比较的不同社会中的一致性与差异性进行假设和解释。[4] 对他来说,比较的意义是对历史理解和历史解释手段的扩大和强化。他的《国王神迹》一书关注了从中世纪到 18 世纪流行于英国与法国的信仰,即国王借助触摸之力,通过为瘰疬病病人举行触摸礼,可以治愈疾病。布洛赫的另一名著《封建社会》也是比较史研究的巨著。他要突破的不仅是地理空间的局限,还有时间的局限。在第一阶段中,比较的方法虽然看似有良好的前景,但却未立即得到响应。而战后的年鉴学派第二代学者们在长时段

---

[1] 马克•戈尔迪、罗伯特•沃克勒主编:《剑桥十八世纪政治思想史》,刘北成、马万利等译,北京:商务印书馆,2017 年,第 168 页。

[2] 当然也有例外,如基佐的《欧洲文明史》、托克维尔的《论美国的民主》都是基于比较的视野。他们虽然没有明确提出比较这一问题,但确实是在实践着比较的方法。参考 Jean-Marie Hannick, "Brève Histoire de l'Histoire Comparée", in G. Jucquois - Chr. Vielle (dir.), Le Comparatisme dans les Sciences de l'Homme. Approches Pluridisciplinaires, De Boeck, 2000, pp. 301-327.

[3] Christophe Charle, Homo Historicus: Réflexions sur l'Histoire, les Historiens et les Sciences Sociales, p. 135.

[4] Christophe Charle, "Histoire Comparée", in Sylvie Mesure et Patrick Savidan (dir.), Dictionnaire des Sciences Humaines, PUF, 2006, p.545.

基础上的比较研究，前已述及，与地理学、马克思主义史学、整体史及结构人类学联系在一起。

比较史学发展的第二阶段自 20 世纪 70 年代开始。在欧洲，随着信息技术的进步，统计数据的国际化，比较研究延伸至文化领域，各国各地区的书籍、识字率、中学、大学和学院纷纷成为研究对象。统计数据开始实现网络化，在翻译出版前就被研究者们掌握使用，成为比较研究的重要资料来源。[1] 新史学显然也注意到这一趋势。勒高夫在论及新史学的任务时就指出，新史学在更新研究课题时要同时更新考证技术，其中就包括制定比较研究方法，对能够进行比较的东西进行比较。[2] 研究者认为，与 20 世纪初倡导的比较史学相比，这一时期的比较史学不仅获得了较大的发展，而且开始呈现出显著的不同，比较更多地成为一种提问的方法与工具，而不再如涂尔干所说，旨在建构宏大的规律。[3] 在 80 年代末关于史学"碎片化危机"的探讨中，比较社会史的方法被作为经典社会史内部一种可供使用的资源提出来。1988 年《年鉴》杂志的社论写道："究竟如何发展比较研究，虽然人们一直这么说，但却很少去做。"[4] 在 1989 年著名的巴黎高师社会史讨论会

---

[1] Maurice Aymard, "l'Internationalisation de la Recherche et de l'Ecriture de l'Histoire", in François Bédarida (dir.), *l' Histoire et le Métier d'Historien en France, 1945-1995*, Maison de la Science de l'Homme, 1995, pp. 201-212.

[2] 勒高夫，夏蒂埃等主编：《新史学》，姚蒙编译，上海：上海译文出版社，1989 年，第 38 页。

[3] 根据哈特穆特·凯博的统计，20 世纪 70 年代末欧洲进入一个比较史学发展的新的历史时期，平均每年有 20 余部作品出版。Hartmut Kaelble, "La Recherche Europeenne en Histoire Sociale Comparative (XIXe-XXe siècle), *Actes de la Recherche en Sciences Sociales*, vol. 106-107, 1995, pp. 67-79; Elise Julien, "Le Comparatisme en Histoire", *Hypothèse*, 2005/1(8), pp. 191-201.

[4] "Histoire et Sciences sociales: Un tournant critique", *Annales. Histoire, Sciences Sociales*, n°2, 1988, pp. 291-293.

上，^① 阿兰•德罗西埃（Alain Desrosières）也论及比较的方法与对象，他说："法、德、英三国相应的社会阶层，如法国的官员、英美国家的专业人士与德国的职员就是可以进行比较的。只有通过比较，我们才能对这些事物或现象的形成有很好的把握，才能更好地解读那些统计数据。"^②

夏尔关于比较社会史发展的二阶段论将第二阶段定为自 20 世纪 70 年代始一直延续至今。事实上 20 世纪的最后十年，随着欧盟一体化进程的加速，欧洲身份认同的建构对超越民族国家的历史书写提出了现实的要求，比较社会史研究出现了复兴的趋势。1990、1993 和 1994 年在梅泽堡、哥廷根等地召开的几次著名的会议大力推进了比较研究的发展。与会者包括皮埃尔•莱昂（Pierre Léon）、皮埃尔•布尔迪厄、克里斯托夫•夏尔及德国社会史学派——比勒菲尔德（Bielefeld）学派的代表哈特穆特•凯博（Harmut Kaelble）、科卡（Kocka）等人。在哥廷根，德法两国的著名历史学家与社会学家们围绕"法国的比较史学研究为何滞后于德国？"进行研讨。夏尔认为，在费弗尔、布洛赫和布罗代尔那里，比较的维度是存在的。相比之下，法国的中世纪史、现代史领域有更

---

① 1989 年 1 月 27-28 日，法国国家科研中心现当代史研究所在巴黎高师组织召开了一次社会史研究会议。米歇尔•佩罗（Michelle Perrot）、达尼埃尔•罗什、阿兰•科尔班、罗歇•夏蒂埃、热拉尔•诺瓦利埃、克里斯托夫•夏尔等历史学家参加了此次会议。会议的初衷是对达尼埃尔•罗什发表的"今天的历史学家，对一场争论的评论"一文进行讨论，对 1965 年圣克鲁会议以来社会史的情况进行总结，对今后发展方向进行探讨。圣克鲁会议对法国经典社会史研究范式的确立具有里程碑意义。参考 Christophe Charle(dir.), *Histoire Sociale, Histoire Globale? Actes du Colloque des 27-28 Janvier 1989,* Edtion de la Maison des sciences de l'Homme, 1993；*L'Histoire sociale, sources et méthodes, colloque de l'École normale supérieure de Saint-Cloud, 15-16 mai 1965,* Presses universitaires de France, 1967。

② Alain Desrosières，"Comment faire des choses qui tiennent, Histoire sociale et statistiques", in Christophe Charle(dir.), *Histoire Sociale, Histoire Globale? Actes du Colloque des 27-28 Janvier 1989*, pp. 32-33.

多的比较研究，问题是他们的继任者没有延续下去。大学改革导致了大部分考试都聚焦于民族国家史研究。因而法国的当代史研究更为民族国家化，人们对比较研究不感兴趣。在凯博看来，这一现象的产生还有许多技术层面的原因，例如法国学界对外语书籍不了解、缺少国外旅行经历、不愿意在国外逗留等。他认为纳粹历史在德国史学史特别是当代史学中的中心地位，迫使德国人更多地去进行横向的比较，从而提出诸如德国为什么没出现自由的资产阶级这样的问题。[1] 凯博还对历史家不愿从事比较研究的原因做出如下分析。首先，历史学家习惯用专业性的而非概括性的词汇。第二，历史学家需要在具体语境中进行诠释。第三，用现在的词汇来说明过去已经十分困难，而在比较研究中，在两种语言中找到相互的对应更是难上加难。第四，研究者们很难在两个国家找到同等对应的资料。凯博指出，如今从事比较研究有很好的契机，如外语水平的提升等。此外，19、20 世纪初占据主导地位的民族国家史在二战后受到了一定影响，国家的定义也发生了改变。这些内部和外部的条件都将促进比较研究的发展，使现在的比较研究与 20 世纪二三十年代相比呈现出巨大的不同。[2]

　　如上所述，比较社会史复兴的重要背景之一是 80 年代末的经典社会史"危机"。当时对新史学最大的质疑为放弃政治史，放弃整体史，重视微观史，研究碎片化。比较社会史的倡导者夏尔亲身参与了那场危机大讨论，主编了 1989 年巴黎高师社会史会议论文集。对于年鉴一脉的史学家来说，如何从经典社会史研究的传统中发掘出有效资源来对之进行革新至关重要。年鉴学派早期的比较维度无疑成为一条最佳的进路。作为年鉴学派第三代历史学家中

① "Deux Séminaire (Paris–Gottingen)", *Actes de la Recherche en Science Sociale*, vol. 106-107, mars 1995, pp. 101-107.

② "Deux Séminaire (Paris–Gottingen)", *Actes de la Recherche en Science Sociale,* vol. 106-107, mars 1995, pp. 101-107.

以政治社会史著称的莫里斯·阿居隆[①]的弟子，夏尔从来都关注政治，但是他主张通过社会与文化来研究政治，研究它们之间的互动。他的微观史研究关注个体，但更多的是各个精英群体。[②]而且随着国际局势的变化，从事比较社会史研究的历史学家们"不再仅仅研究民族认同的问题，同时还扩展到其他历史认同问题，如区域、城市、性别、社会圈、职业、工会、企业、文明等等"[③]。而在理论层面，比较社会史学者更多诉诸于法国的社会学家皮埃尔·布尔迪厄、德国社会学家诺贝特·埃利亚斯与尤根·哈贝马斯（Jürgen Habermas）的理论。[④]他们更强调思想、制度性的维度，同时也将社会学与历史学的讨论加入政治性的叙事中。这种叙事，在朱利恩·文森特（Julien Vincent）看来，是一种共和主义的叙事。[⑤]

进入 21 世纪，随着全球化的加速发展，文化迁移、交叉史、跨国史等研究范式对比较社会史研究的方法又提出了新的挑战，迫使后者不断进行自身理论与方法的反思。

方法与争论

比较社会史在研究方法上体现了比较范式与社会史方法的融

[①] 阿居隆曾表示："只要没有实现圣西门讲的'政府由对人的管理转变为对物的管理'，历史学家就不得不继续研究战争和政治。只是，研究的水平应该提高一些。"转引自高毅："年鉴学派走向哪里"，《中国社会科学报》，2016 年 1 月 21 日。

[②] 前者如他对英法德帝国危机的研究：*La Crise des Sociétés Impériales, Allemagne, France, Grande-Bretagne, 1900-1940, Essai d'Histoire Sociale Comparée*；后者如他对欧洲知识分子的比较研究：*Les Intellectuels en Europe au XIXᵉ siècle. Essai d'Histoire Comparée*。

[③] 哈特穆特·凯博：《历史比较研究导论》，赵进中译，北京：北京大学出版社，2009 年，第 3 页。

[④] 夏尔在《历史人：对历史、历史学家及社会科学的反思》一书中专门向布尔迪厄与埃利亚斯致敬，如 Christophe Charle, *Homo Historicus: Réflexions sur l'Histoire, les Historiens et les Sciences Sociales*, pp. 60-69, 242.

[⑤] Julien Vincent, "The Sociologist and the Republic: Pierre Bourdieu and the Virtues of Social History," *History Workshop Journal*, n°58, 2004, pp. 128-148.

合，从史学史的发展来看，属于对法国经典社会史范式与比较史研究反思的一个重要组成部分。这一反思，部分直接延续和回应了比较研究内部久已有之的争论，部分则因社会史面临的文化转向而提出了新的问题，引发了新的讨论。

18世纪启蒙思想家的比较研究是将一个国家的制度安排与它的邻邦加以区分，将欧洲的政体、社会、经济、文化和宗教与世界其他地区的情况加以对比，以及把他们自己的时代与此前的时代加以比较。在启蒙思想家那里，比较最终变成一种非常暧昧与富有争议的方法。[1] 甚至，伏尔泰在《风俗论》中都是在较为含混的意义上使用风俗一词。启蒙思想家们不认为这些概念的确定性对比较研究的展开十分重要或需要明确的讨论，[2] 而这些在今天看来都是开始研究时必须首先说明的问题。德国思想家赫尔德（Johann Gottfried Herder）在当时就提出了对比较方法的质疑。[3] 他还指责孟德斯鸠使用空洞的抽象概念，认为孟德斯鸠对政治体制的理想型分析是简单粗糙的，他从根本上不相信抽象概念。[4]

其实无论是赫尔德的质疑，还是20世纪20年代马克·布洛赫、奥托·欣策（Otto Hintze）、亨利·皮朗（Henri Pirenne）对历史比较原则进行的相对集中的思考，[5] 都直指一些比较研究需要回应和解决的核心问题。这些问题又随着社会学的兴起常常陷入学科合法性与学科壁垒的构筑中。值得注意的是，正如凯博所说，比较社会史的兴起并未与一种特别的方法论联系在一起（例如定

---

[1] 马克·戈尔迪、罗伯特·沃克勒主编：《剑桥十八世纪政治思想史》，第145页。

[2] 马克·戈尔迪、罗伯特·沃克勒主编：《剑桥十八世纪政治思想史》，第148页。

[3] 马克·戈尔迪、罗伯特·沃克勒主编：《剑桥十八世纪政治思想史》，第166页。

[4] 马克·戈尔迪、罗伯特·沃克勒主编：《剑桥十八世纪政治思想史》，第167页。

[5] Marc Bloch, "Pour une Histoire Comparée des Sociétés Européennes," *Revue de Synthèse Historique*, Déc, 1928, pp. 45-100; 哈特穆特·凯博：《历史比较研究导论》，第5页。凯博在书中指出，自1920年以来，对历史比较的基本理解没有发生根本的变化。

量的方法、结构历史或政治社会史）。① 因为一方面，比较研究与社会史研究内部关于方法论的反思已经足够丰富，两者在历史上似乎有着天然的亲缘关系。② 另一方面，比较社会史研究实践的出现也要先于其理论反思。然而在具体的方法层面，历史学家们围绕以下几个问题还是进行过深入的阐释与讨论。

一、如何确定研究范围

比较的实质在于将几个不同的实体，最好是对应的、平等的实体，加入不同与相同的问题，进行对比。因而比较的选择范围就是决定性的。它必须选择一个与比较对象都对应的时间长度，必须选择一个民族的或超民族的层面，并以一些历史学传统的类别与已有的事实作为起点。③ 孟德斯鸠在《论法的精神》中，曾将民族或文明作为比较的范围，区分了从事商业与航海的民族、从事农业的民族、以畜牧为生的民族、从事狩猎的民族等。布洛赫认为要进行比较必须满足两个条件：（1）两个被观察对象之间要有一定的相似度。（2）它们产生的环境要有一定的不同。因而比较的方法分两种情况：或者选择两个不同的社会，考察它们在一些现象上的差异，但这些差异又不能由相互影响和原生社群所解释；或者选择两个相邻的、当代的、不断互相影响的社会，因为它们的相邻与同时性可以被追溯到同样的原因与同样的源头。④ 布洛赫总体上赞同第二种选择。他认为整体化比较有特定的局限，只有对

---

① Hartmut Kaelble, "La Recherche Européenne en Histoire Sociale Comparative (XIXe-XXe siècle) ," *Actes de la Recherche en Sciences Sociales*, vol.106-107, mars 1995, pp. 67-79.

② 例如孟德斯鸠被社会学之父孔德尊为社会学研究的先驱。20 世纪初西米昂、布洛赫提出比较史学也是受到涂尔干社会学的影响。

③ C. Delacroix, F.Dosse (dir.), *Historiographie, I Concepts et Débat*, p.171.

④ Marc Bloch,"Pour une Histoire Comparée des Sociétés Européennes," *Revue de Synthèse Historique*, Déc, 1928, pp. 45-100.

时间和空间上相邻同时又有着密切交往的社会进行比较才具有意义。他最终主张把历史比较限定在属于同一文明的各个社会之中。这一限定在 20 世纪 20 年代尚可理解，在 80 年代之后随着世界范围内各文明之间的交往日益频繁，联系加深，就并非必然了。

凯博长期从事欧洲比较社会史和比较社会史方法论的研究，其《历史比较研究导论》一书是迄今为止为数不多的对比较社会史的方法进行系统探讨的著述之一。凯博的另一本欧洲比较社会史著作《欧洲社会：1880—1980》[1]一经引介到法语学界，立刻引起了反响。弗朗索瓦·格治（François Guedj）与斯特凡纳·西罗（Stéphane Sirot）两位法国学者的《欧洲社会史：西欧工业化与社会 1880—1970》[2]一书直接受到凯博的影响。夏尔关于知识分子、剧院的研究都是将比较的范围选择在欧洲。虽然他们都认识到，两个社会以上的比较在一定条件下比两个社会之间的比较要好，[3]但是在地理范围上，鉴于语言、资料等问题，已有的比较研究还是基于西欧内部不同社会之间的比较，与日本、苏联、第三世界，甚至美国的比较很少。[4]此外，在不同文明、社会、民族国家的范围之外，还有学者提出，地方层面的比较也可以是很好的分析框架。[5]

二、研究的对象

在启蒙思想家那里，比较的对象是不同文明与不同社会中的

① Hartmut Kaelble, *Vers une Société Européenne. Une histoire Sociale de l'Europe 1880-1980*, Belin, 1988.

② François Guedj, Stéphane Sirot, (dir.) *Histoire Sociale de l'Europe : Industrialisation et Société en Europe occidentale, 1880-1970*, Éditions Seli Arslan, 1998.

③ 哈特穆特·凯博：《历史比较研究导论》，第 107 页。

④ Hartmut Kaelble, "La Recherche Européenne en Histoire Sociale Comparative (XIXᵉ-XXᵉ siècle), " *Actes de la Recherche en Sciences Sociales*, vol.106-107, mars 1995, pp.67-79; Christophe Charle, *La Crise des Sociétés Impériales, Allemagne, France, Grande-Bretagne, 1900-1940, Essai d'Histoire Sociale Comparée*, p. 539.

⑤ Elise Julien, "Le Comparatisme en Histoire ", *Hypothèse*, 2005/1(8), pp.191-201.

风俗、制度及民族性格等。① 布洛赫在《封建社会》中就西欧封建社会的经济、政治、文化心态等结构进行比较，这在当时对一直以来只重视政治和法律的封建社会研究是一次突破。传统的比较社会史研究领域是社会阶层史和政治运动史，后来扩展到家庭史、社会福利国家史、社会运动史。在新史学"危机"之后，比较社会史研究更常将一些具体问题作为研究对象。例如夏尔在 19 世纪欧洲首都改造方面的比较研究，艾蒂安·弗朗索瓦（Etienne François）在社交性与资产阶级社会方面的比较研究，纳多（T.Nadau）在法德农业教育方面的比较研究，等。② 还有部分学者受到比勒费尔德学派尤其是凯博的影响，主张将社会作为对象进行整体性的描述与比较。③ 夏尔的《帝国社会的危机：英、德、法三国之比较（1900—1940）》体现出这种整体性的比较路径。同时夏尔也表示，凯博受美国历史社会学家查尔斯·蒂利（Charles Tilly）与西达·斯考切波（Theda Skocpol）的影响，"比较的框架很大，但不仔细"。④

---

① 马克·戈尔迪、罗伯特·沃克勒主编：《剑桥十八世纪政治思想史》，第 149 页。

② Christophe Charle, "Légitimité en Péril, Elément pour une Histoire Comparée des Elites et de l'Etat en France et en Europe Occidentale (XIXème-XXème siècle)," *Actes de la Recherche en Sciences Sociales*, vol. 116-117, 1997, pp. 39-52; Christophe Charle, " Paris-Berlin. Essai de Comparaison des Professeurs de deux Universités Centrales (vers 1870-vers 1930), " *Histoire de l'Education* 62,1994, pp. 75-109; *Les Intellectuels en Europe au XIXe siècle*, 1996, nouvelle éd., 2001; Christophe Charle, *Théâtres en Capitales, Naissance de la Société du Spectacle à Paris, Berlin, Londres et Vienne, 1860-1914* ; Etienne François (dir.), *Sociabilité et société Bourgeoise en France, en Allemagne et en Suisse, 1750-1850*, Edition Recherches sur les Civilisations, 1986; T. Nadau, "L'Evolution de l'Enseignement Agricole en France et en Allemagne, 1850-1914", *Annales d'Histoire des Enseignements Agricoles*, n°1, 1987, pp.69-84, etc.

③ C. Delacroix, F.Dosse (dir.), *Historiographie, I Concepts et Débat*, p. 426.

④ Christophe Charle, *Homo Historicus: Réflexions sur l'histoire, les Historiens et les Sciences Sociales*, p. 140. 凯博确实在其书中大段引用查尔斯·蒂利，如哈特穆特·凯博：《历史比较研究导论》，第 20 页。

三、研究的目的

这涉及历史学与社会学的古老论争——历史学的特殊性与社会学的普遍性，或历史的事实与解释执之争。西米昂在"历史与社会科学的方法，对拉孔布与塞诺博斯近著的批判性研究"中说，"现在已经可以区分个体的与社会的偶然性与规律性了"。[①] 我们在进行比较社会史研究时，能否将其中的一个维度牺牲给另一个维度？即用规律性代替偶然性，或用社会性代替个体性？从启蒙思想家到布洛赫，他们对不同文明与社会的研究，都是旨在寻求不同社会与生产形态的差异，以期建立一种规律性。[②] 然而历史学多数时候强调特殊性，这也是许多历史学家拒绝进行比较的一个十分重要的原因。

布罗代尔的弟子莫里斯·艾马尔（Maurice Aymard）的"历史与比较"一文很好地回应了西米昂的问题。文中写道："今天我们必须要与涂尔干特别漂亮与简单的公式拉开距离。因为如果说历史学总是表现出一种永远不会一劳永逸地解决问题的科学姿态，那必然不是通过它的解释，而是通过永远对这些解释进行追问来推进的。"艾马尔认为，历史学家无须不顾一切代价去找到更高层度的一致性，无须刻意在现实的多元化中制造一种一致性与线性的秩序。一旦对比出了相似性与差异性，就不要满足于一种类型学的分类，而是要去寻找那些补充性或排他性的关系，那些对此做出解释并建构了此类异质性空间的关系。因为后者可以达到另

---

① François Simiand, "Méthode Historique et Science Sociale, Etude Critique d'après les Ouvrages Récents de M. Lacombe et de M. Seignobos," *Revue de Synthèse Historique*, Fév, 1903, pp. 1-22.

② 奥利维耶·迪穆兰在为 1986 年《历史科学词典》撰写的"比较史"词条中写道，民族学、索绪尔语言学或涂尔干社会学诉诸比较的方法建构一些决定的因素来实现系统与结构的认同。而那些将"唯一事实的确立作为历史科学唯一途径的'实证主义史学家'"则拒绝有关历史规律的思想。见 Olivier Dumoulin, "Comparée (Histoire)," *Dictionnaire des Sciences Historiques* dir. André Burguière, PUF, 1986, pp. 151-152。

一种一致性，将真实的复杂性和矛盾性结合进来，而不是将它当成另一宗平行发生的事件剔除掉。他还认为，对于比较社会史研究中的不可知性，不必去提出一些变量作为稳定的参照物，大的空间范围或长时间段的变量对历史学家来说可能已经足够。在人文科学中，同样的原因不会处处导致且总是导致同样的结果，而同样的结果反过来也会追溯到不同的原因。①

四、第四类争论则从整体上对比较社会史的方法提出挑战

最有力的批评来自法国学者米歇尔·埃斯帕涅、米夏埃尔·维尔纳、齐默尔曼·贝内迪克特（Zimmermann Bénédicte）与德国学者汉斯—乌尔里希·韦勒（Hans-Ulrich Wehler）。他们的质疑总结起来主要集中于以下几个方面：（1）比较社会史优先考虑同时性，例如关注被比较国家的某些相似的时刻。但问题是这些时刻在这些国家中的发展可能经过了几十年甚至几个世纪。（2）研究起点和终点的既定性导致类型上的固化。比较社会史研究更为强调推理的部分。例如，当人们得出欧洲存在一个民族国家概念和一个语言国家概念，一个法国模式和一个德国模式后，如果所有的比较都立足于这两种范式，就会导致一种价值判断。（3）被比较单位之间的互动往往被忽略。在德法城市比较研究中，许多德国城市是受到法国影响的。比较社会史研究将社会群体对立起来，忽略了那些社会适应或同化的机制。如法国的医生、出版商、犹太人群体与德国就多有联系。（4）比较研究常常针对的是一些被认为具有身份认同的对象，因此观察者的视角被改变了。人们注重每个国家的记忆之所，认为那是各自民族性的体现，但是往往忽略了这些记忆之所同时也是多种宗教举行纪念活动的场所。（5）比较强调的首先是差异性，之后是相通性。然而针对民族国家差

---

① Maurice Aymard, "Histoire et Comparaison," Atsma H. & Burguière A., *Marc Bloch Aujourd'hui, Histoire Comparée,* Editions de l'EHESS, pp. 271-278.

异性的意识本身也是一种历史的产物，大约是从 18 世纪下半叶开始的。而且比较从来都是从民族国家的视角出发的，其结果就是加强了民族国家的概念。①

在这类质疑声中，埃斯帕涅的批评不乏尖锐。他认为当年鉴学派的创立者们号召历史学家来研究不同社会之间的联系时，不是为了狭义的比较去辩护，而是为了总体的历史。他的结论是，比较的概念不应导致比较的研究，而应该导向一种"文化迁移"。埃斯帕涅与米夏埃尔·维尔纳从 1987 年开始阐述"文化迁移"这个概念。然而正如米歇尔·特雷比奇（Michel Trebitsch）指出的，"埃斯帕涅的攻击主要是针对法德比较的例子。因为这些研究总是从民族国家的角度出发来展开……这将导致他们自我封闭在纯粹抽象的类型框架中"。② 值得注意的是，2004 年维尔纳又与齐默尔曼一起提出了"交叉史"的概念，并谨慎地表示，"交叉史研究不准备取代文化迁移，也不准备去代替比较史"，"比较研究或迁移研究不会被弃用，而是与其他方法共存，互相补充，以思考与理解这个世界"。③ 这似乎又从埃斯帕涅的立场上后退了一步。

来自"文化迁移"和"交叉史"主张者的批评集中反映了一部分反对比较社会史研究的声音。④ 夏尔在总结了这些争论后回应

① Werner Michael, Zimmermann Bénédicte, "Penser l'Histoire Croisée : entre Empirie et Réflexivité," *Annales. Histoire, Sciences Sociales* 1/2003 (58e année), pp. 7-36; Michel Espagne, "Sur les Limites du Comparatisme en Histoire Culturelle," *Genèses*, n°17, 1994. Les Objets et les Choses, pp. 112-121.

② Michel Trebitsch, M-C. Granjon (dir.), *Pour une Histoire Comparée des Intellectuels*, Complexe, 1998, p. 12, 70.

③ C. Delacroix, F.Dosse (dir.), *Historiographie, I Concepts et Débat*, p.173, 175.

④ Kott Sandrine, Nadau Thierry, "Pour une Pratique de l'Histoire Sociale Comparative, la France et l'Allemagne Contemporaines," *Genèses*, 17, 1994, pp.103-111; Nancy L.Green, "L'Histoire Comparative et le Champ des Etudes Migratoires," *Annales, Economies, Sociétés, Civilisations*, 1990, n°6, pp.1335-1350; Elise Julien, "Le Comparatisme en Histoire", *Hypothèse*, 2005/1(8), pp. 191-201.

道：首先，标签的精细化加大了比较社会史与法国史学史之间的断裂，使学生、公众和那些从事非法国史研究的历史学家们对此徒生冷漠和厌倦。其次，现行的科研政策大部分偏向现时史和民族国家史研究，① 比较研究原本已经在大学和公共空间中处于边缘地位，这场内部的战争只会削弱而非加强那些想要走出民族国家框架去研究历史的学者们的力量。而这些不同标签之间的实际分歧，只是在强调不同的田野与不同的问题意识；在资料和方法上或强调人类学，或强调社会学；在立场上或主张在公共讨论中支持西方的选择，或主张非西方的选择。这些选择本来可以结成反对民族主义史学的统一战线，而实际上却导致了一个新的史学危机。②

事实上，无论是比较社会史还是"文化迁移""交叉史""连接史""共享史"，③ 从广义上看，都属于受到了文化转向影响下的"关联"的研究方法。相较"文化迁移"和"交叉史"而言，比较社会史研究在初期确实更为关注对立而非联系，而迁移则更为注重联系。但是随着冷战的结束，无论是在研究方法还是研究对象上，比较社会史研究的重点也转向了研究世界不同地区之间的联系与流通

---

① 数据显示，1993、1994两年答辩的博士论文中，历史学是最法国中心化的（47.3%的历史博士论文是关于法国史的，其他学科这一比例为38.9%），也是最欧洲中心化的（欧洲史的博士论文所占比例为24%，其他学科这一比例为15%）。在1985年法国国家科研中心现当代史委员会102名研究人员中，一半以上从事的是法国史研究。到1991甚至2000年，这个比例始终没有发生大的变化。见 Christophe Charle, *Homo Historicus: Réflexions sur l'Histoire, les Historiens et les Sciences Sociales*, p. 135, 138-140.

② Christophe Charle, *Homo Historicus: Réflexions sur l'Histoire, les Historiens et les Sciences Sociales*, p. 144. Christophe Charle, "Contemporary French Social History: Crisis or Hidden Renewal?, " *Journal of Social History*, Vol. 37, n°1, 2003, pp. 57-68.

③ 关于"连接史"的概念，见 Robert W. Strayer (dir.), *The making of the Modern World, Connected Histories, Divergent Paths*, Bedford/St. Martin's, 1995。"共享史"最初在少数族裔研究中使用，后来运用到性别史研究，现在经常出现在后殖民史的讨论中。

（Circulation）。① 而这也是全球史在世界范围内的影响与日俱增的重要背景。与其说比较社会史建构或更新了一种方法，不如说它更表现为一种质疑的能力。正如夏尔所言，"比较能够使那些在某一国家内部理所当然的事情相对化"。② 而且比较社会史最重要的是要跳出民族国家史学的框架，拥有更大的观察视角。在这一点上，全球史、交叉史、文化迁移有着同样的目的诉求。

目前，法国的比较社会史研究主要集中于三个领域，首先是中世纪史古代史（布罗代尔传统）。其次为东方研究、殖民史研究。③ 最后一个也是体量上最为庞大的欧洲比较社会史研究。欧洲比较社会史大多数聚焦于西欧范围之内，其中有语言、传统联系等原因，还有一个重要的原因是获益于欧洲学术机构的开放和国际化。巴黎人文科学之家（MSH）、牛津圣安东尼学院（St Antony's College）、佛罗伦萨的欧洲高等研究院（IUE）、比勒菲尔德的跨学科研究中心（ZIF）等机构都为历史学家，尤其是年轻学者们的国际学术交流提供资金资助，这对国际比较研究来说是不可或缺的条件。而许多在法国从事欧洲比较社会史研究的学者，在某种程度上都有一种理论自觉，即他们的研究不是去发掘德国道路的特殊性或法国例外的原因，也不是去分析欧洲与美国的现代化模式的差异性，而是通过推动欧洲共同历史记忆与全人类的历史书写来强化欧洲身份认同的建构及对人类命运的理解。

---

① C. Delacroix, F.Dosse (dir.), *Historiographie, I Concepts et Débat*, p. 170, Christophe Charle, *Homo Historicus: Réflexions sur l'Histoire, les Historiens et les Sciences Sociales*, p.158.

② Christophe Charle, *Les Intellectuels en Europe au XIX*ᵉ *siècle. Essai d'Histoire Comparée*, p. 30.

③ 如皮埃尔·辛加拉维鲁等对殖民地体育运动史的比较研究，Pierre Singaravélou, Julien Sorez, *L'empire des sports, Une histoire de la mondialisation culturelle*, Belin, 2010。

法国革命史研究中的全球转向 [①]

北京师范大学历史学院　庞冠群

新世纪以来，法国革命史研究领域呈现出一些新的趋向，其中颇为引人瞩目的是，冠以"全球的""跨国的""大西洋的"等修饰语的著作、论文以及文集日益增多。[②] 同时，林·亨特（Lynn Hunt）、杰瑞米·波普金（Jeremy Popkin）和皮埃尔·塞尔纳（Pierre Serna）等一批顶尖的法国革命史专家，积极尝试以全球的或跨国的视角考察法国革命。可以说，全球史与跨国史已经成为推动法

[①] 本文发表于《史学理论研究》2017 年第 1 期，第 91—101 页。

[②] 相关著述将在后文陆续介绍，在此有两本论文集和一本研究指南值得一提，它们尤其体现了最新的研究倾向。2013 年，美国学者苏珊娜·德桑、林·亨特以及加拿大学者威廉·马克斯·尼尔森共同主编的论文集《全球视野下的法国革命》出版。编者指出，该文集力图展现全球因素如何塑造了法国革命，并使其具有世界性的历史影响。参见 Suzanne Desan, Lynn Hunt, and William Max Nelson eds., *The French Revolution in Global Perspective,* Ithaca and London: Cornell University Press, 2013, p.1；2016 年，由英国学者阿兰·福瑞斯特和德国学者马蒂亚斯·米德尔共同主编的论文集《劳特利奇指南：世界历史中的法国革命》问世。文集扉页便指出，它从全球背景来考量法国革命，从而体现法国革命史研究的某些最新趋向。参见 Alan Forrest, Matthias Middell, eds., *The Routledge Companion to the French Revolution in World History,* London and New York: Routledge, 2016。此外，2013 年出版的、由多国法国革命史专家共同撰写的《法国革命指南》，旨在为当下法国革命研究领域的核心问题提供综合性的权威见解，并试图为日后的研究指明方向。值得注意的是，这部指南专辟一个单元讨论"国际视野下的大革命"。参见 Peter Mcphee ed., *A Companion to The French Revolution,* Malden MA: Blackwell Publishing Ltd, 2013, pp.379-434。

国革命史这一传统研究领域向前发展的新动力。[1] 对于大革命史研究的这种新取向，一些欧美史学家已经着手进行讨论与反思。2013年，法语期刊《法国革命史年鉴》刊发了访谈文章《全球转向之际的法国革命》。文中，法国学者卡里纳·朗斯（Karine Rance）与四位关注全球视野下法国革命史的欧美专家切磋交流。[2] 五位学者着重讨论了"全球转向"究竟为大革命史研究带来了哪些新进展，同时探究帝国史、殖民史对此的影响以及全球视野下的革命史分期问题。2014年，美国普林斯顿大学的法国史专家大卫·贝尔在《法国历史研究》杂志上刊发评论文章《质疑全球转向：以法国革命为例》。[3] 作者要给过热的"全球转向"降温，并批驳了杰瑞米·波普金和皮埃尔·塞尔纳等人研究中的一些具体观点，他最后指出全球视角有助于更好地理解法国革命的诸多层面，但其他研究路径依

---

[1] 研究者在运用全球史与跨国史两个概念时往往不做刻意的区分，常常互换使用。但是严格来讲，二者存在差异。首先，跨国史试图以跨国的视角考察民族国家的历史，仍将国家作为一种叙事单元，因此其"去国家化"的色彩不及全球史强烈。其次，在研究的空间范围上，跨国史可跨越一个或多个国家边界，不像全球史那样关照广袤的区域空间。关于这一问题的进一步探讨可参见：Akira Iriye, *Global and Transnational History: The Past, Present, and Future,* New York: Palgrave Macmillan, 2013, pp.11-15; Nancy L. Green, "French History and the Transnational Turn, *French Historical Studies,* Vol.37, No. 4 (Fall 2014), p.553; 王立新："跨国史的兴起与20世纪世界史的重新书写"，《世界历史》2016年第2期。除了全球史与跨国史，学者们还使用"entangled history""connected history""l'histoire croisée"等概念来指代类似研究。

[2] 访谈对象分别为美国芝加哥大学的保罗·切尼（Paul Cheney）、英国约克大学的阿兰·福瑞斯特（Alan Forrest）、美国加州大学洛杉矶分校的林·亨特和德国莱比锡大学的马蒂亚斯·米德尔（Matthias Middell）。参见 Paul Cheney et al., "La Révolution française à l'heure du global turn", *Annales historiques de la Révolution française* 2013/4 (n°374), pp.157-185。

[3] David A. Bell, "Questioning the Global Turn: The Case of the French Revolution," *French Historical Studies*, Vol. 37, No.1 (Winter 2014), pp.1-24.

然重要。这股潮流很快引起了国内学者的注意。① 在此，笔者力图通过阅读新近出版的相关著述并结合自身对于法国革命史学史的积累，尝试探析在法国革命史学传统内部生成这一转向的根本动力，梳理全球视野下的法国革命起源学说，解读殖民地与大革命的关联问题，归纳全球转向下不同革命史研究路径的特征与得失。

"全球转向"与法国革命史的范式转换

随着当代全球化的深入发展，历史学者希望从具体的历史层面理解全球化进程。在这一背景下，作为传统国别史研究的法国史出现了欧洲化、跨国化以及强调大西洋视域的新倾向，全球视野下的法国革命研究即充分体现了这种倾向。② 以全球或者跨国视角考察大革命并非对于学术时尚的简单跟进，而是满足了法国革命史内部范式更新的迫切需求。

关注这一领域的学者都知道，以乔治·勒费弗尔、阿尔贝·索布尔等法国史家为代表的法国革命史的正统派，用社会、经济的因素来解释革命。20 世纪中后期，在英美以及法国内部出现了挑战正统研究的修正派，他们强调"法国革命本质上是一场导致社会

---

① 2014 年底，张智在《中国社会科学报》上刊发文章"全球史视域下的法国大革命研究"（2014 年 12 月 31 日第 B07 版）。他指出，从"世界"维度探讨法国革命的传统可追溯至 19 世纪，当下的潮流是受帝国史、殖民史影响发展起来的，它更强调法国与其他地区间的交互关系。2016 年初，孙一萍为《世界历史》撰写了关于第 22 届国际历史科学大会中法国革命史研究动向的综述文章，其中以澳大利亚学者皮特·麦克菲（Peter Mcphee）等人提交的会议论文为例讨论了"全球史与跨国史视野下的法国大革命"研究。该文还涉及情感史转向、革命恐怖与书籍史研究等方面的新趋向，参见孙一萍："法国大革命研究的新趋向"，《世界历史》2016 年第 1 期。上述两篇文章敏锐地把握了新趋向，但囿于篇幅未展开充分的梳理与论述。

② Nancy L. Green, "French History and the Transnational Turn", *French Historical Studies*, Vol.37, No. 4 (Fall 2014), pp.551-564.

结果的政治革命，而不是一场产生政治后果的社会革命"。① 对于
法国修正派的代表人物弗朗索瓦·孚雷（又译傅勒）而言，政治在
大革命中居于核心地位。②20 世纪八九十年代，修正派已经成为新
的正统，并在"语言转向""文化转向"的影响下发展出了曾长期支
配法国革命史研究的政治文化路径。③ 深受孚雷影响的美国历史学
家基斯·贝克（Keith Baker）和林·亨特，在建立这一研究路径过
程中扮演了重要角色。此种研究路径关注的不再是经济与政治领域
实际存在的复杂关系，而是抽象的公共舆论、政治话语和社会想象
等问题。政治文化研究为大革命以及旧制度研究注入了活力，但是
也日益显露出局限性。其中，最大的缺陷在于对经济与社会维度的
忽视。面对这样的问题，一些研究者倡导综合不同的研究路径。比
如，美国著名的大革命史专家蒂莫西·塔克特试图将社会经济因素
与文化史的视角相结合来考察革命政治文化的形成。④

　　世纪之交，美国的法国史学界明显感受到了范式危机。1997

① George V. Taylor, "Noncapitalist Wealth and the Origins of the French Revolution", *The American Historical Review,* Vol.72, No. 2 (Jan., 1967), p.491.

② 孚雷指出，马克思主义经由饶勒斯进入到大革命史，从而将革命问题的重心移向了经济现象和社会现象。而他认为，"大革命发明了一种政治话语和一种政治实践，从此我们不断地生活于其中"。参见傅勒:《思考法国大革命》，孟明译，北京: 三联书店，2005 年，第 22、69 页。因此，孚雷所谓的政治主要指意识形态、政治话语。

③ 据统计，大革命二百周年之际，在北美举行的关于法国革命的学术会议中，65% 的研究是关注政治史或文化史的论题。参见 Suzanne Desan, "What's after Political Culture? Recent French Revolutionary Historiography", *French Historical Studies*, Vol. 23, No.1 (Winter 2000), p.179。此外，1987—1994 年间，出版了四卷本的论文集《法国革命与现代政治文化的创生》(Keith Baker, Colin Lucas and François Furet eds., *The French Revolution and the Creation of Modern Political Culture,* 4 vols., Oxford: Pergamon Press)，这套论文集充分体现了政治文化研究的盛行。

④ Timothy Tackett, *Becoming a Revolutionary: The Deputies of the French National Assembly and the Emergence of a Revolutionary Culture (1789-1790),* NJ: Princeton University Press, 1996.

年，杰伊·M. 史密斯撰文批评基斯·贝克那种注重语言分析的政治文化研究路径，并将之归结为"语言的游戏"。① 苏珊娜·德桑坦言，经典的社会史没能卷土重来，孚雷的路径亦不能继续支配这一领域，法美两国均未产生法国革命史的新范式。② 芝加哥大学的简·戈德斯坦甚至认为，新世纪之初并非研究法国革命的大好时机，此时的大革命史学缺乏明确的方向。③ 与此同时，戈德斯坦也为美国的法国史研究者指明了前景：将法国史放置在更广阔的世界中进行考察。④

尽管正统派与修正派存在研究路径上的显著差异，但是他们基本上都从法国历史中挖掘革命的根源，并不认为一系列革命事件深受外部世界的影响。唯一的例外是，20 世纪中叶，也可算作修正派的帕尔默（Robert Palmer）与戈德肖（Jacques Godechot）提出了大西洋革命的观点。他们认为 18 世纪末 19 世纪初大西洋两岸的革命浪潮此起彼伏，共同构成了一个民主革命的时代。⑤ 但是，这一理论当时被视为冷战的产物，在随后相当长的时间内被人遗忘。

正是在这样的背景下，以林·亨特为代表的一批学者开始倡导法国革命史的全球转向。这一趋势在进入 21 世纪后愈加明显，其中北美的法国史专家尤其扮演了重要的角色。原来致力于政治文

① Jay M. Smith, "No More Language Games: Words, Beliefs, and the Political Culture of Early Modern France", *The American Historical Review*, Vol.102, No.5 (Dec., 1997), pp.1413-1440.

② Suzanne Desan, "What's after Political Culture? Recent French Revolutionary Historiography", p.164.

③ Jan Goldstein, "The Future of French History in the United States: Unapocalyptic Thoughts for the New Millennium", *French Historical Studies*, Vol. 24, No.1 (Winter 2001), p.4.

④ 戈德斯坦提出了三个新方向：（1）对于欧洲的整体研究以及比较研究；（2）对宗主国法国和其前殖民地关系的研究；（3）对法美之间互动关系的研究以及对二者的比较研究。参见 Goldstein, "The Future of French History in the United States, " p.7.

⑤ 关于帕尔默与戈德肖的大西洋革命论提出的背景与具体观点，参见黄艳红"多样和复杂的欧美革命史"，《读书》2008 年第 12 期，第 55—57 页。

化研究的一些学者转而探讨全球史与跨国史视野下的革命史。这一转变克服了法国革命史研究的两个缺陷：其一，不必像正统派和修正派那样，或强调经济趋向与社会结构，或聚焦于意识形态和政治文化，而是将二者融合于全球史的框架之下；其二，改变了仅关注法国革命的世界影响，而否认革命起源与动力之国际维度的做法，真正多层次地展现了作为世界性历史事件的大革命。

从全球因素看法国革命的起源及动力

革命起源问题一直是大革命史的重要组成部分，20世纪先后出现了讨论大革命思想起源、政治起源、经济起源、文化起源以及宗教起源的著作，但是这些研究都是从法国内部看问题，基本不考虑外部因素。[①] 近年来，从外交关系、"原初全球化"（primitive globalization）等角度探讨革命起源与动力的著述为革命史增添了新意。

一、外交与内政

美国历史学家拜莱·斯通在前人所做的外交史研究的基础上，推出了两本著作：《法国革命的诞生：一种全球历史的解释》（1994）、《重新解释法国革命：一种全球历史视角》（2002）。[②] 这两本书大致的观点为：大革命的爆发以及随后跌宕起伏的十年乃是国际与国内政治压力交相作用的结果。斯通将地缘政治与社会、

---

① Daniel Mornet, *Les origines intellectuelles de la révolution française (1715-1787)*, Paris: A. Colin, 1933; Ralph W. Greenlaw, *The Economic Origins of the French Revolution: Poverty or Prosperity?* D.C. Heath, 1958; William Doyle, *Origins of the French Revolution*, Oxford: Oxford University Press, 1980; Roger Chartier, *Les origines culturelles de la Révolution française,* Paris: Editions du Seuil, 1990; Dale Van Kley, *The Religious Origins of the French Revolution, From Calvin to the Civil Constitution, 1560-1791,* New Haven, CT: Yale University Press, 1996.

② Bailey Stone, *The Genesis of the French Revolution: A Global-Historical Interpretation,* Cambridge: Cambridge University Press, 1994; Bailey Stone, *Reinterpreting the French Revolution, A Global-Historical Perspective,* Cambridge: Cambridge University Press, 2002.

政治层面的因素综合在了一起，指出大革命的降临一方面是政治、社会、思想文化长期演进的结果，另一方面是因为绝对君主制无力满足其精英在国际舞台上大显身手的野心。与斯通一样，澳大利亚学者杰里米·怀特曼也认为，要理解革命起源需要关注内政与外交双重压力的共同作用，[1] 不过他更强调革命初期内政与外交决策层面呈现出的不同面貌。2003年，怀特曼推出了《改革、革命与法国的全球政策，1787—1791年》一书。他认为，全球政策不仅包括对外政策，"也包含大西洋范围内的海事、商业与殖民政策"；该书致力于解读决策者们的所思所为，而不是探讨公众舆论发挥的作用。[2] 这样的研究目标决定了怀特曼不会从政治文化的路径探究大革命与法国的国际抱负之间的联系，而更多是从政治、经济的角度详审细察。作者认为，"法国人对于国际竞争需求的回应，在促进与塑造1789年革命方面扮演了重要的角色"。[3] 怀特曼的研究表明，在外交事务、殖民政策与贸易以及行政管理方面，大多数代表了解国家的实质利益，他们讲求实际，甚至是顽固的现实主义者。[4] 革命初期，制宪议会在全球政策上尽管进行了一些调整，但大体上与旧制度末年保持了连续性[5]，与大胆的国内政策形成了鲜明的比照。这一研究有助于我们重新认识法国革命的激进性问题，同时也修正了托克维尔所塑造的革命精英的经典形象：一群缺乏政治经验、抱持启蒙观念的理想主义者。

二、全球经济与革命起源

2010年，美国学者保罗·切尼出版了《革命性的商业：全球化

---

[1] Jeremy J. Whiteman, *Reform, Revolution and French Global Policy, 1787-1791,* Aldershot: Ashgate, 2003, p.8.

[2] Jeremy J. Whiteman, *Reform, Revolution and French Global Policy,* p.10.

[3] Jeremy J. Whiteman, *Reform, Revolution and French Global Policy,* pp.10-11.

[4] Jeremy J. Whiteman, *Reform, Revolution and French Global Policy,* pp.246-247.

[5] Jeremy J. Whiteman, *Reform, Revolution and French Global Policy,* pp.254-255.

与法国君主制》，此书将启蒙运动思想史、大西洋经济史和法国革命史巧妙地结合在了一起。[1] 作者的核心观点如下：18世纪，基于殖民地种植园制度与大西洋贸易的"原初全球化"，对于法国既定的政治秩序与社会结构形成了挑战。在这一背景下，以孟德斯鸠为首的一些关注经济问题的学者发展出了一种"商业科学"（science of commerce），它旨在使建立在商业基础上的新政治秩序与具有法国特色的政体、社会结构与习俗相调和；换言之，它力图令法国从新的财富增长中获益，同时限制其导致的革命性后果。[2] 然而，法国的君主制度无力实现这样的调和，法国大西洋经济增长所引发的矛盾推动了1789年革命的爆发以及1792年立宪君主制的倒台。从研究方法上来看，切尼明确指出，在革命史研究中，往昔割裂政治与社会的做法，以及片面强调抽象话语的政治文化研究路径都是错误的，而其作品则实现了对经济、思想、政治与社会层面现象的整合。[3] 尤其值得注意的是，通过研究大西洋经济、殖民地事务，切尼为资本主义发展与大革命的关联提供了一种新的解释。

苏珊娜·德桑与林·亨特共同主编的论文集《全球视野下的法国革命》（2013年），也同样关注全球经济的早期发展如何导致了大革命并塑造了革命的动力。其中，迈克尔·克瓦斯的文章《全球性的地下活动：走私、叛乱与法国革命的起源》可谓独辟蹊径，将看似不相干的全球贸易、武装对抗以及制度改革问题勾连到了一

---

[1] Paul Cheney, *Revolutionary Commerce: Globalization and the French Monarchy*, Cambridge, MA and London: Harvard University Press, 2010.

[2] Paul Cheney, *Revolutionary Commerce: Globalization and the French Monarchy*, pp.2-4.

[3] Paul Cheney, *Revolutionary Commerce: Globalization and the French Monarchy*, pp.13-14,19-20. 此外，需要指出，托克维尔强调法国的启蒙思想家追求普遍抽象的原则，这一观点影响深远。而切尼所考察的以孟德斯鸠为首的学者们，一般都认为法国的政策、法令应与历史传统、现实中的发展相协调。

起。① 作者指出，随着法国政府对于全球贸易的控制，出现了大量以走私新大陆烟草和印度棉布为主的非法经济活动，一些走私团伙甚至全副武装，它们与被君主赋予监管权力的包税公司发生了激烈冲突。由走私活动引发的暴力反叛，在旧制度最后几十年广泛存在，直接挑战绝对君主制的重要支柱——包税公司。这些反叛活动引起了启蒙精英的关注与思考，他们力求改革国家的重要制度。由此，克瓦斯认为，国王政府积极投身的世界贸易，却导致了民众的抗议，削弱了制度的合法性，促进了革命的来临。

三、财政危机的跨国因素

在《全球视野下的法国革命》文集中，林·亨特发表了《1789年财政问题的全球起源》一文。② 众所周知，法国政府因支持北美独立战争致使国库严重空虚，其财政危机具有国际因素。不过在具体研究中，学者关注的仍是赤字规模、债务偿还能力以及税收改革等内部问题。亨特则把财政问题放置在法国全球商业扩张的进程中来考察，发现法国财政危机的核心问题并不是赤字规模过大，而是政府对控制借贷成本无能为力，法国政府的借贷利率明显高于英、荷政府。她指出，存在"两个相交叉的全球进程改变了政府的财政"：18世纪后期的法国正致力于扩张其全球商业帝国，结果"越来越依赖国际资本市场为实现其野心甚至日常运转提供资金"。换言之，一方面，法国政府深信建立全球商业帝国有助于增强国力；另一方面，由于越来越多地从国际债权人手中借款，"政

---

① Michael Kwass, "The Global Underground: Smuggling, Rebellion, and the Origins of the French Revolution", *The French Revolution in Global Perspective,* pp.15-31.

② Lynn Hunt, "The Global Financial Origins of 1789", *The French Revolution in Global Perspective,* pp.32-43.

府失去了对于财政的控制能力"。①

四、启蒙与革命观念的跨国起源

从全球视角考察革命起源,并非仅关注外交、经济、财政等领域,而忽视文化与思想领域。林•亨特通过研究人权的观念,发现法国革命精英对于人权的思考在一定程度上是法、美之间思想观念互相交流传播的结果。她指出,"关于个体自治、人的身体不应受到侵犯等新观念,是在 18 世纪 60 年代以后于大西洋世界形成的",法国的卢梭、伏尔泰、意大利的贝卡利亚、英国的普赖斯、美国的杰斐逊都参与了交流和传播。②同样,大革命中颁布的《人权与公民权宣言》从德意志、荷兰、瑞士、意大利思想家的作品中汲取了养料。③亨特的研究反映出,启蒙运动有其国际维度,大西洋两岸的知识精英、阅读公众广泛参与其中。阿姆斯特丹大学的安妮•茹尔当最近也撰文展现了这一景象,她尤为重视来自小国的革命流亡者对于巴黎政治精英的影响。根据茹尔当的研究,大革命前夕,一大批在日内瓦、荷兰等地发动革命失败的"爱国者"流亡到了法国(仅来自荷兰的"爱国者"就有 4000 人左右),与米拉波、布里索等人形成了思想交流的网络,他们敦促法国人

① Lynn Hunt, "The Global Financial Origins of 1789", pp.32-33. 2015 年,荷兰学者安妮•茹尔当(Annie Jourdan)也为革命前法国财政依赖国际资本提供了例证:荷兰银行家曾于 1778 年资助法国,正是凭借这笔资金,法国参与了美国革命。参见茹尔当提交给第 22 届国际历史科学大会主题会议"世界史中的革命:比较与关联"的论文《18 世纪欧洲小国的革命》("Revolutions in Small Countries in Eighteenth-century Europe"),茹尔当因故未能参加会议,由 Alan Forrest 代为宣读论文。

② Lynn Hunt, "The French Revolution in Global Context", in David Armitage, Sanjay Subrahmanyam, eds., *The Age of Revolutions in Global Context c.1760-1840,* Basingstoke: Palgrave Macmillan, 2010, p.31.

③ Lynn Hunt, "The French Revolution in Global Context", p.31.

设计新宪法，甚至起草革命计划。[1]

威廉·马克斯·尼尔森考察了革命中的一个核心观念"再生"，认为此观念的形成与法国殖民史密切相关。依作者之见，革命政权面临的一个关键问题便是："如何改造人民使之能创造出革命领导人想见的那种崭新的未来？"[2]在革命爆发之时，法国各地在语言、法律、习俗等方面存在着深刻差异，因此，"革命领导者希望找到一些方法来培育革命新人"，从而将法国人民凝聚在一起，形成一个更加均质化、更为统一的民族。[3]在此方面，许多政治精英从产生自殖民地的观念与实践中汲取经验。比如，在18世纪末，一些学者提出通过跨种族通婚的方式改良殖民地的人种，并将其视作"再生"问题的一部分。人之"再生"观念正是伴随着这样的讨论进入了革命政治话语之中。

综上所述，要理解法国革命的起源及发展动力，不能仅在法兰西的疆界之内探析政治、经济、社会、宗教与文化等方面的因素。实际上，复杂的外交问题、新兴的全球经济、各项殖民地事务以及跨国传播的思想观念，与内部因素相互交织，共同推动了革命的降临并塑造革命的动力。

边缘与中心：殖民地和法国革命的互动

对于法属殖民地以及海地革命的考察，原本属于法国殖民史

---

[1] Annie Jourdan, "Tumultuous Contexts and Radical Ideas (1783-89). The 'Pre-Revolution' in a Transnational Perspective", David Andress ed., *The Oxford Handbook of the French Revolution,* Oxford: Oxford University Press, 2015, pp.97-101; 在前引会议论文《18世纪欧洲小国的革命》中，茹尔当也表达了这一观点。

[2] William Max Nelson, "Colonizing France: Revolutionary Regeneration and the First French Empire", *The French Revolution in Global Perspective*, p.74.

[3] William Max Nelson, "Colonizing France: Revolutionary Regeneration and the First French Empire", pp.74-75.

的研究范畴①，这是一个单独的研究领域，很少引起法国革命史专家的注意。在海地革命研究领域，早就有学者思考殖民地的革命与法国革命的关联问题。1938年，C. L. R. 詹姆斯出版了《黑皮肤的雅各宾派》一书，作者将圣多明各的起义放置在法国革命的背景中考察，并且指出法国的革命者在面对殖民地黑人时并没有真正遵从自由、平等的革命理念，倒是受压迫的黑人们为了革命理念而奋斗，从而推进了法国本土在自由、平等价值观上的发展。② 法国学者伊夫·贝诺于1988年推出了《法国革命与殖民地的终结》，力图证明殖民地的奴隶制问题在法国革命的政治中颇为重要。③ 这本书出版于大革命二百周年前夕，但是当时并未受到法国革命史专家的关注。那时，无论是正统派还是修正派都认为殖民地问题对解释法国革命而言无关紧要。

自20世纪90年代以降，由于受到移民问题、种族问题的困扰，关于革命时代的加勒比海殖民地史的研究日益受到重视，取

---

① 七年战争之后，法国在加勒比海地区拥有三块主要的殖民地：圣多明各（Saint-Domingue）、瓜德罗普（Guadeloupe）和马提尼克（Martinique）。它们也都是安的列斯群岛的组成部分。18世纪90年代初，出现了席卷圣多明各和瓜德罗普的反叛活动，这导致法国革命政府于1794年废除了奴隶制度。拿破仑试图在加勒比海地区平息叛乱并重建奴隶制，他于1802年派出了远征军，瓜德罗普的起义被镇压，奴隶制在当地恢复。圣多明各的起义军则给予法军沉重打击，1804年圣多明各独立，改名为海地，成为世界上第一个黑人共和国。

② C. L. R. James, *The Black Jacobins: Toussaint L'Ouverture and the San Domingo Revolution,* New York: The Dial Press, 1938. 詹姆斯所做的开创性研究，在20世纪末的海地革命研究中受到广泛关注。

③ Yves Bénot, *La Révolution française et la fin des colonies,* Paris: Editions la Découverte, 1988.

得了丰硕的成果。[1] 同时，对于海地革命的分析也成为全球史维度下法国革命研究的重要分支。研究者们不仅关注法国革命对于殖民地的影响，而且更侧重考察奴隶制问题、殖民地骚乱在大革命的政治讨论中所占据的位置。

这种研究路径，首先突出加勒比海殖民地在法国旧制度末期经济生活中的重要地位。大革命前夕，法属加勒比海殖民地总共约有 70 万奴隶，这与当时整个美国的奴隶数量相当。[2] 其中，圣多明各是美洲最富庶的殖民地，1789 年时有 50 万奴隶，全世界近一半的蔗糖与咖啡都是在这里生产的，这两样商品正是启蒙社交生活的必备之物。[3] 除了糖与咖啡，殖民地还出产靛蓝和棉花等产品。这些产品向宗主国法国出口，然后殖民地的生产者通过宗主国的批发商从宗主国进口手工制品、葡萄酒和白酒。这一体系对

---

[1] David Geggus, John Garrigus, Jeremy Popkin, Laurent Dubois 等人在这一领域用力最勤，他们的主要成果如下：David Barry Gaspar and David Geggus eds., *A Turbulent Time: The French Revolution and the Greater Caribbean,* Bloomington: Indiana University, 1997; David Geggus ed., *The Impact of the Haitian Revolution in the Atlantic World,* South Carolina: South Carolina Press, 2001; David Geggus, *Haitian Revolutionary Studies,* Bloomington: Indiana University Press, 2002; Laurent Dubois, *A Colony of Citizens: Revolution and Slave Emancipation in the French Caribbean, 1787-1804,* Chapel Hill, NC: University of North Carolina Press, 2004; Laurent Dubois, *Avengers of the New World: The Story of the Haitian Revolution*, Cambridge, MA: Harvard University Press, 2004; John Garrigus, *Before Haiti: Race and Citizenship in French Saint-Domingue,* New York: Palgrave Macmillan, 2006; Jeremy Popkin, *Facing Racial Revolution: Eyewitness Accounts of the Haitian Insurrection,* Chicago: Chicago University Press, 2007; Jeremy Popkin, *You are all Free: The Haitian Revolution and the Abolition of Slavery,* Cambridge: Cambridge University Press, 2010.

[2] Jeremy Popkin, "Race, Slavery, and the French and Haitian Revolutions", *Eighteenth-Century Studies,* Vol.37, No.1 (Fall, 2003), p.114; Jeremy Popkin, *A Concise History of the Haitian Revolution,* West Sussex, UK: Wiley-Blackwell, 2012, p.2.

[3] Lynn Hunt, "The French Revolution in Global Context", *The Age of Revolutions in Global Context,* p.26.

于殖民地的大地产者不利，他们要以高价购买需要的用品，低价出售自己的产品。① 这样的经济纽带是我们理解殖民地与法国革命之关联的重要背景。

　　杰瑞米·波普金尤其强调殖民地问题对于大革命的影响，他断言，"殖民地，尤其是圣多明各，在法国革命戏剧中的每个部分都出现了"。② 为了厘清大革命起源问题中的殖民地因素，波普金撰文阐述了圣多明各的奴隶制与法国革命缘起之间的关联。他指出，在1787—1789年，"关于殖民地权利和奴隶制的辩论是那些导致大革命的种种事件的重要组成部分"。③ 根据波普金的研究，七年战争之后，法国殖民地的居民像英属北美殖民地的人民一样，变得越来越憎恶宗主国的统治，1768—1769年，圣多明各便爆发了一场起义。从1787年初至1789年中叶，加勒比海殖民地（尤其是圣多明各）成了骚乱的中心。在这种背景下，法国诞生了废奴主义运动，它挑战了许多贵族与资产阶级精英从中受益的殖民地奴隶制度问题。尤为引人注目的是，1788年成立了黑人之友社（la Société des amis des noirs），其成员包括布里索、孔多塞、米拉波、格雷古瓦神父等革命中的风云人物，他们大量讨论殖民地地位问题、奴隶贸易以及奴隶制等问题。在波普金看来，"革命前夕对于奴隶制的批判实际上为以自然权利为名的政治鼓动树立了一个重

---

① Frédéric Régent, "Pourquoi faire l'histoire de la Révolution française par les colonies?", Jean-Luc Chappey et al., *Pour quoi faire la Révolution?* Marseille: Agone, 2012, pp.54-55.

② Jeremy Popkin, "The French Revolution's Other Island", David Geggus and Norman Fiering eds., *The World of the Haitian Revolution,* Bloomington: Indiana University Press, 2009, p.215.

③ Jeremy Popkin, "Saint-Domingue, Slavery, and the Origins of the French Revolution", Thomas Kaiser and Dale Van Kley eds., *From Deficit to Deluge: The Origins of the French Revolution,* Stanford: Stanford University Press, p.221.

要的范例",黑人之友社也成了大革命民主政治的重要典范。①

波普金展现了法国革命精英对于殖民地问题的关切,洛朗·杜布瓦则表明加勒比海殖民地的反叛赋予宗主国的权利观念以新内容,并塑造了法兰西的共和主义。杜布瓦对被忽视的瓜德罗普起义进行了微观研究,同时以圣多明各的发展为参照,从而揭示了殖民地奴隶向公民转变的历史进程。杜布瓦指出,1789 年的《人权与公民权宣言》既肯定了自由这一自然权利,同时也捍卫了私有财产权,加勒比海殖民地的业主以奴隶为其私人财产,因此,赋予奴隶个人自由则违背了业主的财产权。在革命时代,鲜有法国白人准备立即给予奴隶全部的公民权,就连孔多塞都对无条件的立即解放奴隶的方案也持保留态度。殖民地奴隶的抗争,则改变了共和主义的公民权,使之具备了普世主义的特征。②

波普金与杜布瓦的研究侧重点不同,观点也有差异,这体现了学界对于法属殖民地废奴问题的不同判断:有人认为 1794 年国民公会宣布废奴乃是法国革命中的英明决策;也有人认为法国的共和派也依然怀有种族主义观念,只有圣多明各和瓜德罗普的黑人真正塑造了普世主义的公民权。③ 其实,正是法国革命精英与殖民

---

① Jeremy Popkin, "Saint-Domingue, Slavery, and the Origins of the French Revolution", pp.225-233, 248. 让－达尼埃尔·皮盖对于大革命期间的黑奴解放问题做出了扎实、细致的研究,并且进一步证明了伊夫·贝诺的观点,即奴隶制与殖民地问题在革命十年中颇受关注。参见 Jean-Daniel Piquet, *L'Émancipation des Noirs dans la Révolution française (1789-1795),* Paris: Karthala, 2002.

② Laurent Dubois, *A Colony of Citizens: Revolution and Slave Emancipation in the French Caribbean, 1787-1804,* pp.2-5, 167-168, 182-183.

③ 杜布瓦是第二种观点的代表,对此吉格斯提出了批评意见。吉格斯指出,1791 年 9 月,法国黑人与犹太人都获得了选举权,同时奴隶制在法国也被视为非法,而此时法国还没有收到殖民地奴隶起义的消息。参见 David Geggus, "The Caribbean in the Age of Revolution", in David Armitage, Sanjay Subrahmanyam, eds., *The Age of Revolutions in Global Context c.1760-1840,* p.93.

地起义的奴隶共同推进了废奴主义观念的发展，并且锻造了更为丰富的人权观念。

战争是法国革命的重要组成部分，但是人们对于革命战争的印象往往局限于革命军与拿破仑军队在欧陆的南征北战，其实发生在加勒比海殖民地的战争也相当重要。比如，在圣多明各，杜桑·卢维杜尔的军队牵制住了10万英军，这影响了其他地方战争的进程；又如，当拿破仑的军队远征圣多明各并欲重新确立奴隶制时，这支军队首次在陆地受挫。[①]

在全球视野下，加勒比海殖民地以及海地革命等问题被从边缘推至了中心。其中奴隶制与公民权等议题是法国革命精英们反复讨论的对象，甚至是在不同政治派别之间制造分裂的因素。[②] 由此来看，殖民地的发展对于理解法国革命绝非无足轻重。不过，片面夸大殖民地问题在大革命进程中的地位，也是不可取的。大卫·贝尔针对这一倾向指出，1789 年时议会代表要关注的问题很多，包括谷物价格、乡村与城市的暴力、内战的危险、权利宣言等等问题。这一年，议会辩论中提及圣多明各 204 次，但是谷物问题被提及千余次。[③] 阿兰·福瑞斯特也断言，"奴隶制从来都不

---

① Alan Forrest, Matthias Middell, eds., *The Routledge Companion to the French Revolution in World History*, p.7. 英军在夺取圣多明各以及保卫东加勒比海的几个岛屿时，损失了 6 万人。相关研究参见 David Geggus, *Slavery, War, and Revolution: The British Occupation of Saint Domingue, 1793-1798,* Oxford: Clarendon Press, 1982. Frédéric Régent 也认为革命时期在殖民地的军事行动促进了法国在欧洲的胜利，参见 "Pourquoi faire l'histoire de la Révolution française par les colonies?", pp.70-71.

② 比如，黑人之友社成员多为吉伦特派，1793 年山岳派击败吉伦特派掌握权力后，罗伯斯庇尔谴责反奴隶制的鼓动是一种摧毁殖民地的卖国阴谋。1797 年，激进派与保守派也因殖民地问题产生分歧。参见 Jeremy Popkin, "Race, Slavery, and the French and Haitian Revolutions", p.115; David Geggus, "The Caribbean in the Age of Revolution", p.93.

③ David A. Bell, "Questioning the Global Turn: The Case of the French Revolution", p.15.

是支配大革命的核心问题"。① 由此可见，在承认大革命进程中殖民地与法国本土存在互动的同时，应客观地认识哪些为关键问题、哪些为次要问题。

全球视野下法国革命史研究的不同路径

全球转向影响下的法国革命史学形成了不同的研究路径，有的翻新了大西洋革命的研究，有的从原初全球化的概念出发讨论全球经济的影响，还有的在帝国危机的研究框架内考察。不同的研究路径侧重点不同，但是彼此之间又有交叉和关联。

一、大西洋革命的研究路径

杜布瓦认为，C.L.R.詹姆斯凭《黑皮肤的雅各宾派》一书成为以大西洋维度研究法国革命的先行者。② 上文所介绍的立足加勒比海殖民地反观法国革命的做法，在一定程度上是赓续了詹姆斯所奠定的研究，同时也构成了今日大西洋革命史的重要分支。如前所述，大西洋革命的论断是由帕尔默和戈德肖于20世纪中叶率先提出的，他们认为大西洋革命是一场在西方世界传播自由、民主观念并且展开实践的运动。其中美、法两国的革命为大西洋两岸的一系列剧变树立了典范。③ 因此，他们笔下的大西洋革命更像是一场民主革命的单向传播史，并不关注大西洋不同革命之间的相互交流与碰撞，更没有注意到海地革命之于法国革命的意义。④

---

① Paul Cheney et al., "La Révolution française à l'heure du global turn", p.176.
② Laurent Dubois, "An Atlantic Revolution", *French Historical Studies,* Vol.32, No.4 (Fall 2009), p.656.
③ Robert R. Palmer, *The Age of Democratic Revolution: a Political History of Europe and America, 1760-1800,* Princeton: Princeton University Press, 2vols, 1959-1964; Jacques Godechot, *France and Atlantic Revolution of the Eighteenth Century, 1770-1799,* New York: Free Press, 1965.
④ 帕尔默千余页的皇皇巨著中仅有两段话介绍海地革命。

2004 年，安妮·茹尔当推出了《大革命，一种法国特殊论？》一书，作者将法国革命放置在欧洲乃至大西洋革命的背景下考察，否认了被前人过分强调的大革命的特殊性。[1] 如果说帕尔默与戈德肖比较重视大西洋两岸革命的相似性，那么茹尔当则更强调不同革命之间的差异性。她通过比较研究，试图证明一系列复杂的结构、局势，创造了不同的革命进程与相异的结局，尽管各个革命存在相似的目标和意识形态。2009 年，维姆·克洛斯特出版了《大西洋世界的诸革命：比较的历史》。[2] 作者把英、法、西班牙等帝国之间的战争作为大西洋革命的重要背景，在这一背景之下勾勒出美国、法国、海地以及西属美洲的革命，并且比较了四场革命的起因、模式与遗产。帕尔默认为大西洋是自由民主的摇篮，突出了革命的民主性质。克洛斯特则认为民主概念不是考察大西洋革命的恰当工具，这四场革命都并非致力于创建一个民主的社会，尽管这些革命都引入了民主的实践。[3]

帕尔默笔下的大西洋革命主要是一场思想与政治运动，而今天的大西洋革命研究路径则更为强调经济因素。茹尔当把大西洋世界的革命置于商业发展所造成的社会张力之背景中。杜布瓦在论述法国革命是一场大西洋革命时更是表明，150 年的大西洋贸易的发展塑造了 18 世纪的经济世界，大西洋经济的发展深深影响了波尔多、南特、拉罗谢尔等港口城市，改变了法国的社会与经济

---

① Annie Jourdan, *La Révolution, une exception française?* Paris: Flammarion, 2004.

② Wim Klooster, *Revolutions in the Atlantic World: a comparative history,* New York and London: New York University Press, 2009.

③ Wim Klooster, *Revolutions in the Atlantic World: a comparative history,* p.2, 165. 不过，民主革命的概念也并非全然过时，2009 年两位意大利教授共同编辑了一本论文集，题为"重新思考大西洋世界：民主革命时代的欧洲与美洲"，参见 Manuela Albertone, Antonino De Francesco eds., *Rethinking the Atlantic World, Europe and America in the Age of Democratic Revolution,* Basingstoke: Palgrave Macmillan, 2009。

生活，进而推动了革命的发生。① 由此可见，以大西洋革命的视角研究法国革命貌似重拾帕尔默的学术传统，但实际上今天的做法与 20 世纪中叶有了很大的差异。

二、现代早期全球化的研究路径

在法国革命史的全球转向中，德桑与亨特等人强调，大西洋革命过分局限于地理概念，18 世纪的商业、财政与殖民化发展是在全球而非仅在大西洋范围内发生的，法国革命的先决条件必须在更广泛的范围内探索。② 前文提及的保罗·切尼的《革命性的商业》一书也颇为倚重 "原初全球化" 的概念。德桑等人编纂的文集《全球视野下的法国革命》便侧重考察法国对于 "现代早期全球化"（early modern globalization）的参与。③ 此文集的导论指出，各篇论文表明，"法国革命的起因、内在动力、后果都与法国参与全球化进程有关"。④ 编者还认为，如果不涉及法国对于全球性经济交流和世界范围内的地缘政治竞争的参与，便无法解释法国革命。⑤ 由此可见，这种研究路径强调，大革命与现代早期全球化的联系贯穿整个革命

① Laurent Dubois, "An Atlantic Revolution, " pp.655, 659-661. 从大西洋经济的视角，也可以看出革命派别内部的分歧、冲突。比如，吉伦特派与波尔多港口关系密切，支持海外贸易，无套裤汉与雅各宾派反对商业与全球贸易。

② Suzanne Desan, Lynn Hunt, and William Max Nelson eds., *The French Revolution in Global Perspective*, p.3. 的确，18 世纪的奴隶贸易不仅涉及大西洋地区；法国走私经济中的一个重要组成部分是印度棉布。

③ "原创全球化" "现代早期的全球化" 等概念受到了剑桥大学著名历史学家 C.A. 贝利的影响。贝利用 "原始全球化"（archaic globalization）来描述 19 世纪之前的跨越洲际的贸易关系、奴隶买卖和殖民经济的发展。参 C.A. Bayly, *The Birth of the Modern World, 1780-1914: Global Connections and Comparisons*, Malden, MA: Blackwell publishing, 2004.

④ Suzanne Desan, Lynn Hunt, and William Max Nelson eds., *The French Revolution in Global Perspective*, p.4.

⑤ Suzanne Desan, Lynn Hunt, and William Max Nelson eds., *The French Revolution in Global Perspective*, p.5.

进程，而且最为重要的联系是经济交流与政治竞争。的确，法国革命爆发的主要背景是 18 世纪中叶的七年战争，这场战争本质上是英法两国在欧洲、北美、加勒比海和印度等地的殖民冲突与贸易竞争。同时，正如阿兰·福瑞斯特所说，大革命期间的战争在很大程度上是英法长期斗争的延续。① 因此，可以说，英法两国在参与现代早期全球化进程中所产生的矛盾与冲突乃是推动法国革命的动力之一。不过，此研究路径的最大缺陷恰恰在于现代早期全球化等概念本身。关于全球化的定义、起源时间以及分期问题，研究者们存在严重分歧。论者迈克尔·朗认为，研究现代早期的学者们没有令人信服地论证这一时期全球体系的存在。②

三、全球帝国危机／革命的研究路径

第三种研究路径着眼于所谓全球性的帝国危机或帝国革命，并将法国革命置于这一背景下加以考量。克里斯托弗·阿兰·贝利率先提出，1720 至 1820 年间出现了全球性的危机，世界上的主要王朝都经历了危机，这一世界性危机是各国的军事需求与财政能力之间日益失衡造成的；军事与财政之间的尖锐矛盾首先出现在西亚和南亚的多民族国家，1760 年后这种危机在西欧与北美殖民地也变得越来越明显，因此产生了"革命会集"（converging revolutions）的现象，最终改变了全球秩序。③ 约翰·达尔文也认为，1750 至 1830 年间各大洲长期存在的平衡状态被欧亚大陆的革命一扫而光，而且这种地缘政治的地震不仅发生在欧亚国家，而

---

① Paul Cheney et al., "La Révolution française à l'heure du global turn," p.178. 拿破仑曾经评论道，滑铁卢之役早在印度就已失败（意指七年战争的失利已注定英法长期斗争的结局）。参 C.A. Bayly, *The Birth of the Modern World, 1780-1914,* p.86.

② Michael Lang, "Globalization and Its History", *The Journal of Modern History,* Vol. 78, No.4 (December 2006), p.924.

③ C.A. Bayly, *The Birth of the Modern World, 1780-1914,* pp.89-100.

且波及全世界。①2010 年出版的由大卫·阿米蒂奇等人编辑的文集《全球语境中的革命年代（约 1760 至 1840 年）》，受到了上述全球危机理论的启发，认为所谓的"革命年代"成了"帝国革命的时代"，它应被理解为"一种复杂的、广阔的、相互关联的，甚至是全球的现象"。②依此观点，法国革命是全球帝国危机的一个案例，要更好地理解法国革命，需要将其与同时代的革命及反叛进行比较，建立关联。

上述三种研究路径相互交叉，大西洋革命路径中所强调的经济发展因素，也正是法国参与现代早期全球化进程的例证。全球化进程又是产生帝国冲突与危机的重要条件，同时帝国之间的战争也在大西洋革命中扮演重要角色。所以这三种视角彼此勾连，并不能截然分开。法国的大革命专家皮埃尔·塞尔纳在其论文《每次革命都是一场独立战争》中，对上述视角都有所借鉴。③他指出，"今天，1789 年革命只有作为大西洋世界革命的一个例证才令人兴味盎然"；"18 世纪末的各场革命是'原初全球化'（primitive globalization）之特有冲突的结果"。④塞尔纳还声称，为解释革命现象，必须摆脱严格的法国视角、欧洲中心的逻辑，甚至要脱离单纯的大西洋的角度。⑤文章作者还强调，很少应用于法国史研究的

---

① John Darwin, *After Tamerlane: The Global History of Empire Since 1405*, London: Penguin Books Ltd, 2007, Ch.4.

② David Armitage, Sanjay Subrahmanyam, *The Age of Revolutions in Global Context, c.1760-1840,* pp.xxii, xxxii.

③ Pierre Serna, "Every Revolution Is a War of Independence", in Suzanne Desan, Lynn Hunt, and William Max Nelson eds., *The French Revolution in Global Perspective*, pp.165-182; 同时参考该论文的法文版 "Toute révolution est guerre d'indépendance", Jean-Luc Chappey et al., *Pour quoi faire la Révolution?* pp.19-49. 英法文版题目相同，主旨相同，但具体论述存在差异。

④ Pierre Serna, "Every Revolution Is a War of Independence" , pp.166-167.

⑤ Pierre Serna, "Every Revolution Is a War of Independence" , p.169.

帝国概念在此十分重要，并且提出了"旧制度皇家帝国"（1'empire royal d'Ancien Régime）的观念。他认为 18 世纪巴黎－凡尔赛对于外省的控制犹如宗主国对于殖民地的统治，绝对君主制实际上支配着一个"内殖民"的帝国，1789 年的革命可被视作一场去殖民化的战争，或者说是一场独立战争。[①]总体而言，法国国内的革命史专家对于全球史视野下的法国革命研究参与度不高。然而，塞尔纳积极与大西洋对岸的同行对话，吸收全球史、跨国史研究中的各项新成果，并提出了自成一家之言的法国革命论。

结语

随着全球史与跨国史的深入发展，史学家们尝试在更宽广的历史背景中探寻法国革命的起源与动力。18 世纪后期法国的全球政策、大西洋经济的发展以及启蒙观念的跨国传播，都促进了法国革命的降临。原本被革命史学所忽视的殖民地研究如今备受关注，加勒比海殖民地与大革命的互动被视为推动革命政治发展的一种力量。翻新的大西洋革命观、现代早期全球化的概念以及全球革命的理论大大改变了法国革命的研究图景，各种新的考察路径并不是简单推翻先前的解释，而是通过克服正统派与修正派各守一端的局面，实现了经济、社会、政治和文化等因素的综合，从而形成了更为整体的认识。应该意识到，法国革命是地方、国家与全球因素相互作用的结果，我们在关注全球因素的同时，不应忽视其他层面的力量。在强调法国革命与同时代的大西洋乃至全球诸多革命（或反叛）之共性的同时，不应忘却法国革命在现代世界形成中的特殊地位。

---

① Pierre Serna, "Toute révolution est guerre d'indépendance", pp.23-45.

政治史的复兴

政治的回归

——当代法国政治史的复兴探析 ①

浙江大学历史学系　吕一民　乐启良

　　20 世纪 70 年代以来，随着结构主义思潮的衰退和马克思主义的暂时退潮，"政治的回归"和"政治史的复兴"便构成了国际学术思想界一道重要的风景线。这一现象在法国史学界，则具体表现为年鉴学派逐渐丧失了独领风骚的地位，而长期为它鄙夷和反对的政治史却经历了一场令人瞩目的革新运动。在 30 多年的时间内，政治史逐步实现了从法国史学界的边缘地位向主流地位乃至主导地位的转变。如今，法国政治史研究蔚然成风，政治史家似乎也夺取了社会史家与经济史家的话语霸权。

　　国内不少学者已注意到了法国史学这一重要的转向，② 有的学者还对勒内·雷蒙为代表的新政治史作了相当篇幅的介绍。③ 然而，法国政治史的复兴是多中心、多派别共同努力的结果，而不是新政治史的一己之功。而且，把年鉴学派推下史学神坛的齐心协力也不能掩盖各流派在研究对象、研究方和研究视野方面有着大相径庭甚至截然对立的主张的事实。此外，它们的某些观点和方法

① 本文发表于《浙江学刊》2011 年第 4 期，第 123—130 页。
② 陆象淦：《20 世纪的法国史学：从"革命"到"危机"》，《国外社会科学》2000 年第 1 期；赖国栋：《1989 年以来的〈年鉴〉与法国史学》，《世界历史》2007 年 5 月。
③ 沈坚：《法国史学的新发展》，《史学理论研究》2000 年第 3 期。

也不无值得商榷之处。所以，对当代法国政治史的研究现状作更细化、更深入和更全面的论述，仍有相当的必要。本文将重点比较以勒内·雷蒙为代表的新政治史和以皮埃尔·罗桑瓦隆为代表的政治概念史的异同，指出它们的长处和不足，并作批判的分析。

一

吕西安·费弗尔与马克·布洛赫开创并经由斐迪南·布罗代尔发扬光大的年鉴学派在二战后一跃成为法国史学研究的新典范，并从此纵横法国史学界半个多世纪。

在结构主义和唯物史观的影响下，年鉴学派史学家主张从宏观的角度，探讨塑造人类行为的结构性因素，重点研究属于中长时段范畴的社会、经济、地理与自然因素，而对属于短时段范畴的政体类型、政府结构、法律制度以及政治斗争等，则不屑一顾。费弗尔的《腓力二世与法兰什伯国》（1911）、布罗代尔《菲利普二世时期的地中海与地中海世界》（1949）与《十五至十八世纪的物质文明、经济和资本主义》，以及埃马纽埃尔·勒华拉杜里的《蒙塔尤》等众多年鉴学派的扛鼎之作无不打着漠视政治现象的鲜明色彩。

年鉴学派之所以漠视甚至反对政治史研究，除了传统政治史自身的缺陷外，还与他们笃信的结构主义或唯物史观密不可分。唯物史观的一个基本观点就是，经济或社会决定政治，而政治不过是经济利益或社会矛盾在国家层面上的反映。是故，年鉴学派的主要理论家都认为，政治史不过是各种偶然事件的拼盘，是一种表面的现象，它掩盖了真正的历史活动；在政治现象的背后，才隐藏着历史进步和社会发展的原动力。所以，费弗尔坚持，历史研究的使命不在于充当帝王将相的刀笔吏，而应该致力于探讨对社会进步真正起决定作用的因素，如地理、经济、社会、知识、宗教，文化等；第三代年鉴学派的领军人物雅克·勒高夫在布罗代尔之后仍继续高举反对政治史的大旗，将之斥为"贫乏的、一成不变的、披着迷惑人的假史学外衣的历史学"，[①]并宣称"废除政治史在史学中的统治地位，乃是《年鉴》杂志的首要目标，也是新史学的核心问题之一"。[②]在年鉴学派的影响下，经济史与社会史在20世纪80年代前的法国史学界一直居于绝对的统治地位，而政治史则长期处于边缘地位。

20世纪70年代以后，这种局面发生了变化。随着结构主义的衰退、马克思主义的暂时退潮以及后现代主义思潮的兴起，法国史学界开始关注为年鉴学派所忽视的政治现象。与此同时，年鉴史学的危机与自我转向也是政治史复兴不可忽视的重要因素。当年鉴学派不断强调"总体史"和历史学的社会科学化，强调数字化和计量化时，它的研究对象却在不断走向与"总体史"相悖的碎化和细化。[③]沉闷的数据取代了鲜活的历史，作品的可读性不强，因而很难得到专业领域之外读者的认可。年鉴学派的历史学家们也逐渐认识到史学过于社会科学化的危险，第三代、第四代的成员逐渐转向了文化史、心态史的研究。1994年，《年鉴》杂志名称的变更标志着年鉴学派的自我革新：旧副标题 *Economies, Société, Civilization*（经济、社会、文明）换成了 *Histoire, Sciences Sociales*（历史学、社会科学）。美国历史学家伊格尔斯就认为，《年鉴》杂志更换副标题的事实表明，年鉴学派开始关注并研究长期为自己

---

① 雅克•勒高夫与皮埃尔•诺拉主编：《新史学》，姚蒙译，上海：上海译文出版社，1989年，第10页。

② 同上，第23页。

③ 1987年，年轻的历史学家弗朗索瓦•多斯出版了《碎片化的历史学：从〈年鉴〉到"新史学"》，对年鉴派导致史学研究的碎片化和细化现象，展开了激烈的批评（赖国栋：《1989年以来的〈年鉴〉与法国史学》）。面对年鉴史学过于强调社会科学化的主张，历史学家科维萨不无忧虑地说："蹩脚的跨学科有可能催生一种历史会消失在其中的大杂烩。"（A. Corvisart, *Sources et methods en histoire sociale*, SEDES, 1980, p.29.）

所抵制的领域。① 从此以后，政治史也变成了年鉴史学的重要领地。譬如，年鉴学派第四代成员、高等社会科学研究院前院长雅克·雷维尔就是政治史复兴运动的一员干将。

不过，政治史复兴运动的主要力量并非来自年鉴学派。政治复兴的领军人物是勒内·雷蒙（法兰西院士），他团结了大批以研究政治史、政治文化史以及知识分子史见长的名家，如贝达利亚（François Bedarida）、维诺克（Michel Winock）、佩罗（Michelle Perrot）、普鲁斯特（Antoine Prost）、阿泽马（Jean-Pierre Azéma）、伯恩斯坦（Serge Berstein）、让－雅克·贝克（Jean-Jaques Becker）、里乌（Jean-Pierre Rioux）、西里奈利（Jean-François Sirinelli）以及儒里亚（Jaques Julliard）等。

1988 年，勒内·雷蒙旗帜鲜明地宣称"维护政治史"，系统阐述了新政治史的方法、原则及其内涵与外延，并出版了上述历史学家共同参与撰写的同名书籍。② 雷蒙为该书撰写的导论《一种现时史》和结语《论政治》大张旗鼓地为政治史的"平反昭雪"。

勒内·雷蒙坦承，年鉴学派对传统政治史的某些批判不无道理，因为它确有过于关注权力斗争和政治精英之嫌，忽视了底层人民的历史作用，视域太过狭隘，在某种意义上变成了王侯将相的编年史。但他表示，此种批判已不再适用于革新后的政治史，人们也不再能够用总体史之名去反对今天的政治史，③ 因为新政治史通过对义务兵役制、税收、普选史以及劳工史等领域的研究，大大纠正了传统政治史的个人主义与精英主义倾向。不过，对社会底层、普通群众的关注还不足以解释政治史的复兴，不足以解

---

① 格奥尔格·伊格尔斯：《二十世纪的历史学：从科学的客观性到后现代的挑战》，何兆武译，济南：山东大学出版社，2006 年，第 62 页。

② René Rémond (dir.), *Pour une histoire politique,* Seuil, 1988.

③ René Rémond (dir.), *Pour une histoire politique,* Seuil, 1988, p.29.

释它在当今法国史学界如日中天的现象。政治史的复兴绝不是简单地为政治史"拨乱反正",更不是帝王将相史的复辟,它在视野、对象和方法等方面的重要革新,已不是传统政治史所能涵盖的。具体而言,新政治史的贡献主要体现在以下几点:

首先,研究对象的扩大。如雅克·勒高夫所说,政治史的革新主要体现为"阳性政治"(le politique)的历史取代了"阴性政治"(la politique)的历史。① 政治从阴性到阳性的词性变化,隐含着深刻的含义。"阴性政治"是狭义上的政治,专指和权力斗争直接相关的政治活动与政治制度,如议会、选举、政党、司法与战争行为等,这属于传统政治史的研究范畴。"阳性政治"则不仅包括狭义上的政治,它还包括和政治有关的所有对象,如货币、住房、环境保护、食品安全、社会保障、文化活动、新闻媒体以及新兴的网络世界等。

其次,"现时史"(l'histoire du temps présent)或"直接史"(l'histoire immédiate)的研究。现时史能否成为历史研究的对象,在法国史学界曾引发过激烈的讨论。反对方表示,由于现时史缺乏足够回溯的空间,有的活动甚至还在进行之中,其结果尚未明朗,不能对之盖棺定论,因此,现时史研究很难做到客观、公正与科学。弗朗索瓦·贝达利亚等人则针锋相对,在 1978 年创建了"现时史研究所"(IHTP)。1992 年 5 月 14 日,在纪念弗朗索瓦·贝达利亚的学术研讨会上,勒内·雷蒙对现时史作了全新的诠释,"现时史不是,也不可能是现在的历史或正在生成的历史,也不是现时的历史,而是对我们来说有现时意义的一段历史,无论距离

---

① Dominique Bertinotti-Autaa, "Questions à l'histoire immediate", in *Vingtième Siècle. Revue d'histoire*, No. 35, Jul.-Sep.,1992, pp.102-106.

的远近、时间的长短"。① 现时史在当代法国兴起的重要标志，就是1985年的教师资格考试破天荒地出现了一道题为"比较1945年至1969年期间法国、德国与英国的政治生活"的试题。现时史的兴起，表明了事件史、个人史和短时段在法国历史学的回归。

再次，政治文化史的开辟。由于传统政治史过于偏重事件、个人和短时段因素的叙述，而给年鉴学派留下了把柄，所以新政治史家坚持，政治史的革新还离不开对政治文化史或政治表象史的研究。伯恩斯坦认为，政治与文化交叉的领域即为政治文化的研究对象，而所谓政治文化就是"在政治领域把某个人类群体团结在一起的所有表象的总和"，就是"所有人对过去的理解和对未来的期望所拥有的一种共同观念"。② 西里奈利则指出，研究政治文化史的一个重要好处，就是能够同时结合"对事件的短时段关注和更具结构性的分析"③。因此，在某种程度上，政治文化史研究乃是为了纠正传统政治史忽视长时段因素的缺陷。

最后，跨学科的方法。新政治史家表示，新政治史也需要借鉴和发扬年鉴学派的多学科协作的方法。除了继续坚持瑟诺博斯（Charles Seignobos）和谢埃格费耶（André Siegfried）开创的历史学与地理学的综合外，他们还主张吸收社会学、心理学、人类学、人口学、风俗史、文学史与家庭史等学科领域的方法与概念。他们希望，新政治史从此成为学科交叉和学科合作的新平台，借助

---

① Nicolas Roussellier, "L'histoire du tems présent : Succès et interrogations", in *Vingtième Siècle. Revue d'histoire*, No. 37, Numero special : Les classes moyennes, Jan.-Mar., 1993, pp.139-141.

② Serge Berstein, "La culture politique", in *Pour une histoire culturelle* , sous la direction de J-P. Rioux et J-F. Sirinelli, Paris :Gallimard, 1987, p.371.

③ Jean-François Sirinelli, "De la demeure à l'agora. Pour une histoire culturelle du politique", in *Vingtième Siècle. Revue d'histoire*, No.57.(Jan.-Mar., 1998), p.121-131.

计量方法与个案分析相结合的方法，让传统的议会史、选举史、劳工史等也具备年鉴学派的科学性。

由此可见，政治史的复兴不是传统政治史的复辟，它在视野和方法上已打上了年鉴学派的深刻烙印。然而，政治史的革新不只是对年鉴学派的借鉴与模仿，它还表现为对政治的自主性的强调与坚持。勒内·雷蒙激烈批判了年鉴学派的唯物史观并以此把社会经济史凌驾政治史之上的做法。

勒内·雷蒙表示，先验地判定政治的肤浅，认为它不能与家庭、社会结构以及惯习等因素相提并论的论断，或许适用于狭义的、与人类生活其他领域割裂的传统政治。但今时不同往日，谁会相信政治只是社会关系力量的简单体现？谁会相信有关环境、食品、社会保障、核安全以及国防的政策只是各个利益集团之间博弈的结果？谁会否认国有化政策会影响甚至在某些情况下还会决定经济的发展和社会的走向？不容辩驳的是，政治"拥有一种坚实的内容，甚至还具备某种相对于其他社会现实的自主性"，[1] 政治有其"存在的理由"（être de raison）。[2]

但与此同时，勒内·雷蒙也竭力避免政治史的复兴走向另一个极端，即政治决定论或"一切皆政治"（tout est le politique）的论调。勒内·雷蒙批判了"一切皆政治"的谬论，批判了"让政治为社会的分裂负责""相信政治能解决包括个人生存在内的所有问题""认为只要改变政权，所有问题便迎刃而解"等错误的倾向与观点。[3] 勒内·雷蒙表示，1968年"五月风暴"并没有因为它的泛政治化，加深了人们对政治的理解。西里奈利也认为，虽然新政治史家坚持政治具有一种相对的自主性，但这并不表明他们赞同

① René Rémond (dir.), *Pour une histoire politique,* Seuil, 1988, p.20.

② René Rémond (dir.), *Pour une histoire politique,* Seuil, 1988, p.280.

③ René Rémond (dir.), *Pour une histoire politique,* Seuil, 1988, p.22.

绝对独立的政治观念，此举"未免太过偏激"，因为"政治事实根本不可能脱离社会生活的其他领域而存在"。①

二

弗朗索瓦·孚雷开创的"政治概念史"（l'histoir concetuelle du politique）② 也是政治史复兴运动的重要派别。虽然政治概念史的成员数量不及勒内·雷蒙的新政治史，但仅就取得的成绩和影响而言，却足以和后者分庭抗礼。若非英年早逝，孚雷极有可能当选法兰西学院院士（他在 1997 年 3 月被提名为候选人，但不幸于同年 7 月逝世）；罗桑瓦隆在 2002 年当选法兰西公学（Collège de France）"现当代政治史讲座教授"的事实，则再次证明了这一学派旺盛的学术生命力和广泛的社会影响。

如果说新政治史是"历史学自我反思的必然结果"，③ 那么政治概念史的诞生更多是国际政治风云变幻的产物，它与法国知识分子的政治信仰的转变有着莫大的关联。

在苏共二十大秘密报告、苏联在 20 世纪五六十年代侵犯东欧社会主义国家的霸权行为，以及 1974 年索尔仁尼琴《古拉格群岛》法文版的面世等事件的影响下，孚雷放弃了马克思主义的信仰，退出法国共产党。与此同时，孚雷开始修正早年的学术观点，抛弃年

① Jean-François Sirinelli, "De la demeure à l'agora. Pour une histoire culturelle du politique".

② 对于 "l' histoire conceptuelle du histoire"，英美学者有不同的译法。美国学者萨缪尔·莫恩（Samuel Moyn）将之翻译成"政治的哲学史"（a philosophical history of the political），参见 Pierre Rosanvallon, *Democracy : Past and Future*, edited and translated by Samuel Moyn, The Press of Colombia Universtiy , p. 59.）英国学者于连·赖特（Julian Wright）则认为罗桑瓦龙从事的研究是"政治思想史"（an intellecutual history of the political），参见 Julien Wright, "The State and the left in Modern France", doi :10.1093/fh/crm061, available online at www.fh.oxfordjounals.org。

③ René Rémond (dir.), *Pour une histoire politique,* Seuil, 1988, p.21.

鉴学派的史学立场，[1] 转而从政治文化的角度去研究法国大革命。他在 1978 年出版的《思考法国大革命》里指出，革命话语或民主的政治文化，而不是社会经济的危机或内忧外患的历史环境，催生了1793—1795 年的革命恐怖，孕育了现代极权主义的胚胎。[2]《思考法国大革命》的横空出世，犹如一枚炸弹，炸开了大革命史学中唯经济决定论的沉闷局面，许多学者纷纷效仿孚雷，转向年鉴史学所忽视的政治文化和政治表象的研究。令人遗憾的是，这本著作带有强烈的"现时主义"（présentisme）色彩，他自己也坦承，古拉格是他重新思考大革命的重要因素。[3] 孚雷把古拉格群岛的阴影投射到大革命史学研究的草率之举，遭到了众多历史学家的抵制和批判，[4] 晚年的孚雷也意识到了这一点不足，并试图缓和语气。[5]

然而，语气的缓和并不代表立场的修正。针对年鉴学派的史学危机，孚雷宣布社会史已经死亡，主张代之以一种全新的观念史，"它将围绕若干得到精心阐释的概念去组织史料"。[6] 不过，孚雷以概念史取代唯物史观或社会决定论的做法，并没有得到修正主义史学阵营内部的普遍赞同。索莱（Jacques Solé）表示，孚雷的"抽象一元论"与修正史学批评的唯经济决定论并无实质的区

---

[1] Keith Michael Baker, "In Memoriam: Francois Furet", in *The Journal of Modern History*, Mar 2000; 72, 1.

[2] 孚雷认为，"雅各宾主义的关键秘密就在于'机关'藏在'人民'的影子里"（《思考法国大革命》，孟明译，北京：三联书店，2005 年，第 254 页）。换言之，他坚持卢梭的公意学说或人民主权原则难辞其咎，需要为革命恐怖负责。

[3] 《思考法国大革命》，第 20 页。

[4] Michael Scott Christofferson, "An antitotalitarian history of the French Revolution: François Furet's 'Penser la Revolution française'in the intellectual politics of the late 1970s", in *French Historical Studies*, Vol. 22, No.4, Autumn, 1999, pp.557-61.

[5] 在《革命法国：1770—1880》（F. Furet, *Revolutionary France, 1770-1880*, translated by Antonia Nevill, UK, Blackwell Press, 1992）里，读者没有再见到"古拉格"的字眼。

[6] F. Furet, *L'Atelier de l'histoire,* Paris: Flammarion, 1982, p.76.

别。① 尽管如此，孚雷的概念史还是吸引了一批政治哲学家或带有浓厚哲学背景的历史学家，如法国的奥祖夫（Mona Ozouf）、勒福尔、戈歇（Marcel Gauchet）、马南（Pierre Manent）、格尼费（Patrice Gueniffey）、罗桑瓦隆，瑞士的巴茨柯（Bronislaw Baczko）以及美国的基斯·贝克等人。依笔者管见，政治概念史家和新政治史家不同的学科背景和思维模式，也应该是我们比较和理解政治概念史和新政治史的重要矢量。

孚雷逝世后，皮埃尔·罗桑瓦隆成为这一学派的新领头羊。在孚雷和勒福尔的影响下，罗桑瓦隆弃政从学，走上了政治史研究的道路。虽然罗桑瓦隆摒弃了孚雷作品里过于强烈的主观色彩，修正了孚雷对法国民主的论断，② 但他从未放弃过孚雷开创的历史解释模式。2002 年，罗桑瓦隆在《法兰西就职演说》③ 和《维护政治概念史》两篇文章里，系统概括了政治概念史的研究对象、方法论

---

① Michel Vovelle, Timothy Tackett, Elisabeth Tuttle, "Reflections on the Revisionist Interpretation of the French Revolution", in *French Historical Studies*, Vol.16, No. 4, Autumn, 1990, pp.749-755.

② 譬如，孚雷认为卢梭的"公意"即所谓的"唯意志论"的兴盛，是近代法国的主要困境，但在罗桑瓦隆的眼里，理性主义政治或自由主义也不是医治法国民主弊病的良方，复辟王朝与七月王朝的短命即为明证，参见 P. Rosanvallon, "Political rationalism and democracy in France in the 18th and 19th centuries", in *Philosophy and Social Criticism*, vol. 20, no.6, pp.687-701, 或罗桑瓦隆:《乌托邦资本主义:市场观念史》，杨祖功等译，北京: 社会科学文献出版社，2004 年）。罗桑瓦龙和孚雷一样，都认为第三共和国真正告别了革命，但他不像后者那样认为实证主义是法国民主正常化的主要原因，他坚持更深层的原因在于 19 世纪 90 年代政党、工会、合作社、互助团体以及社团的发展（P. Rosanvallon, *Le Modèle Français: La société civile contre le jacobinisme de 1789 à nos jours* Paris :Editons du Seuil, 2004, pp.305-376.）。这种学理上的分歧也可以解释罗桑瓦龙的政治立场和孚雷以及另两位同僚马南和戈歇的不同，后几位对美国的自由主义模式赞赏有加，而他本人则继续探索社会契约与人民主权在全球化时代的意义及可能模式（P. Rosanvallon, *La Contre-Démocratie: La politique à l'âge de la defiance*, Paris :Editions du Seuil, 2006）。

③ Collège de France, Chaire de l'histoire politiques moderne et contemporaine, *Leçon inaugurale faite le Jeudi 28 mars 2008* par Pierre Rosanvallon.

和目标。相比新政治史而言，政治概念史具有以下几个重要特点。

第一，研究对象的特殊性。

政治概念史和新政治史的研究对象都是广义的"阳性政治"，而不是狭隘意义上的"阴性政治"。但在政治概念史学家的笔下，"阳性政治"却拥有大相径庭的内涵。

克劳德·勒福尔表示，"不能把政治定义为社会生活中某个特殊的领域，相反，它代表着这样一种观念：某种原则或若干原则的总和，维系着人们彼此之间的关系以及他们和世界的关系"。① 罗桑瓦隆在《就职演说》里指出，政治既是一种"场域"（une champ），"是人们共同栖息生活的场所，是他们沟通与行动的整体框架"，也是一种"实践"（un travail），"代表着人类活动以现实群体的面貌呈现自身的渐进过程"，"代表着为人们共同制定、共同遵守的规则（无论它们是潜在的或明示的）不断被阐释的过程"。② 不过，《就职演说》对政治的定义太过抽象，远不如《维护政治概念史》来得简洁，罗桑瓦隆在后一篇文章里宣称政治就是"一套创制（insitituer）社会的程序"③。

不难发现，罗桑瓦隆的政治观，截然不同于新政治史家。在新政治史家的笔下，政治顶多是一个和社会、宗教、文化等领域分庭抗礼的自主领域；但在政治概念史学家的眼里，政治可不只是一个自主的领域，它还能维系全部的社会关系或者"创制社会"。

---

① Claude Lefort, "La question de la démocratie", *Essas sur le politique*, Paris :Editons du Seuil, 1986, p.8.

② *Leçon inaugurale*, p. 8.

③ Pierre Rosanvallon, *Democracy : Past and Future*, p.60. 罗桑瓦龙还在别处指出，政治在法国的作用要明显大于盎格鲁—撒克逊国家，它在法国"扮演着创制和表现社会的角色。不像在英国或美国，它仅仅承担保障自由和管制集体生活的功能"。(P. Rosanvallon, "La république du suffrage universel", *Le siècle de l'avènement républicain,* sous la direction de F. Furet et Mona Ozouf, Paris:Galllimard, 1993, p.386.)。

有意思的是，他们不同的政治观，似乎也决定了他们对待年鉴学派的迥然态度。雷蒙等人坚持政治的自主性但又反对政治决定论的立场，导致他们拒斥年鉴学派的"总体史"。[①] 而罗桑瓦隆的政治决定论则让他坚持一种相反的立场。罗桑瓦隆表示，政治概念史要朝布罗代尔的"总体史"方向努力，打破学科的壁垒，博采文化史、社会史、原有的政治史以及观念史之长，[②] 为人们理解政治现象提供整体的视野。

第二，政治概念史是一种互动的和理解的史学。

政治概念史的原创性也表现在方法的独特性上。罗桑瓦隆表示，政治概念史的方法"既是互动性的，也是理解性的"。[③] 所谓"互动性"，就是要致力于分析政治表象和政治现实相互作用的过程；所谓"理解性"，就是要把分析的对象置于历史的语境，就是要理解潜藏了各种可能性的历史，理解"正在生成的历史"。政治概念史的这种特性，决定了历史学家重构历史的语境，重建历史行动者的利弊因素。罗桑瓦隆认为，唯有假定历史学家有"置身于历史语境之中处理某个问题的能力"，才能真正理解政治。但他马上提醒说，这是一种"受限制"或"受约束"的同情，为了还原历史的真相，理解历史行动者的盲点，历史学家还必须与他们保持适当的距离。[④] 由此可见，同受马克斯·韦伯影响的罗桑瓦隆和陈寅恪在历史学家面对历史研究应有的态度上，拥有如出一辙的立场，"受限制的同情"与陈寅恪的"历史的同情"颇有异曲同工之妙。

---

① 勒内·雷蒙在 1987 年曾指出："今日史学所探测的土地是如此的广阔和多种多样，以致任何历史学家都不可能（但它曾经可能过吗？）接触到它的全部：……整体史的时代也就成了史学割裂的时代。"（转引自沈坚：《法国史学的新发展》，《史学理论研究》，2003 年）

② Pierre Rosanvallon, *Democracy: Past and Future*, p.65.

③ Ibid.

④ Ibid.

对罗桑瓦隆而言，对民主政治作同情的解读，就是要重构和揭示民主历史语境中的矛盾与模棱两可。他表示，唯有重构民主矛盾的"广度和深度"，人们才有可能理解政治的现代性。[1] 为此，罗桑瓦隆所有的著作都致力于一个共同的目标——法国民主史的重建与理解。法国民主史三部曲[2]、《法兰西政治模式》（2004）以及新近的《反民主》（2006年）无一例外都是以民主政治的重要概念（自由主义、公民身份、代议制、人民主权等）为线索，探讨近代法国民主的内在紧张。罗桑瓦隆的民主史研究，将大大加深我们对民主的复杂性与曲折性的理解。

第三，政治概念史也是一种"介入的"史学。

罗桑瓦隆的抱负，就是沿着基佐、基内和托克维尔等伟大历史学家的足迹，分析民主的探索与实验、冲突与争论，以促进人们对当代的理解。罗桑瓦隆表示，历史学家应该把历史研究和对当代最棘手最迫切的问题的关注结合起来，让历史成为现时的"活动实验室"。他认为，只有借助于这种"过去和现在的不断对话"，人们才能认识创制社会的过程，才能全面地理解当代社会。为此，他还引用年鉴学派历史学家马克·布洛赫的经典话语——"对现时的不理解，必然肇始于对过去的无知。"[3]——来鞭策自己。在罗桑瓦隆看来，政治概念史的力量就在于它能同时创造"理解的工具和现实介入的手段"。[4] 在最近的一次访谈中，罗桑瓦隆也表达了成

---

① *Leçon inaugurale*, pp.13-14.

② P. Rosanvallon, *Le Sacre du citoyen: Histoire du suffrage universel en France*, Paris: Gallimard, 1992; *Le Peuple introuvable: Histoire de la représentation démocratique en France*, Paris: Gallimard, 1998; *La Démocratie inachevée: Histoire de la souveraineté du people en France*, Paris:Gallimard, 2000. 其中，第一本著作已有中译本:《公民的加冕礼 : 法国普选史》，吕一民译，上海：上海世纪出版集团，2005 年。

③ *Leçon inaugurale*, p.15.

④ Pierre Rosanvallon, *Democracy : Past and Future*, p.71.

为一名"介入型知识分子"（un intellectual impliqué）的强烈愿望①。

需要指出的是，强烈的介入意识并没有让罗桑瓦隆丧失作为历史学家应该具备的求真品质。罗桑瓦隆表示，他反对打着学术研究的旗号，把个人的倾向与激情投射到历史研究上去。罗桑瓦隆认为，政治概念史代表了一种全新的知识分子介入模式，从此以后，介入与否的标准不再取决于知识分子的立场，而只取决于其学术研究的内容与性质。罗桑瓦隆指出，除了普通的政治斗争或矢志于捍卫某些价值与乌托邦外，通过清楚地阐明人们在当前面临的困境以及由此产生的问题，知识也能变成"一种行动模式"。② 所以，政治概念史的优点在于它能很好地兼顾公民的介入需要和历史学家的求真意识。

三

作为政治史复兴运动中两个最主要的流派，新政治史和政治概念史拥有许多近似的主张，如反对过于简单的社会决定论，捍卫政治的自主性，坚持政治史研究的必要性，强调政治文化与政治表象的重要性。此外，它们还拥有一个共同的敌人——年鉴学派。有意思的是，它们在反对年鉴学派的同时，也都自觉或不自觉地借鉴年鉴史学的方法与观点。甚至，在批判年鉴学派的"学阀"作风的同时，也不忘借鉴后者设立研究机构和创办杂志的经验。众所周知，高等社会科学研究院（EHESS）以及《年鉴》杂志之于年鉴学派和社会史研究的意义，是不言而喻的。勒内·雷蒙就颇为得意地指出，"国家政治科学基金会"（FNSP）对于政治史复兴的意义，丝毫不亚于"高等研究实践院第六部"（EHESS 的前身）推动法国社

<hr/>

① Interview avec Pierre Rosanvallon, "Conjurer l'impuissance politique", *Le Monde* du 19 mai 2006.

② Pierre Rosanvallon, *Democracy : Past and Future*, p. 71.

会史与经济史研究的功劳。[1] 在此基金会的资助下，新政治史家们以"现时史研究所"、政治研究所（IEP）以及巴黎第十大学等机构为依托，展开了声势浩大的研究工作。1984 年 1 月，让－皮埃尔·里乌等人创办了蜚声法国史学界的《20 世纪：历史》杂志（*Vintième Siècle. Revue Historique*），宣称要把政治史研究作为它首要的研究重点。[2] 新概念史家们则把"雷蒙·阿隆研究中心"当作自己的大本营，把《争鸣》（*Le Débat*）、《思想》（*L'Esprit*）、《评论》（*Le Commentaire*）、《新观察家》（*Le Nouvel Observateur*）等杂志与报纸变成了自己最主要的思想阵地。凭借这些机构、杂志与报纸，新政治史家和政治概念史家向年鉴学派的霸主地位发出挑战，批判后者的认知论、方法论和研究路径，并把战场扩大到大学、研究所、中小学的历史教育、教师资格考试和媒体网络等各个领域。

但是，反年鉴学派的共同立场掩盖不了新政治史和政治概念史在视野、方法与目标上拥有大相径庭甚至截然相反的主张。新政治史尽管强调政治的自主性，也不否认政治在某些情形下对社会的决定作用，但它反对"一切皆政治"的观念；政治概念史则鼓吹政治决定论，宣称政治就是"一套创制社会的程序"。新政治史家坚持借鉴年鉴学派的方法，把计量分析运用到政治史研究，但反对后者的"总体史"；而政治概念史家则宣称，它试图克服社会史、社会学、政治理论、观念史，以及斯金纳所代表的剑桥新政治思想派的缺陷，综合它们的长处，[3] 推行一种"总体史"。不难看出，新政治史和政治概念史的区别，反映了当代政治史研究中两种基本倾向：前者主张通过社会科学化，加强政治史的学科独立

---

[1] *Pour une histoire politique*, p.27.

[2] Jean-Pierre Rioux, "Déclaration de naissance", in *Vingtième Siècle. Revue d'histoire*, 1, Janvier-mars 1984, p.3.

[3] *Leçon inaugurale*, pp.17-24.

性；后者则把希望寄托于哲学，希望以此扩大政治的视野，增加政治史的厚度与广度。①

笔者认为，扼要地谈谈新政治史和政治概念史对政治文化的不同认识，也许将有助于我们更加直观地了解它们之间的区别。由于孚雷和罗桑瓦隆认为民主的表象决定并塑造了现代社会的政治模式和个人思维方式，所以他们有意识地把近代法国的历史浓缩成了若干政治术语（民主、公民身份、代表制和人民主权等）的概念史。新政治史家则竭力抵制一元的解释模式。伯恩斯坦认为，近代法国的民主是多种政治文化共同作用的结果；②鲁塞利耶对罗桑瓦隆《法兰西政治模式》的"公意政治文化"或"雅各宾主义"概念作了具体的批判，认为这一不无争议却无所不包的概念，很容易导致忽视地方文化和团体文化的影响，低估政治机构和政治制度的相对独立性，并声称作者并没有摆脱"某种意识形态的束缚"。③新政治史家对罗桑瓦隆的批判可谓一针见血，"一切皆政治"和年鉴学派所鼓吹的"一切皆是社会"（费弗尔语）的论调同样偏激，都会阻碍人们对纷繁复杂的历史现实作出正确的认识。

不过，新政治史也有它自己的问题。"现时史"是新政治史最引以为豪的创新，但也是它的阿喀琉斯之踵。"政治社会史"

---

① Christophe Prochasson, "La politique comme culture", in *Le Mouvement social,* No. 200, L'histoire sociale en movement, Jul.-Sep., 2002, pp.123-128.

② 伯恩斯坦认为，比较政治学家用单数政治文化去涵盖民族特性的做法，无疑忽视了任何民族都不是由同质的人构成这样一个重要的事实。依笔者管见，他对比较政治学家的批判，同样适用于政治概念史。我们需要像该书的作者一样，认真梳理和研究在近代法国曾经发挥过重要作用的各种政治文化，如传统主义政治文化、自由主义政治文化、共和主义政治文化、戴高乐主义、社会主义政治文化、共产主义政治文化和自由至上主义。(*Les cultures politiques en France*, sous la direction de Serge Berstein, Paris : Seuil, 1999)。

③ Nicolas Roussellier, "Vie politique française",in *Vintième siècle. Revue d'histoire*, No.83, Jul.-Sep., 2004, pp. 221-223.

（l'histoire sociale du politique）的倡导者热拉尔·努瓦利埃[1]把矛头直指现时史。努瓦利埃不否认，现时史的产生满足了公众理解纳粹主义、共产主义、阿尔及利亚战争以及两次世界大战等重要历史现象和重大历史事件的需要，也不反对新政治史家赋予它们的重要性，但他认为，现时史学家仅以社会需求为理由，却不从方法论的角度为现时史证明的做法，不仅极为草率，也相当危险，因为此举并不能让现时史成为一门独立的学科。[2]努瓦利埃指出，由于缺乏方法论的独立性，现时史有与新闻媒体、电台、电视、电影所鼓噪的"回忆史学""口述史学"相混淆的危险。而且，现时史家与记者、政治家一样，也仅仅发挥了专家的咨询功能，却缺乏历史学家应有的批判力[3]和独立的"发问意识"（questionnnement）[4]。努瓦利埃表示，年鉴学派之所以对现时史坚持一种审慎的立场，乃是与它捍卫历史学的自主性和批判力的重要考虑分不开的。笔者认为，现时史若想有进一步的革新与发展，就不能对努瓦利埃的批判置若罔闻。

---

[1] 热拉尔·努瓦利埃认为，政治史和社会史之间长期的拉锯战，事实上已经危害到了法国史学的健康发展。他试图开辟一条第三条道路，吸收两派的长处，纠正它们的缺陷，致力于"政治社会史"的研究。在努瓦利埃以及一批青年学者的共同努力下，开辟或革新了移民史、工人史、反犹史等领域。（Gérard Noiriel, *Longwy, Immigrés et prolétaires 1880-1980*, Paris : PUF, 1984 ; *Les Ouvriers dans la société française XIXᵉ-XXᵉ siècle*, Paris : Seuil, 1986 ; *Le Creuset français. Histoire de l'immigration XIXᵉ-XXᵉ siècle*, Paris : Seuil, 1988 ; *La Tyrannie du National. Le droit d'asile en Europe 1793-1993*, Paris : Calmann-Lévy, 1998 ; *Les Origines républicaines de Vichy*, Paris : Hachette, 1999, etc.）

[2] Gérard Noiriel, "Le 'passé/présent': une approche différente de l'histoire du temps présent", in *Etat, Nation et immigration: Ver une histoire du pouvoire*, Paris: Belin, 2001, p.56.

[3] Ibid., p.64.

[4] Gérard Noiriel, *Réfugiés et Sans-papiers: La république face au droit d'asile XIXe-XXe siècle*, Paris : Hachette, c1998, p.3.

在推翻年鉴学派的史学霸主地位后，政治史复兴运动阵营内部的各个派别似乎也无意于，当然也没有能力去争做新的霸主。当代法国政治史研究的局面可谓"百花齐放、百舸争流"。新政治史、政治概念史，以及同样值得我们关注的政治社会史三足鼎立，其他的派别似乎也不甘示弱，竭力为自己赢得一席之地。或许，我们可以套用米歇尔·伏维尔用以评价孚雷的修正主义史学给大革命史学研究带来的影响的一句话，来形容当代法国政治史研究的现状："如今，历史的解释不再有一言堂，这毋庸置疑是一件好事。"①

---

① 原文如下："如今，大革命的解释不再是一言堂，这毋庸置疑是一件好事。"（Michel Vovelle, Timothy Tackett, Elisabeth Tuttle, "Reflections on the Revisionist Interpretation of the French Revolution", in *French Historical Studies*.）

从新政治史到文化史

——让－弗朗索瓦·西里奈利的法国 20 世纪史研究 [1]

浙江大学历史学系　朱晓罕

让－弗朗索瓦·西里奈利（Jean-François Sirinelli）是法国著名历史学家，现任巴黎政治学院（Institut d'Etudes Politiques de Paris）当代史教授，法国历史科学委员会（Comité Fançais des Sciences Historiques）主席和联合国教科文组织历史科学委员会（Comité Scientifique d'histoire de l'Unesco）主席。[2] 他从事 20 世纪法国史研究多年，迄今已经出版了数十部著作，内容涵盖 20 世纪通论、知识分子、右派、大众文化、吉斯卡尔－德斯坦时期、"婴儿潮"（Les baby-boomers）一代、当代史学与史学家、第五共和国和 1968 年 "五月风暴" 等众多主题，许多作品被多次重印，已是法国当代史研究的经典。从 20 世纪 80 年代开始，西里奈利首先积极倡导并实践法国知识分子史的研究，开创了一门新兴史学分支学科，随后与勒内·雷蒙和莫里斯·阿居隆等前辈共同提倡广义的政治史，成为推动法国史学变革的重要力量。在此基础上，他与让－皮埃尔·里乌（Jean-Pierre Rioux）等尝试拓展文化史研究，

---

① 　本文发表于《史学理论研究》2017 年第 3 期，第 105—114 页。

② 　http://chsp.sciences-po.fr/chercheur-permanent/sirinelli

主编了四卷本《法国文化史》并撰写了 20 世纪卷。进入 21 世纪，西里奈利开始系统地梳理 20 世纪 60 年代，出版了被称为"20 世纪 60 年代三部曲"的系列著作，探讨当代史的理论和方法。他的工作有力地提升了现当代史研究的地位，改变了法国学界长期以来的偏见。正如其同行所言："在从事当代史研究的法国史学家中，作为政治学院教授、历史研究所所长和《历史》（Histoire）杂志的主编之一，西里奈利位居学术界的领军人物之列。"[1]

浙江大学吕一民教授最早将这位享誉当代法国史坛，甚至在当今国际史学界具有显赫地位的法国史学大家引入国内史学界。在系统审视了法国学者对法国知识分子史研究的学术史之后，吕一民教授对西里奈利的相关成果给予高度评价，[2] 笔者也曾撰文介绍了其富有创见的知识分子史研究方法。[3] 西里奈利的作品亦有几部中译本问世[4]，但总体而言，国内史学界对西里奈利的丰富史学思想和实践仍然比较陌生。有鉴于此，本文尝试从研究视角的探索、20 世纪 60 年代分水岭这一核心主题以及从其延伸出来的 1965—1985 年转型期的观点等方面，勾勒西里奈利有关法国 20 世纪史研究的基本框架，为进一步探讨作铺垫。

20 世纪七八十年代以来，"新文化史"在美国史学界逐渐兴

---

[1] Philippe Poirrier, " L'histoire culturelle en France.Retour sur trois itinéraires :Alain Corbin, Roger Chartier et Jean-François Sirinelli", *Cahiers d'histoire,* vol. XXVI no 2, hiver 2007, p. 49.

[2] 吕一民：《法国学者对法国知识分子史的研究述评》，《世界历史》2001 年第 2 期。

[3] 朱晓罕：《让－弗朗索瓦·西里奈利的法国知识分子史研究》，《史学理论研究》2005 年第 4 期。

[4] 让－弗朗索瓦·西里奈利：《20 世纪的两位知识分子：萨特与阿隆》，陈伟译，南京：江苏人民出版社，2001 年；让－弗朗索瓦·西里奈利：《知识分子与法兰西激情：20 世纪的宣言和请愿书》，刘云虹译，南京：江苏人民出版社，2001 年；让－皮埃尔·里乌、让－弗郎索瓦·西里奈利：《法国文化史》1—4 卷，杨剑等译，上海：华东师范大学出版社，2006 年等。

起并产生了广泛的影响。但是法国史学家却很少采用"新文化史"这一称谓，一般只用"文化史"。例如，文化史名家罗杰·夏蒂埃曾经指出："新文化史内部的结构是否像林·亨特所说的那样紧密呢？过去十年来，新文化史（无论采取何种定义）名下的各种研究主题、方法论探讨和理论借鉴是如此各不相同，人们自然会对此产生怀疑。将前述众多工作简单贴上一个标签将会十分危险。"① 笔者管见，造成这种差异的原因，首先与法国的史学传统有关。"从 19 世纪起，法国史学家，包括布罗代尔，讨论的是'文明'而非'文化'。但从 20 世纪 80 年代起，夏蒂埃等人开始使用 *histoire culturelle*（文化史）一词。"② 更重要的是，法国学界对历史的客观真实性仍然具有大致的共识。"一些注重话语的历史学家主张把'行动本身中的各种话语中介'作为首要研究对象，但反对'语言学转向'的立场似乎在法国历史学家中占绝大多数。"③ 历史学家在不同程度上普遍采纳了哲学家保罗·利科（Paul Ricoeur）的观点，寻求实证主义和相对主义之间的平衡。"利科在肯定历史与叙述不可分离（历史学的"叙述特性"）的同时，也非常明确地捍卫历史学的客观性和真实性目的，反对海登·怀特把历史学与虚构等同的做法。"④ 可以说这是当代法国史学的重要特征之一。

政治的文化史：20 世纪史的研究视角

在 2005 年出版的论文集《认识法国的 20 世纪》（*Comprendre*

---

① Roger Chartier, "La nouvelle histoire culturelle existe-t-elle ?", *Les Cahiers du Centre de Recherches Historiques* [En ligne], 31 | 2003, p.9.

② 彼得·伯克：《法国史学革命：年鉴学派，1929—2014》（第二版），刘永华译，北京：北京大学出版社，2016 年，第 168 页。

③ 克里斯蒂昂·德拉克洛瓦、弗朗索瓦·多斯、帕特里克·加西亚：《19—20 世纪法国史学思潮》，顾杭、吕一民、高毅译，北京：商务印书馆，2016 年，第 472 页。

④ 克里斯蒂昂·德拉克洛瓦、弗朗索瓦·多斯、帕特里克·加西亚：《19—20 世纪法国史学思潮》，第 474 页。

le XXe siècle français）序言中，西里奈利对自己的研究视角进行了如下概括："随着研究的时段从两次大战之间向外扩展和方法论的逐渐转变，我很快完全接受并确信：政治和文化这两个概念的交叉，是理解和思考 20 世纪法国史的核心线索。"[1]

西里奈利的学术生涯起步于知识分子史研究。通过 20 世纪 80 年代中期至 90 年代中期出版的《法国知识分子：从德雷福斯事件至今》（*Les intellectuels en France, de l'affaire Dreyfus à nos jours*）[2]、《一代知识分子：两次大战之间的巴黎高师文科预科班和高师学生》（*Génération intellectuelle. Khâgneux et normaliens dans l'entre-deux-guerres*）[3] 等名作，他成为知识分子史这一新兴史学分支学科的首席开创者。由于法国知识分子"诞生"于 19、20 世纪之交的德雷福斯事件，因此，知识分子史研究同时也是西里奈利的法国 20 世纪史研究的开端。

从法国史学整体发展的脉络来看，西里奈利的知识分子史研究，与 20 世纪 70 年代以来法国"新政治史"兴起的趋势密切相关。[4] 西里奈利的国家博士论文导师勒内·雷蒙是法国新政治史的倡导者。这一学派反对历史解释中的经济决定论，强调政治史研究的自治性和独立性，认为政治涵盖了现实所有层面，是社会管理的关键点。1988 年，勒内·雷蒙主编了论文集《建设一种政治史》（*Pour une histoire politique*），试图将政治史构建成为"总体史"。西里奈利撰写了其中的"知识分子"一文，指出知识分子是政治生

---

[1] Jean-François Sirinelli, *Comprendre le XXe siècle français,* Fayard, 2005, p.8.

[2] Pascal Ory et Jean-François Sirinelli, *Les intellectuels en France, de l'affaire Dreyfus à nos jours,* Armand Colin, 1986.

[3] Jean-François Sirinelli, *Génération intellectuelle. Khâgneux et normaliens dans l'entre-deux-guerres,* Fayard, 1988.

[4] 参见沈坚：《法国史学的新发展》，《史学理论研究》2000 年第 3 期；吕一民、乐启良：《政治的回归：当代法国政治史的复兴探析》，《浙江学刊》2011 年第 4 期。

活中具有能动性的主体，在政治思想观点的产生、传播和变动过程中起着决定性的作用。① 然而，随着研究的深入，知识分子史开始显示出局限性，例如，知识分子的宣言和请愿书固然充分体现了法兰西激情，但是法兰西激情并非只有知识分子一处来源。西里奈利后来这样回忆道："20 世纪固然是介入型知识分子的世纪，但是研究他们的历史并不足以阐明我们民族的百年历史。"② 以知识分子史作为 20 世纪史研究的切入点，显得过于狭窄，难以提供统摄性的视角。当时执掌法兰西学院教席的著名史学家莫里斯·阿居隆的著作对西里奈利产生了重要影响。

阿居隆的开创性主要体现在两方面，首先是将社会学的"社交性"（sociablité）概念引入史学领域。他在研究旧制度末期至 1848 年革命时期瓦尔（Var）地区的时候发现，促成民众政治态度变化的关键因素，在于当地独特的晚餐后聚会的社交活动。从这种社交活动中产生了各种资产阶级小团体，传播了新的思想观念。③ 作为"社交性"表现形式的各种社会团体，位于家庭和国家之间的中间地带，连接了个体和公共生活，应该作为历史学的重要研究对象。其次是通过"玛丽安娜三部曲"④，对共和国的表象和象征物的历史进行了成功的研究。阿居隆指出："（玛丽亚娜）这一头戴弗吉尼亚式软帽的女性形象，原先象征着普遍意义上的自由。法国大革命开启了一段漫长的历史，玛丽亚娜先是被赋予制度和政治上的含义，接着被视为共和国的象征，最后，成为地理意义上的

① René Rémond (dir), *Pour une histoire politique,* Seuil, 1988,pp.199-230.

② Jean-François Sirinelli, *Comprendre le XXᵉ siècle français,* p.15.

③ Maurice Agulhon , *The republic in the village ,* London , 1982 , p.141 .

④ Maurice Agulhon, *Marianne au combat. L'imagerie et la symbolique républicaines de 1789 à 1880,*Flammarion, 1979, *Marianne au pouvoir. L'imagerie et la symbolique républicaines de 1880 à 1914,* Flammarion, 1989, *Les Métamorphoses de Marianne. L'imagerie et la symbolique républicaines de 1914 à nos jours,* Flammarion,2001.

法国象征（这段时期还不算长）。"①

　　对西里奈利而言，阿居隆的著作具有双重启迪。一方面，他成功地论证了社会文化因素对于政治的重要性，文化事物能够影响甚至决定政治行为，这极大地拓宽了政治史的领域："更准确地说，政治史的革命性回归提出了另一个核心问题，即研究对象的扩展，应该在研究具有行动和思考能力的主体的同时，研究其心态结构，作为分析集体行为的要素。在这方面，阿居隆的作品起到了决定性的作用。"② 另一方面，阿居隆有力地反驳了文化史视角只能用于大革命之前变化缓慢的稳定时段这一偏见，而且证明其同样适用于变化剧烈的 19 世纪乃至 20 世纪。西里奈利将"玛丽亚娜三部曲"中的第二部《赢得权力的玛丽亚娜：共和国的形象和象征物 1880—1914》称为"心态史和当代史的成功嫁接"③，反复强调阿居隆的开创之功："19 世纪史的专家们不仅为历史学这所公共房屋提供了丰富的知识遗产，并且开启了一扇能够照亮这份遗产的新窗户。"④

　　受益于阿居隆对政治的文化基础的强调，继承知识分子史研究中对传播过程的重视，以 1992 年出版的三卷本《法国右派史》（Histoire des droites en France）⑤ 为开端，西里奈利开始提倡政治史和文化史的结合，构建一种"政治的文化史"。1997 年，他和让－皮埃尔·里乌合作出版了论文集《建设一种文化史》（Pour une

---

① Maurice Agulhon,"Marianne réflexions sur une histoire, *Annales historiques de la Révolution française,* no.289,1992, p.314.

② Maurice Agulhon, Annette Becker, Évelyne Cohen, *La République en représentations: autour de l'œuvre de Maurice Agulhon,* Publications de la Sorbonne, 2006, p.51.

③ Jean-François Sirinelli,"Agulhon Maurice, Marianne au pouvoir. L'imagerie et la symbolique républicaine de 1880 à 1914", *Vingtième Siècle, revue d'histoire, n°*29, janvier-mars 1991. pp. 99-100,

④ Jean-François Sirinelli,*Désenclaver l'histoire :Nouveaux regards sur le XXᵉ siècle*, CNRS Editions, 2013, pp.43-44.

⑤ Jean-François Sirinelli(dir), *Histoire des droites en France,* vol 2, Gallimard, 1992, pp.Ⅰ-Ⅺ.

histoire culturelle)，认为引入文化史，既是当代史研究的需要，也是新政治史发展的需要。

西里奈利的"政治文化史"将政治建立在社会文化基础之上，认为文化可以在很大程度上决定政治，因此主张以文化为核心来审视政治。在实践中可操作的就是研究政治文化："政治文化包括各种信仰。价值观、仪式、记忆和社交性等，经传播后提供身份认同。它是一种表象的集合，通过共享的世界观、对过去的共同解读和对未来的共同向往，将一个人类群体在政治地图上实现了定位。"① 由此，一个政治事件就同时具有了短时段和中时段的影响力，政治系统也突破了制度和权力运用的范围，涵盖了反映时代整体特征的表象体系和集体记忆及其传播过程。

"政治的文化史"由两根支柱构成：表象体系和传播过程。传统政治史在研究人类政治行为时，将人看作是完全理性的，然而人类行为在很大程度上并非如此，取决于对所处世界的感知。西里奈利以历史学界达成共识的法国法西斯问题作为例证，强调表象体系的重要性。研究表明，两次大战之间法国的法西斯主义影响有限，并没有对民主政体构成现实威胁，但是 20 世纪 30 年代的法国人心中有一种强烈的感觉，认为法西斯势力十分强大和危险，促成了人民阵线的产生。"如果说史学家确立了法西斯自身力量弱小这一事实有功，那么无论如何，也应立刻提供时人对法西斯威胁的感觉状况。事实上，这种感觉既强烈又急迫，而且影响广泛。此后，正是感觉而不是客观事实成了历史的发动机。"② 只有通过分析和再现表象体系，史学家才能接近历史的真相。

感知的传播和变化一直是西里奈利从知识分子史以来关注的

---

① Jean-Pierre Rioux et Jean-François Sirinelli, *Pour une histoire culturelle,* Seuil, 1997, p.438.

② Jean-François Sirinelli,"De la demeure à l'aroga pour une histoire culturelle du politique", *Vingtième Siècle Revue d'histoire,* No.57(Jan-Mar 1998),p.126.

重点之一："凭借米歇尔·伏维尔的贡献，史学界经历了从地窖到顶楼的转变。在这种有利形势下，不要忘了人还具有社会性，既生活在住宅内，也同样生活在广场中。从住宅进入广场，历史研究可以变得更加丰富而厚重。"[1] 因而，他以此作为界定文化史的出发点："文化史，意即在撰写历史时，将各种感知的流动，视为社会的核心。感知既表明了方向，也代表着意义。事实上，如果给文化史下一个定义，那就是感知的这种双重性的历史。我们要充分注意到：在流动的过程中，意义会发生变化。在研究集体表象时，也必须考虑到这方面的因素。"[2] 在 20 世纪史的研究中，由于进入了大众文化的时代，各种传播手段相继出现，对传播过程的研究就显得不可或缺："任何时代都有必要研究感知的传播和变化，对 20 世纪尤为重要。20 世纪传媒的力量日益强大，必然会影响这个过程。"[3] 通过传播过程，史学家可以掌握历史的所有行动者，而不会有所遗漏。

经过从知识分子史向"政治的文化史"的演变，西里奈利确立了认识 20 世纪法国历史的视角。他将自己的研究方法形象地称作"围海造田"（le polder）。它不是简单按照编年顺序来梳理 20 世纪发生的史实，而是用文化史的视角，对政治变迁的社会文化基础展开综合性的考察，将扎实严谨的研究从年代上，逐渐向当下靠近。"史学家运用考据的方法，逐渐勾勒出一段不断扩展的时期的轮廓。事实上，他就像一个荷兰农夫，职业就是'围垦'那些连接当下的年代，它们会随着时间的流逝而变成新的土地。"[4]

---

[1] Jean-François Sirinelli,"De la demeure à l'aroga pour une histoire culturelle du politique", *Vingtième Siècle Revue d'histoire,* No.57(Jan-Mar 1998), p.122.

[2] Jean-François Sirinelli, *Comprendre le XXe siècle français*, p.22.

[3] Jean-François Sirinelli, *Désenclaver l'histoire : Nouveaux regards sur le XXe siècle*, p.14.

[4] Jean-François Sirinelli, *Comprendre le XXe siècle français*, pp.42-43.

60 年代：20 世纪内部的分水岭

前文已经述及，西里奈利学术生涯早期的研究时段集中于两次世界大战之间，国内学界对此已经有所了解。从 20 世纪 90 年代中期至今，他的关注重心转向 20 世纪后期，佳作迭出，因此，本文着重介绍有关这一时期历史的成果。法国史学界一般将一战爆发的 1914 年作为 20 世纪史的开端，以二战为界将 20 世纪史分为两次大战之间（entre deux guerres）和战后两部分。然而，依西里奈利之见，如果用文化史的视角审视 20 世纪的法国，历史的分水岭不在二战而在 60 年代，它是 20 世纪史"围海造田"工程中选取的围垦基点。

文化史视角下的变迁聚焦于政治文化的演变。19 世纪末，随着第三共和国的巩固，法国形成了一种共和主义的民族政治文化。西里奈利沿用阿居隆的说法，将其称为一个共和主义的"生态系统"（écosystème）。这个第三共和国生态系统从 20 世纪 30 年代开始遭遇危机，作为政体的共和国在二战中灭亡。然而，由于生态系统中诸要素的变化速度不同，它的核心——文化基础并未伴随着政治制度的变化而完全消失，战后经济发展的效应也无法在短时间内立即得到体现，直到 60 年代，一个新的生态系统——第五共和国生态系统，才开始显示出轮廓。"在 60 年代，民族政治文化的社会文化基础发生了变化。"[1]

文化史的视角并非将战争排斥在外，然而，它关注的首要对象是集体表象体系。战争的意义并不在于引起政治制度、经济制度等结构性因素的改变，而是在于对集体表象的影响。

从 1870 年的普法战争开始，法国在 70 年内经历了三次大战，几代人生活在战争的阴影之下。"在两次世界大战之间，战争与和

---

[1] Jean-François Sirinelli,"Les vingt décisives. Cultures politiques et temporalités dans la France fin de siècle", *Vingtième Siècle, revue d'histoire,* n°44, octobre-décembre 1994, p.121.

平，与这一时期的集体表象不可分割，成为时代的核心问题。它们构建了这一时期的心态结构，并且对民族共同体的聚散发挥着比政治、社会、经济、文化等其他因素更大的作用。"[1]1945年之后法国继续进行了印度支那和阿尔及利亚两场战争，后者直接导致了第四共和国的垮台。直到1962年《埃维昂协议》的签订之后，从1870年开始的战争趋势才彻底得以终结，法国终于获得了彻底的和平。由此可见，直到20世纪60年代之前，战争与和平的问题始终在法国人的社会意识中居于首要地位，并未因为二战的结束而终止。与此同时，战争还往往伴随着殖民地问题。随着战争趋势的结束，法国不再是拥有海外殖民地的帝国，国土的主体收缩到了六边形的本土（L'Hexagone）之内，对于集体表象的变化同样具有转折性意义。

第五共和国生态系统的社会基础也是全新的。二战结束后，法国的人口开始迅速增长，持续到1960年。[2] 1945—1955年间出生的人口被史学界称为"婴儿潮"一代，60年代正是他们进入青少年的时期。根据1968年的统计，当年24岁以下的人口占法国总人口的比例高达33.8%，其中16至24岁的青少年数量超过了800万，占总人口的16.1%。[3] 这一代人的涌现远远超出了人口学的意义。与前辈相比，他们不仅数量空前，而且成长环境也完全不同，西里奈利将这个环境概括为"4 p"：和平（paix）、"繁荣"（prospérité）、"充分就业"（plein emploi）和"进步"（progrès）。"意味深长的是，这代人从少年时代起，口袋里就有'零花钱'，未到选举年龄，就已经沉浸在电吉他的音乐中，不仅未成为选民就

① Jean-François Sirinelli, *Comprendre le XXe siècle français*, p.34.

② Jean-François Sirinelli, *Les Baby-Boomers:Une génération 1945-1969*, p.40.

③ Jean-François Sirinelli, *Les Baby-Boomers:Une génération 1945-1969*, p.9.

玩开了电吉他，而且，未成为生产者就当上了消费者。"[1] 他继承了法国史学界从 80 年代开始重视的对"世代"（génération）的研究，首次对婴儿潮一代的人生经历展开了追踪，指出他们首先在反对越南战争的抗议中完成了政治觉醒，充当了 1968 年"五月风暴"中社会批判的主力，接着在 70 年代的经济停滞和激进氛围的衰退中经历了幻灭，最后在柏林墙的倒塌之后开始接管国家的权力，令人信服地表明，作为历史的主体，这一代人是时代变迁的产物，同时也推动了时代的变迁，在 20 世纪法国的各个世代当中，具有鲜明的特殊性。

从传播过程的角度来看，20 世纪 60 年代的时代特征当属大众文化的加速。"的确，那时候，整个一场社会文化的变革显示出了清晰的轮廓：'60 年代'正从朦胧状态中走出来。尤其是两种重要倾向脱颖而出，并且很快让人感觉到它们的威力：一种'新兴的'文化迅速发展，更明显的是，电视的威力日益增强。"[2] 新浪潮电影和"新小说"引领了文艺的创新。流行音乐伴随着"婴儿潮"一代的成长而迅速发展。而电视则从 50 年代初开始进入家庭，渐渐取代了广播和杂志，占据了传播领域的中心。从 1965 年开始，人们首次可以通过电视了解总统选举的最新信息，传播方式开始深刻影响并改变政治的运行。

传播的发展加速了集体表象的转变。例如，对于当时的年轻人而言，经过舒曼计划开始的十年法德重新接近，联邦德国已经不再是上一代心目中宿敌的形象，并淡出青年的视野，而英国的形象从政治领袖丘吉尔转为流行音乐偶像披头士乐队，赢得了持

---

[1] 让－皮埃尔·里乌、让－弗朗索瓦·西里内利：《法国文化史（卷四）大众时代：20 世纪》，吴模信、潘丽珍译，上海：华东师范大学出版社，2011，第 283 页。

[2] 让－皮埃尔·里乌、让－弗朗索瓦·西里内利：《法国文化史（卷四）大众时代：20 世纪》，第 273 页。

续的关注。美国的形象则具有两重性，一方面是帮助法国击败纳粹的解放者，还拥有迷人的音乐和电影，另一方面，也是侵略东南亚的帝国主义霸权。大众文化的加速发展同样促成了社会风俗和行为规范的转变。例如，对两性关系的保守态度开始松动，广播电视的音乐节目中，以爱情为主题的流行歌曲所占比例日益增加，牛仔裤和超短裙成为时尚，并且在时人使用的词汇中首次出现了有关"性革命"的提法。[1] 最后，随着以好莱坞电影为代表的文化产品进入法国，原先的民族表象体系带上了全球化的色彩，国外元素不再被视为"他者"而得到了接纳。

　　1968 年的"五月风暴"是研究 60 年代无法绕过的节点。众所周知，对"五月风暴"的解释，史学界至今尚未达成共识。西里奈利指出，"五月风暴"对于 60 年代的意义在于，它确认了新生的第五共和国生态系统的有效性。从文化史视角观察政治制度，侧重点不在于制度的具体内容，而是在于制度被个人和群体的接受过程。事实表明，"五月风暴"导致的政治危机最终没有超出法治国家的限度，充分体现了年轻的第五共和国已经迅速扎根，得到了法国民众的充分认可。在 1965 年第五共和国首次总统选举中，法国本土第一轮的投票率达到了空前的 85%，甚至超过了 1958 年有关第五共和国宪法的投票率。[2] 在"五月风暴"中，除了极少数青年激进分子之外，社会各阶层都没有推翻现存体制的愿望。更重要的是，与 1958 年相比，军队保持稳定，并没有受到影响而发生叛乱。如果抗议游行冲击了总统府或总理府，戴高乐动用军队镇压的可能性也几乎不存在。"即使受到了 1968 年 5 月的冲击，第

---

① 　Jean-François Sirinelli,"La France des "Sixties" revisitée", *Vingtième Siècle. Revue d'histoire*, No. 69, Numéro spécial: D'un siècle l'autre (Jan.- Mar., 2001), p.121.

② 　Jean-Jacques Becker, *Histoire politique de la France depuis 1945,* Armand Colin, 2011,p.138.

五共和国制度的合法性和正当性并没有在根本上受到实质性的威胁。"①"五月风暴"将 60 年代法国社会发生的各项变化进行了放大,并且推动了这些变化,起到了历史加速器的作用。此后,第五共和国生态系统的各项要素形成了协调发展的局面。

长期以来,由于 20 世纪发生的剧烈变化,史学家更容易被政治事件所吸引,将 20 世纪史简化为一部政治史或国际关系史而忽略了社会文化的变迁,这显然不利于史学的发展。西里奈利的 60 年代分水岭观点,克服了传统的政治史分期,强调文化在判断时代变迁中的重要作用,试图向更深层次挖掘推动历史的结构性因素,对 20 世纪史研究无疑具有丰富的理论意义。他对 60 年代大众文化和"婴儿潮"一代的实证研究,准确地抓住了时代的特征,拓宽了史学的领域,促进了社会文化史的发展。"60 年代"(Les Sixties)现已成为法国史学界关注的热点之一。

1965—1985:"决定性的 20 年"

确立了 60 年代这一"围海造田"的起点之后,西里奈利以追踪第五共和国生态系统的生长历程作为具体的"围垦"工作。文化史视角下的历史,并非线性发展,而是充满着断裂,也存在着停滞期和加速期。例如,二战结束到 60 年代初期的法国,尽管政局持续动荡,经历了从第四共和国到第五共和国的制度更替,整体上却仍然是一个殖民帝国,在世界上摸索着自己的定位。"巨变前的法国历史虽然充斥着各种事件,但社会的形态和价值观相对而言是静止的"。② 而从 60 年代开始,历史开始加速。

在寻找 20 世纪内部的分水岭时,西里奈利克服了传统政治

---

① Jean-François Sirinelli, *Mai 68.L'événement Janus,* Fayard, 2008, p.319.

② Jean-François Sirinelli, *Génération sans pareille,Les baby-boomers de 1945 à nos jours ,* Tallandier, 2016, p.270.

史的分期，而在探讨随后的变迁时，则克服了传统的经济史分期。在法国学界，著名经济学家让·福拉斯蒂埃（Jean Fourastié）的观点有着重要影响。他从经济增长的角度，将 1946—1975 年称为"辉煌的 30 年"（Les Trente Glorieuses）[1]，史学家通常将此作为分析法国当代史的基本框架。西里奈利承认"决定性的 20 年"后半期的法国遭遇了严重的经济停滞。从 1962 年到 1974 年，法国经济总量增长了 100%，但从 1974 年到 1983 年仅仅增长了不到 10%，[2] 意味着一种明显的断裂。诚然，经济要素同样属于第五共和国生态系统的有机组成部分，能够产生一定程度的影响，然而，这一新生生态系统的基础仍然在于社会和文化诸要素，尤其是文化要素，它们对生态系统的生长起着决定性的作用。"尽管伴随着经济危机，但社会的变革始终得以延续。"[3] 社会学家亨利·芒德拉（Henri Mendras）从社会变迁的角度，认为 1965—1984 年这一阶段内发生了"第二次法国大革命"。[4] 受芒德拉的观点启发，西里奈利将 1965—1985 年这一时期称为 20 世纪后半叶"决定性的 20 年"（Les Vingt Décisives）。今日法国的面貌，直接来自"决定性的 20 年"这一时期的塑造。

文化史视角具有浓厚的历时性色彩，淡化事件的意义，因此，1965 年只代表一个模糊的时间界限。意为大致在 60 年代中期。西里奈利之所以采取这个年份，主要原因是当年进行的总统选举采取了全民直选的形式，这在 20 世纪属于首次。[5] 而 80 年代中期

---

[1] Jean Fourastié, *Les Trente Glorieuses ou la Révolution invisible de 1946 à 1975,* Fayard, 1979,p.7.

[2] Jean-François Sirinelli, *Les Vingt Décisives. Le passé proche de notre avenir 1965-1985,* Fayard, 2007,p.169.

[3] Jean-François Sirinelli, *Les Vingt Décisives. Le passé proche de notre avenir 1965-1985,* p.177.

[4] Henri Mendras (avec la collaboration de Laurence Duboys Fresney) , *La Seconde Révolution française :1965-1984,* Gallimard, 1988,pp.20-24.

[5] Jean-François Sirinelli, *Les Vingt Décisives. Le passé proche de notre avenir 1965-1985,* p.54.

之后，法国进入了"2P"即后工业化（Post-industrielle）和全球化（Plantétarisation）的时代，[1] 置身于欧盟中心位置，面临认同、环境、移民、宗教、恐怖主义等众多新问题的挑战，与1965年之前的法国完全不同。同理，选择1985年作为过渡期的时间下限，也只具有模糊的意义，大致以执政的社会党政府采取有悖于自身传统理念的自由主义经济政策及其引起的争论作为主要依据。[2] 它意味着法国左派的政治文化发生了从"与资本主义决裂"到"接受市场经济"的重大转折。

作为社会学家，芒德拉从阶级结构、社会运动、家庭、两性关系等方面考察了法国社会的变革。在此基础上，西里奈利进一步考察了"决定性的20年"中第五共和国的政治体制。1973年的议会选举和1974年的总统选举表明，法国的政治格局完成了从多元到"两极化"（bipolarisation）的重要转变，而1981年总统选举中左派候选人首次战胜了右派候选人，则表明法国政治力量形成了平衡，左右更替进入了良性循环，总体而言日趋成熟。此外，从空间的变化来看，法国虽然失去了殖民帝国，主体收缩到六边形的本土，但是随着1973年欧共体扩大化的开始，作为欧洲联合的创始国和核心成员之一，法国获得了另一个发展的空间。

西里奈利继承并发挥了芒德拉的观点，强调社会规范和准则的持续变迁。"教会、工会、社团，从某种意义上说还有家庭，除了自身固有的功能之外，还扮演着社会规范和准则的保管者和看护人角色，它们的调节功能或多或少地都受到了冲击，处于摇摇欲坠或者不合时宜的地位。"[3] 在此之前，由于经济上的相对匮乏和社会保障不足，为了预防意外的伤亡或者疾病，节俭和储蓄被视

---

[1] Jean-François Sirinelli, *Génération sans pareille, Les baby-boomers de 1945 à nos jours*, p.189.

[2] Jean-François Sirinelli, *Génération sans pareille, Les baby-boomers de 1945 à nos jours*, p.211.

[3] Jean-François Sirinelli, *Désenclaver l'histoire : Nouveaux regards sur le XXe siècle*, pp.56-57.

为重要的美德，随着繁荣的确立，医疗保险和社会互助基金为人们提供了安全保障，消费信用制度的产生加速了人们对现时享受的追求。由此，旧有的各种权威、传统、禁忌受到全方位的质疑并被陆续打破。"五月风暴"确立了"差异的权利"，文化多元的观念得到普遍接受，不仅宗教的影响减弱了，各种激进主义思想同样失去了市场。同时，大众文化的世界性色彩日益加强，开始进入了全球文化时代。"决定性的20年"之后法国的历程，只是将业已确立的全球化趋势继续放大。

在西里奈利有关"决定性的20年"这一时段的研究中，还值得一提的是他与另一位当代史专家塞尔日·贝尔斯坦（Serge Berstein）共同主持的对瓦莱里·吉斯卡尔·德斯坦（Valéry Giscard d'Estaing）当政时期（1974—1981年）的研究。研究采取了文字资料和"重要见证人"（Grand Témoin）相结合的"取证"方法。

向"重要见证人"进行"取证"，是法国当代史研究的独特方法之一。1995年5月，法国当代史开创者之一弗朗索瓦·贝达里达（François Bédarida）采访了即将卸任的密特朗，请他总结执政历史，就历史与政治、历史与时代的关系等问题发表看法。[①] 西里奈利及其同行们发展了这种方法。从2002年至2010年，先后举办了5次研讨会（journée d'études），内容涵盖吉斯卡尔·德斯坦任期内的施政纲领和实践[②]、欧洲一体化建设[③]、社会改革[④]、经济政

---

① 参见端木美:《法国当代史专家贝达里达谈当代史》,《史学理论研究》1996年第2期。

② René Remond, Serge Berstein et Jean-François Sirinelli, *Les Années Giscard :Institutions et pratiques politiques 1974-1978*, Fayard, 2003.

③ Serge Berstein et Jean-François Sirinelli, *Les années Giscard :Valéry Giscard d'Estaing et l'Europe 1974 -1981,* Armand Colin, 2006.

④ Serge Berstein et Jean-François Sirinelli, *Les années Giscard :Les réformes de société 1974-1981,* Armand Colin, 2007.

策① 和执政后期制度的变化② 等诸多方面。每次会议都根据研讨主题，邀请吉斯卡尔·德斯坦本人和相关决策的制定者或执行者，充当"重要见证人"，与该领域的史学家展开对话。例如，在讨论法德关系时，请的是时任联邦德国总理的赫尔穆特·施密特（Helmut Schmidt），而讨论能源政策改革时，则请了时任法国电力总公司（Electricité de France）总裁马塞尔·布瓦德（Marcel Boiteux），其他"重要见证人"还包括吉斯卡尔·德斯坦任期内三次出任总理的雷蒙·巴尔（Raymond Barre）和农业部长、文化部长等相关人士。

这是法国当代史的研究中，首次向卸任总统进行"取证"。由于密特朗在卸任不久之后去世，因此"取证"对象改为吉斯卡尔·德斯坦。根据相关法规，吉斯卡尔·德斯坦总统任期的档案从 2004 年才能有限对外开放，而且众所周知，档案材料并非绝对可靠，因此，仅从拓宽史料范围的角度来看，这项工作就显得十分必要。鉴于第五共和国宪法从许多方面扩大了总统的权力，总统证言开始具有了重要的史料价值。由于社会地位存在显著的差异，许多人怀疑历史学家与前总统的对话可能会流于形式，但西里奈利认为，只要双方互相尊重彼此的角色，对话能够取得有益的成果。"历史学家只要遵守学术规范，承认证言只是史料的类型之一，与其他材料展开互证，对话将会丰富学术研究。"③ 从结果来看，对话获得了成功。作为研究者的史学家和作为决策者的政治家两种不同思维方式展开了充分交流，有效地深化了史学界对该时期的了解和认识，西里奈利在后来的著作中这样总结："1975 年

① Serge Berstein, Jean-Claude Casanova et Jean-François Sirinelli, *Les années Giscard:La politique économique 1974-1981,* Armand Colin, 2009.

② Serge Berstein et Jean-François Sirinelli, *Les années Giscard 1978-1981: les institutions à l'épreuve ?* Armand Colin, 2010.

③ Serge Berstein et Jean-François Sirinelli, *Les années Giscard 1978-1981: les institutions à l'épreuve ?*,p.6.

通过的人工流产合法化法案将变革推进到私人生活领域，还有对离婚更具弹性的处理，将获得选举权资格的年龄降到 18 周岁，这些在我们今天看来，很明显都是非常重要的开拓之举。"[1] 对话还产生了良好的学术反响："我们的基本出发点之一，是对剧烈变动时期的政治决策开展多重视角的历史反思。这就超越了历史学的学科范围，对于政治学和组织社会学同样可以提供丰富的借鉴。"[2]

结语

纵观法国史学界对法国历史各时期的研究，与成果丰硕的中世纪史和大革命史相比，尚处于起步阶段的 20 世纪史无疑是比较薄弱的一个环节。西里奈利的尝试，有力地推进了 20 世纪史研究的进展，具有开创性的意义。我们在导言中已经提到，法国的文化史和英美的新文化史有所不同，英语学界将西里奈利的文化史研究称为"法兰西风格"（French style）的文化史："它聚焦于政治文化的丰富内容，强化了表象的突出地位。政治建立在社会文化的基础上，而文化史提供了连接的桥梁和通道。"[3] 与阿兰·科尔班、夏蒂埃等史学家一起，西里奈利被视为当代法国文化史的重要代表，影响深远。"（当代法国）文化史的显现，更多地体现了拓宽史学领域的持续努力，而不是史学内部出现的新一轮碎化。"[4]

西里奈利的文化史视角也存在着一些不足。首先是过度强调了表象的作用。表象只是社会事实的组成部分，并不等同于真实，

---

[1]　Jean-François Sirinelli, *Le Siècle Des Bouleversments, de 1914 à nos jours,* PUF, 2014, p.208.

[2]　Serge Berstein et Jean-François Sirinelli, *Les années Giscard:Les réformes de société 1974-1981,* p.6.

[3]　William Scott,"Cultural history, French Style", *Rethinking History* , 3:2 (1999), p.211.

[4]　Philippe Poirrier, " L'histoire culturelle en France.Retour sur trois itinéraires :Alain Corbin, Roger Chartier et Jean-François Sirinelli ", *Cahiers d'histoire,* vol. XXVI no 2, hiver 2007, p. 58.

无法将复杂的社会生活简化为表象体系。社会学家菲利普·乌尔法里诺（Philippe Urfalino）指出："如果我们不满足于界定学科范围和罗列研究对象的话，那么（文化史）至少不能局限于表象。仅仅研究表象体系的产生、流通、变化和效应，而脱离其他相关事物，这是做不到的。"[①] 其次，以文化史的视角统摄社会变迁，固然可以对经济决定论起到纠偏作用，但是同样有陷入文化决定论的危险。西里奈利在研究 20 世纪 60 年代的时候，其实已经看到了历史时间的多元性，试图梳理不同类型的时段，然而，完整再现它们在 20 世纪的节律，解释各种时段之间的关系，仍有待于进一步的探索。

芒德拉的第二次大革命说启发了许多法国史学家。例如，皮埃尔·诺拉认为，在第二次大革命初期和世纪末之间，后戴高乐时代政治及民族的衰落、革命思想枯竭和经济危机的冲击这三种现象"组成了一个新的云团，后者深刻改变着与过去的联系，以及民族意识的传统形式"[②]。因此，历史学家需要对危机中的国家认同进行重塑，通过历史对民族意识展开调整。在此基础上，他构思了《记忆之场》的整体思路。西里奈利的 20 世纪史研究，体现了相似的现实关怀。关注 60 年代旨在直接理解现在，扩展研究对象源自社会的全方位变革。与诺拉关注广义的民族意识不同，西里奈利认为法国民族意识的核心在于对共和国的认同。它源于 18 世纪末，经历了 19 世纪末的剧烈变迁，正面临 20 世纪末的巨大变革。他将一部法国 20 世纪史概括为第三、第五共和国两个生态系统更替的历程，试图以自己的研究维护这种认同，正如他在《法国文化

---

① Philippe Urfalino, " L'histoire culturelle : programme de recherche ou grand chantier ? ", *Vingtième Siècle, revue d'histoire*, n°57, janvier-mars 1998. p.118.

② 皮埃尔·诺拉主编：《记忆之场：法国国民意识的文化社会史》，黄艳红等译，南京：南京大学出版社，2015 年，第 82 页。

史》结论中所说的那样："然而，我们认为，不管怎样，共和国的理想使这个国家的文化免受了最严重的撕裂和威胁：是共和国道义上的前后一致性，使多少受践踏的价值得到了保护，或增加了免疫力，维护、扩大和使人们分享了多少文化财富，掀起了多少次民主的辩论，及时纠正了文化枯竭和衰落的倾向。"①

---

① 让－皮埃尔·里乌、让－弗朗索瓦·西里内利：《法国文化史（卷四）大众时代：20世纪》，第384页。

孟德斯鸠与西方思想的转折：

涂尔干、阿尔都塞、阿隆论孟德斯鸠[①]

北京大学历史学系　崇明

　　王养冲先生撰写的《西方近代社会学思想的演进》是我国社会思想研究的开拓性著作。全书通过对孔德、斯宾塞、华尔德、涂尔干、帕累托、韦伯等人的社会学理论的详细分析勾勒了西方社会学思想的演变。在本书引论中，王先生探讨了孟德斯鸠对西方社会学的兴起所做出的先驱性贡献，特别是他对社会学奠基人孔德的影响。[②] 在孔德之后，社会学的另一位奠基人涂尔干（1858—1917 年）、马克思主义哲学家阿尔都塞（1918—1990 年）、自由主义思想家阿隆（1905—1983 年）均专文论述了孟德斯鸠的思想。他们虽然来自不同的领域，立场也差异较大，但均探讨了孟德斯鸠在西方思想史上扮演的继往开来的转折性角色，特别是他对现代社会科学的兴起做出的开拓性贡献。不过，涂尔干和阿尔都塞都批评孟德斯鸠仍然囿于传统哲学而未能充分展开其社会学研究的科学性，阿隆则指出应严肃对待孟德斯鸠思想中的哲学内涵。这一分歧不仅仅关系到哲学和社会科学的学科差异，而且涉及事实与价值、多元与普遍的关系这样的现代学术乃至现代性本身的

[①]　本文发表于《华东师范大学学报》（哲学社会科学版）2020 年第 5 期，第 32—42 页。

[②]　王养冲：《西方近代社会学思想的演讲》，上海：华东师范大学 1996 年，第 10—13 页。

根本问题。本文将通过对涂尔干、阿尔都塞、阿隆所塑造的孟德斯鸠形象予以批判性分析来呈现孟德斯鸠思想的承前启后的特征，并指出其思想中自然与社会／历史的张力所具有的意义。

未脱传统哲学窠臼的社会学先驱

作为社会学的最重要的奠基人之一，涂尔干明确以哲学为参照物来界定新兴的社会学的独特性和正当性。根据他对社会学家和哲学家的绝对区分，孟德斯鸠应当被划入社会学阵营，并且应被视为社会学的先驱。不过，涂尔干指出，孟德斯鸠仍然以传统哲学的方式进行道德判断，而这些哲学残余在他看来削弱了其社会研究的科学性。

在讨论孟德斯鸠的文章中，涂尔干开宗明义地说明了传统哲学和社会科学的区别："社会科学不是以社会事物也就是法律、民情、宗教为研究对象吗？但如果我们考察一下历史，显然直到近期，在哲学家当中没有任何人这样思考社会事物。事实上他们认为这些都取决于人的意志，以至于他们没有意识到，这些是真正的事物，就像自然中的其他事物一样，有其自身的特征，严格要求能够对它们进行描述和解释的科学。在他们看来，只要在已经构成的社会中探索被人的意志视为目标的东西或者探索意志所要逃避的东西，这样就够了。他们探索的不是制度和社会事实到底是什么，它们的性质和起源是什么，而是它们应该是什么；他们关心的不是向我们展现自然的尽可能真实的形象，而是向我们提供关于某种完美社会的观点，让我们为之赞叹或者进行模仿。"涂尔干接下来批评柏拉图和亚里士多德以及其他作者只关注社会所应该实行的法而非真正统治社会的法，指责他们或者完全忽视现实，或者对现实加以考察仅仅是为了对其加以改变。换言之，他们只关心未来。然而，在涂尔干看来，以未来为目标的学科事实上缺乏明晰的对象，因此不属于科学而只属于艺术。① 这段话非常清楚地表明，在涂尔干看来，社会科学研究的是事实和存在，而非应当，是实际的社会现象，而非人的意志的目的。进一步推论，社会科学并非以规范来衡量和判断现实，而是予以理解和分析，诉诸理性，而非想象。通过把哲学划入艺术领域，涂尔干为新兴的社会学确定了科学身份，从而确立其正当性。

在涂尔干看来，孟德斯鸠可以说是第一个以社会事实为研究对象的社会科学家。虽然孟德斯鸠探讨的是法律和政治，但他是通过把法和政治和与之相关的事物如气候、土壤、民情、经济、宗教联系起来加以考察的，而不是诉诸意志和心理或者对完美政体的追求。也就是说，孟德斯鸠认识到政治和法律背后的种种社会事物才是影响人类生活的决定性因素。涂尔干认为哲学家所犯的另一个错误是过高估计了立法者和政治人物的作用。在他看来，政治不过是社会的产物。法律在根本上来源于习俗和生活，而非立法者。统治者和立法者的角色在他的社会科学里可以忽略不计，或者说他们的作用只是偶然和表面的。社会事实之间的必然关系是科学研究的唯一对象，而个人意志不可能改变这一必然关系，这一点是社会科学得以存在的前提。涂尔干指出："如果立法者能够专断地组织和引导社会生活，哪里才会有社会科学的题材呢？科学的题材是这样一些事物，它们具有自己特定的和稳定的本性，能够抗拒人类的意志……为了使社会科学能够确实存在，社会就必须具有某种性质，这种性质来源于组成社会的要素的性质和这些要素的组成，而它也是社会现象的根源。这些要素一旦被呈现出来，立法者的角色和他的传奇也就烟消云散了。"② 可见，对于

① Émile Durkheim, *Montesquieu et Rousseau, Précurseurs de sociologie*. Paris : Librairie Marcel Rivière et Cie, 1966.pp.29-31.

② Émile Durkheim, *Montesquieu et Rousseau, Précurseurs de sociologie*, p.41.

涂尔干而言，社会科学的登堂入室必须以政治哲学的退场为前提，因为政治只是社会的反映。

涂尔干之所以重视孟德斯鸠，正在于他认为孟德斯鸠所关心的，并不是制定一种新的政治秩序，而是确定政治规范。涂尔干所理解的政治规范就是特定社会条件所要求的政治类型。在涂尔干看来，孟德斯鸠正确地理解了人类的必然的多样性，从而与历史上大多数专门讨论政治的作家拉开了距离，因为"他们向我们提出一种政治类型，超越了所有时空限制，能够适用于全人类。他们相信，只存在一种政体、一种道德和法律纪律符合所有人的本性……这些作家闭目不看历史，没有意识到人并不总是时时处处都是相同的，相反，他们是能动的和多样的，而因此民情、法律和制度的差异是立足于事物的本性之上的"。孟德斯鸠则认为不同类型的社会同样是正常的，"他从未想到去制定对所有民族来说都有效的规则。相反，他让他的规则去适应每一种不同类型的社会"。① 因此，不同的时间和地域需要不同类型的政体。孟德斯鸠以人类生活中事物的多样性为依据来探究事物的规范，因此在很多欧洲人看来不能接受的民族习俗在其社会的本性中有正当的基础，譬如一夫多妻制、错误的宗教、奴隶制甚至专制政体。涂尔干由此敏锐地捕捉到孟德斯鸠思想的一个重要方面，就是对人的自然（人性）和社会的自然（社会的本性）的区别："如果他没有把自然之名赋予这些不同形式的法律，他并不因此认为它们是外在于自然的……在他看来它们事实上并非源于人的自然，而是社会的自然。它们的原因不应该在人的心灵当中而应该在社会生活的状况中去寻找。"② 因此，在涂尔干看来，孟德斯鸠对法的理解既不同于主张法律应当立足于人性的自然法学派，也不同于认为法

<hr />

① Émile Durkheim, *Montesquieu et Rousseau, Précurseurs de sociologie*, pp.47-8.

② Émile Durkheim, *Montesquieu et Rousseau, Précurseurs de sociologie*, p.51.

律源于人的意志约定的实证法学派："他使它们（指法律体系）源于社会体的自然，而非人的自然。令人钦佩的是他确实理解了这一点：社会的自然的稳固和不可动摇并不逊色于人的自然，让民族从一种类型转化到另一种并不比让生物进行这样的转化更容易。"① 涂尔干由此推断，孟德斯鸠认为不同民族的法律体系都是自然的。

然而，涂尔干这时候遇到了一个问题。他注意到，虽然孟德斯鸠从各民族自身的社会自然来理解其法律体系及其合理性，但是他也承认自然法和普遍正义的存在。肯定自然法的存在与承认各种社会具有其立足于自然的合理性并不冲突，但是涂尔干批评孟德斯鸠区分了法律和道德生活，而在涂尔干看来，这两者是不可分的。当自然法和实证法发生冲突时，涂尔干正确地指出，孟德斯鸠认为应该追随前者，但涂尔干却提出了质疑："为什么在任何情况下人的自然（人性）总是比社会的自然（社会性）更神圣？"② 这个问题延续了前述社会科学对哲学的批判，可以被理解为社会学对政治哲学的根本质疑。在涂尔干看来，孟德斯鸠没有回答这个问题，而先前的哲学家不会意识到这个问题，因为在他们看来，人性的原则无疑是决定性的，甚至只有人性的原则。但是涂尔干则指出，存在两个原则，人性的原则和社会的原则，并且这两个原则往往会对人提出互相矛盾的要求。涂尔干和孟德斯鸠一样重视法律和道德的冲突，或者说人性和社会的本性的冲突，但是涂尔干拒绝了哲学家的解决方式，宣称只有一种方式能够避开这一冲突带来的困境，就是把法律、民情的规则，包括那些与个体生活相关的方面，视为社会生活的结果。换言之，社会生活才是法律和道德原则的根源。这是涂尔干的道德哲学的出发点，也就是从人类在历史中形成的具体的社会事物入手去理解道德规

① Émile Durkheim, *Montesquieu et Rousseau, Précurseurs de sociologie*, p. 52.

② Émile Durkheim, *Montesquieu et Rousseau, Précurseurs de sociologie*, p. 54.

则的形成，而不是从抽象的道德观念来建构道德。[1] 涂尔干这里对孟德斯鸠的批评是其对以康德主义为代表的德国观念论道德哲学批评的一个延伸。在涂尔干看来，孟德斯鸠虽然已经从社会类型入手理解道德现象，但是仍然未能摆脱传统哲学的窠臼，依旧是"先前观念的囚徒"，回到了以抽象的道德观念来对法律和社会进行价值判断的传统道德主义哲学。[2]

通过涂尔干对孟德斯鸠社会思想的分析和批判，我们可以更深入地理解孟德斯鸠在西方思想史上的独特贡献。孟德斯鸠是第一个通过历史上形成的具体社会事物来系统阐释政治、法律和道德观念的思想家，因此他可以被视为社会学的奠基人："在孟德斯鸠这里，社会科学的基础原则第一次得以确立。"[3] 但同时，孟德斯鸠仍然诉诸普遍的自然法和道德观念对各种政体和法律进行价值判断。从这里我们可以进一步理解孟德斯鸠和涂尔干的另外一个重要的分歧或者说涂尔干对孟德斯鸠的另外一个相关批评，以此来把握孟德斯鸠思想的特征。孟德斯鸠虽然从社会事物来阐释法律，但他是以政体为出发点和框架对社会事物与法的关联进行分析。也就是说他一方面从民族的物理环境（炎热、寒冷、土地的肥沃或贫瘠）和生活方式（游牧、农耕、商业）等方面来考察政体和法律的形成和特征，但他同样注重政体的性质和原则对于各种社会关系的决定性影响。所以在涂尔干看来，孟德斯鸠对社会的自然／本性对于人类生活的根本意义的理解仍然不够彻底，因为他仍然强调从社会自然形成制度的过程中立法者意志的重要性。换言之，孟德斯鸠并不像涂尔干那样认为政治仅仅是社会的产物，

---

① 参见 Hans-Peter Müller, Société, morale et individualisme. La théorie morale d'Emile Durkheim, in *Trivium Revue franco-allemande de sciences humaines et sociales*, 13/2013, pp. 1-25.

② Émile Durkheim, *Montesquieu et Rousseau, Précurseurs de sociologie*, p.54.

③ Émile Durkheim, *Montesquieu et Rousseau, Précurseurs de sociologie*, p.110.

相反他很重视政体对生活方式和灵魂的塑造，并因此强调立法者和政治家在人类生活中的重要性。在面对恶劣气候造成的社会和道德败坏时，孟德斯鸠指出立法者应该通过立法来予以对抗："当某些气候的物理力量破坏了两性的自然法和有智慧的存在者的自然法时，应该由立法者制定民法来对气候的自然施加强力并重建原初的法。"① 这句话浓缩了孟德斯鸠政治思想的要旨：以自然法为参照，通过立法塑造道德生活。当然，这种塑造并非立法者的唯意志行动，而是在对一个民族的物理环境、社会状态、民情风俗进行全面审视后展开的审慎变革。因此，孟德斯鸠固然可以被视为现代社会科学的奠基人，但根本上仍然是以自然法和普遍道德指引政治行动的政治哲学家。

束缚于虚假历史意识的现代政治科学奠基人

在二战后法国马克思主义的发展中扮演了重要角色的阿尔都塞则从马克思主义的阶级理论和历史哲学来阐释孟德斯鸠。在他看来，孟德斯鸠以科学的方式研究政治，但又受制于其贵族出身而运用政治学来辩护贵族和封建制。结果，虽然孟德斯鸠的方法是科学的，甚至构成了政治科学的某种革命，但由于蒙蔽于虚假的历史意识，孟德斯鸠没有能够真正地洞察历史的真相及其真实的动力。孟德斯鸠一方面确实发现了"新世界"，但另一方面他又是旧世界的捍卫者。

阿尔都塞指出，如果使政治和历史成为科学的对象，那么就要承认历史中存在科学能够发现的必然性（nécessité），因此要使关于政治和科学的研究摆脱神学。也就是说，历史并非完全被人的非理性和缺陷所支配，历史的意义绝不在于在人的非理性和缺

---

① Montesquieu, *De l'Esprit des Lois*, Montesquieu, in *Oeuvres complètes*, ed. R. Caillois, Volume 2 ,Paris : Gallimard, 1949-1951, XVI, 12, p.518.

陷中彰显神的理性。[1] 阿尔都塞把孟德斯鸠的历史哲学与博絮哀的神意史观和帕斯卡的神义哲学拉开了距离。在阿尔都塞看来，科学的历史和政治研究必须拒绝试图超越人的宗教和试图规定目的的道德，或者说，要在作为科学的历史当中排除神学和道德给历史立法的意图。阿尔都塞欣赏孟德斯鸠的是，后者强调自己不是从神学而是从政治的角度来讨论历史和宗教，他在《论法的精神》正文前的说明中指出他讨论的德性是政治性的而非道德的和宗教的，也就是说要对政治、道德、宗教等领域加以区分。[2] 阿尔都塞据此得出结论，孟德斯鸠认为政治科学只能以政治的根本自主（autonomie radicale du politique）为研究对象。

阿尔都塞以孟德斯鸠的宗教研究为例来说明后者的政治科学中的政治的自主性。在他看来，孟德斯鸠一视同仁地从人的角度（也就是说并不是从是否符合神启真理，而仅仅从政治的、环境的原因）对待所有宗教，无论是被视为"错误的宗教"如伊斯兰教，还是被视为"正确的宗教"如基督教，并进而提出了一种宗教和道德信仰的社会学理论。在宗教问题上，孟德斯鸠遵循了政治科学的两个原则："不应该根据宗教和道德原则审判历史，应该把宗教和道德放在历史事实中。"[3] 换言之，宗教和道德并无超验性，不过是历史的产物，应当从历史的角度加以理解。不过，阿尔都塞指出，这两个原则也是孟德斯鸠的先驱如霍布斯等政治哲学家所遵循的。孟德斯鸠思想相比他们的突破之处在于他与自然法学派拉开了距离，拒绝了社会契约论。

在阿尔都塞看来，现代自然法学派从抽象的自然状态、自然

① Louis Althusser, *Montesquieu. Politique et histoire*. Paris : Puf, 1959, p.16.

② Louis Althusser, *Montesquieu. Politique et histoire*, pp.17-8. Montesquieu, *De l'Esprit des Lois*,pp.227-8.

③ Louis Althusser, *Montesquieu. Politique et histoire*, p.21.

法、社会契约入手推导社会和政治的形成，在霍布斯、斯宾诺莎、洛克等人的思想中并无历史事实的位置，因为他们关注的不是事实（faits），而是正当（droit），或者说应当是什么（doit être），是建构新秩序，而非理解历史和事实。① 阿尔都塞指出，孟德斯鸠拒绝了这种非历史的自然法和社会契约论，并且在方法上拒绝依据法来判断事实。相反，孟德斯鸠致力于把握事实，避免以应当来判断"是"，因为他从"事物的本性"入手来推导他的原则，从历史的必然中推导出法。阿尔都塞认为，孟德斯鸠的科学性就体现在注重考察历史事实，而不是简单地以"应当"来判断"是"。他的前无古人的创新之处在于，他试图在纷繁复杂的人类的全部历史中发现人类行动，特别是立法的某些有章可循的规律。② 正是在这一意义上，他可以被视为现代政治科学的奠基人。虽然格劳休斯、霍布斯、斯宾诺莎等人也以近代科学的方式研究道德和政治科学，但他们研究的是抽象的、一般性的社会，而孟德斯鸠以整个人类在具体的历史发展中形成的法律、习俗和制度为研究对象。③ 孟德斯鸠通过历史中的具体社会所呈现的事实（faits）而非理性抽象演绎的本质（essences）来建立他的社会物理学。

　　由此可以理解孟德斯鸠与自然法学派的另一个重要区别，也就是对法的理解。阿尔都塞指出，近代早期西方人对法的理解发

---

① Louis Althusser, *Montesquieu. Politique et histoire*, p.25.

② Louis Althusser, *Montesquieu. Politique et histoire*, p.8.

③ 在阿尔都塞看来，孟德斯鸠的政治科学和霍布斯、斯宾诺莎的政治科学的不同类似于牛顿的经验物理学和笛卡尔的思辨物理学的差别。Louis Althusser, *Montesquieu. Politique et histoire*, p.15. 在这里阿尔都塞重复了关于孟德斯鸠的一个流行的、最初源于日内瓦博物学家 Charles Bonnet 的看法，即孟德斯鸠是心智世界中的牛顿。但事实上，孟德斯鸠的研究方法受到笛卡尔主义的影响要远大于牛顿。参见 Mark H. Waddicor, *Montesquieu and the Philosophy of Natural Law*. La Haye : M. Nijhoff, pp.30-32. Denis de Casabianca, *Montesquieu. De l'étude des sciences à l'esprit des lois*. Paris, Champion, 2008,p. 102.

生了变化。法的传统定义是一种命令，指向某种目的，更多的属于宗教、道德和政治领域，而 16、17 世纪的思想家开始从规则和法则的角度理解法，把法的概念用于自然和物理领域，用来理解事物之间的关系。阿尔都塞看来，在现代自然法学派那里，虽然法已经具备了关系的新概念，但仍然保留了传统的命令的内涵，而孟德斯鸠则完全以关系来理解法律，因此法不再是"理想的秩序"，而是现象的内在关系。阿尔都塞强调，以作为关系的法取代作为命令的法是孟德斯鸠思想的科学性的一个重要体现。

在阿尔都塞看来，孟德斯鸠与自然法学派的分歧不仅仅是思想学术上的不同，而且体现了意识形态上的重大差异。自然法学派从自然状态推论社会和政治的形成并非仅仅是笛卡尔式的方法论的结果，而是出于一种反对旧秩序的意识形态立场。如果社会和政治并非出于自然，政治制度起源于人民的约定，那么等级制并无自然基础，因此自然法思想和社会契约论对旧秩序和封建制构成了挑战。在阿尔都塞看来，出身贵族的孟德斯鸠是旧秩序的捍卫者，不会看不到自然法学说和社会契约论对贵族制、等级制构成的威胁，因此他拒绝了自然法和社会契约论，着力于考察事实，探究现象之间的关系－法，放弃了对应当的追问，从而表现为某种肯定既存秩序的合理性的保守主义。可以说，孟德斯鸠用新瓶装旧酒，用科学来捍卫旧制度。

然而，阿尔都塞意识到，这样解释孟德斯鸠会遇到挑战。首先，孟德斯鸠经常以应然的方式谈论法律，在讨论现存的法律是以更好的法律予以衡量的，并要求立法者制定更好的法律。

但阿尔都塞坚持认为孟德斯鸠并非进行道德判断的道德主义者，因为在他看来，孟德斯鸠反对以"应当"来判断"是"。[1] 那么怎么解释孟德斯鸠在《论法的精神》中多处对"应当"的强调？在

---

① Louis Althusser, *Montesquieu. Politique et histoire*, p.35.

阿尔都塞看来，这是因为孟德斯鸠洞察到人的行动的真实的动机和原因并非他们自己所宣称的那样，因此他注重考察那些实际上支配人们的行动而不为人们自己所意识到的原因，如气候、土壤、民情等等。这种洞察使他认识到人们制定的法律和实际上支配他们的法律之间存在巨大差别。他的政治科学的意义在于帮助立法者认识到人的幻想的和虚假的意识，使得立法者有意识制定的法律尽可能地符合事实上支配人的无意识的法律，也就是说让出于立法者的命令，法尽可能符合不以人的意志为转移的关系法。在阿尔都塞看来，真正的政治科学的前提是破除错误的历史意识。那么，孟德斯鸠谈到的"应当"在阿尔都塞看来是对真实的历史认识的回归。

　　然而，这里阿尔都塞所运用的马克思主义式的对虚假和错误历史意识的批判并不能充分解释孟德斯鸠对应然的强调。确实，孟德斯鸠指出法律应当与气候、土壤、民情等这些人们缺乏充分的且有意识的认知的因素相一致，然而他的"应当"绝不仅仅针对命令法，同样也针对这些关系法。正如上文在讨论涂尔干时指出的那样，孟德斯鸠强调立法者同样要致力于遏制乃至对抗物理、社会、民情因素对人的控制，从而让自然得到彰显。换言之，孟德斯鸠不只是以某种实证主义来发现那些人们没有意识到的、支配他们的思想和行动的因素，而且对这些因素对于人的支配本身也予以了思考，并且以自然——也就是阿尔都塞所说的应然来改变这一支配。因此，在孟德斯鸠那里，立法者不只是被动地追随科学来尽可能地通过法律让人们意识到种种因素对他们的支配，以便让他们更加热爱他们的祖国和法律，[①] 而是在意识到这些因素所造成的限制的前提下尽可能地理解并接近自然所规定的应然。阿尔都塞试图用孟德斯鸠的科学来驾驭政治哲学的立法，但这样

---

① Montesquieu, *De l'Esprit des Lois*, p.230.

做，他恰恰是以他自己的历史意识来塑造了一个实证主义的孟德斯鸠。[1]

当然，阿尔都塞事实上也注意到，对于他对孟德斯鸠思想中的"应当"的解释，孟德斯鸠的文本对其构成了挑战，因此他又抛出了第二种解释。他承认，在孟德斯鸠的思想里，仍然存在着作为旧的法律概念也就是作为命令和应当（义务）的法律的残余，而这里的法不再是历史中的实证法，而是以人性为依据的普遍命令。与涂尔干类似，阿尔都塞指责孟德斯鸠在这里回到了"最乏味的传统"，也就是认为"存在永恒价值"的传统。[2]诉诸自然和永恒价值的政治哲学家孟德斯鸠，显然与阿尔都塞所欣赏的历史主义政治科学家形象大相径庭。然而这一点没有难倒阿尔都塞，他再次诉诸孟德斯鸠的阶级出身来解释这一矛盾，指出孟德斯鸠诉诸自然和永恒的法律是为了应对社会契约论对封建制构成的挑战。如果像孟德斯鸠认为的那样，由于人不断违背上帝的法律和人自己制定的法律，因此需要宗教法、道德法和政治法以及民法来提醒人对上帝、自我和他人的责任，那么试图以社会契约重构法律和社会的努力就背离了这些基本的法，因此是不正当的。如果社会契约的正当性被瓦解，那么封建制就少了一个巨大的威胁。[3]

然而，如果这些以永恒的价值、以自然为依据的法对社会契约论构成挑战，那为什么不会同样对封建制构成挑战呢？阿尔都塞没有回答这个问题。由于他对所谓永恒价值的不屑，他完全没有认真对待孟德斯鸠的相关论述。他很快地打发了孟德斯鸠对自

---

[1] 雷蒙·阿隆也指出，阿尔都塞在责备孟德斯鸠诉诸理性的普遍法则而不仅仅满足于以社会决定论的方式来阐释特定的社会和政治现象，他这样做也是把孟德斯鸠变成了"马克思主义者"。Raymond Aron, *Les étapes de la pensée sociologique*. Paris : Gallimard, 1976, p.59.

[2] Althusser, *Montesquieu. Politique et histoire*, p.40.

[3] Althusser, *Montesquieu. Politique et histoire*, pp.41-2.

然法的讨论，[①] 没有因此质疑他自己得出的孟德斯鸠反对自然法的结论，他也没有注意到孟德斯鸠在讨论实证法的形成时所隐约表达出的社会契约论的观点。[②] 其次，他认为孟德斯鸠的自然并无"平等主义的结构"，也就说缺乏平等内涵的自然不会对封建制构成挑战。然而，孟德斯鸠对自然法的讨论明确包含了平等的内涵，他明确指出平等是自然状态的基本特征，而社会带来了不平等，只有通过法律才能重建平等。[③] 事实上，自然法学说是孟德斯鸠思想的重要基础，[④] 但是这一自然法并不必然导致对君主制的否定。阿尔都塞没有看到的是，孟德斯鸠可以同时从自然的普遍性和历史的多元性审视人类历史中的政体和法律的复杂性，在坚持道德普遍主义的时候务实地持守政治多元主义。他批评孟德斯鸠被阶级出身及其相应的虚假的历史意识所蒙蔽，以至于没有预见到他的政治科学最终将被用来颠覆他试图捍卫的封建秩序。然而，阿尔都塞没有意识到，他同样被自己的历史主义遮蔽，不愿意面对孟德斯鸠立足于自然和普遍正义的哲学思考，因为这一思考对他的历史主义构成了挑战。

第一位社会学家和最后一位古典政治哲学家

与涂尔干和阿尔都塞不同的是，在孟德斯鸠思想中被他们视

---

① Althusser, *Montesquieu. Politique et histoire*, pp.40.

② 在《论法的精神》第一章第三节，孟德斯鸠引用了持社会契约论思想的意大利法学家 Gravina 的观点，含蓄表达了对社会契约论的认同，Montesquieu, *De l'Esprit des Lois*, p.237. Montesquieu, *Pensées*, ed. Louis Desgraves, Paris, Robert Laffont, 1991. n.1267, pp.425-6.

③ Montesquieu, *De l'Esprit des Lois*, VIII, 3, p.352.

④ Mark H. Waddicor, *Montesquieu and the Philosophy of Natural Law*. C. P. Courtney, "Montesquieu and natural law", in *Montesquieu's science of politics: essays on the spirit of laws*, edited by David W. Carrithers, Michael A. Mosher, and Paul A. Rahe. Lanham, MD : Rowman & Littlefield Publishers, 2001, pp.41-68.

为矛盾的地方，雷蒙·阿隆则看到了某种有张力的统一，并且视之为把握孟德斯鸠思想特征的关键。涂尔干和阿尔都塞均批评孟德斯鸠被传统哲学遮蔽而未能把他的社会学或政治学的实证性和科学性推进到底，但在阿隆看来，这恰恰表明了不能以现代社会科学的尺度来衡量孟德斯鸠的思想，而需要严肃对待其哲学身份。更为重要的是，孟德斯鸠在对法律进行实证研究的同时坚持自然法和普遍正义的规范性，这事实上触及了社会科学的根本问题，也就是在对社会现象进行描述和解释时，社会学是否和如何进行价值判断。

　　阿隆首先说明孟德斯鸠何以可以被视为社会学家。在他看来，孟德斯鸠的工作与韦伯的类似，《论法的精神》的意图是从人类现象（民情、习俗、法律等）的杂乱的多样性中找出某种可以把握和理解的秩序。在阿隆看来，面对看似混乱的多样性，孟德斯鸠首先在事物的偶然背后探究深层的原因，其次通过某些类型对纷乱的现象加以组织。在孟德斯鸠的思想里，第二种研究方式更为重要，也更为鲜明地体现出社会学特征。阿隆通过对比孟德斯鸠和亚里士多德的思想来指出孟德斯鸠看似传统的政体研究背后的社会学特征。孟德斯鸠从三方面对政体进行了界定：谁掌握最高权力；权力的运行方式（譬如是否受到法律限制）；政体运转的动力（原则）。阿隆指出，孟德斯鸠对政体的区分同时也是对社会组织结构的区分，也就是说他不仅仅考察政体，还考察政体背后的社会组织方式。这是他不同于亚里士多德及传统的政体学说的原创之处，也是其社会学特征的体现。[1] 他首先在政体与社会的规模之间建立了关联，社会的规模在一定程度上决定了政体形式，譬如共和制适应小国、君主制适应中等大小的国家，而专制则适合地

---

[1]　Aron, *Les étapes de la pensée sociologique*, pp. 33-34.

域广袤的国家。更重要的是，要维护一种政体的原则或者动力必然要求采取一定的社会组织方式。譬如在民主共和国，其原则是爱祖国和爱平等，那么相应地需要一种维护平等的社会生活。以荣誉为动力的君主制则以不平等和等级区分作为社会组织的方式。在孟德斯鸠著名的分权理论中，阿隆也通过与洛克的分权学说的比较指出这一理论的社会学色彩。洛克关心的是为最高权力如王权设定边界，而孟德斯鸠则更注重通过不同的社会力量的相互制约来维持权力的制衡。[1] 同样，在对罗马宪制的分析中，孟德斯鸠指出，对于形成温和节制的政体而言，平民与贵族这两个社会阶层之间的博弈和平衡非常关键。

阿隆认为孟德斯鸠从政体类型扩展到了对整个社会的研究，这一研究包括了三个方面：影响政体的外部原因；在原因与要解释的现象之间的关系的特征；对是否可以把社会作为一个整体进行考察，而不只是罗列种种现象及其原因。[2] 阿隆指出，古典政治哲学界定政体的标准是掌握主权的人数，它是超越历史的。孟德斯鸠一方面继承了古典政治哲学的做法，但他更注重思考权力的持有和运转背后的社会机制和社会生活。而要理解社会机制和社会生活的运转，则必然要考察构成它们的因素。这些因素包括了气候、土壤、人口、经济、防御、宗教等等。对这些因素及其与政体关系的探讨最终上升到对作为整体的社会的思考，这一思考体现在孟德斯鸠提出的民族的普遍精神（esprit général）这一概念。普遍精神是作用于一个民族的种种因素的合力所形成的心灵习惯："多种事物统治人：气候、宗教、法律、政府准则、过去发生的事情的榜样、民情、举止。从所有这一切中产生了一种普遍精神。"[3] 对

[1] Aron, *Les étapes de la pensée sociologique*, p.40.
[2] Aron, *Les étapes de la pensée sociologique*, p.43.
[3] Montesquieu, *De l'Esprit des Lois*, XIX, 4, p.558.

民族的普遍精神的考察体现了孟德斯鸠的社会学研究的整体视野，也就是说他没有陷入以某种单一的因素来解释历史的决定论。不过，孟德斯鸠也并不因此认为所有影响人类生活的因素具有同样的重要性，从而不能辨识人类生活中的不同层面的主次之分。阿隆正确地指出，在孟德斯鸠那里，在建构人类生活的多元力量当中，政体是主导性的，而政体原则和普遍精神的相互呼应则是考察一个民族的关键之处。一个民族或一个政治共同体正是在政体的框架中综合各种因素形成了其普遍精神。

鉴于政体的重要性，什么是优良政体则是孟德斯鸠要探究的根本问题。阿隆并没有明确提出这一点，但他注意到孟德斯鸠对节制的政体和不节制的政体的区分，这与他追随亚里士多德以共和制、君主制和专制对政体类型进行的区分同样重要。在这三者当中，前两者为节制的政体，而专制则是不节制的政体，是绝对的政治恶。因此，"确定的是，在孟德斯鸠的政治思想里，在每个人恐惧每个人的专制与没有一个公民需要害怕另一个公民的自由政体之间构成了决定性的政治对立"。[①] 那么，对于孟德斯鸠来说，探究能够使公民免于恐惧、保障公民自由的政治制度最为重要，而他在英格兰宪制中找到了这样一种制度。应该说，阿隆对孟德斯鸠的政体学说的分析有一些偏差，譬如在他看来，孟德斯鸠认为共和制优于君主制，而最能维护自由的英格兰宪制是君主制的一种，这样就不免产生矛盾。事实上，孟德斯鸠对以古典城邦共和国为代表的共和政体提出了批评，而英格兰宪制事实上是三种传统政体之外的一种新型政体。不过，阿隆非常准确地把握了孟德斯鸠在讨论英格兰宪制使所呈现的著名的三权分立学说的内涵。

阿隆指出，对于孟德斯鸠的分权学说可以进行三种阐释。第一种阐释最为流行，就是认为孟德斯鸠在这里提出了作为现代宪

---

① Aron, *Les étapes de la pensée sociologique*, p.36

政核心三权分立学说。第二种也很常见，也就是阿尔都塞所持有的看法：作为贵族阶层的代表，孟德斯鸠强调社会力量特别是贵族阶层对于建立一个权力制衡的温和政府的重要性。阿隆认为这两种阐释均是合理的，但他提出了颇有洞察力的第三种阐释。在这里阿隆展开了与阿尔都塞的对话。在阿尔都塞看来，孟德斯鸠是历史的狡黠（la ruse de l'histoire）的牺牲品，他和其他 18 世纪贵族一样基于贵族立场对王权展开的斗争最终却促成了民众力量和民主的兴起，而这是他们自己始料未及的。[1] 然而，阿隆指出，即使孟德斯鸠的贵族立场是某种"反动"，但这并没有削弱其宪制思想的意义。孟德斯鸠未尝不可以设想社会等级和特权将逐渐消失，但在他看来，如果不存在多元的社会力量对权力的制约，如果不存在社会阶层之间的力量制衡，那么自由则无法得到保障。阿隆指出，孟德斯鸠的观点，即在民主国家，人民的权力并不意味着公民的自由，在很大程度上被现代历史印证了。因此，孟德斯鸠的分权学说所倡导的是，社会的多元和异质对权力构成的约束是自由的条件。所以，阿隆指出，孟德斯鸠的政治哲学的本质是自由主义。[2]

---

[1] Althusser, *Montesquieu. Politique et histoire*, pp. 120-122.

[2] Aron, *Les étapes de la pensée sociologique*, pp. 43,63。阿隆注意到，孟德斯鸠的政治哲学并非完全是局限于其时代和法国封建制传统的一种思考，而具有某种现代意义。但是阿隆忽视了孟德斯鸠对现代性的考察。由于阿隆本人首先从资本主义和工业化的角度来理解现代社会，在他看来孟德斯鸠则完全没有认识到科学技术的变化可能带来的生产方式变革所具有的革命意义，因此孟德斯鸠完全没有以现代社会作为思考对象。在阿隆看来，孟德斯鸠所使用的范畴特别是经济学上的范畴如商业和农业完全属于古典政治哲学。所以，阿隆完全忽略了孟德斯鸠的商业研究的重要意义，没有意识到孟德斯鸠已经观察到一个全新的商业社会的到来及其承载的革命性意义，阿隆也因此没有认识到孟德斯鸠对英格兰政体和社会的观察指向了一种对现代商业共和国的思考。对孟德斯鸠思想的现代性维度的阐释，参见 Thomas Pangle, *Montesquieu's Philosophy of Liberalism: A Commentary on The Spirit of the Laws*. Chicago: University of Chicago Press, 1973.

孟德斯鸠对自由的坚持使得他摆脱了社会学可能陷入的决定论。这种决定论把社会生活理解为从原因到现象或结果的某种必然关系，在这种情况下人不过是各种社会力量的被动的接受者，缺少能动性和自由，因此政治行动和变革是不可能的，或者说人诉诸意志和行动来进行变革的努力往往不过是徒劳的、表面的幻象，并不能真正改变被外在于意志的社会力量所决定的社会事实。如果人类生活受制于一种社会必然性，那么价值判断就既不可能——因为对社会事实进行判断的价值也必然是社会的产物而缺少普遍性和超越性，也无意义——因为社会必然性并不会因为价值判断发生丝毫改变。阿隆认为，孟德斯鸠对社会学的贡献，除了对社会现象的开创性研究，第二个需要关注的方面是他的思考对于理解事实与价值的关系所能提供的启发。

　　首先，孟德斯鸠对政体和制度背后的社会现象和原因的考察并没有让他陷入社会学决定论而放弃价值判断。譬如，他通过种种物理环境的、社会及精神性因素理解专制和奴隶制的形成，指出它们是特定情形下的产物，但他并未因此得出结论说它们的产生是不可避免的，也没有因此淡化它们对人性和道德的背离和扭曲。他坚持认为立法者可以通过法律和民情的改变来缓解物理环境的恶劣影响，转化社会和精神因素的消极作用。其次，价值判断和政治变革在孟德斯鸠那里之所以可能，是基于他对普遍正义和自然法的信念。与涂尔干和阿尔都塞不同，阿隆高度重视孟德斯鸠对法的一般性理解及其对于孟德斯鸠的社会理论的意义。在阿隆看来，孟德斯鸠的法的概念有两个方面：作为命令的法和作为因果关系的法（也就是孟德斯鸠所说的在实证法与各种政治、社会、环境等因素之间的关系），而《论法的精神》的主要内涵就是通过后者来解释前者。阿隆这里的阐释与阿尔都塞的差别不大。不过，阿隆指出，在孟德斯鸠那里还存在第三种法，就是普遍命令。① 孟德斯鸠正是依据这一面向人和人类的普遍命令进行价值判断。因此孟德斯鸠的思想是对自然法和社会学的结合，是对传统哲学的价值和道德判断与现代社会科学实证研究的融合。所以，在阿隆看来，孟德斯鸠是最后一位古典哲学家和第一位社会学家。

涂尔干和阿尔都塞从不同的角度肯定了孟德斯鸠的社会和历史实证主义，轻视和批判了他的自然法和普遍价值思想，这绝非偶然。阿尔都塞是马克思主义哲学家，而马克思和涂尔干被视为现代社会科学的最重要的两位奠基人。从社会和历史对自然的质疑和否定，构成了 19 世纪以来西方社会思想的基本旋律，充分揭示了困扰现代社会的价值危机。在二战后被马克思主义和结构主义支配的法国社会科学中，阿隆指出了孟德斯鸠社会研究的普遍主义维度的重要性。在涂尔干、阿尔都塞和阿隆的论述中，我们可以看到在孟德斯鸠思想中，自然与历史及社会之间、道德普遍主义与政治多元主义之间的张力。作为最重要的启蒙思想家之一，孟德斯鸠留给后人的思想遗产就是他从自然与历史 / 社会的双重视野审视人类文明的复杂性和多元性的努力。

---

① Aron, *Les étapes de la pensée sociologique*, p.57. 不过阿隆没有从孟德斯鸠对法的最基本的定义——源于事物自然的关系——入手来阐释这一作为普遍命令的法，这样做会更好地说明作为普遍命令的法和作为立法者意志体现的实证的命令法的差别。

法国学界对基佐政治思想的"重新发现"①

首都师范大学历史学院　倪玉珍

在西方学界，19 世纪上半叶的法国自由主义，尤其是基佐的自由主义思想曾经长期被遗忘。研究政治思想史的法国当代著名学者皮埃尔·罗桑瓦隆在 1985 年出版的《基佐的时刻》一书中指出，自 19 世纪 80 年代以来，在近一个世纪的时间里，法国极少再版复辟王朝和七月王朝时期（1814—1848 年）自由主义思想家的著作。即便是他们当中最著名的，如托克维尔和贡斯当，也是自 20 世纪 50 年代起才重新受到关注。② 罗桑瓦隆在《基佐的时刻》一书中重新阐释了法国 19 世纪上半叶"保守的自由主义"，认为它独特的价值在于揭示了民主与自由主义之间的内在张力。他把基佐及其所属的温和自由派——"信条派"（les doctrinaires）③ 视为法国 19 世纪上半叶"保守的自由主义"的代言人和实践者，认为他们表达和实践了后大革命时期"整整一代人的政治抱负"。④《基佐的时刻》的出版标志着法国学界在近一个世纪的遗忘之后，对基佐政治思想的"重新发现"，以及法国学界对 19 世纪上半叶法国自由

---

① 本文发表于《史学理论研究》2011 年第 2 期，第 122—126 页。

② Pierre Rosanvallon, *Le Moment Guizot*, Gallimard, 1985, pp. 399-400.

③ 国内也有学者把 "les doctrinaires" 译作"空论派"。

④ Pierre Rosanvallon, *Le Moment Guizot*, p. 27.

主义思想的研究在升温。①

在法国，19 世纪上半叶的自由主义，尤其是基佐及"信条派"的政治思想只是近三十年来才重新受到学界的关注，那么在英美学界又是怎样一种情形呢？美国学者奥勒连·克莱图在 2002 年出版的基佐的《欧洲代议制政府的起源》一书的英译本导言中指出，英美学界对于法国 19 世纪上半叶的政治思想，最缺乏理解的是其自由主义。托克维尔的《论美国的民主》算得上是个例外，英美学界甚至在很长一段时间内把法国 19 世纪上半叶的自由主义等同于《论美国的民主》。自 20 世纪 50 年代以来，另一位 19 世纪上半叶的法国自由主义者贡斯当也受到了英美学界的广泛关注。然而，曾经在 19 世纪上半叶的法国学界和政坛产生过举足轻重影响的基佐和"信条派"在英美学界仍然被忽略。② 一个明显的例证是，剑桥大学出版的著名的政治思想史丛书中没有包括基佐和"信条派"。此外，新版的牛津世界百科全书也没有提及他们。③ 奥勒连·克莱图是英美学界少数致力于研究基佐和"信条派"的政治思想的学者之一，他认为基佐和"信条派"的政治思想之所以在英美学界受到不公正的忽视，最主要的原因是英美模式的自由主义享有话语霸权地位。他指出，英美"正统的自由主义"一般把霍布斯、洛克、亚当·斯密和约翰·穆勒视为鼻祖，把个人主义、理性主义和功利主义视为自由主义的核心价值。④"信条派"则对个人主义、功利主义和市场持不信任的态度，例如基佐的政治思想中就有重国家权力轻个人权利的色彩，他同时反对把个人假定为追逐自我利益的

① Aurelian Craiutu, *Liberalism under Siege: The Political Thought of the French Doctrinaires,* Lexington Books, 2003, p. 6.

② François Guizot, *The History of the Origins of Representative Government in Europe*, Liberty Fund, 2002, pp. vii-viii.

③ Aurelian Craiutu，*Liberalism under Siege*，p. 4.

④ Aurelian Craiutu，*Liberalism under Siege*，pp. 287-288.

个体。① 此外，基佐和"信条派"不得不同时面对旧制度的政治遗产和法国大革命的雅各宾政治遗产，这使得他们一方面要思考如何应对极端保王派复辟旧制度的企图，另一方面又要思考如何防范激进民主派的不断革命，这种独特的政治处境使他们思考的重心落在了民主与自由主义的张力这一问题上。法国独特的政治文化传统使得它的自由主义与英美自由主义很不相同，这是基佐和"信条派"不易被英美学界接受和理解的重要原因。奥勒连·克莱图于2003年出版的《被围攻的自由主义——法国"信条派"的政治思想》一书，是英美学界第一部全面介绍基佐和"信条派"的政治思想的著作。奥勒连·克莱图力图摆脱用英美模式的自由主义去观照法国自由主义的思维定式，把"信条派"的政治思想放在19世纪上半叶的法国历史和政治处境中加以考察，从而揭示出法国自由主义面临的特殊问题及其独特内涵。

在西方学界重新关注基佐的政治思想以前，基佐的声名主要限于史学领域。他被视为研究文明史和英国史的著名历史学家，此外，研究者至多是对他的政治实践感兴趣。英国历史学家伍德沃德于1929年出版的《关于欧洲保守主义的三篇论文》研究了基佐在复辟及七月王朝时期的政治实践。② 卡尔·温乔伯于1966年出版的《文明的视野》介绍了基佐与伏尔泰、布克哈特等人对欧洲文明的研究③。英国历史学家道格拉斯·约翰逊于1963年出版了一本基佐的传记《基佐：法国历史的方方面面》，对基佐的政治生涯做了精彩的介绍，但贬低了基佐的政治思想。④ 1972年，芝加哥大

① Aurelian Craiutu, *Liberalism under Siege*, pp. 279-280.

② E.L. Woodward, *Three Studies in European Conservatism: Metternich ,Guizot, the Catholic Church in the Nineteenth Century*, Constable&Co Ltd, 1929.

③ Karl J. Weintraub, *Visions of Culture*, University of Chicago Press, 1966.

④ Douglas Johnson, *Guizot: Aspects of French History*, Routledge&Kegan Paul, 1963.

学编辑出版了一本基佐的历史论文与演讲集。^① 此外，巴杜于 1894 年出版了一本基佐的传记，^② 法盖于 1890 年出版了《19 世纪的政治家与道德家》，其中包括对基佐的评述。^③ 只有少数学者关注基佐的政治思想，如普塔斯于 1923 年出版的《复辟时期的基佐》^④ 和西登拓普于 1979 年发表的论文《两种政治传统》。^⑤ 不过，伴随着罗桑瓦隆的《基佐的时刻》的发表，以及法国学界对 19 世纪上半叶的自由主义思想研究的升温，基佐的政治思想日益受到重视。在法国，1991 年出版了一本研究基佐政治思想的论文集，名为《弗朗索瓦·基佐及其时代的政治文化》，^⑥1994 年出版了论文集《基佐、"信条派"与 1820—1830 年的报刊》。^⑦ 此外，由皮埃尔·马南和罗桑瓦隆等人编辑的两卷本《政治思想》以及由弗朗索瓦·傅勒、莫娜·奥祖夫编辑的三卷本《政治文化的转变 1789—1848 年》也收集了研究基佐的论文。^⑧ 不过，在英美学界，正如奥勒连·克莱图指出的，对基佐的政治思想的研究尚待展开。

那么，法国学界为什么会"重新发现"基佐的政治思想以及关

---

① François Guizot, *Historical Essays and Lectures,* edited and with an introduction by Stanley Mellon, University of Chicago Press, 1972.

② M.A. Bardoux, *Guizot,* Hachette,1894.

③ Emile Faguet, *Politiques et Moralistes au Dix-neuvième Siècle* Lecène, Oudin&Co. 1890.

④ Charles H. Pouthas, *Guizot Pendant la Restauration* Plon, 1923.

⑤ Larry Siedentop, "Two Liberal Traditions", in Alan Ryan, ed., *The Idea of Freedom* Oxford University Press, 1979.

⑥ Marina Valensise, ed., *François Guizot et la Culture Politique de son Temps,* Gallimard, 1991.

⑦ D. Roldan, ed., *Guizot, les Doctrinaires et la Press, 1820-1830* Val-Richer: Fondation Guizot, 1994.

⑧ Pierre Manent, Pierre Rosanvallon and Marcel Gauchet, eds., *La Pensée Politique,* Gallimard & Seuil, 1994.

The Transformation of Political Culture, 1789-1848, ed. François Furet and Mona Ozouf, Pergamon Press, 1991.

注 19 世纪上半叶的自由主义思想呢？这个研究热潮是与一个更大的思想潮流相关联的，这就是自 20 世纪 70 年代中期以来法国学界出现的一个令人瞩目的转向：政治的回归。1976 年，法国著名知识分子杂志《思想》(l'Esprit) 刊出了一期以"政治的回归"为主题的特刊。[1] "政治的回归"意味着政治现在成了独立的研究领域，不再被视为社会—经济基础之上的附属物。而标志着"政治"的胜利回归的，是 20 世纪 80 年代弗朗索瓦·孚雷对法国大革命的政治阐释取代了马克思主义史学的社会—经济阐释成为大革命研究的主流。[2] 早在 20 世纪 50 年代，法国著名的自由派雷蒙·阿隆致力于发掘托克维尔的自由主义思想，但由于二战后法国知识分子普遍左倾，马克思主义在知识分子中颇受欢迎，[3] 雷蒙·阿隆因而显得势孤力单。自 60 年代起，阿隆的弟子孚雷在法国大革命史学领域与左翼的"雅各宾派史学家"展开论战，直到 1989 年法国大革命 200 周年之际才尘埃落定：这一年，孚雷所主张的"修正主义"史学观点宣告在法国占了上风。[4] 自 20 世纪 70 年代起，在孚雷的主持下，法国高等社会科学研究院（EHESS）成了复兴的政治哲学研究的中心。这个中心延揽了当时已声名卓著的、与孚雷同辈的克劳德·勒福尔，科内利乌斯·卡斯托里亚迪斯（Cornelius Castoriadis），以及当时尚年轻、在今天的法国思想界很有影响力的马赛尔·戈歇、皮埃尔·马南和罗桑瓦隆等人。1985 年，他们共同创建了雷蒙·阿隆政治研究中心，这个中心事实上成了法国自

---

[1] Warren Breckman, "Democracy between Disenchantment and Political Theology: French Post-marxism and the Return of Religion", *New German Critique* No.94, Secularization and Disenchantment (Winter, 2005), p. 77.

[2] 崇明：《革命的幻想——论傅勒的革命研究》，《思想史研究》第二辑，2006 年 8 月。

[3] 刘北成：《当代法国思潮变迁与福柯(初版前言)，刘北成：《福柯思想肖像》，上海：上海人民出版社，2001 年，第 1 页。

[4] 傅勒：《思考法国大革命》，中译本序，孟明译，北京：三联书店，2005 年，第 2—4 页。

由派的大本营，① 并促成了"政治的回归"的热潮。

雷蒙・阿隆政治研究中心的学者当中有不少人关注法国 19 世纪上半叶的自由主义思想，例如皮埃尔・马南对托克维尔的研究，② 马塞尔・戈歇对贡斯当的关注，③ 以及本文要重点论及的罗桑瓦隆对基佐的研究。

为什么是 19 世纪上半叶，而不是 18 世纪或 20 世纪？在"政治的回归"以及关注 19 世纪上半叶的自由主义思想的热潮出现之前，法国学界对法国自由主义的关注点一般放在两个时刻：一个是"民主的现代性"降临的重要时刻——启蒙运动时期，另一个是"民主完成的时刻"。由于法国 19 世纪上半叶的自由主义带有明显的保守色彩，即大多数自由派拒斥普选及民主政治，他们因而被贴上了"反动"或"反民主"的标签，19 世纪上半叶的自由主义因而被认为是不成熟的过渡形态并遭到冷落。④ 那么，为什么雷蒙・阿隆政治研究中心的学者们偏偏关注 19 世纪上半叶的自由主义呢？这是因为，19 世纪上半叶的自由主义思想同时对现代政治的原则以及 1789—1814 年间的历史经验进行了思考，这使得这一时期的自由主义思想呈现出一种独特的丰富性。1789—1814 年间发生的政治事件，尤其是 1793—1794 年的革命恐怖政治，使得 19 世纪初的自由主义者对 18 世纪的启蒙政治学说，尤其是卢梭的人民主权学说提出了严重的质疑，并使得"政治思考的重心发生偏移"：19 世纪初的自由派最关切的问题是自由与民主的关系问题。

---

① Warren Breckman, "Democracy between Disenchantment and Political Theology: French Post-marxism and the Return of Religion", p. 79.

② Pierre Manent, *Tocqueville and the Nature of Democracy*, Rowman &Littlefield Publishers, 1996.

③ Benjamin Constant, *Ecrits Politiques*, textes choisis, présentés et annotés par Marcel Gauchet, Gallimard, 1997.

④ Pierre Rosanvallon, *Le Moment Guizot*, pp. 11-12.

他们的目标是探究在什么情形下，民主会"反噬自由"，并在这个基础之上，思考创建一个稳固的自由政制所需要的各种条件。在罗桑瓦隆看来，18 世纪的法国哲人，如孟德斯鸠、卢梭并未真正思考过这一问题，或者说，他们尚未遭遇这个问题。1848 年后，随着普选权的实施，这个问题又以另外一种方式被消解了，因为"普选权的实施给人以这个问题已经获得解决的错觉"。[①] 然而事实上，1789—1814 年的历史经验是不容忽略的，这 25 年间走马灯似的经历过各种政体：君主立宪制、共和制、革命专政、帝国、复辟王朝，真可谓"城头变幻大王旗"。对于那些经历了大革命的政治风暴劫后余生的人们来说，这 25 年的历史经验，构成了他们的政治思考的基本前提。只有从这个视角去理解 19 世纪初一代法国自由主义者的思想，才能发现他们的独创性和独特的借鉴价值。由此也就不难理解，没有亲历过自由与民主的极端紧张关系的英国和美国，其学界为何会如美国学者奥勒连·克莱图所说的那样，对法国 19 世纪上半叶的自由主义思想，尤其是对"信条派"和基佐的保守的自由主义思想缺乏理解。

在罗桑瓦隆等人看来，基佐的"保守的自由主义"，恰恰具有独特的研究价值。为什么呢？首先，在复辟王朝（1814—1830 年）的大部分时间与整个七月王朝（1830—1848 年）期间，基佐一直处于政治舞台的前端，尤其是在七月王朝时期，他长期担任首相职务，主导了法国的政局。由于他"既是理论家又是令人瞩目的政界人物"，[②] 这使得他的政治思考具备了像贡斯当这样的长期充当反对派的自由主义者所缺乏的维度。正是在这个意义上，皮埃尔·马南称基佐的自由主义思想为"统治的自由主义"，以区别于贡斯当

---

① Pierre Rosanvallon, *Le Moment Guizot*, pp. 13-14.

② Pierre Rosanvallon, *Le Moment Guizot*, p. 28.

的"作为反对派的自由主义"。① 其次，基佐"极好地表达了19世纪初以来自由主义运动与18世纪传统的断裂"，作为历史学家的基佐，对于1789—1814年的这段历史经验格外敏感，他因而比同时代的其他自由主义者更加严厉地批判18世纪的启蒙政治传统，以至于"切断了与这个传统必要的联系"，② 这种"断裂"，是最终导致基佐在1848年2月遭遇政治失败的重要原因之一。不过，也正因为如此，探究基佐的思想与行动、长处和短处，有助于理解法国的18世纪与19世纪的"断裂"与"延续"之处。再次，基佐的"保守"使得他对民主提出了尖锐的批评，他的自由主义思想因而充分呈现了现代民主诞生之初自由与民主的内在紧张。在民主已经"完成"，并成为一种"意识形态"的时代，这种内在紧张不再那么明显，而且即便它还存在，人们在言说时也会采取一种更加委婉和隐秘的方式，而不会像基佐那样开诚布公、毫无遮拦地说出来。③ 然而，在民主遭遇危机的时刻，为了应对民主面临的新问题，人们有必要重新深化对民主的理解，而要做到这一点，就需要重新回顾现代民主诞生之初赞成和反对民主的人们关于民主的针锋相对的争论，以便解答这样一些对于当今法国至关重要的问题："一个文明没有宗教能存在下去吗？可否把一种道德规范变成经济学？社会平等的限度在哪里？一个社会可以没有等级吗？难道不应当使传统重获尊重吗？公民资格的概念等同于民主的概念吗？"④

如果说基佐的"保守的自由主义"是一笔独特的思想遗产，那么，作为一个距离"基佐的时刻"已经一个多世纪的思想者，罗桑瓦隆打算如何对待这笔遗产呢？罗桑瓦隆的态度很耐人寻味。他

---

① 皮埃尔·莫内(通译马南):《自由主义思想史》，曹海军译，长春:吉林人民出版社，2004年。

② Pierre Rosanvallon, *Le Moment Guizot*, p. 29.

③ Pierre Rosanvallon, *Le Moment Guizot*, p. 375.

④ Pierre Rosanvallon, *Le Moment Guizot*, p. 376.

表示，对待基佐的思想遗产，可以有两种方式。一种是简单地回到过去，把基佐应对民主问题的方案直接拿来，这其实是"新保守主义"的做法。这种做法仅仅是"静态地"看待一种思想，却忽略了这种思想形成、发展和变化的"动态"过程。罗桑瓦隆显然不赞同这种方法。他强调说，重读基佐并不意味着要"从他那里找到应对我们当下问题的现成答案"，而是要把他的思想当成"支点"和"镜子"，使我们得以检验我们"尚待完成的劳作"。他实际上是批评那些"新保守主义"者犯了懒惰主义的毛病："通过基佐完成一个迂回而不是简单地回到基佐。迂回是为了更好地回到我们自己的任务，而不是为了偷懒地逃避这个任务。"①

由此可见，对基佐的政治思想的研究，不仅有助于理解法国大革命、民主与自由的复杂关系，以及19世纪上半叶法国的政治变迁，也有助于理解当代的法国政治。到目前为止，国内学界对基佐的政治思想的研究才刚刚起步，与贡斯当、托克维尔这两位和基佐同时代的自由主义者相比，基佐的自由主义思想尚未引起国内学者足够的重视。长期以来，国内学界对基佐的研究主要限于其史学思想。②自2005年以来，国内开始有学者关注基佐及"信条派"的政治思想，③不过与法国学界近年来对基佐的政治思想的重视相比，这种关注仍然远远不够，对基佐的政治思想的研究仍有待进一步展开。

---

① Pierre Rosanvallon, *Le Moment Guizot*, p. 376.

② 仅举几篇为例：赖元晋：《基佐阶级斗争历史思想的演变》，《法国研究》1984年第4期；李占一、李澄：《基佐、米涅、梯叶里的历史哲学与唯物史观的形成》，《社会科学研究》1992年第1期；傅琼：《基佐文明进步史观述论》，《史学月刊》2007年第5期。

③ 吕一民：《理性主权与妥协政治——法国空论派政治思想探析》，《浙江学刊》2006年第1期；倪玉珍：《十九世纪上半叶法国自由主义的重要转向：从基佐"贵族的自由"到托克维尔"平等的自由"》，《思想与社会》第六辑，上海：上海三联书店出版社，2006年；崇明：《基佐论政治权力的社会基础和道德基础》，《北京师范大学学报（社会科学版）》2007年第6期。

时间和记忆

历史性体制转变的法国经验[①]

上海师范大学人文学院世界史系　黄艳红

　　在新世纪的法国史学界，弗朗索瓦·阿赫托戈的著作《历史性的体制：当下主义与时间经验》是一部影响较大的理论著作。今天，历史性的体制（régime d'historicité）概念不仅出现在《19—20世纪法国史学思潮》《史学概念与论辩词典》等史学史和史学理论著作中，[②] 它还被史学家们作为解释工具，运用于各个领域的实际研究中，如2014年出版的论文集《东南欧和西北欧的历史性体制：身份话语与时间性》；[③] 当红的欧洲史专家克里斯托弗·克拉克则将阿赫托戈的理论运用到对德意志历史的研究中。[④] 我国学界对阿赫托戈的理论亦有关注，他的这部著作也已被译为中文。[⑤]

　　所谓"历史性的体制"，简单地说就是特定社会和文化中过去、

[①]　本文发表于《华东师范大学学报》（哲学社会科学版）2020年第5期，第43—52页。

[②]　Christian Delacroix etc., *Les courants historiques en France. XIXe-XXe siècle*, Paris: Gallimard, 2007; Christian Delacroix etc., *Historiographies,Concepts et débats*, II, Paris : Gallimard, pp. 766-771.

[③]　Diana Mishkova etc. eds., *'Regimes of Historicity' in Southeastern and Northern Europe, 1890-1945: Discourses of Identity and Temporality*, UK: Palgrave Macmillan, 2014.

[④]　Christopher Clark, *Time and Power. Visions of History in German Politics, from the Thirty Years' War to the Third Reich*, Princeton: Princeton University Press, 2019.

[⑤]　赖国栋：《法国当下主义历史观的兴起》，《光明日报》2017年8月28日；弗朗索瓦·阿赫多戈：《历史性的体制：当下主义与时间经验》，黄艳红译，北京：中信出版集团，2020年。

现在和未来三个时间维度的结合方式，以及各个维度在不同的结合中所占的分量。但阿赫托戈只挑选了几个历史片段、几个文本和近期的若干现象，利用这个概念去分析其中的"时间性"（temporalité）或"时间秩序"（ordre du temps）。尽管作者援引了很多著名学者的理论，但并不专注于条分缕析的说理剖析，情景化的描述远多于说理分析。阿赫托戈的本行是古希腊史，人类学家马歇尔·萨林斯和列维－斯特劳斯是他重要的理论来源，尤其是在关于历史性的"英雄体制"的描述中。

该著的另一个核心概念是"当下主义"。作为一名法国学者，阿赫托戈的相关阐述主要是从法国的历史经验出发的，当他将1789年视为"未来主义"历史性体制创生的标志，而把1989年视为"当下主义"体制上升的标志性日期时，这种法国视角显而易见：大革命之后两百年的历程大致来说就是未来主义兴起和衰退，并进而孕育当下主义的时代。当然，在阿赫托戈看来，这两个日期不仅对法国，而且对整个世界来说都具有象征性意义。

法国大革命与现代历史性体制的创生

阿赫托戈以很大的篇幅阐述了历史性的"旧制度"和"现代体制"。概而言之，历史性的旧制度反映在西塞罗的那句名言"历史乃人生之师"（historia magistra vitae）中，而现代体制则放弃了这个信条，认为未来必将展现出过去未曾经历的新景象。这两个概念直接受德国历史学家莱因哈特·科泽勒克的启发。科泽勒克在其文集《过去的未来》的前两篇论文中，分析了近代早期（约1500年—1800年）欧洲人的未来观念的转变，以及"历史乃人生之师"这一经典格言在1800年前后的退场。[1] 科泽勒克的一大贡献，是

---

① Reinhart Koselleck, *Vergangene Zukunft. Zur Semantik geschichtlicher Zeiten*, Frankfurt am Main: Suhrkamp Verlag, 1979, pp. 1-66.

将未来纳入了历史研究的视野，并将它作为一个重要课题。人们习惯于认为，历史学研究的是过去，但科泽勒克和阿赫托戈都强调，无论是个人生活还是史学思考，都存在过去、当下和未来三个维度。20 世纪的一个著名事例就能说明，历史，尤其是阿赫托戈所称的"现代历史性体制"中的历史，与对未来的展望密不可分。1953 年 10 月，当年轻的菲德尔·卡斯特罗在法庭上为自己的革命壮举辩护时，他追忆了祖国的历史，以及为自由和正义而牺牲的伟大先烈们，他辩词的最后一句话至今为人铭记：历史将宣布我无罪（La historia me absolverá）。[①]

这句话的动词用的是将来时。从卡斯特罗的言论不难看出，他的"历史"是贯穿过去、当下和未来的。对于他这样的现代革命家，历史具有目标明确的进程，而他们就像荷马时代的诗人一样，具有某种"通观视野"（vue synoptique）[②]，将从过去通往未来的整个历史进程一览无余；因此当他们介入历史时，他们深信自己是在推动这一进程，未来是站在他们一边的，他们行动的依据在于未来：一个必将到来的、比过去和当下更为美好的未来。现代革命者特有的意志主义和自信与这种历史信念是分不开的。而且，当他们以"历史"的名义言说时，这个概念并不是张三李四的某个具体的历史，而是科泽勒克所称的"总而言之的历史"（Geschichte überhaupt），即由某种强大的内在逻辑将各种片段性的历史贯穿起来的总体历史进程。[③]

[①] http://www.emersonkent.com/speeches/la_historia_me_absolvera_page_2.htm

[②] François Hartog, *Régimes d'historicité. Présentisme et expériences du temps*, Paris: Seuil, 2012, pp. 86-87.

[③] 笔者在讨论托克维尔"民主"概念的时间化时也曾指出，当托克维尔以民主概念来理解历史进程时，他的历史观呈现出某种"集体单数"（Kollektivsingular）形态，民主就是他笔下的"总而言之的历史"的内在逻辑。参阅拙文：《托克维尔"民主"概念的时间化及其局限》，《历史研究》2019 年第 6 期。

在卡斯特罗的时代，还有一种更为温和也更为普遍的"未来主义"，这就是现代自由主义的进步信念，人们深信理性和科技发展必将带来更大的个人自由和人类的解放。众所周知，在今天的西方世界，人们都已深刻地意识到这种对于未来的乐观信念的脆弱乃至虚妄。而阿赫托戈理论的一个重大意义正在于阐明了当这种乐观主义消退之后，当未来的前景变得不那么美好时，当代社会和史学中的时间观念究竟呈现何种样态？笔者认为这是"当下主义"之所以会引起关注的一个现实原因。但在进入这个主题之前，回顾未来主义，或曰现代性体制的诞生也是他的一项重要工作，这也是理解当下主义的前提。

关于鞍型期（约1750—1850年）新的未来视野的开启和确立，科泽勒克已有经典阐述。阿赫托戈对此也有论及，但在选材上别具一格：他对夏多布里昂这一独特人物的"时间经验"作了长篇铺陈。[①] 夏多布里昂之所以特别，是因为他经历了某种"时间危机"，或曰新旧两种历史性体制的转换。在18世纪陈腐的古典人文教育中成长起来的夏多布里昂，认为古典历史文化具有解释当下的功效，人们可以"手执往日的火炬，照亮当下和未来的暗夜"。[②] 法国大革命刚爆发时，他觉得这场革命中一切都已在历史中上演过，只要回顾过去就能理解当下。这是历史性的旧制度，或曰"历史乃人生之师"这一传统信念的典型表达。但30年之后，当夏多布里昂重新审视最近的经验之时，他觉得自己当初的认知完全是错误的。夏多布里昂有过很多形象化的说法，它们足以揭示法国大革命引发的时间危机：他身处在一条疾驰的航船上，河岸边的风景不断变换，船上的乘客却自以为一切如旧。[③] 对于此前以古代革命的先例

---

① François Hartog, *Régimes d'historicité. Présentisme et expériences du temps*, pp. 97-133.

② Chateaubriand, *Essai sur les révolutions, Génie du christianisme*, Paris: Gallimard, 1978, p. 51.

③ Chateaubriand, *Essai sur les révolutions, Génie du christianisme*, p. 15.

来解释当代革命的做法，夏多布里昂也意识到已经失效了：每发生一次革命，他此前的古今类比都成了问题，过去的经验根本不能解释当下的变革。于是他产生了这样的困惑："我遭逢两个世代之间，仿佛处于两条河流的交汇处；我投身浑浊的水流中，满怀伤感地远离曾养育我的古旧河岸，带着希望游向一个未知的岸边。"① 这是一种新的时间经验。过去那种安稳的、连续的古旧时间，让位于不断变换的时间和未知的未来。用科泽勒克的概念来说，法国大革命开启的新愿景，即新的期待视阈（Erwartungshorizont），它已经超出了夏多布里昂在古旧河岸边的全部经验空间（Erfahrungsraum）。但阿赫托戈还强调，夏多布里昂在美洲的观感同样蕴含着类似的危机。他曾像很多卢梭的信徒一样，认为美洲生活着高贵自由的野蛮人，但当他对美利坚共和国有所了解，并见识了印第安人的真实生活后，高贵自由的野蛮人的神话破灭了，在这个新生的现代国家面前，有关人类遥远过去的黄金传说全都黯然失色。②

要理解夏多布里昂经历的时间危机，应该强调两个关键要素，一是法国大革命对于历史性体制变革的关键意义，另一个是对美国和美洲的实地了解后产生的冲击。阿赫托戈对这两方面都有提示，但本文想做一点展开。

阿赫托戈把 1789 年作为一个象征性的日期，认为它标志着历史性的现代体制的诞生。但法国大革命也像夏多布里昂一样，陷于某种新旧历史性体制的纠葛之中，诗人保罗·瓦雷里（Paul Valéry）的一句充满悖论意味的话便揭示了这一点："面朝过去走向未来。"③ 说它走向未来，既是因为革命者（如孔多塞）以明确无

① Chateaubriand, *Mémoire d'outre-tombe,* Tome 2, Paris: Gallimard, 1952, p. 936.

② Chateaubriand, *Oeuvres romanesques et voyages*, Paris: Gallimard, 1978, Tome I, pp. 749-750; 873-874.

③ François Hartog, *Régimes d'historicité. Présentisme et expériences du temps*, p. 145.

误的方式宣告，法国大革命将启动走向无限美好的未来的伟大进程，[①] 也是因为他们（如拉博－圣埃蒂安神父）从革命一开始就对历史导师提出了质疑："我们的历史不是我们的法典。"[②] 说它是面朝过去，既因为大多数革命者都深受古代希腊－罗马典范的鼓舞，也因为雅各宾时期的确有过效仿古代典范的实践。[③]

所以应该对革命者所谴责的过去与他们崇拜的过去进行区分。本文想借鉴法国中世纪史专家贝尔纳·葛内的论点。葛内认为，在中世纪这样一个并不赞赏创新的世界中，人们总喜欢援引过去论证当下。但人们利用过去的方式不尽相同。中世纪首次大范围的历史论战出现在 11 世纪后半期和 12 世纪初，格里高利改革和授职权之争是其直接的诱因。当时教宗和皇帝的支持者都试图从历史中寻找论据。但教宗派的论据源自更为遥远的、与当下没有直接联系的时代，皇帝派则援引延续到当下、较为切近的历史传统，葛内分别称之为"典范（exemples）论据"和"续前（précédents）论据"：后者可以论证当下的合理性，因为当下就是过去的延续；但前者则以复活更为古老和美好的过去为名，掩盖实质上的断裂和变革。[④] 这是个很重要的见解。宗教改革时期很可能也出现过上述两种对过去的利用方式。[⑤] 就法国大革命而言，典范主要来自希腊罗马；而革命者拒斥的过去，则是一直延续到 1789 年的"哥特式"的旧制度、封

---

① 见孔多塞：《人类精神进步史表纲要》，何兆武、何冰译，北京：三联书店，1998 年，尤其是第十表："人类精神未来的进步"，第 176—205 页。

② Rabaut-Saint-Etienne, *Considérations sur les intérèts du tiers-état*, 1788, p. 13.

③ 英国学者玛丽莎·林顿曾考察过法国大革命期间对未来的各种规划，尤其是雅各宾时期为何会偏爱以古代希腊罗马为未来的参照。Maris Linton, "Ideas of the Future in the French Revolution", in Malcolm Crook etc. eds., *Enligthenment and Revolution: Essays in Honour of Norman Hampson*, Farham (UK): Ashgate, 2004, pp. 153-168.

④ Bernard Guenée, *Histoire et culture historique dans l'occident médiéval*, Paris: Aubier, 1980, pp. 347—348.

⑤ 恩斯特·布赖萨赫：《西方史学史》，北京：北京大学出版社，2019 年，第 219—222 页。

建制等较近的传统。从这个意义上说，法国大革命对待过去的方式，其实是西方历史上历次重大变革中反复实践过的。

即便如此，阿赫托戈将1789年视为现代历史体制诞生的日期，仍然是有充分依据的。由于大革命期间复古尝试的失败，尤其是经过后革命时代的反思（夏多布里昂就是反思者之一），直到18世纪仍被人推崇的古代典范，最终被认定对现代社会是无效的，用科泽勒克的话来说，历史导师退场了。对于这一点，马克思的评判也许比任何人都更加清晰有力。《路易·波拿巴的雾月十八日》（1851—1852年）一开始就说，法国大革命中的英雄人物，是穿着罗马的服装、讲着罗马的语言来实现当代的任务。然而，新的社会一旦形成，布鲁图斯、格拉古这些远古的巨人，还有随他们一起复活的罗马古董，全都消失不见了。新社会需要的是萨伊、贡斯当和基佐这样的解释者和代言人。①

对于这一思想史上的转变过程，应该做深入的探讨。这里只作一个初步的提示。米歇尔·福柯曾说，1795年，也就是革命恐怖结束之后的第一年，是古典时代向现代的转变之年，"仿佛人们只有在掉了脑袋之后思想才能转变"，整个人文科学经历了某种认识型断裂。②1795年沃尔内在巴黎高师的系列演讲标志着历史导师最终被赶下了神坛。沃尔内曾在恐怖期间被监禁，"热月政变"后才死里逃生。他在最后一次演讲中系统批判了大革命期间对古代文明的崇拜，强调了古代文明的阴暗面，尤其是奴隶制和战争狂热，并指出现代世界早已因为商业发展和代议制的发明而超越了古代。因此革命者对古代的崇拜只能带来灾难。③

---

① 《马克思恩格斯选集》第一卷，北京：人民出版社，2012年，第669—670页。
② 马克·戈尔迪、罗伯特·沃克勒主编：《剑桥十八世纪政治思想史》，刘北成等译，北京：商务印书馆，2017年，第658页。
③ C.-F. Volney, *Leçons d'histoire prononcées à l'école normale*, Paris : Baudoin Frère, 1826.

20 多年后，贡斯当在《古代人的自由与现代人的自由》（1819）这一著名演讲中深化了沃尔内和夏多布里昂的古今之辩。[①]对于这篇文献的意义，国内早有介绍，在此不必赘述。但就本文主题而言，贡斯当否定大革命中的英雄们仰慕的古代人的自由，一个根本性的原因是它束缚了个人发展和商业进步。正是在这个意义上，他让自由概念从古典转向了现代：而发展进步正是历史性的现代体制的本质特征。

热月之后，对雅各宾一度推崇的古代典范的反思，不仅导致对历史导师的根本质疑，也促使人们更坚定地将目光投向了未来。在夏多布里昂的美洲之行 30 多年后，另一个法国贵族青年托克维尔也来到了美洲。托克维尔已经完全走出了青年夏多布里昂信奉的旧体制，《论美国的民主》（1835—1840 年）寻找的是一种"新政治科学"。[②]对这两位作者的平行阅读可以让他们的文字产生新的意境。夏多布里昂早年相信，手执往日的火炬就可以走进未来革命的暗夜，《论美国的民主》的结论中则说，"过去不再能为未来提供借鉴，精神正在步入黑暗的深渊"。[③]历史导师已经被托克维尔当作破旧的古董扔在一边了。18 世纪的作者还言必称希腊罗马，《论美国的民主》中却没有这些伟大典范的影子。虽然托克维尔确实提到过雅典，但只是为了说明这个典范城邦根本没有现代意义上的民主。[④]托克维尔的手稿研究专家梅洛尼奥注意到，在《论美国的民主》出版时，托克维尔删除了一条颇有挑衅意味的注释："总把我们时代的民主与古代以民主名之的事物相比，真不知厌

---

① 邦雅曼·贡斯当：《古代人的自由与现代人的自由》，阎克文、刘满贵译，上海：世纪出版集团，2005 年，第 33-51 页。

② 托克维尔：《论美国的民主》上卷，董果良译，北京：商务印书馆，1988 年，第 8 页。

③ 托克维尔：《论美国的民主》下卷，第 882 页。

④ 托克维尔：《论美国的民主》下卷，第 583 页。

烦……二者之间在所有问题上都有显而易见的不同……根本不必拿亚里士多德来说服我。对我来说，看看古代人留下的雕塑就足够了。"当然，托克维尔并不是认为古代文明完全没有意义，但他把这种意义限定在十分狭隘的范围中，如文学和审美方面。①

如果把早年的夏多布里昂和美国之行后的托克维尔做一点比较，可以发现古典这个形象渐渐被疏远了，从典范（exemplum）变成了异乡（terra aliena），从当下应该努力追赶的伟大榜样，变成了无可挽回地逝去了的过去（pastness of the past）。托克维尔对古典的态度，有点类似现代人类学家眼中的原始社会，梅洛尼奥也提到，他看待古代的方式，类似于列维—斯特劳斯所称的"远距视角"（regard éloigné）：②异乡虽然可以映照出现代人的缺憾，但并不意味着那里的制度和风俗可以移植到现代社会。

夏多布里昂和托克维尔都注意到美国对于未来的意义。夏多布里昂最初到美国时，曾满怀发现逝去的罗马的梦想，③但后来他逐渐意识到美国人的自由与古代人的自由不同，前者是风俗的女儿，而风俗会随时间而败坏；但后者是知识的女儿，未来知识的更新将有助于自由的维持，因此美国展现的是一种面向未来的新自由。④对于托克维尔，美国的民主也是一种全新的事物，他甚至意识到，美国的当下就是法国的未来。⑤因此阿赫托戈认为，对于托克维尔，横渡大西洋缩短了"经验和期待之间的鸿沟"，他在美国

---

① Françoise Mélonio, "L'Antiquité au temps de Daumier et de Tocqueville: qui nous délivrera des Grecs et des Romains?" *Bulletin de l'Association Guillaume Budé*, no. 1, 2008, pp. 64-85.

② Françoise Mélonio, "L'Antiquité au temps de Daumier et de Tocqueville: qui nous délivrera des Grecs et des Romains?" p. 81.

③ François Hartog, *Régimes d'historicité. Présentisme et expériences du temps*, pp. 112-113.

④ Chateaubriand, *Oeuvres romanesques et voyages*, Tome I, pp. 873-874.

⑤ 托克维尔:《论美国的民主》上卷，第 15 页。

发现的是未来的启示，从而在时间秩序上颠倒"历史导师"的认知模式：新政治科学的启示来自作为未来的美国。[1] 但这种启示不是某种确定的、已完成的、有着充分经验的事物，而是一场正在发生、未来充满不确定性的运动。托克维尔对美国民主的这种理解，很好地诠释了科泽勒克所谓"概念的时间化"的内涵：如果说 18 世纪的思想家、大革命中的雅各宾派仍然认为民主、自由之类的概念是过去的历史经验中无数次被演绎过的，那么到了托克维尔的时代，它们都包含着明显的未来主义指向：民主、自由的进程有很多过去未曾有过的东西尚待实现[2]——用阿赫托戈的话来说，这些概念中"尚未"的领域是开放的。[3]

夏多布里昂和托克维尔的古今之辩，可与科泽勒克对鞍型期概念变迁的经典论述对接和相互印证。如果我们注意到上引论著发表的时间，也可加深对科泽勒克研究的认知：鞍型期的下限并不是 1789 年或 1815 年这样更具标志意义的年份，而是 1850 年左右。只有在大革命的风暴和效仿古典的尝试过去之后，经过一代人的观察和反思，历史导师的无效、这场革命的未来主义特征才逐渐清晰起来，而自由和民主等重要概念的时间化，也在这个反思的时代有了更为理论化的表述：马克思口中的"冷静而务实的资产阶级"才在贡斯当和基佐等人那里找到新社会的解释者。法国大革命的确是这个转变时代最重要的政治事件，但它造成的思想冲击要到半个世纪后才逐渐得到概念化的表述。

后革命时代与当下主义

科泽勒克的研究领域主要是欧洲的启蒙和革命时代，但阿赫

---

[1] François Hartog, *Régimes d'historicité. Présentisme et expériences du temps*, p. 133.

[2] 参阅拙文：《托克维尔"民主"概念的时间化及其局限》。

[3] François Hartog, *Régimes d'historicité. Présentisme et expériences du temps*, p. 148.

托戈则把眼光向前和向后延伸了很多。他在该著最后一章中对"遗产"概念的阐述,不仅指出了这一概念在历史性的现代体制中的表象,而且把时间轴向前和向后推移,分析了它在"历史性的旧制度"和"当下主义"中的形态。因此有理由把这部著作看作科泽勒克作品的续篇。

从一个更长时段的角度看,上文提及的概念的时间化、对古代典范的疏远,也只是某个时代的思想特征。托克维尔对于古代的看法,在今天恐怕是很多人都不会完全赞同的。阿赫托戈著作的一个价值,就在于指出了鞍型期之后西方世界时间秩序的波动,如将时间的加速感发挥到极致的"未来主义",而这被视为当下主义的先兆,因为急速的变革开始造成时间中的断裂感。①

当下主义是阿赫托戈著作的核心概念之一。在历史性的旧制度中,支配人们的时间体验和历史观的是过去,而在现代体制中,未来占据了支配地位;当下主义则是当下、即刻的时间压制了对过去与未来的关注的历史性体制。这是个相当令人费解的说法,需要大量的示例性分析使其具象化。阿赫托戈确实给出了很多的例子,不过,由于它们处于不同的层次或领域,他在论述时又没有做明确的提示和理论勾连,所以显得较为分散,似乎有进行更好的理论整合的空间。我们可以从革命理想主义在现代世界的命运变迁、民族的历史意识和日常生活这几个层次去观察当下主义的呈现。

阿赫托戈把 1789 年和 1989 年分别作为现代历史体制诞生和终结的标志性年份,后者又可视为向当下主义过渡的标志。法国大革命是原型性质的现代革命,它启动了追求理想社会的未来主义日程,此后的社会主义革命、共产主义革命,都可视为对 1789 年革命理想的升华(surenchère),或者"共和二年"的全面展开。法国

---

① François Hartog, *Régimes d'historicité. Présentisme et expériences du temps*, pp. 149-150.

大革命作为人类新纪元的开端之开端，在让·饶勒斯的那里就得到了最明确的表达，因为法国大革命为无产阶级的诞生做了准备，也实现了社会主义的两个基本条件：民主政治和资本主义。[1] 深受饶勒斯影响的大革命史家阿尔贝·马迪厄，[2] 则在俄国革命和法国大革命之间建立了直接的联系，[3] 并称前者为"无产阶级革命"。[4] 在饶勒斯和马迪厄的未来主义视野中，创建未来美好社会的革命便具有了历史合理性，而1789年就是这场伟大进程的起点。

但在200年之后，这种革命理想在世界范围内逐渐褪去了光辉，不仅因为苏东剧变、柏林墙的倒塌，也因为弗朗索瓦·孚雷"大革命结束了"的论点反映出，在大革命的母国，革命乌托邦的意识形态已经急剧衰退。[5] 柏林墙的倒塌标志着冷战走向终结。对于这个标志性年份的意义，我们可以根据阿赫托戈的提示，从各个角度进行观察。从世界历史意义而言，它意味着最激进的现代意识形态与时间秩序的终结，世界进入了一个后革命时代。如果联系科泽勒克早年关于冷战的见解，也许这个事件对于理解当下世界政治不无启迪。科泽勒克在《危机与批判》中认为，美苏之间的对抗是一场"世界性内战"（Weltbürgerkrieg），从历史角度看，这是资产阶级社会的世界性扩张与现代人的历史哲学观念的后果，

---

[1] 参阅王养冲：《饶勒斯笔下的马克思主义与社会主义》，《法国研究》1986年第1期。

[2] 关于马迪厄对饶勒斯史学理念的继承和发展，参阅王养冲：《法国大革命史编纂学中的进步传统》，《历史研究》1982年第6期。

[3] Cf. Albert Mathiez, *Révolution russe et Révolution française*, Paris : Ed. Critiques, 2017.

[4] Florence Gauthier, "Albert Mathiez, historien de la Révolution Française", *Annales historiques de la Révolution française*, no. 353, juillet-septembre 2008, pp. 95-112.

[5] 美国学者S.L.卡普兰介绍和分析过1989年法国大革命200周年前后的政治思想氛围和史学讨论，著作的文风或许有些浮夸，但作为一部亲历者的记录和评述，仍不乏参考意义：S.L.Kaplan, *Farewell, Revolution. The Historians' Feud. France, 1789-1989*, Ithaca: Cornell University Press, 1993.

后者很大程度上是一种乌托邦信念，其历史根源在 18 世纪。[①] 就美苏意识形态对抗的时间性来说，这是一场关于未来的竞争，它源自共产主义和自由主义对通往美好未来的道路的预设和构想之不同。我们还可以延伸一点：这种未来竞争不仅出现在美苏之间，共产主义阵营内部同样存在竞争，20 世纪 50 年代后期中苏两国迈向共产主义的竞赛就是一例。[②] 但观察一下当前国际政治中的话语，这种有关未来的宏大叙事看来已经消失了。现实的利益话语似乎已经笼罩大国关系。按照阿赫托戈的理论，这也是一种当下主义，人们的行为和眼界都在当下，世界进入了一个他所谓的"当下视角优先"的历史时期。

在关于当下主义的探讨中，皮埃尔·诺拉是阿赫托戈最重要的参照，阿赫托戈的很多论述，都是诺拉在不同场合下都表述过的，其论著中与民族、记忆、纪念、遗产有关的章节，可以与诺拉在《记忆之场》中的三篇导论性文章对照阅读：《历史与记忆之间》、《纪念的时代》及《如何书写法兰西历史》。[③] 诺拉主编的这套巨著，其基本的设问是在记忆浪潮开始淹没传统民族史叙事的情境下如何重新表述法国史。[④] 诺拉反复强调，过去的法国史是以未来的视角书写的，尽管这种未来可能迥然有别：或是革命的乌托邦，或是作为文明领航者的法国，或是重现往日"教会的长女"地位。[⑤] 但是，所有这些未来视角，到 20 世纪末全都消失在地平线上。此时

---

① Reinhart Koselleck, *Critique and Crisis. Enlightenment and the Pathogenesis of Modern Society*, Cambridge, Mass.: The MIT Press, 1988, pp. 5-6.

② 沈志华：《无奈的选择：冷战与中苏同盟的命运（1945—1959）》，下册，北京：社会科学文献出版社，2013 年，第九章第二节："毛泽东追求的共产主义乌托邦"，第 588—597 页。

③ 参阅皮埃尔·诺拉：《记忆之场》，黄艳红等译，南京：南京大学出版社，2015 年。

④ 参阅拙文：《"记忆之场"与皮埃尔·诺拉的法国史书写》，《历史研究》2017 年第 6 期。

⑤ Pierre Nora, " Comment écrire l'histoire de France?" in Pierre Nora dir., *Les lieux de mémoire*, Paris : Gallimard, 1997, pp. 2231-2232.

的未来已不再是关注的焦点，它变得无限开放，不可预见，但令人窒息，当下则在千变万化中不断膨胀。[①]

阿赫托戈曾引述弗朗索瓦·孚雷的话进一步强化诺拉的论断。这位大革命史专家在 1995 年写道：历史的超验神性基础已经动摇，未来已经封闭。[②] 这些说法，只有放到 20 世纪末法国的社会和思想背景中才能理解。前文已经提到进步主义和革命理想的衰落，历史已经丧失必然性（神性基础已经动摇）。就法国本身的情况来说，它的国际地位的衰落、二战后天主教影响的迅速衰退，以及欧洲建设的发展，极大地改变了传统的民族国家认知。20 世纪末的法国人已经接受这个事实：法国只是个中等规模的国家，它是西方民主世界的普通一员，它的历史文化并没有突出的独特性，也不再能背负 19 世纪那种文明开化的历史使命；就国内政治而言，共和民主制度已经牢固确立，很难设想还有什么根本性的社会政治变革（未来已经封闭）；另一方面，民族国家在集体意识中的位置相对下降了。这不仅因为欧盟一体化的深入，也因为地方主义、族群意识的觉醒，也就是诺拉说的，民族国家认同在高处和低处都有所弱化。[③] 例如，一百年前，德法两国在边境是紧张的敌对关系，但一百年后的今天，边界已经畅通无阻了。与此相应的是，民族国家作为一种占绝对优势地位的政治空间，其地位没有以前那么重要了。如果说 19 世纪的民族主义曾刺激着两国民众对边境问题的关注，那么在 20 世纪末，与边境相关的国民记忆已经从热记忆变成"冷记忆"，并有淡出公众意识的可能。

正是因为上述问题背景，《记忆之场》在中国可能不那么容易

---

① François Hartog, *Régimes d'historicité. Présentisme et expériences du temps*, pp. 156-157.

② François Hartog, *Régimes d'historicité. Présentisme et expériences du temps*, p. 21.

③ Pierre Nora, "L'ère de la commémoration", in Pierre Nora dir., *Les lieux de mémoire*, pp. 4699-4710.

被理解和接受。与法国不同，当下的中国正处于一个上升期，在中国人的集体意识中，"民族复兴"已然清晰地展现在等待的地平线上：未来可期。以中国的体量，它也难以深度融入欧盟那样的超国家实体。因此中国的民族国家意识，没有面临当下法国那样的困境。在 1989 年法国大革命 200 周年的纪念活动中，法国人几乎连民族（nation）的口号都不愿意提了，民族和革命的宏大叙事已让位给了社区和家族的小叙事。[①]

这就过渡到阿赫托戈和诺拉强调的一个概念：民族已经成为遗产。这个说法也可以理解为，法国人已经失去历史纵深意识和时间上的延续感。在这个问题上，1989 年同样具有象征意义。为迎接这个特殊的日子，法国学界出版了一部《大革命批判词典》，它的主编者孚雷和莫娜·奥祖夫在前言中说，今天的法国与他们儿时的法国鲜有相似之处，那是 19 世纪的法国，它一直延续到 20 世纪中叶。传统的农民和工人已经难觅踪迹。与一个世纪前相比，法国人彼此之间的相似性更为明显了。正因为如此，他们不太需要统一性了，而过去通过教育来维系的革命记忆就是在努力为他们塑造这种统一。共和记忆已经不再依赖炫耀性、战斗式的忠诚，而是已经融入了一种共同的文化，它的褪色甚至就是因为自己的成功。对抗性的民族主义式微了，拿破仑战争，甚至 1914 年的战争对今天的法国年轻人来说是难以想象的。[②] 在 2018 年一战百年之际，诺拉指出了当下法国人与百年前的法国人的区别：一战时期的法国人生活在集体价值至上的时代，但今天盛行的是个人主义的价值观——消费主义是一个鲜明的体现；直到 60 年代，法国人仍然生活在一种强烈的时间连续感中，但今天他们已经丧失了这种

① Patrick Garcia, *Le Bicentenaire de la Révolution française. Pratiques sociales d'une commémoration*, Paris : CNRS Edition, 2000, pp. 299-308.

② François Furet et Mona Ozouf dirs., *Dictionnaire critique de la Révolution française*, Paris: Flammarion, 1988, pp. 21-22.

连续感，他们甚至不认为当下享受的成果源自祖先的努力，没有dette——债的意识。① 当人们不再把当下视为一个具有时间纵深的特定阶段时，与此同时未来也不再带有光辉和确定性：这就是国民意识中的当下主义。

就法国人日常生活中的当下主义而言，1968 年"五月风暴"应该是个很有象征意义的日期，当时巴黎墙壁上的涂鸦就已宣告当下主义的来临："一切，一切都要即刻实现！""不要谈未来！"② 这场风暴看起来声势浩大，但参与者都没有彻底的政治革命的意愿，而是各自发泄日常生活中的不满，当下的不满没有生发乌托邦式的集体革命行动。③ 如果说当下主义的历史性体制与后现代的社会和思想现实存在明显的关联，那么后者则可与社会学家亨利·蒙德拉在 20 世纪 80 年代提出的另一个重要命题"第二次法国大革命"④建立起联系。这也是皮埃尔·诺拉多次指出的关联：在 60 年代之后，法国经济和社会的现代化导致社会阶层的深刻变革，工人阶级的面貌发生了转变，它与资产阶级的分野和对立已经不太明显；传统的农民阶级已经消失；与此同时，妇女运动等新社会运动在兴起。在新的社会条件下，未来主义的革命叙事渐渐失去了吸引力；在一个生活日益富裕和安逸的社会，"活在当下"的消费主义冲淡了人们对美好未来的热情。

《记忆之场》中有不少条目提到，过去那种极具民族性和政治色彩的节日和纪念活动，如今都被消费主义淹没了。消费社会盛

---

① https://www.lefigaro.fr/histoire/centenaire-14-18/2018/11/09/26002-20181109ARTFIG00228-pierre-nora-14-18-conserve-une-place-eminente-dans-notre-memoire.php

② François Hartog, *Régimes d'historicité. Présentisme et expériences du temps*, p. 155.

③ 吕一民、朱晓罕：《良知与担当：20 世纪法国知识分子史》，杭州：浙江大学出版社，2012 年，第 213—271 页。

④ Henri Mendras, *La seconde révolution française. 1965-1984,* Paris: Gallimard, 1988.

行的是当下主义的时间经验，人们注重的是瞬时性的享乐，为遥远的未来而省吃俭用已经不合潮流了。现代媒体和技术手段则让当下的消费变得"更加膨胀和肥大"，上下几千年的历程可以浓缩在几分钟的视频中，一组照片就能尽览几千公里外的风光。[①] 当下的视阈极大地扩展了，但对时间纵深的感知则逐渐淡薄。阿赫托戈在这个领域的分析，可以"日常生活中的当下主义"名之，而且，这种当下主义应该比法国民族意识中的当下主义更具普遍性。他认为，全球经济生活中"短期主义"——如金融投机——的泛滥，也应该放在当下主义的范畴中加以考察：因为人们不愿像从前的企业家那样，对未来做长线的预期和投入，人人都希望赚快钱。我们甚至可以在人文研究这样的领域有同样的时间体验。在今天的学术考评体制之下，"板凳须坐十年冷"的格言正在悄然退场，对学术成就预期的时间已经被压缩到极限，这与短期主义经济行为的时间性是一致的。在新的时间秩序中，阿赫托戈书中"给时间一点时间"[②]的呼喊似乎有了非常实际的意涵。

在阐述从历史性的旧制度向现代体制过渡的危机时，夏多布里昂这个例子非常具有说服力。但在未来主义向当下主义的过渡中，阿赫托戈似乎没有这样强有力的案例。但是他提到的弗朗索瓦·孚雷是个可供选择的个案。二战刚结束时，孚雷和很多知识分子一样，也同情苏联、向往共产主义，希望"对革命社会关系实行革命性变革"，[③]当时他还生活在带有强烈的未来主义色彩的现代时间性体制中。但30年之后，他却说"革命结束了"，并把这句曾经出现在拿破仑法令中的口号当作了自己的著作的标题之一。[④]与此

---

① François Hartog, *Régimes d'historicité. Présentisme et expériences du temps*, p. 156.

② François Hartog, *Régimes d'historicité. Présentisme et expériences du temps*, p. 159.

③ 吕一民、朱晓罕：《良知与担当：20世纪法国知识分子史》，第183—184页。

④ 参阅弗朗索瓦·傅勒：《思考法国大革命》，北京：三联书店，2005年。

同时，他试图从学术上分析法国大革命与俄国革命之间的内在关联，晚年还以一部巨著来反思 20 世纪的共产主义运动：正是在这部著作的结尾处，他说出了"未来已经封闭"。[①] 换言之，1945 年时的未来主义视角已经消失。我们在"第二次法国大革命"的论点中可以看到孚雷立场转变的部分原因，这很明显地体现在前文引述的他与莫娜·奥祖夫共同撰写的文字中。[②] 但是正如吕一民和朱晓罕教授指出的，这种转变也是世界历史在法国思想史中的某种投射：法国思想界在 20 世纪 50 年代曾围绕共产主义和苏联社会的性质问题发生过激烈争辩，60 年代又围绕当代资本主义的社会问题大打笔战。但是，进入 80 年代后，这种极具社会影响力的思想论战已经成为历史。整体而言，长期控制法国思想界的左翼力量已明显衰退。[③] 在史学界，孚雷的《思考法国大革命》发表于 1978 年，诺拉的《记忆之场》项目于 80 年代初开始启动，这些应该都具有标志性意义：未来优先的视角消失了。与此同时，知识分子"作为先知的特征已不复存在"，他们已被淹没在"科研团体和科研经费编织成的网络之中"。[④] 从探讨未来的先知到被当下的世俗生活裹挟：二战后 30 年法国知识分子史的变迁，本身不就是从未来主义到当下主义的转变吗？而这种当下主义，不正是全球知识界面临的共同处境吗？而身处这一历史进程中的孚雷，不也是在"时间的缺口"上写作吗？[⑤] 只不过两人面临的是不同的缺口罢了。

阿赫托戈以 1989 年这个年份作为当下主义诞生的标志，既是

---

① François Furet, *Le Passé d'une illusion. Essai sur l'idée communiste au xxe siècle*, Paris : Robert Laffont, 1995, p. 808.

② Cf. Christophe Prochasson, *François Furet : Les chemins de la mélancolié*, Paris : Stock, 2013. 前引 S.L. 卡普兰的著作中谈到了孚雷思想转变的历史背景。

③ 吕一民、朱晓罕：《良知与担当：20 世纪法国知识分子史》，第 331—332 页。

④ 吕一民、朱晓罕：《良知与担当：20 世纪法国知识分子史》，第 333 页。

⑤ François Hartog, *Régimes d'historicité. Présentisme et expériences du temps*, pp. 129-130.

因为它对法国有特殊的意义——大革命 200 周年——也因为它具有世界历史意义，即苏东剧变和柏林墙的倒塌。不过他的论述集中于法国和西方世界。这个日期的确可以视为激进未来主义时间秩序——尚待实现的理想社会就是它的具体化身——的终结，但它最引人注目的实践发生在苏联和东欧，那里同样经历了一场未来主义幻灭之后的时间危机。笔者认为，白俄罗斯作家 S.A. 阿列克谢耶维奇的《二手时间》可以作为《历史性的体制》一书的平行读物。① 在苏联解体前后，在这个不安的社会的确可以看到未来主义和当下主义的冲突，以及未来主义的无奈退场。老一辈的苏联人以建设新社会为荣，他们心目中的英雄是飞上太空的加加林；但他们的下一代只关心如何一夜暴富，投机倒把的暴发户是他们羡慕的偶像；在这场代际转变中，凝结着过去的理想、过去的牺牲的勋章被扔在地摊上换几包万宝路香烟。对于曾沐浴在乌托邦理想光辉之中的那一代苏联人，此刻我们听到的是他们精神世界坍塌的声音。

从苏联解体前后的时间经验看，它的确与 20 世纪末的法国有可比之处，但也有明显的差别。首先，对大多数人而言，苏联解体后自由化的经历是痛苦的，这种痛苦往往导致他们怀念过去的旧时光。其次，与法国不同，民族－国家意识对于俄罗斯这样的后苏联实体而言，并没有走向弱化。在失去了乌托邦的未来后，民族的历史和光辉似乎能给当下充满挫折感的集体生活带来某种崇高感。民族的光辉和历史使命似乎能重建时间的连续性。② 因此冷战之后法国的当下主义，最特别的地方是它的民族－国家历史

---

① S.A. 阿列克谢耶维奇：《二手时间》，吕宁思译，北京：中信出版集团，2016 年。

② 参阅刘聪颖：《俄罗斯民族意识：历史与现状》，《俄罗斯东欧中亚研究》，2014 年第 5 期；谢晓光、张腾远：《普京时代俄罗斯民族主义思潮及其影响》，《辽宁大学学报》(哲学社会科学版)，2018 年第 2 期。

意识的相对衰落，因为在很多后革命时代的国家，并没有出现这种衰落，毋宁说它们像俄罗斯一样，都很自然地把民族主义，尤其是关于民族历史的光辉叙事和对伟大前程的展望，视为重建时间秩序的替代品。[1] 诺拉可以尝试写一部"没有民族主义的民族史"，以切合民族当下的状态；但在其他地方，拉维斯式的"民族传奇"（roman national）依然在发挥它的教化功能。民族国家作为一个历史性的存在，它的形态在不同的地区看来存在某种差异：这也是科泽勒克的"不同时事物的同时性"（Gleichzeitkeit des Ungleichzeitigen）的一个表现吧。

结语

阿赫托戈曾谈到，最近二三十年出生的人只经历过当下主义，他们的时间经验主要来自日常生活。但可以告诉他们还有其他的时间体验。[2] 这个想法与诺拉的看法是类似的：新一代的法国人如果不同意，至少也应设法去理解祖辈的价值观。同样的情形也发生在解体后的苏联世界，或许还有当下的中国——这种现象更常见的叫法是"代沟"。阿赫托戈和诺拉毕竟是老一辈人（"40后"和"30后"），他们可能给历史学提出了一个很重要的使命：有着不同时间经验、生活在不同的历史性体制下的个人之间，如何能达成某种对话和理解。但这样的工作似乎很棘手。如果当下主义理解了过去的价值观，它真的就不是阿赫托戈所称的"完全的当下主义"了。[3]

---

① 参阅侯艾君：《中亚的学术论战：意识形态与国家冲突》，《史学理论研究》2015 年第 3 期。

② 弗朗索瓦·阿赫多戈：《灯塔工的值班室》，赵飒译，北京：中信出版集团，2018 年，第 158 页。

③ François Hartog, *Régimes d'historicité. Présentisme et expériences du temps*, p. 11.

在阿赫托戈的论著和我们的讨论中，法国大革命都占有突出地位。"革命是历史的火车头"，这是马克思的名言，后来这句话被用作比较革命史学者马丁·马里亚的遗作的标题。[1] 不过，马里亚不是以马克思主义的方式来理解革命的，而是首先把革命定义为一种政治和意识形态现象。他曾提到，在现代革命的酝酿过程中，欧洲人的时间观念从超自然的末世论转向了对此世的未来的聚焦。[2] 因此，作为历史火车头，革命是驱动人类冲向更美好或迥然不同的未来的推进器。现代革命承载的这种现代历史性体制，一直持续到 20 世纪中期。但是，正如我们看到甚至经历过的，在 20 世纪 70 年代和 80 年代，这种未来主义视角在全世界都开始消退，中国走出"文革"和改革开放同样发生在这一时期：考虑到这一点，阿赫托戈有关时间经验和"时间秩序"转变的讨论是有理论参考价值的。然而，正如他所揭示的，也许只有在 20 世纪 70 年代之前有过亲身经验的人，才能真切地体会革命这个历史的火车头逐渐熄灭之时造成的历史性体制的转变吧。

[1]　Martin Malia, *History's Locomotives. Revolutions and the Making of the Modern World*, New Heaven: Yale University Press, 2006.

[2]　Martin Malia, *History's Locomotives. Revolutions and the Making of the Modern World*, p. 193.

记忆与历史的博弈：法国记忆史的构建 ①

浙江大学历史学系　沈坚

20 世纪 70 年代中叶，法国在史学研究方面以雅克·勒高夫等人为代表，提出了"新史学"的概念，陆续推出了《制作历史》《新史学》等大型百科全书式的史论著作。在新史学的推动下，"记忆"成为历史研究的对象，因此逐渐形成关于记忆史的热点。到 20 世纪 90 年代，甚至进入 21 世纪以后，记忆史则随着法国表征史的逐渐升温，依然保持着不减的风头，常常成为学术研讨会上讨论的主题。法国记忆史在选题和研究方法上均给人以许多启发，为此笔者不揣简陋，将关于这方面研究的点滴收获稍作亮相，以引起中国史学界的注意。

"记忆"的觉醒与记忆史的构建

"记忆"问题最早是属于心理学范围的问题，它在法国成为历史研究的热点，有其历史原因，同时也有学科发展的原因。

法国人文社会科学界关注记忆问题的起因是第一次世界大战。残酷的战争给人们造成极大的心灵创伤，痛苦的经历长期留在人们的记忆里。法国的知识分子由此开始关心记忆问题。首先是文学家、哲学家和社会学家们的作品对此有所涉及，如普鲁斯特（Marcel Proust）和柏格森（Henri Bergson）等，曾师从柏格

---

① 本文发表于《中国社会科学》2010 年第 3 期，第 205—219 页。

森，后又受涂尔干影响的社会学家莫里斯·哈布瓦赫（Maurice Halbwachs）于 1925 年出版了他的代表作《记忆的社会框架》（*Les cadres sociaux de la mémoire*），① 引入"集体记忆"概念，当时就引起学术眼光敏锐的历史学家的注意，马克·布洛克曾经写书评介绍。② 哈布瓦赫在 1950 年又出版《集体记忆》一书，对"集体记忆"概念作了进一步的阐发。③

然而，直到 20 世纪 70 年代中叶，"记忆"尚未引起历史学界的足够重视，历史著作的标题中也很少出现"记忆"一词。由雅克·勒高夫和皮埃尔·诺拉于 1974 年主编出版的《制作历史》④，聚焦历史学的"新问题"、"新方法"和"新对象"，却没有任何篇章专门涉及"记忆"问题。

从 70 年代晚期开始，"记忆"渐渐成为历史研究中的新宠。皮埃尔·诺拉在勒高夫主编的百科全书式的著作《新史学》中，专门写了"集体记忆"的词条，他认为，利用集体记忆的概念来研究历史"会使历史学的更新富有生命力"，⑤ 并且表示"集体记忆的分析能够而且应该成为想与时代同步之历史学的先锋"。⑥ 在随后的 20 多年的时间里，"记忆"一词频繁地出现在历史著作中，也大量出现在大众媒体上。作为法国记忆史学的先驱人物之一的菲力浦·茹塔尔（Philippe Joutard）在 1998 年写道，今天，"记忆不仅是历史

---

① Maurice Halbwachs，*Les cadres sociaux de la mémoire*, Paris, Félix Alcan，1925；

② Comte-rendu de Marc Bloch，"Mémoire collective, tradition et coutume à propos d'un livre récent"，*Revue de synthèse historique*, t.XL（novelle série t. XIV），Paris, La Renaissance du livre, 1925. 118-120.pp.73-83.

③ Maurice Halbwachs，*La mémoire collective,* Paris, PUF, 1950.

④ Jacques Le Goff et Pierre Nora, *Faire de l'histoire*, Paris, Gallimard, 1974, *I. Nouveaux problème*, 230P；*II. Nouvelles approches*, 252p; *III, Nouveaux objets.*

⑤ Pierre Nora, "La mémoire collective", dans J. Le Goff (dir), *La nouvelle histoire*, Paris, Retz-CEPL, 1978, p398.

⑥ Ibid., p. 401.

学最得宠的题目，而且在公共领域和政治界甚至有取代历史学的趋向"。①

记忆在历史研究领域和公共领域引起关注与法国 20 世纪 70 年代的历史背景有关。对此，许多法国记忆史方面的专家均有分析。皮埃尔·诺拉认为 70 年代中叶有三大时代因素引起法国人自身记忆的动荡，促进了"记忆"论题的研究，这三大因素是"经济快速增长结束，戴高乐主义、共产主义和革命观念消退，感觉到来自国外的压力"。② 其实这三大因素可以归纳为三个方面，即社会经济方面、意识形态方面和国际关系方面。法国从二战以后经历了经济快速增长的 30 年，但从 1973 年起，由国际原油价格上涨触发的世界经济衰退也影响到了法国，大约在 1975 年，法国已经感受到一系列经济事件所带来的不利影响，法国人开始远离他们熟悉的生活环境。与经济发展相对应，法国传统社会在二战后 30 多年的快速增长中改变了面貌，基督教和乡村的法国已经变成一个世俗化和工业化的社会。法国历史学家芒德拉斯（Henri Mendras）甚至用"农民的终结"作为他一部著作的书名。③ 克尔泽斯多夫·波米扬（Krzysztof Pomian）在他一篇动态考察记忆与历史关系的论文中还提到，经历过第二次世界大战的成年人，甚至最年轻者也到了退休年龄，"经常让他们有暇去收集他们的回忆"④。与此同时，法国以革命为轴心的意识形态也由于战后戴高乐主义和共产主义的对立在 70 年代逐渐淡化而失去往日的魅力，1970 年戴高乐去世，使法国失去了一位标志性的人物，在法国具

① Philippe Joutard, "La tyrannie de la mémoire", *L'histoire*, N°221, Mai 1998, p.98.

② Pierre Nora, "Les lieux de mémoire", dans Jean-Claude Ruano-Borbalan (cordonné), *L'histoire aujourd'hui*, Paris: Science Humaines Editions, 1999. p. 346.

③ Henry Mendras, *La fin des paysans*, Paris: Armand Colin, 1967.

④ Krzysztof Pomian, "De l'histoire, partie de la mémoire, à la mémoire, objet d'histoire ", *Revue de Métaphysique et de Morale*, janvier-mars 1998, N°. 1, p.65.

有历史传统的共产主义运动受了索尔仁尼琴效应和斯大林主义的牵连，革命的思维定式受到质疑，弗朗索瓦·孚雷在《反思法国大革命》一书中明确提出"大革命结束了"。[1] 在国际关系上，法国想要成为世界大国和强国的幻想也逐渐破灭。以法国"伟大"为己任的戴高乐主义逐渐褪色，1976 年，经济学家雷蒙·巴尔（Raymond Barre）上台后明显受到欧洲其他国家建议的影响，总统吉斯卡尔·德斯坦领导下的法国国际地位下降。皮埃尔·诺拉作为过来人回忆说："这样广泛的震荡，我们难以摆脱，迫使我们要完全适应这样的痛苦，由此在接下来的 20 多年里推动了记忆的研究。"[2]

除了上述的历史背景之外，法国传统历史学面临的挑战和改革也使"记忆"的概念与"历史"分离，使记忆成为一块新的研究领地。

历史学在法国具有十分重要的和特殊的地位。在一部专门论述法国历史学发展的著作中，作者断言："要成为法国人，首先就得认识法国历史。"[3] "对于法国人来说，求助于历史"，"那是一种激情"。[4] 根据 1983 年 8 月《快报》杂志所进行的调查，有 15% 的法国人自称对历史着迷，有 52% 宣称对历史感兴趣，这部分占据了被调查者的 2/3。[5] 在法国，历史长期以来与政治密切相关，并且在国家形成和民族意识的形成中发挥了重要作用。从中世纪的编年史到国王们授意编写的历史，无不体现出国家希望以此掌握民族记忆的意志，近代的梯叶里（Augustin Therry）和基佐

[1] François Furet, *Penser la Révolution française*, Paris, Gallimard, 1978. 参见该书目录。

[2] Pierre Nora, "Les lieux de mémoire", dans Jean-Claude Ruano-Borbalan (cordonné), *L'histoire aujourd'hui*, p.346.

[3] André Burguière (dir.), *Histoire de la France: Choix culturel et mémoire*, Paris, Seuil, 2000, p.295.

[4] Ibid. p. 296.

[5] Ibid. P. 301.

（François Guizot）等人通过历史为资产阶级的近代国家正名，米什莱（Jules Michelet）则希望通过"唤醒过去"和沉睡的世界使民族历史更为完善，恢复"人民"的历史。19世纪70年代以后，在法兰西第三共和国的天空下，历史高举"科学"和"实证"的旗帜，成为统一民族思想的重要工具，历史学本身也达到真正的高峰。历史专业化了，成为历史学家的专属领地，业余作家们几乎不再有发言权。历史的主线是法国历史上的英雄人物和重要时刻和事件。历史学家厄内斯特·拉维斯（Ernest Lavisse）及其著作成为这个时代的象征。正如皮埃尔·诺拉在一次访谈中所说的那样："19世纪晚期的实证主义史学是征服者的、世俗的和共和的综合体的表现，它与第三共和国的缔造者们的意识形态综合体相吻合。只要看一下拉维斯的小册子就可以了，这本小册子独霸天下几乎一直延续到1914年，其中看到的是最大范围的国家层面的记忆，好的和坏的国王、正直的科尔贝、邪恶的罗伯斯庇尔、凶恶的德国人，简言之这是一种强烈诉求的记忆，甚至可以称得是上一种侵略性的诉求，甚至不惜对现实弄虚作假，比如对整个殖民历史的隐没，比如在最新版的拉维斯教科书中，论述到被德国占领的法国历史时，用很大篇幅来讲述戴高乐和抵抗运动，却对维希政权一字不提，对与德国的合作一字不提，甚至对贝当一字不提！"[①]从20世纪30年代起，法国年鉴学派对实证主义史学地位提出挑战，打破历史学自我封闭的藩篱，吸收邻近学科的研究方法，开辟了经济史与社会史相结合的研究道路。不过，年鉴学派很快从学院边缘走向主流，在史学界取得领导地位，它也成了新的范式。历史的专业化、历史学对科学性的强调、历史学家为国家服务和人类整体服务的诉求依然如故。

---

① Pierre Nora, "Mémoire de l'historien, mémoire de l'histoire : Entretien avcec J.-B. Pontalis", *Nouvelle revue de psychanalyse*, Vol. 15, 1977, p. 224.

从 20 世纪 70 年代开始，在后现代理论思潮的冲击下，在 1968 年"五月风暴"后遗症的影响下，历史再一次面临变革，热拉尔·努瓦利耶在《论历史"危机"》一书中列举出 10 多种新历史观，其中有法国在 70 年代末提出"新史学"的概念，接着有"语言转向""关键转折""新知识史""新文化史""新历史主义""观念的哲学史""另类社会史""新政治史""日常生活史""自我史""另类历史"等。① 人们寻找着新的历史范式和进路。与此同时，年轻一代史学工作者再次对学院派正统史学提出挑战。法国出现了与学院式史学对立的民间社团史学（histoire associative），而在国际上，美国出现了"公共史学"（public history），英国涌现出"历史工作室"（history workshop），德国则有"日常史"（Alltagsgeschichte）等。这些史学的共同点就是主张一种"从下往上看"（vue d'en bas）的历史观，重视被传统历史学所忽视和排斥的下层群体和普通大众。与此相适应的是推动了新的研究方法，以前的历史以书写材料为主要依据，而这种另类史学则以大量的口述材料作为历史的重要资源，由此出现了"口述史"。大量的口述材料是口述者的亲身经历，由此与个人记忆和集体记忆产生了直接的联系，成为记忆史产生的重要动力。

在历史学界外部，随着大众媒体全方位的扩展，记录材料和技术的进步（录音和录像等），以前被历史压制着的声音通过媒体，以"记忆"的形式表现出来，许多被历史有意和无意消声的群体，如妇女、儿童、少数族裔、战争受害者、逐渐在现代社会消失的人群以"记忆"的名义发出他们的呼声。人们希望让"被遗忘者"复活，"人们谈论记忆，那是因为不再有记忆"。② 政治家们也紧随其后，为集体记忆推波助澜，共和国总统宣布 1980 年为"国家遗

---

① Gérard Noiriel, *Sur la " crise " de l'histoire,* Paris, Edition Belin, 1996, p. 152.

② Pierre Nora, *Les lieux de mémoire*, Paris, Gallimard, 1997, en trios volumes, Vol. 1, p.25.

产年"，掀起遗产保护的热潮。1981 年，国家遗产办公室内部设立专门的处负责"民族文化遗产"保护，将遗产的概念推广到全部文化领域，涉及各种文化形式。

因此，"记忆"从 20 世纪 70 年代末开始，作为历史的叛逆者而产生，这种记忆的觉醒，表示出"历史－记忆"这对连体婴儿的解体。"记忆"不再愿意寄人篱下，不愿成为历史的附属品，它要与历史分离。由此，记忆成了被历史忽视的群体、事件、地点的代言人。在这种形势下，历史一度感受到来自记忆的压力，正如皮埃尔·诺拉在《新史学》的条目中所声称的那样："自此历史的书写处在集体记忆的压力之下：对于'当前'历史来说，媒体构建的事件随即构成集体记忆，当前的历史是事件的继承者；对于本身被称为'科学的'历史来说，集体记忆决定了历史的趋向和好奇心。"[1]

然而，不久历史又将主动权抓在自己的手里，它的做法就是将记忆转化为历史研究新的对象，构建了被称为"记忆史"（histoire de la mémoire）的新领域。当记忆史基本被正名以后，人们追认了一批记忆史的先驱，如乔治·杜比（Georges Duby）[2]、菲力浦·茹塔尔[3]、安托万·普鲁斯特[4]等。从 20 世纪 80 年代起，有关记忆史的著作和论文大量涌现，下面列举一些有影响的著作，以便能让希望了解这方面研究的研究者对法国记忆史的论题有较全面的认识：弗朗索瓦丝·左那邦的《漫长的记忆：村庄里的时间和历史》[5]、伊夫·勒甘和让·梅特拉尔的《寻找一种集体记忆：吉

[1] Pierre Nora, "La mémoire collective", dans J. Le Goff (dir), *La nouvelle histoire*, Paris, Retz-CEPL, 1978, p. 400.

[2] Georges Duby, *Le dimenche de Bouvines*, Paris, Gallimard , 1973.

[3] Philippe Joutard, *La légende des camisards ,une sensibilité au passé,* Paris, Gallimard, 1977.

[4] Antoine Prost, *Les anciens combattants et la société française, 1914-1939,* 3 vol. Paris, Presses de la FNSP, 1977.

[5] Françoise Zonabend, *La mémoire longue. Temps et histoire au village,* Paris, PUF, 1980

伏尔的退休冶金工人》①、菲力浦·茹塔尔的《过去传来的声音》②、马克·费罗的《人们如何向孩子们讲述历史》和《处在监视下的历史》③、热拉尔·纳梅的《为记忆而战：法国1945年至今的纪念活动》和《记忆和社会》④、皮埃尔·诺拉的《记忆之场》⑤、亨利·卢索的《1944年至今的维希综合症》⑥、雅克·勒高夫的《历史和记忆》⑦、让－克勒芒·马丹的《记忆中的旺代，1800—1980》⑧、本扎明·斯托拉的《溃疡和遗忘：阿尔及利亚岁月的记忆》⑨、吕赛特·瓦朗西的《记忆的寓言：三国王光荣之战》⑩、克洛特·辛瑞的《维希、大学和犹太人：记忆的沉默》⑪、阿奈特·维维奥卡的《流放和种族灭绝：记忆与遗忘之间》⑫、玛丽－克莱尔·拉伐勃尔的《红线，共产主义记忆的社会学》⑬等。笔者的罗列也仅仅只能局限于20世纪90年

① Yves Lequin et Jean Metral, "Á la recherché d'une mémoire collective: les metallurgists retraités de Givors", *Annales ESC*, N°1,1980.

② Philippe Joutard,*Ces voix qui nous viennent du passé*, Paris, Hachette,1983.

③ Marc Ferro, *Comment on raconte l'histoire aux enfants à travers le monde entire*,Paris, Payot, 1983; *L'histoire sous surveillance*, Paris, Gallimard, 1985.

④ Gérard Namer, *Batailles pour la mémoire. La commemoration en France de 1945 à nos jours,Paris*, Papyrus,1983;*Mémoire et société*, Paris, Méridiens Klincksieck, 1987.

⑤ Pierre Nora, *Les lieux de mémoire*, Paris, Gallimard, I, *La République*, 1984; II, *La Nation*, 3vol., 1986; III, *Les France*, 3 vol., 1993.

⑥ Henry Rousso, *Le syndrome de Vichy de 1944 à nos jours*, Paris, Seuil, 1987.

⑦ Jacques Le Goff, *Histoire et mémoire*, Paris, Gallimard, 1988.

⑧ Jean-Clément Martin, *La Vendée de la mémoire,1800-1980*,Paris, Le Seuil, 1989.

⑨ Benjamin Stora ,*La Gangrène et l'Oubli .La mémoire des année algériennes*,Paris, La Découverte,1991.

⑩ Lucette Valensi, *Fables de la mémoire. La glorieuse bataille des trois rois*, Paris, Le Seuil, 1992.

⑪ Claude Singer, *Vichy , l'université et les juifs. Les silences de la mémoire,* Paris, Belles Lettres, 1992.

⑫ Annette Wieviorka, *Déportation et génocide : entre la mémoire et l'oubli*, Paris,Plon, 1992.

⑬ Marie-Claire Lavabre, *Le Fil rouge, sociologie de la mémoire comuniste*, Paris,Presse de la PFNSP,1994.

代，进入 21 世纪后，带有"记忆"名称的著作越来越多，大量著作中的章节也充满着"记忆"一词，这方面的学术论文层出不穷，已经不胜枚举。2008 年，法国社会科学高等研究院人文科学之家基金会、巴黎第一大学与中国法国史研究会在上海联合举办研讨会，根据法方建议，研讨会的主题即是"时间和记忆"，可以说，记忆史仍然是法国史学研究中的红角，[①] 唯一重要的变化是，记忆史已经汇入涵盖面更广的"表征史"之中，它成为法国"表征史"的重要组成部分。

在分析了法国记忆史构建的历史经过和罗列了法国记忆史的基本成果以后，我们有必要对法国记忆史所采用的概念和研究方法做进一步深入的探讨。

成为历史研究对象的记忆：记忆史的概念和方法

在法国记忆史中，"记忆"（mémoire）是一个抽象的名词，指的是人们保留某些信息的能力和属性，它首先是属于人的精神和心理功能，人们借助它可以将过去的印象和信息一如既往地在现实中还原。[②] 但法国记忆史研究的内容却是具体的，它涉及的是记忆的实际内容，即法语中另一个关于记忆的词语"souvenir"（英语对应的是 remembering 或 remembrance，最确实的汉语应该是"回忆"，意指人们记忆的内容）。法国记忆史关注的重点不是个人的记忆，而是集体记忆。

---

① 2010 年 2 月，趁在巴黎参加学术会议的间隙笔者逛了下书店，书架上仍然有不少关于记忆研究的历史著作: Alain Houziaux (sous dir.), *La mémoire, pour quoi faire*, Paris, Les Edition de l'Atelier, 2006. Michel Vovelle, *Mémoires affrontées : protestants et catholiques face à la Révolution dans les montagnes du Languedoc*, Rennes , Presses universitaires de Rennes, 2004. 409p. Enzo Traverso , *Le passé, modes d'emploi : histoire, mémoire, politique*, Paris , La Fabrique , 2005,136p.

② Jacques Le Goff, *Histoire et mémoire*, Paris, Gallimard, 1988, p.105.

如前所述，"集体记忆"的概念来自法国社会学家哈布瓦赫，与传统心理学意义上的记忆概念不同，哈布瓦赫更强调记忆的社会性。他认为，我们大部分的记忆具有社会意义。"通常正是在社会中，人们获得他们的记忆，回想起这些记忆，辨认出这些记忆，给这些记忆以正确的定位。……最常见的情况是我们唤醒记忆是为了回答别人的问题，或我们假设要回答别人的问题，此外，在回答这些问题时，我们把自己置于他们的视角中，我们看问题就如我们是这一群体的一部分，或与他们处于同一群体之中。……最常见的是，当我回忆之时，是别人刺激了我的回忆，他们的回忆帮助了我的回忆，我的回忆有他回忆的支撑。""正是从这种意义上说，存在着集体记忆和记忆的社会框架。"① 他还认为，即使是完全属于个人的记忆，它也不可能完全孤立和封闭。"一个人为了回想起他的过去，经常需要借助别人的回忆。他通过他身外存在的、社会为他确定的参照点才能回忆起来。更有甚者，没有言辞、思想这些工具，个人不能发明，只能借用他人的工具，个人的记忆便不能运行。"②

　　法国的历史学家们重新解读了哈布瓦赫的观点。皮埃尔·诺拉在为《新史学》撰写的"集体记忆"这一词条时，提出了自己的定义。他认为，"如果从最为相近的意思来说，集体记忆就是具有身份认同的鲜活群体对过去的，并被赋予神奇化的经历的回忆，或是这些回忆的总和，不论这种回忆是有意识的还是无意识的。这一群体的认同是通过对过去的感情整合而成的"。③ 接着他列举了

① Maurice Halbwachs，*Les cadres sociaux de la mémoire*, Nouvelle édition, Paris, PUF, 1952, p.VI.

② Maurice Halbwachs，*La mémoire collective, Chapitre II：mémoire collective et mémoire historique,* 2e édition，Paris, PUF, 1968. p. 36.

③ Pierre Nora, "La mémoire collective", dans J. Le Goff (dir), *La nouvelle histoire*, p.398.

集体记忆的几个方面：对事件的回忆，这些事件或直接亲身经历，或间接通过书写的、实践的和口述的传统传承；活跃的记忆，即得到机构和制度、各种仪式、历史著作不断维持的记忆；隐藏的和重新获得的记忆，如少数族裔的记忆；官方记忆，得到民族、家庭、宗教、政党营造的所有想象物的配合；没有记忆的记忆，地下的和亚历史的记忆（如犹太记忆）等。

热拉尔·努瓦利耶在他所著《什么是当代史？》一书中将哈布瓦赫所指的记忆分为三个层次。[①] 第一层次，他称作"个人回忆"（les souvenirs individuels），回忆者回忆的是自己亲力亲为的事，这种个人记忆与群体记忆有着辩证关系，哈布瓦赫在《记忆的社会框架》中就曾写道："个人是用群体的眼光来回忆的，而群体的记忆通过个人的记忆得以实现并表现出来。"[②] 第二层为"集体记忆"（les mémoire collective），它的构成包括曾经历过相同事件的一群人的共同记忆，以及这些事件所遗留下的客观印痕，这一层面的东西包括共同经历的空间环境、与经历的事件相关的机构设置，以及与此相关的文字和口头档案材料等。第三层称作"传统"，它是在相关事件的当事人消失以后才出现的，各种仪式、神话、集体的叙述、朝圣等代替了记忆的位置。通过这种解读，记忆概念所涵盖的内容进一步扩大。

雅克·勒高夫另辟路径，他不是对哈布瓦赫的记忆概念作进一步的阐释，而是通过记忆的历史考察来揭示承载记忆媒介，由此对记忆功能所产生的影响。勒高夫在《历史和记忆》[③]一书中按人们的记忆形式划分世界的记忆史：1.原始民族记忆，即"无文字记忆""野性记忆"，其中最主要的形式就是神话，尤其是民族起

---

① Gérard Noiriel，*Qu'est-ce que l'histoire contemporaine?* Paris, Hachette, p.198.

② Maurice Halbwachs，*Les cadres sociaux de la mémoire*, édition électronique, p.7.

③ Jacques Le Goff, *Histoire et mémoire*, Paris, Gallimard, 1988.

源的神话。此外还有口传谱，手艺经验等。2．记忆飞跃期：从口传到书写记忆，即从史前到古典，其中有了纪念性的碑文。3．中世纪记忆期，口传记忆与书写记忆平分秋色，编年史作为记忆出现。4．文本记忆发展期：16世纪以后，历史担当起记忆的角色。5．当代记忆的膨胀：更多的记忆媒介。

必须指出，记忆史对记忆概念的借用是以强调记忆与历史的不同为出发点的。皮埃尔·诺拉曾明确表示："历史与记忆远非同义词，现今看来，它们是相对立的。"① 根据多位法国历史学家的论述，② 我们可以从中概括出记忆与历史各自所具有的特征。

第一，记忆是鲜活的和生动的，它总是与活着的人联系在一起，它随着人们回忆与失忆的不断变换而处在永久的变动之中，在不知不觉中被扭曲和变形，并且极易受到利用和操纵；历史则是对一切已不在的事物或以往"死亡"的事物进行问题式的和不完全的重建；记忆是现在的过去，而历史是过去的复现。第二，记忆总是主观的，它以自我中心，总是可以用第一人称来指代——"我的"记忆和"我们的记忆"，它处在自我意识之中，寻求的是对自己感官的忠实，受制于人的信仰；历史一直以客观为自己的诉求，总是以非主体的面貌出现，历史作者不会将自己的作品说成"我的历史"，他希望这是放之四海而皆准的，揭示出历史的普遍性，历史追求的是真实，它受制于理性。第三，记忆总是具体的、带有感情色彩的、复数的，有多少个体和群体就有多少种记忆，记忆

① Pierre Nora: *Les Lieux de Mémoire*, T1, Paris, "Quarto", Gallimard, p.24.

② Pierre Nora: "Entre mémoire et l'histoire ",dans *Les Lieux de Mémoire,* T 1, pp.23-43; Pierre Nora, Pierre Nora, "La mémoire collective", dans J. Le Goff (dir), *La nouvelle histoire,* pp. 398-401; Krzysztof Pomian, "De l'histoire, partie de la mémoire, à la mémoire, objet d'histoire", *Revue de Métaphysique et de Morale,* janvier-mars 1998, N°. 1,pp. 63-110; Francois Dosse, " Entre histoire et mémoire: une histoire sociale de la mémoire ", *Raison présente*, september 1998, pp. 5-24.

与记忆之间充满着错位和冲突；历史带有抽象的批评意味，需要对问题进行分析和解释，需要冷静的思考，追求的是唯一。第四，记忆与遗忘相辅相成，有记忆必有遗忘，记忆允许有缺口、有断裂，历史则追求连续和完整，遗漏不是历史的美德；记忆对时间性并不敏感，它可以是跳跃式的，不在乎因果联系，历史则完全关注因果链，强调时间的连续和次序。

　　法国的历史学家们还历史地和动态地考察了记忆与历史的关系。人类的记忆要早于历史而存在，当人们发明了书写，历史才开始出现，但最初仅仅是记忆的一部分，但当书写在人类社会完全占据统治地位后，历史几乎成了记忆的代名词，成为记忆的代言人，"历史的记忆"（mémoire historique）① 与记忆画上等号，成了"历史－记忆"（histoire-mémoire）的联合体。到了现代，记忆又想从历史的掌控中摆脱出来，人们甚至用"记忆的责任"（devoir de mémoire）来对抗历史的歪曲、隐瞒和遗忘。然而在历史把记忆作为历史研究的对象之后，记忆再次被历史所俘获。

　　与"记忆"概念相对应的是"遗忘"。法国一些从事记忆史研究的专家一直将"记忆、历史和遗忘"看作与过去发生联系的三驾马车。② 人们认为，遗忘是记忆的另一面，不可分离。集体记忆收集着坚实的材料，而那些生活的碎片和不太有意义的事件就自然地进入遗忘的角落。"记忆的空洞"就如漏斗，不值得或不便记忆的"垃圾"就从此滑走。"集体记忆选择、勾画、建设着：记忆是工

---

① 　常被译作"历史记忆"，由于汉语的"历史记忆"，既可理解为"带有历史意义的记忆"，也可理解为"历史即记忆"，因此本文采用"历史的记忆"的译法，根据皮埃尔·诺拉的定义，"历史的记忆"等同于历史，即历史学家们的集体记忆。

② 　Jean-Clément Martin, "Histoire, Mémoire et Oubli. Pour un autre régime d'historicité", *Revue d'histoire moderne et contemporaine*, T. 47e, No. 4, Oct. - Dec., 2000, pp. 783-804.

地，遗忘收集着建筑废料。"① 因此遗忘是记忆选择的结果，也可以反映出记忆的另一侧面，沉默、无意识的压抑、消除、抵制、失忆，甚至谎言，在心理学范围内是与记忆结合在一起被考虑的，记忆与遗忘就是一种对立统一。

法国的记忆史正是在这样的概念框架下构建的。从方法论上说，法国记忆史对记忆的研究不同于心理学对记忆的研究，相较心理学家、精神病学家和精神分析学家更多地关心个人记忆，历史学家们更多地关注集体记忆。心理学家主要关注记忆功能的研究，研究的时段往往是短暂的，在方法上是实验和经验式的；记忆史对记忆的研究则注重长时段的记忆。同时，记忆史的研究受到20世纪70年代"语言学转向"的影响，借助了许多认识论方面的理论，如现象学和解释学等。

记忆史研究的对象和领域非常宽泛。记忆史所研究的"记忆"涉及不久前才发生但受到抑制的历史事件和被遗忘的社会和群体，如法国维希政权、阿尔及利亚战争、德国关于有关纳粹主义的历史大争论、苏联解体后的东欧国家、20世纪一连串不幸的悲剧和挫折、已经消失或正在消失的农民群体和工人群体、各地区的物质遗产和非物质遗产、国家和地区的身份认同，因为这一切均是"过去呈现于现在"。记忆史也研究人们对过去的建构、传承和"保存"，因此，对生活经历的记忆、对历史事件和历史人物的纪念活动、历史的记忆、历史的遗忘（有意和无意）、历史对过去事件的解释冲突、历史的政治操纵等也都被归入记忆史的研究范畴。记忆史还研究"记忆的载体"，如档案和博物馆、历史性建筑、书籍、影像材料等。这种记忆的广谱化，大大拓展了历史研究的领域和视野，但它的不确定性也使得"记忆史"本身的身份变得不清晰起

① Lucette Valensi, "Silence, dénégation, affabulation: le souvenir d'une grande défaite dans la culture portugaise ", dans *Annales ESC*, janvier-février 1991, nº 1, p. 3.

来，因此从 20 世纪 90 年代末起，记忆的泛化遭到许多专家的批评，人们提到了"记忆的滥用"①、"纠缠"② 和"错用"③。

法国记忆史的研究路径可以总结出如下几个方面。

一、自反式。研究记忆问题基本集中在两个问题，一是："人们记住了什么？"二是："这是谁的记忆？"依照记忆的特征，记忆是有个性的，记忆可以反映个体的身份。记忆的内容与个体的感觉、价值判断和表达的语言相联系。同时失去了记忆也就失去了个体身份的坐标。因此，我们完全可以说，"没有记忆，人就不能辨认自己，也就不再存在"。④ 因此从"记住什么"（记忆内容）入手，就可最终达到认识"记忆属于谁"（认识主体的身份和本质）。但是，要通过"什么"达到认识"谁"的目的，还必须了解记忆的内容是如何表达出来的问题，即回忆的方式问题。有些回忆是自然涌现的，或者触景生情，有些回忆是人们刻意去追寻的，有些记忆内容自然遗忘，而有些记忆内容是被人们有意埋入记忆深处的，甚至努力将之遗忘的，这种表达方式也是记忆主体身份的体现。因此，记忆史研究从记忆的具体内容出发，通过观察它们的呈现方式，最后去认识记忆主体的内部本质和属性，即认识主体的身份（identité）。这就是被法国哲学家利科称为自反式的（réflexif）方式。⑤ 这方面较为典型的范例就是法国史学家吕赛特·瓦朗西（Lucette Valensi）对发生在 16 世纪的葡萄牙与摩洛哥之间的一次

---

① Stefan Todorov, *Les abus de la mémoire,* Paris, Arléa, 1998.

② Henry Rousso, *La hantise du passé*, Paris, Textuel, 1998.

③ Marie-Claire Lavabre, "Usages et mésusages de la notion de mémoire ", dans Critique internationale nº 7, avril 2000, pp.48-57.

④ Krzysztof Pomian, "De l'histoire, partie de la mémoire, à la mémoire, objet d'histoire", *Revue de Métaphysique et de Morale,* janvier-mars 1998, Nº. 1, p.68.

⑤ Paul Ricoeur, *La mémoire, l'histoire, l'oubli,* Paris, Seuil，2000，p. 4.

战争的记忆研究。[①]1578 年 8 月 4 日，葡萄牙国王塞巴斯蒂安与摩洛哥被废黜的国王联手发动对摩洛哥在位国王的进攻，被称为"三王之战"。战争只持续了一天，结果葡萄牙惨败，三王或死或下落不明。战争的失败使葡萄牙失去国王，也失去了贵族精华（几乎所有的贵族均参加了战争，伤亡惨重），还丧失了军队，它对北非和大西洋以外世界的扩张受挫，甚至数年后，葡萄牙还被菲利普二世统治的西班牙所吞并。而摩洛哥却由此强大到前所未有的程度。通过研究这一事件逐渐融入两国民族记忆的方式，吕赛特·瓦朗西揭示出该历史事件在战败国和战胜国里产生了不同的记忆。该事件在摩洛哥的记忆中埋藏得很深，人们并没有将它当作庆祝的对象，相关的资料也少见。一直到 1956 年摩洛哥重新独立后，为了弘扬民族精神，此事件才被重新回忆，对该事件的纪念也逐渐制度化。在葡萄牙，巨大的战争创伤首先给全民族带来极大的悲伤，然后人们开始有意抑制和隐瞒这段痛苦的记忆。起初，关于这一事件的记载几乎仅见于周边国家，法文、西班牙文、意大利文的文献均未被译成葡萄牙文，这种沉默一直维持了近 30 年。然后人们才愿意通过重拾回忆来舔平伤口。由于葡萄牙人从来没有亲眼见到塞巴斯蒂安的尸体，因此围绕着这位国王的生死形成了许多传说，人们对这位国王回归的期待和希冀最终成为葡萄牙民族意识的重要组成部分，成为葡萄牙人的身份认同元素。记忆史的研究抛弃了机械的因果分析方式，采用人类学、民族志学的研究方法，关注的重点放在个人能够迅速融入社会和集体层面的一些因素，如语言、意识、情感、感官和文化等。

二、痕迹追寻。从凝聚着记忆的事件、地点、人物、仪式、

---

① Lucette Valensi, *Fables de la mémoire. La glorieuse bataille des trois rois*, Paris, Seuil, 1992; Lucette Valensi, "Silence, dénégation, affabulation: le souvenir d'une grande défaite dans la culture portugaise", dans *Annales ESC*, janvier-février 1991, nº 1, pp. 3-24.

群体入手，重点考察这些对象在历史上留下的痕迹，着眼点不是这些对象本身的真伪和意义，而是这些真伪和意义形成的轨迹，尤其是研究历史事件被集体记忆操纵、调整和修改的进程。我们可以以乔治•杜比所写的《布汶的星期天》①为例略加展开。《布汶的星期天》出版于 1973 年，远早于法国记忆史成型的时期，但它之所以被认定为记忆史的开山之作②是由于该书的第三章"传奇演变"（Légendaire）。该书聚焦的是法国历史上一场著名的战役"布汶之战"，在 1214 年 7 月 27 日星期天这个不该打仗的日子了（星期天为主日，基督徒应该休息），法国国王菲利普二世（奥古斯都）被迫与被革除教籍的德意志皇帝奥托四世及其联军在弗兰德尔地区的布汶桥边（马克河畔）进行了一场战役，结果奥托四世落荒而逃，联军中有多名大贵族被俘，与奥托四世结盟的英王失地者约翰放弃了对法国的领土要求。腓力二世由此巩固了已获得的领土，提升了王权的地位。杜比在该书的第一部分和第二部分叙述了事件本身和分析了事件的结构性问题以后，将第三部分的重点放在这场战役在民族记忆中的演变上。首先，杜比分析了"布汶之战"神话的形成，这场战役通过 13 世纪僧侣和编年史作家的描绘，成为"善"战胜"恶"、"上帝战胜魔鬼"的象征，并且逐渐夸大为法国军队以一当十，甚至以一当百的胜利。然后，杜比指出，在 14 世纪此战役逐渐被人遗忘，而从 17 世纪开始，此战役再次浮出水面。在 19 世纪和 20 世纪，从基佐到魏刚，战役得到了不同的解读，最后，该战役被赋予民族胜利的意义，成为法国人第一次战胜德国人的战役。在民族情感上，它变得比贞德更重要。1945年以后，这次战争的记忆又一次消失，因为欧洲需要和谐，并走向一体，德国不再成为敌人。勒高夫在分析杜比的研究方法时指

<hr>

① Georges Duby, *Le dimenche de Bouvines*, Paris, Gallimard , 1973.

② Jacques Le Goff, *Histoire et mémoire*, Paris, Gallimard, 1988，p.173.

出，杜比"首先将此事件看作是冰山一角，然后，他用社会学的方法审视这场战役和它留下的记忆，通过一系列对事件的纪念，追踪该记忆在整体精神重现运动中的命运"。① 乔治·杜比在1984年该书的再版前言中也总结了他自己对这部分的分析："我的任务是观察一个事件如何被构建和被解构，因为归根结底，该事件仅仅以人们叙述的方式而存在，因为该事件确切地说是被那些将事件更名后进行散布的人制造出来的；因此，我研究的是关于布汶回忆的历史，是该事件被变着法地逐渐扭曲的历史（很少是无辜的），是记忆和遗忘的历史。"② 这样的方法决定了记忆史大量集中在事件和人物史的研究方面，这是自法国年鉴学派之后法国史学的重要转向。

三、回溯法（méthode rétrospective）。以当今关怀为立足点，公开地以现代问题为出发点，追溯以往，所从事的研究满足现代人的现代要求。亨利·卢索（Henri Rousso）在1987年对有关维希政权的集体记忆所作的研究就是很好的例子。③ 有人认为该著作是"法国记忆史确立"的"决定性阶段"。④ 20世纪70年代，法国出现了对法国抵抗运动神话的反思。根据这一神话，维希政权是法国一小撮投降派创立的，他们是纳粹德国的应声虫和合作者，法国大部分人站在以戴高乐为代表的抵抗运动一边，戴高乐的自由法国才是法国正统的政权，抵抗运动是正统法国的延续，维希政权是不值得一提的插曲。然而，70年代，这种神话被修正派戳穿了，新的观点认为，最初大部分法国人都支持维希政权，维希政权的

① Jacques Le Goff, *Histoire et mémoire*, Paris, Gallimard, 1988，p.173.

② Georges Duby, *Féodalité*, Paris, Gallimard, 1996，p.831.

③ Henry Rousso, *Le Syndrome de Vichy, de 1944 à nos jours*, Paris，Seuil，1987.

④ Christian Delacroix, François Dosse, Patrick Garcia, *Les courants historiques en France, 19e-20e siècle*, Paris: Armand Colin, 2002.

一些措施也不完全是出于德国方面的压力，甚至在反犹方面也是如此，维希政权其实是法兰西第三共和国内部保守主义和新法西斯派力量的延续。由此在法国社会引起了激烈的辩论。卢索的著作并不介入这种孰黑孰白、孰是孰非的讨论，而是用非常冷静的眼光，从现实问题出发，回溯法国人对这段历史的记忆，他依据1945年以来大量与维希政权相关的"再现"材料（如报刊、文学和史学作品、电影和电视等等），分析了法国1945年以来有关维希政权的集体记忆：最初为"哀伤"期（1944—1954年），主要表现为起诉"合作者"，戴高乐主张民族和解；第二阶段为"记忆抑制"期（1954—1971年），法国人希望告别痛苦的过去，接受了戴高乐所营造的抵抗运动的神话；第三阶段为"明镜破碎"期（1971—1974年），由1971年纪录片《悲伤与怜悯》上映和蓬皮杜总统对"合作分子"图维埃特赦所引起的争论打破平静，使维希记忆再次涌现；最后为"记忆困扰"期（1974年以后），犹太人的记忆被唤醒，教会和法国国家公务员在维希时期的作用也受到责难。通过回溯，卢索发现法国人关于维希时期的集体记忆始终是受现时的需要支配的。类似的研究还有关于共产党的集体记忆，[1] 关于阿尔及利亚战争的集体记忆，[2] 关于第二次世界大战期间被流放者的记忆[3] 和被赶出大学校门的犹太人的记忆[4] 等。就这方面来看，记忆史研究始终以近现代史为主，也就理所当然了。

---

① Marie-Claire Lavabre, *Le Fil rouge, sociologie de la mémoire communiste*, Paris, PFNSP, 1994.

② Benjamin Stora, *La Gangrène et l'Oubli .La mémoire des année algériennes*, Paris, La Découverte, 1991.

③ Annette Wieviorka, *Déportation et génocide : entre la mémoire et l'oubli*, Paris, Plon, 1992.

④ Claude Singer, *Vichy , l'université et les juifs. Les silences de la mémoire*, Paris, Les Belles Lettres, 1992.

《记忆之场》：历史和记忆之间

提到法国的记忆史，不能不提到由法国著名史学家皮埃尔·诺拉主编的鸿篇巨作《记忆之场》（*Les Lieux de Mémoire*），法国近年来论述法国史学研究流派的著作，在提及法国记忆史时均会以此书为例进行剖析。[①] 它也可以说是近二十年以来，法国史学界最有影响的历史著作之一，引起了众多史学家的关注和评论。[②] 它与记忆史共同成长发展的心路历程、它的工作机制和特色、它所代表的研究范式都值得我们去近距离观察。

该书主编皮埃尔·诺拉（Pierre Nora）与出版界有着紧密的联系，他本人是法国伽利玛（Gallimard）出版社的编辑，同时也是法国有影响的学术刊物《争鸣》（*Le Débat*）的主编。他在学术圈里，也颇有影响，是法国社会科学高等研究院（Éocle des hautes etudes en scinces sociales）的台柱之一。从 20 世纪 70 年代起，皮埃尔·诺拉开始对年鉴学派历史学的研究范式进行反思，他本人是年鉴学派历史学家们的朋友，但在史学思想上却始终与年鉴学

[①] Gérard Noiriel，*Qu'est-ce que l'histoire contemporaine?* pp. 201-202; Christian Delacroix, François Dosse, Patrick Garcia, *Les courants historiques en France, 19e-20e siècle*, pp.263-267.

[②] 笔者阅历所及，重要的评论就有：Paul Ricoeur, *La mémoire, l'hitoire, l'oubli,* pp.522-535; Patrick Garcia, "*Les lieux de mémoire,* une poètique de la mémoire?",*Espaces Temps,*n°74/75,2000,pp.122-142; Lucette Valensi, " Histoire nationale, histoire monumentale. *Les lieux de mémoire* ",*Annales HSS,*n° 6,novembre-décembre,1995,pp.1271-1277; Steven Englund, "de l'usage de la Nation par les historiens,et réciproquement" et " L'histoire des ages récents.Les France de Pierre Nora",Politix,n°26, 1994, pp.141-168; Marie-Claire Lavabre, "Usages du passé, usages de la mémoire", *Revue française de science politique*, 3,juin 1994, pp.480-493; Henry Rousso, "Un jeu de l'oie de l'identité français", *Vintième Siècle,revue d'histoire*, n°15, juillet-septembre 1987, pp.151-154. 此外，还有两本杂志进行过专题讨论："La nouvelle histoire de France. Les lieux de mémoire", *Magazine littérraire*, n°307,février 1993; "Mmémoire comparées", *Le Débat*, n°78, janvier-février 1994.

派保持距离。他在 1971 年初与伽利玛出版社合作编辑一套历史丛书，起名为"历史丛库"（"La bibliothèdes histoires"，"历史"一词采用复数形式），在这里，他显然不同意年鉴学派"总体史"的观点，在他看来，历史应该是复数的和小写的。1980 年，他和马赛尔·戈歇（Marcel Gauchet）一起创办了《争鸣》杂志，上面经常发表与年鉴学派观点相左的文章，其中引人注目的是在 80 年代初，在杂志上登载了普林斯顿大学教授（英国出生）劳伦斯·斯通（Lawrence Stone）的文章《回到叙述》（"Retour au récit"）和意大利史学家卡洛·金斯伯格（Carlo Ginzburgr）的文章《符号、轨迹和线索：表征范式之根》（"Signes,traces,pistes. Racines d'un paradigme de l'indice"），①为叙述史和微观史学正名，开启了对年鉴派史学质疑的先声。

1976 年，皮埃尔·诺拉被任命为法国高等社会科学研究院"当代史"的主任研究员和这个研究所的负责人，开始关注记忆问题，他将"记忆场所"这一概念②引入到历史研究之中，构思和酝酿新的研究方向。1977 年，他与法国心理学家让－贝尔特朗·蓬塔利斯（Jean-Bertrand Pontalis）进行了一次交谈，这次交谈以"历史学家的记忆，历史学的记忆"为题发表，在回答让－贝尔特朗·蓬塔利斯提出的"当今历史学家的设想应该是什么"这一问题时，他谈到历史学家要"将记忆从昏睡中驱赶出来，将社会为了让自身得以维持

---

① Lawrence Stone,"Retour au récit ou réflexions sur une nouvelle vieille hisoire, "*Le Débat* 1980/4 (n°4), pp.116-142;Carlo Ginzburg ,"Signes,traces,pistes.Racines d'un paradigme de l'indice", *Le Débat* 1980/6 (n° 6), pp.3-44.

② 早在 1975 年，法国就有人在杂志上引用英国历史学家弗朗西丝·艾梅莉亚·雅特斯（Frances Amelia Yates）《记忆的艺术》（*The Art of Memory*）一书中的材料，提到了"记忆地点"：Gérard Blanchard, "Textes, images et lieux de mémoire", *Communication et langages*, n°28, 1975,pp.45-69.

和保持永恒而需要的幻想激发出来"。^①如前所述，1978 年，皮埃尔·诺拉为《新史学》撰写"集体记忆"的条目，除了公开提出"集体记忆的分析能够而且应该成为想与时代同步之历史学的先锋"。^②以外，还提到了记忆的"场所"，第一次表述了"记忆场所"的要素。据他自己所述，在 1978 和 1979 年间，他萌发了请一些著名的史学家一起搞一套有关民族记忆"场所"（les lieux）著作的计划。^③从 1978 年起至 1981 年三年左右时间里，他在法国高等社会科学研究院主持定期的研讨会，参加研讨的专家成为这部著作的中坚力量。他原计划主编四卷，1984 年，《记忆之场》第一卷《共和国》（La République）出版，马上受到史学界和公众的欢迎。该书的第二部分他取名为《民族》（La Nation），计划出两卷，但由于选题和内容太多，在 1986 年出版时，增加为三卷。1992 年完成了最后一部分《统一多元的法兰西》（Les France），又是三卷，而且比起第二部分的三卷来，书更厚，内容更丰富。《记忆之场》最终出齐时为七卷本，共 6000 多页，该书成为集体记忆史研究成果的大检阅。

在长达近 10 年的酝酿和出版岁月中，有 103 多位法国历史学工作者参与撰写，差不多法国史学界的重量级人物都名列其中，如弗朗索瓦·孚雷、乔治·杜比、马赛尔·戈歇、安德烈·布尔吉埃尔（André Burguière）、雅克·勒高夫、奥祖夫夫妇（Jacques et Mona Ozouf）、勒内·雷蒙、埃马纽埃尔·勒华拉杜里（Emmanuel Le Roy Ladurie）、米歇尔·伏维尔（Michel Vovelle）、莫里斯·阿居隆、米歇尔·维诺克（Michel Winock）、安托万·普鲁斯特（An-

① Pierre Nora, "Mémoire de l'historien, mémoire de l'histoire : Entretien avcec J.-B. Pontalis", *Nouvelle revue de psychanalyse*, Vol. 15, 1977, p. 231.
② Pierre Nora, "Mémoire de l'historien, mémoire de l'histoire : Entretien avcec J.-B. Pontalis", *Nouvelle revue de psychanalyse*, Vol. 15, 1977, p. 401.
③ Jean-Claude Ruano-Borbalan (cordonné), *L 'histoire aujourd'hui*, Paris, Science Humaines Editions, 1999. p. 343.

toine Prost）、玛德莱娜•勒贝里埃（Madeleine Rebérioux）、罗杰•夏蒂埃、让－马利•梅耶（Jean-Marie Mayeur）、弗朗索瓦•卡隆（François Caron）、克里斯多夫•夏尔（Christophe Charle）、伊夫•勒甘（Yves Lequin）、菲力浦•茹塔尔（Philippe Joutard），让－弗朗索瓦•西里奈利（Jean-François Sirinelli）、阿兰•科尔班（Alain Corbin）、帕斯卡尔•奥里（Pascal Ory）、克尔泽斯托夫•波米扬（Krzysztof Pomian），等等，可以说创造了集体编写法国史学著作的新纪录。

　　参与编写的历史学家专长不一，擅长的领域涵盖了政治史、经济史、社会史、文化史和宗教史等。其中有现当代史专家，也有古代中世纪史的专家。他们治史方法、史学观点和政治立场也不尽相同：有年鉴学派和新史学的领军人物，也有代表法国史学新趋向的"记忆史"和"表征史"新人，还有坚持经济社会为主轴研究历史的老人，除此之外，还有一些跨学科的专家。全书采用条目式的写作方法，每人负责撰写自己的条目，因此难免各行其是，良莠不齐。然而，皮埃尔•诺拉和他的核心团队起到中坚作用，保证了著作总体上在方法论、设计目标和行文风格的一致性。皮埃尔•诺拉除了担任组织调度工作、确定总体问题、选择关键条目外，他本人直接撰写了 6 条条目以及全书各章节的序跋和过渡串联段落，在核心概念的定义上，在对全书的思考、目标和关联的定位上起了重要作用。[①] 皮埃尔•诺拉周边有非常重要的合作伙伴辅佐，如戈歇、莫娜•奥佐夫、孚雷、波米扬等人，他们大多来自高等社会科学研究院、全国科研中心（CNRS）和政治研究机构，

[①]　有人认为皮埃尔•诺拉的个人直接贡献占到全书的 7%（Patrick Garcia, "Les lieux de mémoire, une poètique de la mémoire",dans Espaces Temps, n°74/75, 2000, pp.122-142.）；在著作前两部分（前四册）出版之时，有人甚至认为他的直接贡献达到 10%（Steven Englund, "de l'usage de la Nation par les historiens,et réciproquement",Politix,n°26, 1994, pp.143）。

而非出自大学。

此书出版的跨度为 6 年。我们注意到，大部分的评论者都提到皮埃尔·诺拉在第一卷所表达的初衷到最后一卷出版时发生了"变调"：本来想通过碎化的和独立的"记忆场所"的研究来破除民族神话，颠覆神圣化的法国史，对抗纪念式的历史，但到头来，仍然没有逃脱"民族"的魔咒，"记忆场所"成了民族遗产，受到全民族的追捧，皮埃尔·诺拉的"记忆场所"演变为真正的整体法国史。试图破除纪念式神话的《记忆之场》，自己成了纪念式的神话，成了史学丰碑。总之，从反拉维斯走向了新拉维斯。不过，仔细阅读全书，这种矛盾和这种悖论有它内在逻辑，诺拉最初的动机、他的设计、他的研究方法无不为这样的结局预设了道路。

皮埃尔·诺拉在第一卷的序言里明确地指出："记忆场所的研究位于两大运动的交叉点上，这两大运动在现在和在法国赋予了这一研究的地位和意义：一方面是纯粹历史学的运动，历史学对自身进行反思的时刻；另一方面是历史进程，记忆传统的终结。"[1] 他宣布"历史—记忆"联合体的告终，即记忆与历史决裂，以及传统史学（几乎和"历史—记忆"联合体是同义词）走向没落。由此他还提到了"记忆被历史绑架"。他承认，"记忆场所"的概念完全出于"一种失落感，由此带有对已逝事物的怀旧的印记"。[2] 在使用了大量"终结"（fin）、"变化"（mutation, changement）和"不再"（ne plus）这些字眼的背后，仍然可以读出作者对民族情感失落的担忧：

> 民族不再是框住集体意识的统一框架。它的定义也不再

---

[1] Pierre Nora: "Entre mémoire et l'histoire", dans *Les Lieux de Mémoire,* T. 1, "Quarto", Gallimard, p.28.

[2] Pierre Nora: "Comment écrire l'histoire de France", dans *Les Lieux de Mémoire,* T. 2, " Quarto ", Gallimard p.2222.

引起争论，遗留的问题已由和平、繁荣和国土削减而得以解决。它所受到的威胁就是没有了任何威胁。随着"社会"上升替代了"民族"，由"过去"和"历史"决定的正统性让位于由"未来"决定的正统性。"过去"，人们只能认识它、尊敬它；"民族"，人们为它服务；而"未来"，需要人们去准备。三大名称各司其职。民族不再需要为之奋斗，它已经是既成事实；历史变成了社会科学；而记忆纯粹是个人现象。民族记忆由此成了"历史—记忆"联合体的最后体现。[①]

因此，主编者在更新历史的背景下仍然不忘拯救"民族记忆"，通过"记忆场所"的研究，留住"残存"的民族记忆，找回正在失去的记忆，找回群体、民族和国家的认同感和归属感。在全书的结构上，主编者将之划分为三大部分：共和国、民族、法兰西。其核心仍然是民族，共和国是民族的现代形式，法兰西国家则是民族的缔造者。

该书的核心概念"记忆场所"也随着主编者加强民族身份认同倾向的日益明显而发生变化。当然，"记忆场所"的最初酝酿已经表现出它试图揭示主体"身份"的发展趋势。皮埃尔·诺拉对"记忆场所"第一次清晰的表达是在 1978 年他为《新史学》撰写的"集体记忆"的条目中。他写道：

> 集体记忆的研究应该从"场所"（lieux）出发，这些场所是社会（不论是何种社会）、民族、家庭、种族、政党自愿寄放它们记忆内容的地方，是作为它们人格必要组成部分且可以找寻到它们记忆的地方：这些场所可以具有地名意义，如

---

① Pierre Nora: "Entre mémoire et l'histoire", dans *Les Lieux de Mémoire,* T1, p.28.

档案馆、图书馆和博物馆；场所也可以具有纪念性建筑的属性，如墓地或建筑物；场所也可以带有象征意义，如纪念性活动、朝圣活动、周年庆典或各种标志物；场所也具有功能属性，如教材、自传作品、协会等等。这些场所有它们的历史。①

而且，他马上意识到："进行这样的历史研究很快会改变词语的方向，从召唤场所的记忆转而召唤真正的记忆场所：国家、社会和政治集团、有共同历史经历的共同体……"② 作者已经直接把国家和民族认定为"记忆场所"，而且认为这才是集体记忆研究最终指向的目标。如此，我们在《记忆之场》一书第三部分的序言中读到这样的句子，就不会觉得惊讶了："用众多记忆场所来分解法国，就是将整个法国打造成为单一的记忆场所。"③

皮埃尔·诺拉在1984年出版的《记忆之场》第一卷序言里对核心概念"记忆场所"又作了进一步的说明。他对可以确定为"记忆场所"的事物重新划分为三类：物质的、象征性的和功能性的。④它们之所以成为"记忆场所"是受到"记忆"和"历史"双重影响的结果，它不是记忆本身，也不属于历史，它处在记忆与历史之间。它要成为"记忆场所"，首先要有"记忆的意愿"，⑤ 这些"场所"是由记忆"凝聚"而成，记忆"寓身"于其中，⑥ 但记忆不是自发的，记忆的凝聚不是自然的行动，"人们必须创设档案、必须维持

---

① Pierre Nora, "La mémoire collective", dans J. Le Goff (dir), *La nouvelle histoire,* p.401.

② Pierre Nora, "La mémoire collective", dans J. Le Goff (dir), *La nouvelle histoire,* p.401.

③ Pierre Nora: "Comment écrire l'histoire de France ", dans *Les Lieux de Mémoire,* T. 2, "Quarto", p.2224.

④ Pierre Nora: "Entre mémoire et l'histoire", dans *Les Lieux de Mémoire,* T1, p.37.

⑤ Ibid.,p.37.

⑥ Ibid.,P23.

周年庆、组成庆祝活动、致悼词、公证契约等等"。① 同时"记忆场所"的形成也必须有历史、时间和变化的介入。② 历史对记忆的"歪曲、转变、塑造和固化"，造就了寓有记忆的"场所"。③。因此，记忆场所不是消失得无影无踪或被完全被遗忘的事物，它们是记忆的"残余"，"是没有仪式社会中的仪式，是去神圣化社会中的神圣之物"，它们就如"记忆之海退潮时海滩上的贝壳，不完全是活的，也不完全死的"。④ "由于不再有记忆的环境（milieux de Mémoire），所以才有了记忆场所"。⑤ 皮埃尔·诺拉自己举例说，"共和历"之所以成为"记忆场所"是由于"共和历"最终被中止了，如果它如格里高利历那样还活到今天，它就不可能成为"记忆场所"，然而，它又没有完全死亡，一些法国历史的关键日子和关键的事件仍然与它紧密相连，如萄月、热月和雾月等。在第一卷《共和国》中，我们看到了精彩纷呈的"记忆场所"，其中有象征物，如三色旗、共和历等；也有功能性的事物，如儿童读物《两个小孩周游法国》《教育词典》等；还有真正的名符其实的地点或场所，如先贤祠；还有不少纪念活动，如7月14日的"巴士底日"等。

时隔两年，该书的《民族》卷出版。"民族"是比"共和国"时间更长、内涵更广、底蕴更深的概念。"记忆场所"的范围和入选标准由此也进一步扩大了，它们需要有一定的"系统性和层次性"。⑥ 因此，它又被细分三大部分：非物质、物质和理念。"记忆场所"扩展到与民族相联系的所有参照物：如领土和疆域、法典、帝王居住和加冕之地、在民族形成中起巨大作用的历史学、物质

---

① Pierre.,p.29.

② Ibid.,p38.

③ Ibid.,p.29.

④ Ibid.,pp.28-29.

⑤ Ibid.,P23.

⑥ Pierre Nora, "Présentation"(1993),dans *Les Lieux de Mémoire,* T1. 571.

遗产、风景等等。不过，在方法论上，著作一如既往地通过揭示这些"记忆场所"的记忆痕迹，来透视法兰西民族的特性，即通过群体意识和群体无意识现象的分析，彰显意识主体的本质。在概念扩展的过程中，也出现了一些让读者感到意外和惊喜的条目。不妨简单介绍一二。其中有一条目为"士兵沙文"。众所周知，沙文主义一词来源于拿破仑军队中的一位士兵沙文。然而作者经过抽丝剥茧地考证以后，发现这位"士兵沙文"是虚无之人。那么这位虚无之人又如何成为一种流行很广的意识形态的来源呢？其中存在一些看似偶然的因素，如词典作者的学生搞恶作剧、沙文成为戏剧人物、沙文等到官方的认可等，但作者从中看到，"士兵沙文"最后被塑造成"士兵加农夫"的形象是他得以流行的关键。源自古罗马的理想公民观的"士兵加农夫"，同样被法兰西民族所接受，被弘扬爱国主义精神的政府所接受，但最后随着时代的发展而最终被唾弃。

另一条目为"街名"，作者通过法国街名命名体系的变化，指出法国街名命名随王权加强和中央集权统治的加强而得以纯净化和统一化，采用了人名、历史事件名为主的命名体系，也被称为"百科全书式"的体系，而这种以全国名人为主的命名体系，反映了法国对个人成就和荣耀的重视。同时根据人名命名街道的统计和分析，作者发现以政治人物为名的街道不仅所占比例多，而且占据了城市的主干道，由此揭示法国作为政治民族的特性。

再有一条值得一提的条目是"拜访大文豪"，作者发现近代法国作家中存在一种有趣的现象，年轻作家会去拜访一些功成名就的大作家，而且这种拜访随后形成了拜访者的回忆录和访谈录。这种拜访甚至形成了完整的链条，例如巴雷斯（Maurice Barrès）拜访勒南（《勒南家八日》，1888 年）、科克托（Jean Cocteau）拜访巴雷斯（《造访巴雷斯》或《被糟蹋的婚礼》，1921 年）、莫利斯·

萨克斯（Maurice Sachs）拜访科克托（《幻想十日》）等。作者对这种社会实践进行了"考古"，指出了这种实践起源于作家作为自由独立人的存在，并为社会所尊重。同时作者分析了"访问空间"，即文学空间与生活空间的转换，人们先从对文豪作品的想象和思考转到与文豪的真实会面，而后又回归到文学空间，文豪成为拜访者文学创作的借口。到新媒体（如电视采访）出现以后，这种拜访就成了"记忆场所"了。作者认为，对"拜访大文豪"的研究就是要探究能够揭示法兰西民族与它的知识祖辈们缔结的关系，他把"拜访"称为"大文豪镜子中的法兰西"。[1]

最后，《统一多元的法兰西》卷出版，全书大功告成。而此时"记忆场所"概念需要进一步扩张。作者不怕概念的不确定性和模糊，他认为，"它们的未定性不会阻碍它们结出丰硕成果，对它们作出判断的是它们的实际运用，它们的模糊性可以成为它们的力量"。[2] 作者承认，"不可能处理所有法国的记忆场所，因为此书不是百科全书，也不是词典"。但他坚持认为，"在既定的框架内，必须讲究系统性和连贯性"。他提到，大部分明显的"记忆场所"已经提供出来，而"现在需要构建""记忆场所"了。[3] 它们是不是"记忆场所"取决于历史学家是否能够赋予它们记忆场所的意义，它们能够成为记忆场所，是因为这些"场所"能"说出比它们本身更多的东西"。[4] 于是，"记忆场所"涵盖了法兰西国家的所有象征物和一切能表现法兰西特性的对立统一：民歌、民间故事、谚语、卢瓦尔河畔的城堡、巴黎和外省的关系、共产主义和戴高乐

---

① Oliver Nora, "La visite au grand écrivain", dans *Les Lieux de Mémoire,* T2. p.2133.

② Pierre Nora: "Comment écrire l'histoire de France", dans *Les Lieux de Mémoire,* T. 2. P.2223.

③ Ibid.,p.2221.

④ Ibid.,p.2222.

主义的关系等等，记忆场所几乎涉及法兰西的方方面面。于是，《记忆之场》就成了一部新的法国通史，不过是完全另类的法国通史，作者称之为"第二层次"的法国史。何谓第二层次的历史？作者指出，这种历史着眼的"不是决定性的因素，而是这些因素的效应；不是记忆的行为，也不是纪念活动本身，而是这些行动的痕迹以及这些纪念活动的手法；不是事件本身，而是它们在时间上的构建、它们意义的淡化和浮现；不是真实的过去，而是它不断地被利用、使用和滥用，而是它不断施加在现实上的倾向；不是传统，而是传统形成和传承的方式。简言之，不是再生，不是重建，甚至不是重现，而是回忆"。① 在这层意义上说，这就是法国在 20 世纪 90 年代兴起的表征史和象征史。

此书作者本来想从神圣化的历史和强迫性的记忆之间走出一条新路，即将记忆当成历史研究的对象，以解构神圣化的历史。但最终的结局是仍然回到了原点，历史以新的形式继续为民族神话服务。历史学家仍然无法摆脱"民族"的权杖。因此，此书也被许多评论家批评为"新拉维斯主义"。除此之外，其作者也表现出操弄记忆的迹象，如最有理由成为"记忆场所"的拿破仑及波拿巴主义却不见踪影（唯一条目为"骨灰回归"），宗教所占的地位与它的重要性完全不成比例，等等。然而尽管如此，我们仍然不能否认它新的研究方法和新的学术视野，不能否认它对法国 20 世纪 90 年代史学更新的影响，不能否认它所取得的巨大成就。

此书出版后引起很大反响，第一卷刚出版就引起法国学术界的好评，然后才有后面两部分的扩容。为了使更多的读者能够方便地读到这部学术巨著，伽利玛出版社于 1997 年推出了浓缩版的《记忆场所》，共三卷，4800 多页。浓缩版并没有减少文字内容，

---

① Pierre.,p.2229.

它只是减少了一些图像，将字号缩小。浓缩版以简装发行，虽然是厚厚的三大部，价格却不贵，学术著作也成了"流行"文学。该书还得到国际学术界的追捧，被译成多国文字出版。但由于篇幅之巨，却每一条目又独立成篇，因此各种译本都采用节选的做法。如 1997 年，美国哥伦比亚大学出版社抽译了 46 个条目，并重新编排成三卷，起名为"记忆的领地"（Realms of Memory）。此外，还有西班牙语、德语、意大利语等。"记忆场所"的概念迅速流行，1993 年被收入《大罗贝尔词典》（Le Grand Robert de la langue fran-çaise）。人们甚至谈论"统一欧洲的记忆场所"，[1] 谈论"德国的记忆场所"[2]，等等。笔者忽然想到，中国呢？中国是否也能梳理出自己的"记忆场所"，并通过这些场所的解读使我们更透彻地了解我们自己？或许那时我们也可以如皮埃尔·诺拉那样豪情满怀地说：我们"将这些'记忆场所'变成了我的法兰西，变成了每个人的法兰西，变成了所有人的法兰西"。[3]

---

[1] Gérard Bossuat, "Des lieux de mémoire pour l'Europe unie", *Vingtième Siècle. Revue d'histoire*, 1999, Vol. 61, Numéro 1,pp. 56-69.

[2] Etienne François, "Ecrire une histoire des lieux de mémoire allemands", *Matériaux pour l'histoire de notre temps*, 1999, Vol. 55, Numéro 1.pp. 83-87.

[3] Pierre Nora: "Comment écrire l'histoire de France", dans *Les Lieux de Mémoire,* T. 2. P.2235.

情感与身体

情感表达：情感史的主要研究面向 ①

山东大学历史文化学院　孙一萍

近年来，情感史研究备受关注。虽然学界对情感史的一些基本问题尚未达成一致，但越来越多的历史学家开始重视情感因素在历史进程中的作用。历史研究中所使用的情感词汇，即所谓情感描述符（descriptor）如喜悦、痛苦、悲伤、愤怒、嫉妒等，其实包含两层意思，一是指人们内心深处感受到的情感体验（emotional experience, experience of emotions），二是人们以语言、表情、手势以及眼神等各种方式所表达的情感，即情感表达（emotional expression, expression of emotions）。同样的喜怒哀乐等情感体验，每个人的表达方式大不相同。情感史研究的目的，就是解读情感背后的历史意义。然而，问题也随之而来。历史学家如何才能了解过去人们内心深处的情感体验？以语言等方式表达的情感，在多大程度上是真实的？如果我们根本无法了解人们内心深处的情感，那么情感史研究又从何说起呢？这是每个情感史研究者必须首先面对的问题，即表达—体验问题（the expression vs. experience question）。② 也就是说，情感体验与情感表达之间存在巨大差别，人们表达的情感未必是他内心感受到的真情实感。这也是情感史

---

① 本文发表于《史学月刊》2018 年第 4 期，第 20—24 页。

② Nicole Eustace, Eugenia Lean, Julie Livingston, Jan Plamper, William Reddy and Barbara Rosenwein, "Conversation: The Historical Study of Emotions", p. 1503.

最受质疑的问题之一。

"研究情感表达的众多方式是我们了解情感的唯一入口"

人们对情感史的质疑，其实源于对情感本身的看法，即把情感与理性对立起来，认为一个人的情感变化无常，既无法预见也不可控制，毫无理性可言。把情感纳入史学研究范畴，首先必须打破这种把情感与理性对立起来的观点。雷迪对情感史研究的一个重要突破，就是提出情感体验与情感表达相互影响、互为因果。[①]雷迪借鉴神经科学的研究成果认为情感是一种特殊的认知过程。人感受到某种情感并非只是脸红、心跳、肾上腺素增加等纯粹生理机能的结果，心理学家以大量实验证据表明，情感是通过大量学习获得的习惯。雷迪提出："人感受到的所有情感，实际上都是训练的结果（the result of training）。"也就是说，一个人在感受到某种情感的时候，其实含有一定的价值判断，他快乐或生气，都是受到外界刺激的结果。人们或者把自己的真实情感表达出来，或者小心掩盖自己内心的真情实感，每种表达方式都被赋予特定的意义。因此，"研究情感表达的众多方式是我们了解情感的唯一入口"。情感史家所关注的，是这些情感表达背后所揭示的人与人、人与社会的关系。每个人都受到情感准则的约束，一个人表达情感的过程其实是在进行情感自我塑造（emotional self-shaping）。所以，对于情感史而言，"追问一个人的情感是否发自内心，即情感的'真'与'伪'（true or false），本身没有什么意义，因为所有成年人的情感体验其实都是被训练的结果。"[②]

---

① William Reddy, *The Navigation of Feeling: A Framework for the History of Emotions*, Cambridge University Press, 2001, p. xii.

② Nicole Eustace, Eugenia Lean, Julie Livingston, Jan Plamper, William Reddy and Barbara Rosenwein, "Conversation: The Historical Study of Emotions", p.1497.

雷迪据此提出了情感表达（emotives）理论，[1] 这一理论是对英国哲学家奥斯汀的言语—行为理论（speech act）的延伸。奥斯汀认为语言不但有描述作用（constatives），还有施为作用（performatives），即"以言行事"（doing things with words）。而雷迪认为除上述两种功能外，语言还有表达情感的作用，情感表达也是"以言行事"，但更多地强调情感表达与情感体验之间的相互作用，即"以言导情"。[2] 情感表达可以成为达致理想情感状态的一种工具。然而，所有情感表达是否能够达到目的，就不得而知了，因而情感表达只是一种尝试，是一种情感努力与情感经营。如果能够达到理想的情感状态，人们便感受到较大程度的情感自由（emotional liberty），达不到的就感受到更多的情感痛苦（emotional suffering）。有时人们为了避免情感痛苦，还会寻找能够自由地表达情感的场所或机构，甚至某种仪式，即所谓情感避难所（emotional refuge）。各种社会情感准则，以及人们试图突破限制以便自由地表达情感的努力，构成了一个完整的情感体系，即整个社会的情感体制（emotional regime）。

情感表达是一种交流方式，通常情况下人的情感表达不可能完全达到目的，也就是说，情感表达与内心的真实情感并不吻合。这其实就是人们通常所说的情感的"真"与"伪"，但无论真伪与否，人们总会按照自己所理解的情感准则来表达自己的情感，因此情感表达有一定的目的性，至于是否达到目的，这不是情感表达者可以自我控制的。这种情况恰恰为情感史研究提供了空间，

[1] William Reddy, *The Navigation of Feeling: A Framework for the History of Emotions*, pp. 96-109.

[2] 在雷迪笔下，emotives 与 emotional expression 有时是通用的，因此为了行文方便，这里把 emotives 译为"情感表达"。本章中其他非特指 emotives 的"情感表达"，均指 emotional expression。

也是情感史研究的意义之所在。情感史并非单纯地研究某个孤立的个人的内心情感体验，它更多的是通过研究情感体验与情感表达之间的张力，来了解这个社会中人与人之间的关系。当然，一个人内心的情感体验，也是某种关系的体现，一个人之所以会产生喜欢与厌恶的情感，其实大体上是被这个社会的情感准则教化训练的结果。情感准则对人的影响力十分强大，任何个人、团体与阶层都不可能忽视如何依照准则表达情感的问题，因此情感表达有非常重要的政治与社会意义。[①]

情感史研究的若干示例

雷迪本人以"情感主义"（sentimentalism）为切入点，研究启蒙时代及法国大革命时期人们情感表达方式的变化及其意义。沙龙、共济会、咖啡馆等情感避难所的出现，是人们避免情感痛苦、追求情感自由的表现。人们在日记、通信、演讲中表露出对情感自由的向往，报纸刊物以及私人发行的小册子也在这方面发挥了引领作用。呼吁情感真挚（sincerity）、拒绝伪善成为人们在情感表达方面的基本要求。这种情感表达方式并不仅限于小说、戏剧等文学创作，而是从一种社会行为规范，上升为一种政治上的"美德"。罗伯斯庇尔早在 1789 年竞选三级会议代表期间，就提出当选议员的人必须是情感真挚、愿意为公众利益献身的人。[②] 罗伯斯庇尔的这个看法并非他个人一时的心血来潮，这与"情感主义"自启蒙时代以来一直占据主导地位有关。

法国大革命期间要求人们情感真挚，更多的是把情感当作一种政治工具。指责革命的对象情感不真挚，就成为一种政治斗争

---

① William Reddy, *The Navigation of Feeling: A Framework for the History of Emotions,* p. 323.

② William M. Reddy, *Money and liberty in Modern Europe: A Critique of Historical Understanding*, Cambridge University Press, 1987, p.138.

的手段。真挚的情感来自美德，而不真挚的情感自然就来自"恶"，这样一来，把贵族指责为仇敌也就有了合理性。① 罗伯斯庇尔等人的指责，使民众开始燃起对贵族的仇恨。雅各宾派所信奉的是，正确的政治行为出自人们的慷慨与同情等自然的情感，这些情感使人们一方面对暴君与不公正充满了愤恨，同时又心甘情愿地自我牺牲。残酷的政策是必须的，因为有些人对革命不真诚，仅有服从是不够的，还必须立法强制人们心甘情愿地忠诚。而且，真诚的自然情感必须是强烈的，情感不真挚的人由于缺乏激烈的情感而容易背叛革命。因此，那些不真诚支持革命的人就是邪恶的"怪物"。② 这样一来，恐怖政策的出台也就在所难免。当整个社会处于激情状态的时候，任何个人都无力阻挡革命一步步走向激进。

传统观点在解释法国大革命的暴力与恐怖问题时，大都流于抽象表述。在这些空泛的概念背后，人们的真实生活到底是什么样的？如果缺失情感因素的分析，法国大革命的历史就很难被理解。更重要的是，情感并不是一个人与生俱来的生理机能的结果，无论人们内心深处的情感体验，还是人们的情感表达，都是他与外部世界联系与互动的结果。法国大革命期间，人们相信情感真挚是道德高尚的表现，情感发挥了无以复加的政治作用。但"热月政变"之后，这种情感表达方式遭到质疑，人们意识到将追求真挚的情感作为政治工具而构建的社会关系所带来的困扰。在特定背景下，情感真挚反而给公共秩序带来了巨大危害，这促使人们认识到一切公共的情感诉求都存在一定的危险性。③

---

① William Reddy, "Sentimentalism and Its Erasure: The Role of Emotions in the Era of the French Revolution", *The Journal of Modern History*, Vol. 72, No. 1, March 2000, p. 127.

② William Reddy, "Sentimentalism and Its Erasure: The Role of Emotions in the Era of the French Revolution", p. 143.

③ William Reddy, "Sentimentalism and Its Erasure: The Role of Emotions in the Era of the French Revolution", p. 147.

情感因素的引入，促使学界重新反思一些传统的学术定见。比如雷迪曾经使用大量法庭原始记录，分析19世纪法国人的情感表达状况，以此挑战学界传统上对工业社会的所谓"定性"分析，即这是一个理性的、充满了契约精神的、一味追求经济利益的社会。这里不妨介绍雷迪所研究的一个案例。[①]1840年，距巴黎西南部大约2英里的一个名为莫冬（Meudon）的村庄里，有一位叫尼古拉·玛利·乔古（Nicolas Marie Gogue）的小伙子迎娶了邻村的一个叫帕勒米尔·德兹里·皮卡尔（Palmyre Desiree Picard）的姑娘。与新郎一样，新娘的家里也经营着一家酿造葡萄酒的作坊，并在自家开了一个小酒馆。两家可以说是门当户对。孰料婚礼第二天，新郎逢人就说新娘婚前与别人私通，并且已经怀孕两个月了。根据警察的调查记录，他至少跟他的两个亲戚说过这样的话："我以为自己走进了鲜花盛开的花园，但这里却是杂草丛生之地。"新郎的父亲认为这场麻烦始于婚礼当天，乔古看到他的新娘与一个名叫纪尧姆的家伙眉来眼去。纪尧姆曾在新娘家的作坊里干活，也是来她家喝酒的常客。但无论出于什么原因，乔古所说的话，构成了在大庭广众之下对妻子进行言语侮辱的事实。不久，整个村庄里的人都知道他时常侮辱打骂妻子，妻子开始与他分床睡，他们两个人已经不住在一起的事也搞得尽人皆知。几个月后，乔古变本加厉地对待他的妻子，揪住她的头发殴打她，把她从床上拎到地上。有一次甚至还试图掐死她，她大声呼救，多亏几个邻居闻声来到卧室，她才得以活命。警察的调查记录显示，新娘的脖子与腿上都有伤痕。妻子第二天返回母亲家居住，并诉至法院要求分居。当时法国的法律不允许离婚，但夫妻双方可以根据法律规定提出分居。这位妻子向法院起诉丈夫要求分居时，她丈夫

---

① 参见 William Reddy, "Emotional Liberty: Politics and History in the Anthropology of Emotions", *Cultural Anthropology*, Vol. 14, No. 2 (May, 1999), pp. 275-276.

的种种行为包括虐待、殴打等，显然使她得到了更多的法律支持。警察记录还显示，因为妻子怀孕了，所以乔古殴打她的行为更加恶劣。法院根据她身上的伤痕，几个村民的证言，以及新郎在大庭广众之下对妻子进行言语侮辱等事实，很快判决两人分居。

在本案的 14 位证人中，有 13 个证人，包括新娘的母亲与新郎的父亲，都没有在证言中提到事情的起因。但警察在记录中推断乔古是对的，姑娘在举行婚礼时的确有孕在身。新娘的哥哥在证词中说，这两个人在婚礼当夜开始争吵，几乎没有来得及发生什么亲密行为。但无论乔古说的是对是错，在婚礼第三天，他的父亲严厉训斥了乔古，告诫他要"管住你自己的舌头"，并让他向妻子与岳母道歉。乔古跪在地上，痛哭流涕地请这两人原谅。他的妻子接受了他的道歉。但几天之后，乔古还是忍不住发脾气，又开始到处宣扬妻子婚前与人私通并怀孕的丑事。新郎的父亲在法庭调查的证词中，指责儿子的岳母在婚礼后还让纪尧姆来家里喝酒，这更加激怒了他的儿子，使他失去了控制自己的能力，如果他的妻子与岳母能够有所收敛，他本来可以很快恢复理智。

这个案例中的 14 个证人，没有任何人提及新娘的做法是对还是错，因为说这样的话会构成对新娘的公开侮辱，证人们都极力避免评价她的德性。乔古的父亲与叔叔虽然没有明说，但根据他们的证言可以推断，他们认为新娘是否婚前与人私通这件事，与本案关系不大。重要的是，乔古必须保护他妻子的名声，即使他妻子不值得他这么做，因为这么做其实是在保护他自己的名誉。他应该以最好的方式处理这件事情。乔古的父亲与叔叔没有指责新娘婚前与人私通，但却对她坚持起诉分居异常气愤，认为她应该把对新郎的伤害降到最低，给丈夫一个保护名誉的机会。于是，这个案子的核心问题变成了乔古应该设法不要表达出这些疯狂的嫉妒、痛苦与愤怒等情感，他不应该逢人就说什么"我以为自己走进了鲜花盛开的花园，但这里却是杂草丛生之地"。有人甚至作证说，他有一次对他妻子说："要不是你怀孕了，我一定会杀了你。"这样的情感表达违背了邻里乡亲所能接受的情感表达准则，连乔古的家人也认为他没有好好控制自己的情感，这个错误的结果是使他自己与家族的名誉受损。在乔古的家人看来，他内心深处的嫉妒与痛苦等情感体验是次要的，关键是要控制自己的情感表达，人在表达自己的情感时必须符合这个社会的情感表达准则。

雷迪的这番分析，无疑使 19 世纪的法国社会增加了层次感。传统观点认为，处于工业社会的法国，个人主义、市场社会盛行，尤其是《民法典》颁布以后，法国社会充满"契约精神"，人们根据法律规定合理合法地逐利，对经济利益的追求开始成为最具实质意义的社会关系准则。雷迪的研究表明，追求经济利益只是一个空泛的概念，传统的重视名誉的人情社会依然存在。与《民法典》相对应的，还有一个"看不见的法典"（the invisible code）发挥着强大的作用，雷迪有时把它称作"名誉法典"（the code of honor）。[1]这个隐形的名誉法典，对个人的情感表达具有特别强大的影响力，引导人们做出价值判断，并在某种程度上决定了人们的行为。

在这个案件中，人们对分居的真正原因三缄其口。乔古的家人所抱怨的，是他没有很好地控制自己的情感，导致自己与家族的名誉受损。只有那些深刻理解名誉法典、善于控制情感的人，才能符合这个社会的情感表达准则。根据法庭证词不难看出，乔古的父亲与叔叔就明白如何在婚姻之外找到"鲜花盛开的花园"，只要乔古别这么死心眼儿。事实上，"看不见的法典"要求人们对妻子与人私通这件事必须保持沉默，但却助长了人们期待不那么纯洁的情感，特别是使年轻人对情感无所期待，这种失望情绪又

---

[1] The Invisible Code: *Honor and Sentiment in Postrevolutionary France, 1814–1848*, Berkeley: University of California Press, 1997.

反过来对整个社会产生了影响。① 罗森纹曾经质疑雷迪研究的这些个案，究竟在多大程度上反映了这个社会的不同群体的情感状态。然而，有一点却是肯定的，雷迪的情感史研究，无疑大大丰富了对这一时期法国社会的认识。

简·普照兰佩尔的研究也为学界认识情感表达的意义不无启发。他从医疗史角度入手，研究了两次世界大战期间苏俄（联）士兵的情感变化，认为某些情感词汇在历史档案中消失的情况，并不意味着这种情感就不存在了。苏联官方档案中允许谈论第一次世界大战期间士兵在战场上表露的恐惧情感，这种记录为十月革命增加了合法性。但在有关第二次世界大战期间的官方记录中，几乎没有出现"恐惧"这样的字眼，然而，这并不意味着士兵的恐惧情感的消失。简·普兰佩尔在医疗记录中发现患病士兵的人数大量增加，证明这种情感在军队中的普遍性，只是这种恐惧无法进入官方档案记载。② 可见，情感表达对理解这个社会的权力运作与权力争斗至为关键。

以上情感史研究的几个案例表明，情感表达是最基本的社会交流方式，情感是一切历史进程中不可或缺的因素。情感史研究的目的，就是通过研究情感体验与情感表达之间的张力来解读社会的权力关系、组织结构与文化特征。正如简·普兰佩尔所言："情感表达从来都不是单纯地描述个人的内心体验，必须把它与外部的社会关系联系在一起来理解。"③ 在某种程度上可以说，一个人

---

① William Reddy, "Emotional Liberty: Politics and History in the Anthropology of Emotions", p. 277.

② Nicole Eustace, Eugenia Lean, Julie Livingston, Jan Plamper, William Reddy and Barbara Rosenwein, "Conversation: The Historical Study of Emotions", p.1528.

③ Nicole Eustace, Eugenia Lean, Julie Livingston, Jan Plamper, William Reddy and Barbara Rosenwein, "Conversation: The Historical Study of Emotions", *American Historical Review*, December 2012, p. 1504.

的一言一行都包含着情感因素，个人或团体是否表达他们的情感，如何表达情感，为什么表达，以及何时、何地、向谁表达情感，甚至故意表达与真实的内心情感体验相反的情感等，这些都是情感史学家所关注的问题。

如何认识人们内心深处的情感？

再回到本文开头提出的问题，历史学家如何了解过去人们内心深处的情感体验？罗森纹曾经提到，即使看上去最为私密的日记，也只能对日记作者的情感生活进行大致的勾勒，研究者无法知道日记中所表达的情感是否是作者本人内心深处的情感，甚至日记的作者本人也不能完全知晓。[1] 然而，这是否说明一个人内心的情感体验是绝对无法认识的？也不尽然。

罗森纹曾谈到历史学家无法通过采访来了解过去人们的情感，更无法观察他们的表情与动作以判断他们表达的情感是否真诚。对于现实中的人们，可以通过追问问题，以获取更多的信息做出判断，但对过去的人却无法做到这一点。历史学家更容易通过"同情"来了解现实中其他人的情感，而过去人们的情感表达与今天是不同的。[2] 如此看来，了解历史上人们的情感，的确是件很难做到的事。然而，罗森纹却没有如此悲观。她说："我虽然不能追问古人问题，但我在研究维达尔（Vidal）时却有许多诗歌可以研究，通过研究跟他打交道的人，或者他所属的情感团体中的其他人，我甚至可以得到更多的史料，可以分析出这个情感团体高度认同的某种情感。从这个意义上说，我们对现实中人们的了解，并不比古人更

---

① Barbara Rosenwein, "Worrying about Emotions in History", *American Historical Review*, 107/3, 2002, p. 839.

② Nicole Eustace, Eugenia Lean, Julie Livingston, Jan Plamper, William Reddy and Barbara Rosenwein, "Conversation: The Historical Study of Emotions", p.1495.

多。"① 罗森纹的这番话，颇具启发意义。罗森纹所说的情感团体研究，其中一个重要的考量即情感表达与情感体验之间的关系。

关于如何确定过去人们的情感体验，历史学家尼克尔·尤斯塔斯（Nicole Eustace）曾经讲过这样一个研究案例。在 18 世纪的弗吉尼亚，一位种植园奴隶主威廉·伯德（William Byrd）的儿子不幸夭折。他在日记中简单地记下这件事情，并没有表达任何悲伤或难过的情感。一位历史学家研究后得出结论说，现代早期的家庭中父母对孩子没有爱的情感。十年后，另一位历史学家也注意到这本日记，他发现尽管伯德没有表达儿子夭折的悲痛之情，但同一时期的日记中记录了他胃痛发作，身体虚弱不堪。这位历史学家据此推断，伯德虽然没有表达他的悲痛，但身体的病痛却忠实地记录了他内心的丧子之痛，只不过，他没有把这份悲痛直接表达出来而已。

历史学家如何理解威廉·伯德内心深处的情感呢？恐怕连威廉·伯德本人也不清楚自己内心的情感。尤斯塔斯认为雷迪提出的情感理论，让她明白情感表达所使用的语言与真实的情感体验之间是有差异的，这种差异为历史学家研究社会的权力关系提供了新的角度。雷迪说："情感控制是权力运作的真正场所。"② 在这个例子里，最为关键的事实也许在伯德的妻子那里，妻子为儿子的夭折悲伤不已，而伯德在日记里详细记录了他如何告诫妻子要控制自己的情感。尤斯塔斯写道："作为一个研究者，我永远都不可能知道威廉·伯德内心的真实情感，事实上连他自己也未必清楚，但是我能够通过解读情感表达与情感准则的关系，获得关于这个社

① Nicole Eustace, Eugenia Lean, Julie Livingston, Jan Plamper, William Reddy and Barbara Rosenwein, "Conversation: The Historical Study of Emotions", p.1496.

② William Reddy, "Against Constructionism: The Historical Ethnography of Emotions", *Current Anthropology*, Vol. 38, No. 3 (June 1997), pp. 335.

会的组织结构与政治控制的特别有用的信息。"① 可见，情感表达为历史学家提供了一个重要的解读社会等级关系的密码。情感克制是情感史分析的重要依据之一，以此解读人们如何付出情感努力以达成某种社会关系。

综上，情感是社会交流的基本方式。情感史研究在于解读情感所蕴含的人与人之间的关系，以及在这个过程中人们需要付出什么样的情感努力，经历什么样的情感痛苦，根据什么样的情感准则来塑造与表达自己的情感。从研究者的角度而言，人们表达的情感真挚与否，并不是决定情感史是否可行的条件，而只是情感史的一个研究面向。情感史研究并不止于追踪过去人们的内心，而是认识一个社会中人们情感表达的变化，搞清楚为什么有些情感被培养，有些情感被摒弃，以便更好地理解各种各样的情感表达背后的历史意义。概而言之，研究情感表达的内容与方式，就像是拿到一把理解历史的钥匙；通过探究人们情感表达的变化，史家能够深入理解某些社会的权力关系、社会结构与文化特征，从而对所研究的时代形成更为丰富与深层的认知。

---

① Nicole Eustace, Eugenia Lean, Julie Livingston, Jan Plamper, William Reddy and Barbara Rosenwein, "Conversation: The Historical Study of Emotions", p.1503.

法国身体史的起源与方法 [①]

东北师范大学历史文化学院　徐前进

　　除了这两个方向之外，历史学家还有新的研究可能。第一个可能，事件研究有记忆史的转向。历史学家有充足的档案并不意味着他的分析是确定无疑的，根据记忆史理论，历史档案不是发现真实问题的充足条件，因为多数档案（回忆录、日记、书信等）本质上是一种具有选择性的记忆，并不等同于真实。第二个可能，传统人物分析（包括行为动机、思想转变、人与时代的关系等）有模糊的空间，那些看似确定的因果关系实际上并不确定，看似完整的宏观叙事中却有大片空白。在身体史的方法里，"人与历史"不再是最基础的分析结构，而可以拆解为"人与身体""身体与历史""人与历史"三个领域。在"人与历史"的结构里，人是有接受、感知、实践和反思能力的存在，而身体史将其予以简化，去除人的语言、思考和实践力，剩下的身体仅仅是一个有感知力的物质性存在。传统人物分析关注个体心理与行为的关系，人与风俗、制度的相互影响，与之相关的语言包括走路、手势、思维、呼吸、身份等。身体史理论采纳新的语言体系，包括腿部、手臂、头部、肺部等解剖学意义的表述，阐述身体与制度的单向度关系，即制度控制下的身体状态。身体史表面上关注的是身体，实际上关注的是现代人的境遇。所以，身体史与记忆史对于传统历史研

①　本文发表于《史学理论研究》2018 年第 3 期，第 96—108 页。

究的变革性影响有相似性，即在档案之外寻找历史解释的其他可能，在原因与结果之间寻找更直接的关系。

　　西方身体史的方法早已经进入中国学术界，相关作品得以引介，包括福柯的作品、布莱恩•特纳的《身体与社会》，中国学者也开始注意 1995 年创刊的社会学杂志《身体与社会》（*Body and Society* ）。[①] 该杂志最初关注身体与象征物的关系、身体在现实生活中的角色、性别意义的身体、身体与技术的关系、身体的健康与疾病状况，以及身体与运动社会学。[②] 相比而言，法国人对于身体的研究方法更加多元，包括史学意义的身体、科学意义的身体、社会学意义的身体、现代性批判意义的身体，并在此基础上解释身体的复杂功能。法国社会科学高等研究院开设课程“舞蹈、健康和性别：18—19 世纪欧洲舞动身体的文化史”（*La danse, la santé et le genre: une histoire culturelle du corps dansant aux XVIIIe et XIXe siècles en Europe* ），参考了文化史、医学史的方法，借鉴了医学、哲学和美学概念分析舞蹈场景、与之相关的语言和想象，继而分析舞蹈与性别的关系。[③]

　　关于身体史的中国化问题，宏观意义的引介意味着这种方法仍旧处在传播的初级阶段，对于特定领域里的身体分析、对于某个人身体的分析是这种方法在中国学术界生根的前提。由于身体史是一个新领域，西方学者同样是在探索中，所以中国学者在致力于将身体史方法中国化的同时，要鉴别西方研究方法的有效性。

---

① 杜丽红系统概括了西方身体史的进展，并力求说明身体史的内涵以及拓展身体史领域的途径。具体参考杜丽红：《西方身体史研究述评》，《史学理论研究》2009 年第 3 期。

② Mike Featherstone and Bryan S. Turner, "Body & Society: An Introduction," *Body & Society*, Issue 1, March 1995, pp.2-5.

③ *Programme des enseignements et séminaires, 2011-2012*, Ministère de l'enseignement superieur et de la recherche Ecoles des Hautes Etudes en Sciences Sociales, 2011, Paris, p. 225.

法国学者维加埃罗主编的《身体的历史》确定了这个学科的分析领域，包括古典主义时代的身体、现代的身体，文学意义的身体、商品化的身体，现代早期的身体、现代后期的身体，解剖学意义的身体、审美意义的身体，革命时代的身体、战争时代的身体，健全的身体、不健全的身体，法律意义的身体、资本控制的身体等。[①] 虽然涉及诸多方向，但这部作品也有不足之处：一是对于现代身体史的起源分析不充分，二是关于身体史方法与"人与历史"的方法有混淆之处，三是其身体史的方法是宏观的，没有个案分析，没有发掘"人—身体—制度"的完整思路。鉴于此，本章将追溯身体史的起源，并以卢梭和福柯的身体境遇说明身体史对于"人与历史"分析结构的补充功能。

身体史的起源

身体进入现代历史有两个阶段。在第一阶段，身体首先脱离了教权和君权的控制，然后在"人与历史"的叙事结构中获得了独立的角色。在古典主义时代，人的心灵与身体是分裂的，"哲学家对待心灵和身体的态度不一样，笛卡尔认为那是不同的存在，心灵是一种意识，身体是有限度的空间存在，斯宾诺莎认为心灵是思考的途径，身体是活动的途径，所以关于身体和心灵的关系，斯宾诺莎以为是沟通，笛卡尔以为是相遇"。[②] 在古典主义时代后期，解剖学开始准确地描述身体的结构，身体与心灵一样有能力承担独特的历史功能。这是身体以独立的角色进入现代历史的前提，身体脱离教权、君权和迷信的控制后成为一个有感受力的存

---

① 阿兰·科尔班、让—雅克·库尔第纳、乔治·维加埃罗主编:《身体的历史》(三卷)，张竝、赵济鸿、杨剑、孙圣英、赵济鸿、吴娟译，上海: 华东师范大学出版社，2013 年。

② F. Alquie, "Les philosophes du XVIIe siècle devant l'homme," *XVIIe Siècle*, Année 1962, N° 54-55, p.44.

在，并在医学和解剖学的支撑下从艺术领域里独立，进入现代知识体系，这是身体进入现代历史的第二个阶段。在现代知识体系里，身体从单一结构变为复合结构，包括科学意义、法律意义和道德意义的身体。

在古典主义时代，也就是身体进入现代历史的初期，身体的境遇有两个极端，一个极端是权力对身体的无限度神化，既是宗教意义的神化，也是世俗意义的神化，另一个极端是普通人身体的意义受到刻意压缩，以至于个人身体的特点变得不存在了。马克·布洛赫的《国王神迹》描述世俗权力对国王身体的神化，彼得·伯克的《制造路易十四》分析旧制度时代国王身体的象征意义，那是一个被权力改造的自然人。对于国王身体的神化过程与专制权力的表演风格一致，国王的身体被一系列夸张性的色彩与线条所塑造，他的画像成为纯粹的权力象征，并进入古典主义时代的图像史，但不会进入现代身体史领域，因为旧制度权力所塑造的身体不是现代意义的身体。另一方面，在国王身体被无限度神化的时代，民众的身体是隐没的，或是被简化处理的，千姿百态的臣民像是从一个模子里造出来的。在隐没与简化的状态下，这类身体会走向另一个极端，在特定时刻成为权力合法性的道具。因有意挑战旧制度的秩序与威严，它们被视为恶的根源，而惩罚这类恶就要毁灭产生恶的身体，同时制造出一个兼具观赏性和震慑性的公共景观，这些受到隐没与简化的普通人的身体突然成为公共舆论的主角。18世纪中期巴黎地区有一个谣言，有人要抓男孩子，用他们的血给公主洗澡，谣言散布极快，社会秩序混乱，有人被打身亡。为平稳人心，宫廷当众处决了三个造谣者，并吊起来示众。[1] 这些造谣者，生前属于"人与历史"的分析领域，而示

---

[1]　F. Brayard, A. De Maurepas (eds.), *Les Français vus par eux-mêmes, Le XVIIIᵉ siècle*, Paris: Robert Laffont, 1999, p.206.

众的遗体则属于身体史领域，涉及"身体与制度"的关系。

解剖学与现代身体史的起源密切相关。解剖学准确地说明了身体结构，之后身体才能进入理性知识体系。但在解剖学的早期阶段，身体结构有两种表现风格：艺术风格和技术风格。艺术风格的身体结构受古典主义审美力的影响，解剖场景经过色彩与线条的过滤后不再血腥，反而有观赏价值，身体结构成了新的绘画题材，"画家在发挥想象力的同时，常常研究解剖学，参观梯形解剖室，阅读医学著作或常常拜访医生"。[1]但由审美力主导的身体结构不是科学意义的结构，"艺术服务于解剖学知识，为其带来审美维度……对骨架及被剥皮者所作的评论不属于手术刀，而是属于画笔"[2]。技术风格的身体结构不再服从于审美要求，那些对身体结构有好奇心的人突破了宗教禁区，秘密解剖，发现身体中最简单的部分，推测各部分的功能，并确立了两类解剖学方法：一是分解法，从表面深入下腹，通往大脑；二是构造法，从骨骼开始，经由软骨、肌肉、血管与动脉，到达皮肤。[3]

解剖学所创造的身体知识有双重意义：推翻违背常理的权力说教，准确地说明身体的功能。这类身体知识有批判的本性，主导医学界的肝脏造血说被推翻，生殖理论、血液循环论等为人所接受，而在此之前，盖伦的血液论是不受质疑的医学法则："血液源自肝脏，通过静脉向其他器官输送。"[4] 16—17 世纪，索邦神学院下属的巴黎医学院（Faculté de Médecine de Paris）极力抵制血液循环论，帕丁（G. Patin）院长认为"那是矛盾有害的，不可能存在"，但支持血液循环论的人相继解剖哺乳动物、脊椎动物、无脊椎动物，了解了心房和心室、静脉与动脉的作用，又在人体上寻

---

① 科尔班主编：《身体的历史》，卷二，第 6 页。

② 维加埃罗主编：《身体的历史》，卷一，第 246—247 页。

③ 同上书，第 249 页。

④ Maurice Caullery, "La Biologie au XVIIᵉ siècle," *XVIIᵉ siècle*, janvier 1956, N° 30, p.27.

找证据，塔维里（D. Tauvry）为此研究过胎儿的血液循环，格永（Gayant）解剖了一名病逝的女人，"她的心脏里有两个瓣膜，有静脉血管和大量的胸导管"。他又解剖一名男性遗体的头部，从中发现了大脑里的血液滤过结构。之后他与培盖（Pecquet）和佩罗尔（Perrault）合作解剖一个产妇的遗体，发现了胸导管与静脉的联系。① 解剖学意义的身体知识因其无可辩驳的实证性最终冲破了旧理论的障碍，进而改观了时代知识体系。1688 年，《文学共和国新闻报》展示了一个以解剖学为基础的知识体系，包括植物结构和动物结构的相似性、人的疾病对植物的传染性，以及人体构造等。②
18 世纪中期，身体知识最终改变了现代知识的分类法，1746 年《皇家科学文艺学院院报》归纳了新知识的类别：物理、解剖、天文、几何、机械、建筑、化学、植物学、自然史、艺术史、哲学史、形而上学、自然法、文献学。③

　　解剖学意义的身体知识有通向多个领域的可能：它是现代唯物主义的基础；医学能有针对性地纠正身体的异常状态；而在法律意义上，这类知识开始介入刑事审判。关于第一个领域，笛卡尔在《论人》（*Traité de l'homme*）中提及"身体是雕像或机器，是上帝有意创造的"，在《第一哲学沉思录》中，他进一步解释："我将我看成是有脸、手、胳膊，以及骨头和肉构成的机器……我称之为身体。"④ 这一理论影响到孔狄亚克的"人是雕像"（Homme-Statue）和拉美特里的"人是机器"（Homme-Machine）的论断："人体是

① *L'Europe savant*, janvier MDCCXVIII, Tome I, Première Partie, pp.5-7; *Histoire de l'Académie royale des sciences*, Tome I, depuis son établissement en 1666 jusqu'à 1686, Paris: Gabriel Matin, 1733, pp.36, 37.

② *Nouvelles de la Republiques des lettres*, octobre 1688, Paris, 1688.

③ *Histoire de l'Académie royale des sciences et belles lettres*, Tome I, Berlin: Libraires de la Cour & de l'Aacdemie Royale, 1746.

④ 笛卡尔：《第一哲学沉思集》，庞景仁译，北京：商务印书馆，1986 年，第 26 页。

自我发动的机器，一个永动机的模型，体温推动它，食物支撑它，没有食物，心灵就慢慢瘫痪，突然挣扎一下，然后倒下死去，像一支蜡烛，在烛火熄灭的一刻疯狂跳动。"[①] 这是法国早期唯物主义的一个基础论点，身体的机械性及其运行规则与其他物体有相似性，了解身体的原理就能了解其他原理。

关于第二个领域，解剖学意义的身体知识将身体从宗教意识形态和迷信的控制下彻底解放出来。身体是物质性的存在，有稳定的运动规律，而这些规律是现代医学进步的基础，"身体是由一系列部分构成的机器，医生有必要了解各部分，就像钟表匠了解表的结构一样"。[②] 法国蒙彼利埃医学院（Faculté de Médecine de Montpellier）的教学体系对于现代身体史有开拓意义，18 世纪人体解剖学已成为医学院临床诊断的根据，身体、功能与疾病之间形成了现代意义的因果关系。最初，这类因果关系处于模糊状态，但有通向现代知识体系的可能。1556 年医学院设立了圆形解剖剧场，1584 年又设立一个类似的剧场，"模仿眼睛构造，有目光的隐喻"。[③] 18 世纪，该医学院具备了现代教学体系，疾病分类和治疗有了系统的实验基础："从病人身上收集信息，并做临床诊断，确立病症与器官病变（解剖－临床诊断）的关系，根据人体解剖学和病理解剖学研究健康或病态的身体（器官、组织和细胞）。"[④] 18

① Yvon Belaval, "Les philosophes du XVIIe siècle devant la Nature," *XVIIᵉ siècle*, Année 1962, N° 54-55, p.40. 拉·梅特里：《人是机器》，顾寿观译，北京：商务印书馆，2011 年，第 21 页。

② "Description d'un microscope anatomique, ou d'un instrument, par le moyen duquel on peut affirmir commodement et promptement des animaux en vie, les placer d'une manière convenable, et après avoir ouvert leur corps examiner à l'aide du microscope le contenu de quelques unes de leurs parties, par Mr. N. Lieberkühn, 1746," *Histoire de l'Académie royale des sciences et belles lettres*, Tome I, Berlin: Libraires de la Cour & de l'Académie Royale, 1746, p.14.

③ 维加埃罗主编：《身体的历史》，卷一，第 245—246 页。

④ 科尔班主编：《身体的历史》，卷二，第 8 页。

世纪，医学院学生毕业论文共 1239 篇，其中病理学 651 篇，生理学 226 篇，治疗方法 135 篇，外科学 118 篇，药物学 48 篇，保健学 28 篇，化学 25 篇，医学文献 8 篇。其中病理学论文涉及人体结构、传染病、发烧与炎症、急性病与慢性病、神经与精神问题；人体结构类论文涉及肺病、生殖问题、内脏问题、呼吸系统问题、肠病、消化系统问题、心脏问题、眼疾、听力障碍。①

关于第三个领域，身体知识介入了刑事审判，虽不能主导审判结果，但这是身体知识的现代功能。1761 年 10 月 13 日，图卢兹新教徒让·卡拉（Jean Calas）的儿子在家中悬梁自杀，定罪前外科医生拉马克（J.-P. Lamarque）出具了解剖报告："首先解剖头部，检查大脑，此处血管极粗，该类死亡通常如此，之后打开胸腔，没有特别之处，胃里有少量食物……从胃贲门处向下切开三分之二，发现大量淡灰色液体，以及树脂状和家禽皮一类东西，像牛肉……死前 3—4 小时吃过东西，食物已基本消化……大肠静脉颜色很少异常，乳糜管里有很多乳糜（或淋巴，乳糜管是对脂肪吸收有重要作用的淋巴管）。"② 这个报告没能改变法官在宗教意识形态下的不公正审判，但至少说明身体知识介入刑事审判的可能性，解剖学在功能上由此分为科学意义和犯罪意义两类，犯罪意义的解剖学是要鉴别受害者遗体与正常身体在结构和功能上的不同，发现死亡原因，而科学意义的解剖学是为发现身体结构的共性。

18 世纪中期，《百科全书》的出版是现代身体史的标志事件，在世界学术史上这是第一次全面说明身体的结构与功能，科学意

---

① Hélène Berlan, *Faire sa médecine au XVIIIᵉ siècle,* Presses universitaires de la Méditeranée, 2013, pp.264, 266, 268.

② "Procès-Verbal d'Autopsie, Relation faite par le Sieur Lamarque, Chirurgien, 15 octobre, 1761," Athanase-Josué Coquerel, *Jean Calas et sa famille: étude historique d'après les documents originaux*, Paris: J. Cherbuliez, 1869, pp.342-343.

义的身体知识分类学基本成形，包括上皮组织、结缔组织、肌肉
组织和神经组织。对于人体的研究方法符合现代科学规范，比如
解剖大脑时首先从外部观察，再研究各部分："开启颅骨后有一个
空腔，其中有柔软的组织，被不同特质的膜包裹……大脑表层有
很多褶皱，像肠子一样……表层是灰色，里面是白色，像骨髓。"①
对于心脏的研究同样如此，血液循环论是既定事实，不再需要为
之辩护："心脏（CŒUR）是胸腔内的肌肉组织，所有静脉汇集于
此，所有动脉由此延伸，借助于交替性的收缩和膨胀，它是血液
循环和生命的主要器官。"②《百科全书》的插图涵盖了人体骨骼（正
面、背面、侧面）、头部骨骼、手脚、肌肉、血管（动脉、静脉）、
耳朵、大脑、心脏、胃部、生殖系统的结构。其中的医疗器械图
谱涉及外科手术用具，包括剪刀、抹刀、钳子、镊子、尖刀、解
剖刀、探针、刮匙、取弹器、锉刀、托被架、鹤嘴钳、骨膜剥离
器、螺纹道钉、铅锤、牙齿剥离器、夹持器、拔齿钳、骨钳、引
流管、绞盘等。表面上这是一个坚硬的物质领域，但其中隐藏着
探索身体知识的开放视野。

实证性的身体结构是启蒙时代理性知识体系的新方向，解剖
学家塔兰（Tarin）致力于此，他负责为《百科全书》提供人体结构
的版画。③与身体知识进步密切相关的是心理学研究，包括人的感
觉、记忆、想象和情感，《特雷武报人精神》上的文章《论反感与同
情》提及感觉与身体的关系：鱼的味道让伊拉斯谟发烧，水田芹让
恺撒和斯卡利杰（J.J. Scaliger）身体颤抖，野兔和狐狸让第谷·布
拉赫（Tycho Brahe）昏倒，月食让培根出现晕厥，开关的水流声

① *Encyclopédie ou Dictionnaire raisonné des sciences, des arts et des métiers*, Tome sixième, Genève: Pellet, 1777, pp.741, 742.

② *Ibid.*, Tome huitième, p.403.

③ *Recueil de planches, pour la nouvelle édition, du Dictionnaire raisonné des sciences, des arts et des Métiers*, Tome second, Genève: Pellet, 1779, p.5.

让鲍尔（Boyle）骑士痉挛。这类现象涉及心理与身体的关系："神经有时剧烈运动，心脏会受影响……有些人有第六感觉，比其他五种都灵敏，感觉之间相互影响，表现为同情与反感。"[1] 现代意义的身心合一具备了可能，达朗贝尔在《百科全书》序言中提及身体与感觉的关系："在所有那些以其存在影响我们的物体中，身体对我们的触动最大……只要感受到身体的存在，我们就会发现它要求我们注意的事，以此避开面临的危险。"[2] 一般而言，霍尔巴赫是旧制度风俗的批判者、现代早期的唯物主义思想家，但在身体史领域里他也是一名开拓者，《论自然的体系》确定了感觉、记忆和想象的内涵："感觉是有生命物体的某些器官所特有的……这些器官的运动传达于脑，思维、反省、记忆、想象、判断、意志，这一切都以感觉为基础"；"记忆将接受的一些变化再现，使自己回到相似于以前外界事物在其身上产生感觉、知觉、挂念时所处的情境"；"想象是大脑的机能，是大脑自行改变或自己形成的新知觉"。[3]

在此基础上，身体史方法开始介入传统意义的"人与历史"的分析领域，并从中开辟出"人与身体"和"制度与身体"两个新领域。《百科全书》的词条"人"（Homme）从身体史意义上分析人、身体与制度的多重关系："人是有感受力的存在，在地球表面自由行走，他要高于其他动物，能控制它们；人生活在社会里，发明了科学与艺术……他们委托领袖，制定法律。人由心灵和身体构成，

---

① "Sur les antipathies et les sympathies, Recueil de differens traits de physique, 1748," *L'Esprit des Journalistes de Trévoux, ou Morceaux Précieux de Littérature, Répandus dans les Mémoires pour l'Histoire des Sciences Et des Beaux-Arts,* Tome I, Paris, 1771, pp.441, 442.

② D'Alembert, *Encyclopédie ou dictionnaire raisonné des sciences, des arts et des métiers*, Paris: GF Flammarion, 1986, p.79.

③ 霍尔巴赫：《自然的体系》，管士滨译，北京：商务印书馆，1998 年，第 86，93，94，95 页。

身体是人的物质部分……一个人从出生到死亡，我们能看到的是自然史意义的人。"① 18 世纪后期，身体知识又介入世俗教育改革。关于襁褓有害的观点，这类知识为之提供了科学根据："小孩的身体力量依赖于身体的生长，捆扎法限制身体生长，易引起畸形和残疾。"② 小孩穿的衣服不能勒紧颈部、腰部和腿脚，"这会影响骨骼发育，包括脊柱、消化器官、膈膜组织"。③ 血液循环论走出解剖学范畴，同样影响了教育策略。小孩运动量大，更需要清洁的环境、新鲜的空气，"大城市医院里很多儿童死于败血症或其他疾病，分散安置会好一些，安置在乡村更好，空气流通对于健康很重要"。④

卢梭的身体

18 世纪是现代身体史的早期阶段，身体知识还不是独立的领域，医学、教会法、世俗道德、迷信巫术都会干涉它的功能，身体不适感也就有了多种解释的可能。这决定了现代早期身体知识的多重属性，进而影响到人的生存境遇。卢梭是现代早期身体史上的经典案例，他的作品里有一个不断变化的身体话语体系，涉及多个器官（头、眼、手、肝、胃、肾、脚、腿、脸、胳膊、腹部、心脏、牙齿），与之相应的身体感觉有燥热、剧痛、麻木、恶心、僵硬、痉挛、无力感、视力模糊等。在卢梭的朋友看来，这

---

① *Encyclopédie ou Dictionnaire raisonné des sciences, des arts et des métiers*, Tome dix-septième, p.652.

② "Traité de l'éducation corporelle des enfans en bas age, par M. des Essarts, Paris, 1762," *L'Esprit des Journalistes de Trévoux, ou Morceaux Précieux de Littérature, Répandus dans les Mémoires pour l'Histoire des Sciences Et des Beaux-Arts,* Tome I, pp.423-424.

③ *Ibid.*, Tome I, p.426.

④ "Plan d'éducation publique par Coyer," *Journal de l'Instruction publique*, N° XII, Tome II, rédigé par Thiebault & Borrelly, Paris: De l'Imprimerie de la Rue de Vaugirard, 1793, pp.266-274.

类身体话语难以理解，但让人同情；在卢梭时代的读者看来，这是崭新的写作风格，多变的话语中有不受权力控制的真实感受；但对卢梭而言，他的身体是一个奇怪的结构，与众不同，时刻具有反叛性与不可预测性。

1737 年 12 月 4 日，卢梭首次提到他的身体问题，但在实际生活中相关症状出现的时间更早。身体症状进入身体史的话语体系会有一定的延后性，这种延后性里隐藏着一个复杂的感觉领域，包括怀疑、绝望、愤怒、无能为力、没有限度的忍耐等。在身体史的早期阶段，这是一个受各种知识、道德和意识形态干扰的领域，病人的感觉会出现异化的可能。医生缺乏有效的治疗方法，卢梭感觉到他的身体无力对抗病痛："我吃了医生开的药，但几乎没用，该做的我都做了，我将不久于人世。"[1] 之后，他的身体症状在书信中高频率出现，包括 1737—1778 年的通信、《新爱洛绮丝》、《卢梭评判让－雅克》、《忏悔录》，以及部分断篇纪事。他要向人说明情况，以求获得理解，从而在身体史意义上创造了一个新领域。对卢梭来说，这是一个极具实践性的领域，身体各部分不间断地参与"疾病与感受"的反应机制，身体感受不可预测，外部干预措施失效，所以他能感受到病痛发作时身体反应的完整状态，以及这些状态受到异化后的各种心理境况。

相比健康人，卢梭对身体结构有更清晰的了解，他知道器官的分布状况，以及各类器官的不正常状态。由于尿潴留问题，他对于尿路、膀胱、肾功能有明确的概念，甚至比医生都清楚，并屡次自己诊断功能失调的原因："自我出生，一个器官（肾脏）有畸形问题，近十几年正往坏的方向进展。"[2] 公共交往在身体异常状

---

[1] Rousseau à Françoise-Louis-Eleonore de la Tour, 4 Xbre 1737, *Correspondance complète de J.-J. Rousseau*, Tome I, p.63.

[2] Rousseau au docteur Théodore Tronchin, 22 décembre 1755, ibid., Tome III, p.237.

况的影响下开始变化，之前他在文人同侪中寻求友谊，之后更愿意与医生和化学家交往，包括考姆（Côme）、达兰（Daran）、菲兹（Fizes）、弗拉赞（Frazan）、爱尔维修、玛鲁温（Malouin）、莫朗（Morand）、第索（Tissot）、特罗尚（Tronchin）、萨洛蒙（Salomon）等。因时代医学知识的落后，身体知识受其他领域的干扰，他与医生、化学家交往时出现了两个极端。第索是瑞士医生，注重实验医学，擅长诊治神经疾病，曾任波兰国王斯塔尼斯拉斯（Stanislas）的私人医生，后为卢梭治病，虽然疗效甚微，但受到卢梭信任，因其从情感上满足了他的要求。另一个极端是卢梭与日内瓦医生特罗尚的交往，特罗尚为法国引介牛痘接种术和天花治疗新方法（以清凉法取代热疗法），后与卢梭相识，不但没有治愈他的病，反而从道德意义上讥讽了他。

由于身体知识的不确定性，卢梭的公共交往与健康哲学家不同，交往的人群不同，交往的风格也不同。这决定了卢梭晚年独特的写作风格，身体感受不间断地介入交往与写作，他由此发现了身体感受影响个体思想的多重可能。那时候像他一样忍受病痛之苦的还有很多人，而他视之为写作题材，开创了现代身体史的话语体系。1748 年 8 月 26 日，他致信华伦夫人："我首先感到肾绞痛、发烧、体内燥热和尿潴留，以淋浴、硝酸钾和其他利尿剂治疗后疼痛感减轻，但排尿依旧困难，结石从肾脏处下落到膀胱。"[1] 1756 年 2 月 13 日致信埃皮奈夫人："我的健康一天比一天坏，浑身肿痛，难以忍受，但这不会耽误我尽早去看望您。"[2] 1757 年 1 月 11 日又致信埃皮奈夫人："最近，我又忍受着往常那样的不舒服，与冬天有关，以前那些年也是这样，我的牙开始疼，这两天很痛苦。"[3] 1767

[1] Rousseau à Françoise-Louis-Eleonore de la Tour, 26 août 1748, ibid., Tome II, p.108.
[2] Rousseau à L.-F.-P. Lalive d'Epinay, 13 février 1756, ibid., Tome III, p.281.
[3] Rousseau à L.-F.-P. Lalive d'Epinay, 11 janvier 1757, ibid., Tome IV, p.147.

年 3 月 2 日致信达文波尔："我们俩都病了,我的牙龈肿痛得厉害,以至于我都不知道自己写了什么。"[1] 1769 年 1 月 12 日致信培鲁:"我不能写字,胃部剧疼,腹胀,呼吸困难,发烧,只能试着用另一只手写字。"[2] 1771 年 7 月 2 日致信培鲁:"我的肾脏疼痛得厉害,劳作时只能直立站着。"[3] 身体上的异常感受是他的切身经历,也是无力摆脱的困境,这种困境并未局限在个体的感觉领域,而是进入了一个开放的思想空间。所以,卢梭是现代身体史方法的早期实践者,无意中发现了这个领域的词汇体系和研究对象。

18 世纪,身体知识的功能受多个领域干涉,包括世俗道德、宗教伦理、迷信巫术等,卢梭的身体话语也就有了多重解读的可能,其中的负面评价又加重了身体的不利状况。想象力失控,公共交往里的语言与情感在他的眼里开始变形,生活语言与写作语言出现一致的风格。这是卢梭与健康的哲学家不同的地方,他处在身体史领域,而其他人处在现代理性领域。1757 年 7 月初,他致信乌德托夫人:"您长久以来让我经历的激动压垮了我的心、我的感受,甚至我整个的存在,极度快乐之后是虚空的折磨。我既渴望所有的幸福,也不排斥疾病带给我的痛苦。我是不幸的,身体有病、心情悲凉,您的目光不再让我有力量,不幸与悲伤吞噬了我。"[4] 这类语言风格与《新爱洛绮丝》一致,卢梭对于身体非正常状态的描述具备了身体史分析的可能。身体在病痛干扰下,卢梭改变了写作风格,由此成为旧制度晚期的畅销书作家,但也引起私人形象和公共形象的分裂,分裂的后果是卢梭专注于"身体—感受—现实批判"风格,最终脱离启蒙主流话语。写作风格的变化源于残酷的生命体验,在重压之下想象力失控,现实批判的方向

---

[1] Rousseau à Richard Davenport, 2 mars 1767, ibid., Tome XXXII, p.196.

[2] Rousseau à Pierre-Alexandre Du Peyrou, 12 janvier 1769, ibid., Tome XXXVII, pp.8-9.

[3] Rousseau à Pierre-Alexandre Du Peyrou, 2 juillet 1771, ibid., Tome XXXVIII, p.234.

[4] Rousseau à E.-S.-F. L. de Bellegande, début juillet 1757, ibid., Tome IV, pp.225, 226.

同样失控，他的"晚期风格"就此确立。这是"人与身体"，以及"制度与身体"的分析领域。

身体史方法能够说明卢梭生存境遇中的关键问题，"1766 年遗嘱"是一个标志性文本，其中涉及最急迫的健康问题，以及卢梭力求确立现代身体史领域边界的愿望："20 年来我患有尿潴留症，童年时发作过。我将病因归于（膀胱或尿路里的）结石……我的症状不像患结石问题的人那样明显……达兰先生的催脓导尿条有时缓解症状，但长期用不利于病情……巴塞拉医生说我的前列腺又大又硬，像硬癌（的症状），因此病灶或许在前列腺部位，或在膀胱颈，或在尿道，或是三个部位都有问题。"[1] 但在世俗道德、宗教伦理、迷信巫术干涉身体知识功能的时代，这份遗嘱进入的不是医学领域，而是道德领域。卢梭之前被指责为"性病患者"，他的公共形象由此受到贬低，所以在遗嘱的最后，他强调身体知识的医学边界："不要从性病角度去找病因，我从未感染这样的病……我应该说明我一贯坚持的真相，别在没有问题的地方找病因。"[2]

卢梭在医学领域、道德领域和理性领域里都不能获得关于个体命运的确定性。在 19 世纪初临床医学时代，疾病意义的身体知识才具有确定的边界，"在医生和哲学家看来，病痛摆脱了宗教意义的束缚，首先是通向认识感官和感觉能力的途径"。[3] 但在卢梭的时代，身体病态没有可能进入这个后来才出现的医学实证领域。在身体知识边界不清晰的状态下，卢梭的身体话语有分裂的迹象：一个是私人空间里的身体，受到各类不适感折磨；一个是公共空间里的身体，为各类政治意识、道德评价所控制。在法国大革命时

[1] B. Gagnebin (ed.), *Testatement de Jean-Jacques Rousseau, 29 janvier 1763*, Paris: BNF; Theophle Dufour, *Le Testament de Jean-Jacques Rousseau*, février 1763, Genève: A. Jullien, 1907, pp.16-18.

[2] Ibid., p.18.

[3] 科尔班主编：《身体的历史》，卷二，第 15 页。

代，他的身体在宣传画里成为革命道德的象征，但革命图像关注的是符号化（政治化、道德化）的身体，是革命时代的人对卢梭身体的单向度感知和单向度改造。1794年10月20日，他的遗体从巴黎北郊的墓地迁往先贤祠。[1] 这是他的身体在现代公共视野中最后一次出现，但在革命道德与政治目的的干预下，身体史分析的可能性不大。

福柯的身体

工具性是身体在工业时代里的基础含义。手指或腿脚在中枢神经的控制下，通过肌肉运动完成一系列合乎目的的动作，与此同时，工业时代的身体接受特定生产程序的选择，身体的大小、形状与工作要求之间要有良好的匹配。18—19世纪，英国工业城市需要大量烟囱清洁工，鉴于烟囱形状，只有小孩能胜任这项工作，1851年前15岁以下的烟囱清洁工有1100个。[2] 工业体系对身体的伤害方式多种多样，但有共同点，即身体结构的突然断裂，某一部分在不可预测的情况下被扯断或被压碎，甚至失去功能。1846—1852年，在圣索沃尔医院就医的406名伤者中有289人被齿轮咬住，28人被传送带逮住，21人被梳理机或曲柄伤害。[3] 由于伤害的不可预测性，这类后果一般不被归入刑事审判。法律对身体的监护也就有了选择性，儿童烟囱清洁工与睾丸癌有直接关系，虽然造成了巨大的伤害，但世俗意义的道德和法律对此视而不见。工业时代的身体进入的是工具理性领域，那是一个边界模糊的生存地带，在生存愿望的掩盖下，法律和道德的作用被削弱，

---

① "Translation des restes de Rousseau au Panthéon, octobre 1794," Monique et Bernard Cottret, *J.-J. Rousseau en son temps*, Paris: Perrin, 2005, pp.633-637.

② 悉达多·穆克吉：《众病之王：癌症传》，李虎译，北京：中信出版社，2013，第266页。

③ 科尔班主编：《身体的历史》，卷二，第222页。

所以现代性批判会介入其中，而身体史扩大了现代性批判的范畴。

　　身体在工业时代的处境有多重后果，第一重后果是精神与身体的分裂。工业时代精神病人增多，身体所承受的压力转移到个体精神上，个体精神不堪重负，失去了对现实生活的控制力，身体的行为逻辑陷入混乱。启蒙时代的理性知识体系构建了身体的独立性，以及身份与制度的统一性，但在工业时代身体的独立性及其与制度的统一性被打碎了，身体再次受到制度压迫。19 世纪法国的疯癫诗人奈瓦尔患间歇性精神分裂，疯癫发作时身体的意义趋近于无，身体是存在的，但在工业体系中没有创造价值的可能。得益于法国文化传统对于疯癫的人道主义关怀，他的语言能力使之克服了疯癫状态下身体的无意义状态，然后以奇幻的话语风格进入理性与疯癫的边界地带，但他已不再是正常人。1855 年 1 月 26 日，他在巴黎街边的护栏上吊自杀，死后被草草葬在拉雪兹公墓。

　　第二重后果是人的异化。在工业时代里，人的异化表现为两方面，首先是身体的异化，越是参与工业进程，身体的处境越糟糕。启蒙时代身体摆脱宗教意识形态的控制后，它在世俗生活中的境遇是好的，在现实中受重视，在审美意义上身体结构以优雅的姿态进入肖像画，"个人感觉是主流，自我表现即使不被看重也变得合理，在巴黎杰出人物去世后遗留的财产清单中，个人肖像画比重由 17 世纪的 18% 增加到 18 世纪的 28%，肖像画风格有相同的趋势：少了一分庄重感，透着诸多个人的痕迹"[①]。而在工业时代，人的异化翻转了现代早期的身体内涵，对于身体的乐观想象日益稀少，取而代之的是身体的各种困境。另一方面是现代精神的异化及其引起的普遍性的孤独感，启蒙时代以来的自由、平等、博爱等观念隐藏于形而上学领域，在现实生活不再有实践力。关于人的异化的分析是西方现代哲学的一个方向，包括马克思、叔本华和尼采对于异化

---

① 　维加埃罗主编:《身体的历史》，卷一，前言第 2—3 页。

人格消极境遇的批判，马尔库塞对于人性受现代生产制度压迫的反思，以及弗洛姆对于现代自由观念萎缩的分析。

在这个方向里，身体史是存在主义以及现代性批判实证风格的基础。20世纪的存在主义源于现代人的消极处境，消极处境有两类状态，一是身体的合法性奴役，一是无所不在却合情合理的精神控制，精神控制又进一步削弱了身体的意义，现代人格受到了自我否定心理的冲击。这种状态最初是个人问题，之后成为集体心理，一种通向政治抗议或思想批判的集体心理，也是工人运动的感觉来源。当身体和精神在现代生活中的各种消极状态趋于完整时，存在主义随之成为标识时代精神的关键词。存在主义关注的是一个个受制度、机器节奏或生产秩序支配的人，在进入现代生产制度前，他们都是完整意义的人，生活可能是艰难的，但身心合一，而在生产制度里，身体和精神由于合法性压迫而分裂。所以，身体史与存在主义有直接联系。在身体史语境里，存在主义不仅是一个文学问题，它有可能进入更深刻、更具实证意义的领域。这个领域关注的不是工具理性意义的身体，而是身体与制度的关系。身体受到某类制度的过度控制，这是人的处境的不正常状态，现代人格不断受到削弱，人的意义等同于身体的功能。现代人的自由意志有支配身体的愿望，但它总是被权力、法律、道德、生产制度所束缚。这条无形的绳子永远都在，于是人的异化到达了极端。

在这层意义上，现代性批判与存在主义有相同的目的。启蒙时代以来，现代性批判经历了多种形式，包括理性批判、浪漫主义、新古典主义、20世纪的学院派风格等。相比而言，存在主义语境里的身体史是更深刻的批判方向。现代身体的存在状态极为复杂，具备了反思"人与身体""身体与历史""人与历史"多重关系的基础。在此基础上，福柯的思想有重新解读的可能，他的身体与存在主义、结构主义的关系也有重新解读的可能。

在生命中期的作品里，福柯是别人身体的观察者，他要从这些人的身体境遇里发掘理性批判的新方向，分析时有结构主义的风格。20 世纪，法国的结构主义有三个方向：列维—施特劳斯的人类学方向、罗兰·巴特的语言学方向，以及福柯的历史学方向。施特劳斯的方向涉及人种学问题，他以现代人或文明人之外的野蛮人作为分析主体，在严格意义上这不属于身体史领域，但巴特的研究涉及了身体史，尤其是他对萨德的分析。萨德的作品中有大量被扭曲的身体，但有一个特点："那是在灯光汇聚的舞台上从远处看到的身体，它只是一个被充分照亮的身体，消除了个性，可以产生纯粹的优美感，引起强烈的欲望又遥不可及。"① 这类身体在语言学里通向色情话语体系，在道德意义上是堕落的，但在"身体与制度"领域里，这类身体风格是萨德在空想语境里对于个体极端反叛愿望的描绘，或是关于不道德行为的幻想。但这是一个独特而微小的身体史领域，是幻想中的恶，不具备实践性，所以巴特对于萨德的身体史分析也就有虚幻的风格。

相比而言，身体史是福柯理论的基础问题。受权力控制的身体是现代性批判领域里的残酷景观，福柯在"身体与制度"的领域中解释这个景观，尽管不系统，但有深刻性。普通人的身体以破碎的状态进入公共视野，成为祭奠权力的道具，这些身体不是突然间毁灭的，而是一点点破碎的。1757 年 3 月 28 日，达米安在巴黎格莱维广场上被处死，刽子手首先用烧红的铁钳撕掉他的皮肉，将融化的蜡和铅浇在伤口上，再用 4 匹马将他肢解，最后将之烧成灰烬。② 在四周都是观众的刑场上，达米安的存在意义仅仅是一个有生命的身体，那个时刻他在想什么，这一切都不及身体的毁

---

① 罗兰·巴特：《萨德、傅立叶、罗犹拉》，李幼蒸译，《罗兰·巴特文集》，北京：中国人民大学出版社，2011 年，第 109 页。

② 福柯：《规训与惩罚》，刘北成、杨远婴译，北京：三联书店，1999 年，第 3—5 页。

灭有意义。受刑时，身体的个人意义已经消失，生命是他的，但身体不是他的，所以这点仅存的生命在本质上也不是他的，他的毁灭通向的是威慑性的集体心理学。那些好奇的观众在达米安身体破碎的过程中是一个矛盾体，他们希望观看，又被迫长久地陷入对于权力威严的恐怖想象里，他们是一个个有生命、有思想的人，但在现代身体史领域里却成为具有否定意义的道具。福柯没有将这类身体当成分析的终点，而是当作通向现代性批判的逻辑起点，并将"生命政治"纳入现代性批判领域，据此阐释身体与制度的关系。福柯之后，启蒙时代关于个体意志独立性的论断受到最严峻的挑战，而 20 世纪之前，启蒙知识体系并未受到这种悲观性的批判视野的挑战。

福柯与存在主义看似无关，严格说来他与萨特是两个时代的人，但在身体史的意义上他是存在主义的主角。最初，他将历史档案中别人的身体放在理性、疯癫与制度控制的语境里，而在生命晚期，他的身体进入了这个语境，也进入了存在主义的语境。他生性洒脱，喜欢用身体去冒险，获得与众不同的感受。身体服从于隐秘的欲望，但也承担了极端的后果。福柯的同性友人吉贝尔第一个将他纳入具有存在主义风格的身体史领域。在圣灵降临节的周末前，福柯倒在厨房里，吉贝尔去圣米歇尔医院看他，"穆兹（福柯的化名）光着背，我发现一具非常优美的躯体，肌肉丰满，纤细而有力，镀金似的皮肤上散着一些橙红色的斑点"。[1] 在确诊患艾滋病后，医学检查使之领悟到身体的消极处境。这是一种深陷于未知与绝望里的状态，既是现代意义的，也是古典意义的。古今历史上那些患有不可克服的疾病的人都有几乎相同的境遇，死亡是确定的，但他们都不想到达死亡的那一刻，然而身体

---

[1] 吉贝尔:《给没有救我命的朋友》，徐晓雁译，郑州: 河南人民出版社，2004 年，第 66 页。

活力在衰弱，死亡的时刻在靠近。福柯在病床上感受到了关于身体的最深刻知识，但他已无法用语言表达。这是一类在有限时间里反复出现，却不会成形的知识，是现代身体史的神秘领域。

1983 年，福柯去医院检查，身体被扔在现代医学的流水线上，"失去所有的身份标志，只剩下听任摆布的肉体，（医生或仪器）在这里拨弄一下在那里拨弄一下，（他的身体）仅仅是一个登记号或一个姓名，被放到搅拌机似的行政机构中碾过，失血一般地丧失了自己的过去和尊严，人家向他嘴里捅进一根管子，直达肺部"。① 之后，福柯病情加重，呼吸困难，神经性肌肉痉挛使双腿僵硬，他在无休止的干咳中筋疲力尽。② 在生命的最后阶段，他接受过骨髓穿刺，第一次失败，护士说由于年龄关系他的脊椎已塌陷，留置针难以进入脊髓腔，由于之前的剧痛感，他对于第二次穿刺极为惊恐，"那是一种对体内无法控制的痛楚的惊恐，是借口控制病情而人为干预病灶造成的"。③

1983 年，福柯凭借最后的气力离开身体史领域，最后一次进入现代理性领域。他在法兰西学院接待来访的哈贝马斯，共同商定为康德的《回复这个问题》举行两百周年纪念会，随后他完成了《什么是启蒙》一文，去世后发表于遗作集《说与写》（*Dits et Écrits*）中。在这篇文章里，他首先反思康德在理想与现实之间的错位："我不以为那是对启蒙的完美表述，没有历史学家会对之满意，如果他要分析 18 世纪的社会、政治和文化方面的变化的话。"④ 之后他论及了现代性与启蒙基本原则之间是否有断裂，简而言之，"现代性是不是启蒙的结果？"⑤ 这个问题极为尖锐，如果有

---

① 吉贝尔：《给没有救我命的朋友》，第 19—20 页。

② 同上书，第 67 页。

③ 同上书，第 68 页。

④ Dekens, Olivier (ed.), *Qu'est-ce que les Lumières? de Foucault*, Paris: Bréal, 2004, p.70.

⑤ Ibid., pp.71-72.

断裂，现代性批判的指向就错了，西方现代社会的困境也就不能归咎于启蒙精神。最后他表达了对于启蒙精神的同情，启蒙精神在实践里有可能失控，并走向它的反面，一个原因是启蒙者以启蒙的名义敲诈启蒙，启蒙精神由此蜕变为思想控制。鉴于此，他提醒启蒙者不要画地为牢，自我束缚，"或接受启蒙，就此身处理性传统，或批判启蒙，就此逃离理性原则"。[①] 福柯在现代社会后期反思现代早期的观念，他在现代理性领域里的最后努力成就了现代启蒙解释学的完整谱系。

1984 年，福柯的生命因艾滋病而中断，去世前他接受过大脑穿刺。吉贝尔去医院看望他，他已经躺在白色的床单下，闭着眼睛，露在床单外的手腕和脚腕上戴着标签牌，前额有钻孔的痕迹。[②] 疾病使福柯的身体回到作为他的思想起点的医学史症状与临床时代。他在《临床医学的诞生》预见过在这个时代身体的最后境遇："在 18 世纪的医学思想中，死亡是绝对的事实，又是最相对的现象，它是生命的终结……也是疾病的终结；死亡到来，极限终于实现，真理得以完成，而且由于这一跳跃，在死亡中疾病达到自身过程的终点，归于沉寂，变成一个记忆之物。"[③] 福柯感受到身体异常所引起的绝望感，这种绝望感在瞬间获得，但从此挥之不去，他的生命在绝望感里很快耗尽，不同于卢梭那种长时段绵延的痛苦。福柯的研究已经涉及身体史，虽然他没有系统地阐述这种方法的特点。在《乌托邦身体》里，他对于自己的身体有旁观性的描述，其中有现代人的自由意志，也有悲观的宿命论："我的头颅，我能够用手指感受到它……这个背部，当我躺下时我可以通过床垫和沙发的压力感受到它，我会用镜子的谋略捕捉到它。而这个

---

① Dekens., p.77.

② 吉贝尔：《给没有救我命的朋友》，第 73，75 页。

③ 福柯：《临床医学的诞生》，刘北成译，南京：译林出版社，2011 年，第 158 页。

肩膀又是什么? 我可以确切地知道它的运动和位置, 但如果不是可怕地扭曲我自己, 我看不到它……这个身体是光: 它是透明的, 没有重量……有一天我受伤了, 肚子上破了一个口子, 胸膛和喉咙被堵住了, 不停地咳嗽……我不再是光, 不再没有重量。我变成了一个物……幻想的, 被人玩味的结构。"[1] 福柯将他的身体放在现实与修辞学之间的地带, 他视之为一个思想意义的存在, 但在现实中最终要承受身体活力的突然断裂。所以, 福柯与存在主义的关系既是思想意义的传承, 又是切身的实践。存在主义的主题是现代化后期人的消极处境, 福柯在身体健康时的写作主题是现代早期的人在理性、道德、宗教与制度下的消极处境, 所以福柯与存在主义之间是间接意义的思想联系, 但患病后他的身体处境一步步回应了之前的写作主题, 他与存在主义的联系变得更直接, 他的身体进入了存在主义。所以, 福柯的身体境遇是现代身体史里的一首挽歌, 他的身体境遇是对存在主义的注释。这种悲剧性说明了他的学问是真学问, 是知行合一的学问。

结论 身体史与碎片化

"人与历史"的分析方法有不确定性, 无法说明人性与环境的复杂关系、话语与行为的断裂及其导致的话语所指向的虚空, 以及在权力干预下历史档案的选择性与表演性等, 所以只能用模糊的因果关系说明人的历史处境, 而这类研究在读者与历史之间放了过滤装置, 读者与历史的距离看似近了, 他们的视野却模糊了。而身体史将研究范围缩小, 发现人的历史结构的复杂性, 包括感知、反应、实践、反思等, 然后将分析方向限定在身体的单向度的感知力上, 在变化的人性与具有选择性的历史档案里寻找相对

---

[1] 福柯:《乌托邦身体》, 尉光吉译,《福柯文选 I》, 北京: 北京大学出版社, 2016 年, 第 191—192 页。

稳定的目标，为"人与身体""身体与历史""人与历史"的分析结构确定一个逻辑起点。这是身体史方法论的基础。

身体史是法国年鉴学派的遗产。20世纪末年鉴学派作为一个学派消失后，它所奠定的研究视野四处蔓延，而身体史就是一项杰出的成就。年鉴学派早期杂志《社会史汇编》（*Mélanges d'histoire sociale*）里已出现身体史的转向。费弗尔关注"人种地理学"的研究范畴，索尔（M. Sorre）又有所开拓，他的《人种地理学的生物学基础》（*Les fondements de la géographie humaine*）涉及身体地理学（géographie physique）、生物地理学（biogéographie）、传染病地理学，以此构建身体分析的多学科范畴，在此基础上思考人与身体的关系："人是有生命的机器，植物性或动物性的机器。"[①] 对于这个转向，布罗代尔同样是从身体史的角度予以评论："《人种地理学的生物学基础》的第一部分提出历史阶段的气候特点，但索尔只关心人与气候的关系，未研究人与身体的关系，有简化的意图，第二部分涉及生物地理学的复杂性，包括植物界和动物界的关系，第三部分涉及人与生物界的关系，人仰赖生物界，又与之对抗。传染病是一个对抗领域，包括疟疾、鼠疫、螺旋体病、利什曼病（Leishmaniose）、立克次氏体病（Rickettsiose）、伤寒、发烧、沙眼等。有70个物种携带疟疾病毒，会传播给人类。"[②] 二战后，身体史的方法不断进步，一方面是多学科综合研究，广泛采纳解剖学、心理学、政治学等领域的成就，然后在一个以身体为中心的微观领域里发掘人与历史的深层关系，另一方面是在历史研究领域里回应存在主义和现代性批判的主题，尤其是在现代消费社会里人的异化问题上，身体史有开拓之功。身体被推入消费领域，现代人的主体意识和独立人格不断消解，所以

---

① Fernand Braudel, "Y a-t-il une géographie de l'individu biologique?" *Mélanges d'histoire sociale*, N°6, 1944, pp.26, 27.

② Ibid., pp.28, 29, 31.

身体史是历史学家介入存在主义和现代性批判的一种态度。

"碎片化"这种称呼是对于现代历史研究方法的批评，也就是在宏观研究之外过分关注微观领域，偏离历史研究的民族性与普世性，将自娱自乐当作高雅的旨趣。另外还有一种假冒的微观研究，它在表面上符合微观史的要求，用的却是宏观叙事的方法，尽管研究范围很小，却制造了主体虚无的语境。微观研究有不健全的倾向，但并非所有的微观研究都是碎片化的。拒绝碎片化的微观研究是在有限度的时间领域和空间领域里发现直接的因果关系，重建过去的情感结构、伦理结构和理性结构。这类方法表面上是封闭的，但有通向民族风俗或普遍价值的可能。相对而言，碎片化的微观研究不具备扩展性的因果关系，在整体意义上拒绝历史研究的民族性和普世性。

身体史是不是历史研究的碎片化？身体史的问题是新奇的、微小的，但涉及现代社会的根本问题，从身体的现代处境上分析人与历史的关系，"在文艺复兴到启蒙运动的数百年中，西方社会一直无法摆脱一条规则，即在任何社会中关于身体的意识不能脱离生活的理想和世界观"。[1] 身体史强调某种状态下的身体、某类人的身体，但那是普遍意义的文化状态，能够通向"人与身体""身体与历史""人与历史"等复杂意义的分析结构。在描述17世纪体育竞技时，维加埃罗强调个人身体的集体属性，一个运动员"对身体的安排直接听命于自己所属的社会阶层和文化阶层"。[2] 所以，身体史表面上关注身体的结构与处境，实质上关注的是那些受各种意志和目的（包括个体意志和权力意志，以及科学目的和审美目的）支配的身体。身体史属于微观史领域，同时又是一个无限开放的领域，有通向艺术史、解剖学、医学史、结构主义、存在主义与现代性批判的可能。

---

[1]　维加埃罗主编：《身体的历史》，卷一，第2页。
[2]　同上书，第213页。

近年来西方学界的近代早期法国史研究[1]

武汉大学历史学院 熊芳芳

以文艺复兴为起点、法国大革命爆发为终点的近代早期[2]无疑是欧洲史研究中最受关注的时段之一。这一时期是上承中世纪、下启现代文明的过渡时期，亦是在各种因素的激荡交织中，欧洲政治、经济、社会、思想、文化经历转型和变革的时期。作为理解现代西方文明形成最为关键的时段，无论是法国学者，还是英美学者和欧洲其他国家的学者，都对这一时期的研究倾注了极大的热情。从 20 世纪史学演进的脉络来看，可以毫不夸张地说，近代早期法国史的研究恰似西方史学发展中的弄潮儿。如 20 世纪五六十年代西方学界有关封建主义向资本主义过渡的两次学术大讨论，便集中于中世纪晚期近代早期欧洲社会关系和生产方式及其性质的探讨。法国年鉴学派最著名的代表人物，从吕西安·费弗尔、费尔南·布罗代尔到勒华拉杜里等学者无不以 15—18 世纪史

---

[1] 本文原载于《欧美史研究》第 3 辑，社会科学文献出版社，2020 年 5 月。

[2] "近代早期"（early modern period），国内也译为"早期现代"或"现代早期"，对应于法国学者常用的"旧制度"（Ancien Régime）一词，大体指 1450/1500 年到 1789 年。这一术语在 20 世纪六七十年代首先为英语国家学者和德国学者所使用。参见 Hamish Scott, ed., *The Oxford Handbook of Early Modern European History 1350-1750,* Vol. I: *Peoples and Place*, Oxford: Oxford University Press, 2015, Introduction, p.1.

的研究为志业。20世纪七八十年代，新文化史在北美的率先兴起，更是将法国近代早期文化史的研究推向一个新的高潮，流韵至今。

期刊文章一般而言是学术前沿最快捷的反应。为便于国内同行了解欧美学界近代早期法国史研究的最新动态、研究领域和主题，我们对 2013—2018 年间 9 种主要的英文和法文刊物上刊发的有关近代早期法国史的文章做了大致统计。统计的刊物包括:《法国史》(*French History*)、《法国史研究》(*French Historical Studies*)、《年鉴:历史与社会科学》(*Annales. Histoire, Sciences Sociales*)、《历史杂志》(*Revue historique*)、《近现代史杂志》(*Revue d'histoire moderne & contemporaine*)、《历史、经济与社会》(*Histoire, Économie & Société*)、《历史与计量》(*Histoire & Mesure*)、《17 世 纪》(*Dix-septième Siècle*)、《18 世 纪》(*Dix-huitième Siècle*)①。

粗略统计，2013—2018 年，在这些刊物刊发的文章中，有关近代早期法国史的文章约 200 篇，涉及政治和政治文化史（50 余篇）、文化史（新文化史，约 50 篇）、社会史（20 余篇）、宗教史（10 余篇）、经济和财政史（20 余篇），以及思想观念史（10余篇）、军事外交史和殖民史（10 余篇）等诸多领域。须略做说明的是，其一，所统计的刊物不一定能反映近代早期法国史研究的全貌，一些专门史刊物中的文章我们未做统计，如《城市史》(*Histoire urbaine*)、《法国经济史杂志》(*Revue française d'histoire économique*)、《历史与乡村社会》(*Histoire et sociétés rurales*)、《宗教史杂志》(*Revue de l'histoire des religions*) 等。之所以如此选择，首先是为了大体了解综合性史学刊物在研究领域和主题上的偏向性。其次，诸多研究实则横跨多个研究领域，照理不能明确按政治、经济、社会、文化等传统史学门类来划分，不过为方便

---

① 《17 世纪》和《18 世纪》杂志中偏文学史、哲学思想史和艺术史的文章未统计。

读者查阅，这里根据文章的主题和内容作此牵强分类。此外，一些涉及全球史、跨国史、跨时段的文章未纳入统计。因篇幅所限，本文仅择取学者们关注较多的领域及具有代表性的文章加以引介。挂一漏万，还请读者谅解。

政治史与政治文化史

有关近代早期法国政治史和政治文化史的文章50余篇，占文章总数的25%以上。研究主题大体包括统治艺术与宫廷政治、国王的形象塑造、王室仪式与象征物、宫廷中的女性、政治冲突和叛乱、领土整合与管理实践等。从中可以看出，政治文化史是目前政治史研究的主流。

自20世纪七八十年代以来，随着政治史的复兴，宫廷政治尤其是围绕凡尔赛宫的权力关系成为近代早期史家关注的主要问题之一。传统政治史家将凡尔赛宫廷视为国王笼络、压制贵族的工具，修正史家和文化史家则将庇护关系和派系斗争重新引入凡尔赛的高层政治中，并揭示出庇护关系和宫廷仪式在王国的政治派系和权力关系中所扮演的多重角色，国王的权力实践往往有赖于此类庇护关系和派系网络，由此展现出绝对权力在理论与实践上的差距。[1] 英美的法国史研究者尤为关注这一问题，如奥代德·拉比诺维奇（Oded Rabinovitch）对17世纪佩罗家族（the Perraults）的研究。[2] 佩罗家族最著名的人物夏尔勒·佩罗（Charles Perrault），即《鹅妈妈的童谣》（*Contes de ma mère l'Oye*）的整理者。其祖父

---

[1] William Beik, "The Absolutism of Louis XIV as Social Collaboration", *Past & Present*, No.188 (August 2005)；张弛：《法国绝对君主制研究路径及其转向》，《历史研究》2018年第4期；威廉·多伊尔：《何谓旧制度》，熊芳芳译，北京：北京大学出版社，2013年，第34—41页。

[2] Oded Rabinovitch, "Versailles as a Family Enterprise: The Perraults, 1660-1700", *French Historical Studies*, Vol.36, Issue 3 (2013).

是国王的刺绣师，父亲曾担任巴黎高等法院的律师。长兄让（Jean）
也是律师，另一位兄弟皮埃尔（Pierre）曾任巴黎总税务官，还有
一位兄弟克罗德（Claude）则是科学院院士（membre de l'Académie
des sciences）以及王家建筑委员会的成员。夏尔勒于1663年由科
尔伯任命，主管王国的艺术和文学政策，兼任铭文与美文学院的
秘书，1672年任国王的建筑总监。在《作为家族企业的凡尔赛宫》
一文中，拉比诺维奇探讨了这一巴黎著名的文人家族如何利用自
身作为文人、王家学院成员和科尔伯臣属的身份，将凡尔赛宫视
为其从事科学实验、文学斗争和社会交往的场所。他指出，佩罗
家族实际上利用凡尔赛作为家族晋升的阶梯，而非全然受制于国
家所操纵的宣传机器。此类研究试图表明，凡尔赛宫并非只是恩
宠和权力的分配者，或"品位"、"时尚"的引领者，在君主制的文
化实践中，它可能成为权臣主动谋求自身利益的工具，这一做法
显然有别于那种自上而下（top-down）的文化绝对主义模式。[①]

有关国王或王室形象的研究，国内学界最熟悉的莫过于英国
历史学家彼得·伯克（Peter Burke）的《制造路易十四》[②]，或是新
文化史家通过考察大革命之前的各种小册子和地下文学，对大革
命前夕国王和王后的去神圣化研究，并将其视为锻造大革命之前
政治文化语境的基本要素。[③] 相对而言，对18世纪以前君主负面
形象的研究则着墨不多。达米安·特里夸尔（Damien Tricoire）的

---

① 有关佩罗家族的研究，还可参见拉比诺维奇的新著：Oded Rabinovitch, *The Perraults: A Family of Letters in Early Modern France*, Ithaca: Cornell University Press, 2018.

② 参见彼得·伯克：《制造路易十四》，郝名玮译，北京：商务印书馆，2007年版。

③ 参见罗伯特·达恩顿：《旧制度时期的地下文学》，刘军译，北京：中国人民大学出版社，2012年；罗伯特·达恩顿：《法国大革命前的畅销禁书》，郑国强译，上海：华东师范大学出版社，2012年；罗杰·夏蒂埃：《法国大革命的文化起源》，洪庆明译，南京：译林出版社，2015年。

《17 世纪晚期对君主制神圣性的攻讦》[①] 一文，通过考察 17 世纪晚期的诽谤小册子来指出，针对国王的讽刺和诽谤并非如罗伯特·达恩顿（Robert Darnton）所言是启蒙时代的新现象，实际上在路易十四时期便已出现；国王的去神圣化也并非始于 18 世纪，而是更早。路易十四晚年的统治并不受欢迎，但很少有学者细致探讨过其具体表现。特里夸尔详细分析了出版于 17 世纪晚期的四份小册子文本，指出 1690 年左右出现的针对国王的讽刺、诽谤和攻击，否定其神圣性和合法性的做法，与路易十四的宗教政策（与教皇的斗争）、冉森派（Jansénisme）所提倡的道德守戒主义（rigorisme），以及围绕王太子的宫廷派系斗争有关。他认为这些小册子极有可能出自王太子身边的支持者，对国王不满的贵族利用诽谤小册子作为政治斗争的工具，来否定路易十四统治的合法性，希望王太子能尽早取而代之。这一研究无疑延续了解构路易十四的绝对王权，甚至其统治合法性的研究路径。不过值得进一步追问的是，此类攻讦君主的方式是否还可追溯至更早时期的政治和宫廷斗争？如圣巴托洛缪大屠杀之后，对查理九世和王太后凯瑟琳·德·美第奇的攻击在方式和内涵上与之是否有所不同？[②]

康托洛维茨（Ernst H. Kantorowicz）对"国王的两个身体"的研究，开创了美国的仪式学派（école cérémonialiste américaine）。对政治仪式及象征物的研究，被视为理解中世纪以来法国王权理论和实践的重要路径。[③] 自马克·布洛赫（Marc Bloch）的《国王神迹》

[①] Damien Tricoire, "Attacking the Monarchy's Sacrality in Late Seventeenth-Century France: The Underground Literature against Louis XIV, Jansenism and the Dauphin's Court Faction", *French History*, Vol.31, Issue 2(June 2017).

[②] 对查理九世形象的研究参见 Gianmarco Braghi, "The Death of Charles IX Valois: an Assassin's or a Martyr's Blood?: The Image of Kingship during the French Wars of Religion", *French History*, Vol.28, Issue 3(September 2014).

[③] Alain Guéry, "Principe monarchique ou roi très chrétien? Les funérailles du roi de France", *Revue de synthèse*, Vol.112, Issue 3-4, 1991, p.443.

一书问世后，年鉴学派新史学的经济社会史转向，使得此后半个多世纪的时间里，对归属政治史范畴的王家仪式的研究寥寥无几。直到 20 世纪六七十年代，受人类学家和社会学家对仪式的关注及其阐释范式的启发，历史学家方重拾了这一论题。对王权合法性的探讨因此得以摆脱传统宪政史的窠臼，通过仪式和象征物来解读特定时期的政治文化和权力表征。统计的文章中，有对蒙彼利埃和里昂等城市入城仪式的探讨，对查理九世巡游仪式的考察等。[1] 史蒂文·西里（Steven Thiry）的文章则对宗教战争时期代表王权的纹章及其政治意涵进行了深入挖掘。[2] 他指出，尽管历史学家都非常强调王室纹章的重要意义，但往往将其视为某种一成不变的装饰或静态的象征工具，忽视了纹章的物质形态所蕴含的更深层的政治含义。譬如，盾形纹章（coats of arms）是君主统治权的象征，如果亵渎饰有纹章的王者之盾，则有损于君主的权威和政治共同体的利益。在宗教战争的高潮时期，天主教同盟对亨利三世的反对便以破坏盾形纹章的方式体现出来，通过攻击纹章来反对国王，公开质疑其权力的神圣性和合法性，这种攻击也为亨利三世的遇刺埋下了伏笔。亨利四世重建了王室纹章和鸢尾花的权威，不过他本人在 1610 年被刺之时，也有着类似的遭遇。西里指出，纹章代表了一种身体政治（body politic），在近代早期的政治文化中有着实质性的意义和内涵，并非只是一种静态的象征物。

---

① Vincent Challet, "Urban Entries: Origins and Development of an Urban Ritual (Montpellier, Fourteenth-Fifteenth Century)", *Revue historique*, No.670 (2014/2); Élise Cuenot-Hodister, "Le spectacle doit continuer. Entrées solennelles lyonnaises", *Dix-huitième siècle*, Vol.49, No.1(2017); Linda Briggs, "Presenting the Most Christian King: Charles IX's Performance of Catholic Ritual in the Royal Tour of France (1564–1566)", *French History*, Vol.32, Issue 1(March 2018).

② Steven Thiry, "The Emblazoned Kingdom Ablaze. Heraldic Iconoclasm and Armorial Recovery during the French Wars of Religion, 1588–1595", *French History*, Vol.27, Issue 3(September 2013).

性别史和妇女史兴起以来，女性与权力政治的关系也成为新史学研究的热点。在《王储教育备忘录》（*Mémoires pour l'instruction du Dauphin*）中，路易十四教导王太子，切勿让自己的情欲或情妇影响国家事务及国王的决策和行动。在性别史兴起之前，很少有学者关注宫廷中的女性。原因可能在于自14世纪以来，法国王室便通过《萨利克法典》排除了女性染指王位或进入权力机构的可能。① 早在2000年出版的《法兰西王后：象征与权力（15—18世纪）》一书中，法国学者法妮·科桑代（Fanny Cosandey）便对王后作为国王的从属者和作为统治者（比如对某些政治事务的管辖权以及作为太后摄政的权力）的双重身份作了细致的剖析，并深入探讨了王后在近代国家和绝对王权建构中的象征和实质性作用。② 沙伦·凯特林（Sharon Kettering）在2010年的一篇文章中也论及路易十三的宫廷中，女性侍从在庇护网络和权力关系中所发挥的作用。③ 克里斯蒂娜·亚当斯（Christine Adams）在《美貌、权力与国王的情妇》一文中更进一步指出，路易十四的教子箴言在他本人身上便言不属实。在路易十四的众多情妇中，蒙特斯庞侯爵夫人（Marquise de Montespan）显然扮演着重要的政治角色。亚当斯试图说明，女性的美貌和魅力在绝对主义政治中是一项重要的资本，对于我们理解政策的出台和运行，以及近代早期法国权力的性质都至关重要。④

20世纪80年代，法国国家科研中心（CNRS）和欧洲科学基

---

① 参见汤晓燕：《〈萨利克法典〉"神话"与十六七世纪法国排斥女性的政治文化传统》，《世界历史》2017年第4期。

② Fanny Cosandey, *La Reine de France. Symbole et Pouvoir(XVe-XVIIIe siècle)*, Paris: Gallimard, 2000.

③ Sharon Kettering, "Strategies of Power: Favorites and Women Household Clients at Louis XIII's Court", *French Historical Studies*, Vol.33, Issue 2 (2010).

④ Christine Adams, "'Belle comme le jour': Beauty, Power and the King's Mistress", *French History*, Vol.29, Issue 2(June 2015).

金会（ESF）相继发起的大型集体研究项目"（欧洲）近代国家的起源"，推动了历史学领域对国家起源和国家形成问题的研究，尤其是对领土整合、官僚群体以及管理实践的研究，这是此前偏重经济社会史的年鉴史学几乎完全弃置的主题。与此同时，政治史的复兴，也带来了对 19 世纪书写国家史通常所采取的民族主义立场的反思和批判。新政治史对近代欧洲国家形态的描述采用了更为中性、包容性更强的概念，如"近代国家"（État moderne [①]）或"王权国家"（État royal）。有些学者认为"近代国家"这一术语也体现出较强的经验研究的模式化或线性历史观，他们更倾向于采用"王权国家"的概念，可以将更大范围内欧洲的多种政治形态容纳进来。法国学者文森·梅泽（Vincent Meyzie）在 2017 年第 2 期《法国史》上发表的文章《近代早期法兰西王权国家的历史：制度机构、政治实践与官僚队伍》[②]，着重向英美学界介绍法国学者在此前十五年间研究王权国家的理路，以与英语国家研究的侧重相对照。文中归纳了法国学者研究王权国家的三种主要取向：其一是宪政史的路径，关注中央管理机构和人员，致力于探讨管理型君主制的形成；其二是社会史的传统，主要受年鉴学派和威廉·贝克提出的"社会合作"（social collaboration）[③]模式的影响，将国家与社会联系起来，考察机构和权力的实践；其三是政治史的路径，关注不同群体的政治文化实践，强调历史事件的重要性。这种多样化的研究路径提供了解读制度演变、国家实践以及君主与社会之间关系的多重视角，但同时也使我们对王权国家的理解变得"破碎化"。

[①] Jean-Philippe Genet, "La genèse de l'État moderne," *Actes de la Recherche en Sciences Sociales*, Vol.118 (Juin 1997).

[②] Vincent Meyzie, "Histories of the Early Modern Royal State in France: Institutions, Practices, Officers", *French History*, Vol.31, Issue 2(June 2017).

[③] 参见 William Beik, "The Absolutism of Louis XIV as Social Collaboration", *Past & Present*, No.188 (August 2005)。

梅泽指出，英语国家学者更强调中央权力、地方政府与社会群体之间的互动关系，法国学者则侧重考察不同团体、不同社会和职业群体，甚至个体在近代早期法国政治体系演进中所发挥的媒介作用。[①] 可见，双方之间如何形成更有意义的学术映照还有待更加深入的交流互动。

文化史

有关近代早期法国文化史的文章约 50 篇，其研究热度与政治史不相上下。这里所说的文化史，可称为"新文化史"，涉及的研究主题包括书籍史和阅读史[②]、文本与写作[③]、消费与物质文化、公

[①] 《历史、经济与社会》于 2016 年推出的一组文章，便专门探讨法国近现代社会中作为掮客的中间团体。参见 "Les Corps Intermédiaires": Christine Bouneau, "Introduction", *Histoire, Économie & Société*, 35ᵉ année (2016/1); Laurent Coste, "Des corps intermédiaires sous l'Ancien Régime: revendication ou réalité?", *Histoire, Économie & Société*, 35ᵉ année (2016/1); Stéphane Durand, "Monarchie absolue et assemblées d'États: le cas des États de Languedoc dans la monarchie de France (XVIIᵉ-XVIIIᵉ siècles)", *Histoire, Économie & Société*, 35ᵉ année (2016/1). 另有两篇文章涉及现当代史。

[②] 如 Jean-Pascale Gay, "Lettres de controverse. Religion, publication et espace public en France au XVIIᵉ siècle", *Annales. Histoire, Sciences Sociales*, 68ᵉ année (2013/1); Emmanuelle Chapron, "Des livres "pour l'usage de l'École royale militaire": choix pédagogiques et stratégies éditoriales (1751-1788)", *Histoire, Économie & Société*, 33ᵉ année (2014/1); Louise Seaward, "Censorship through Cooperation: the Société typographique de Neuchâtel (STN) and the French Government, 1769–89", *French History*, Vol.28, Issue 1(March 2014); Elizabeth Andrews Bond, "Circuits of Practical Knowledge: The Network of Letters to the Editor in the French Provincial Press, 1770–1788", *French Historical Studies*, Vol.39, Issue 3(2016); Emmanuelle Chapron, "How Robinson Crusoé Got into Collège: Literary Careers and the Birth of a Classic in Eighteenth-Century France", *Revue historique*, No.680(2016/4). 此外，《历史、经济与社会》2018 年第 2 期的专刊文章探讨了 18 世纪著名的出版商阿尔迪（Siméon-Prosper Hardy）。

[③] 参见 Isabelle Luciani, "Ordering Words, Ordering the Self: Keeping a Livre de Raison in Early Modern Provence, Sixteenth through Eighteenth Centuries", *French Historical Studies*, Vol.38, Issue 4(2015); Martial Poirson, "Partie de campagne: la retraite rurale dans l'œuvre de Louis-Sébastien Mercier", *Dix-huitième siècle*, Vol.48, No.1(2016).

共空间和公共舆论、精英文化与大众文化，以及近代早期的旅行、想象史和情感史 ① 等。

书籍史和阅读史是新文化史当之无愧的宠儿。在大西洋两岸，由罗伯特•达恩顿和罗杰•夏蒂埃引领的书籍史和阅读史研究仍在不断走向深入。除关注书籍文本的出版与流通、阅读实践之外，文本的物质性（matérialité）及其与阅读实践的关系成为学者们关注的话题。《法国史研究》在 2018 年第 3 期出版专刊"在近代早期的法国寻找读者（1500—1800 年）"。夏蒂埃在"引言"《阅读实践与文本的物质性》② 中指出，面对"读者在档案中不可见"的问题，阅读史的研究可能要从早期"读者－反馈"（reader-response）的简单化模式中走出来，将文本的意义视为文本命题与占有文本的读者之间互动关系的产物。正如安托万•里勒蒂（Antoine Lilti）所言，夏蒂埃尤为重视"占有"的概念（la notion d'appropriation），强调读者拥有从所阅读的作品中创造出意义的能力。③ 其中阿比•桑热（Abby E. Zanger）的文章便涉及文本的物质性问题。④ 针对 16 世纪法国著名的出版商德尼•雅诺（Denis Janot）在印刷书中重复使用某些相同的木版画这一现象，桑热指出，此前的学者可能误

---

① 参见 Ionuț Epurescu-Pascovici, "Le Chemin de Povreté et de Richesse and the Late Medieval Social Imaginary", *French Historical Studies*, Vol.36, Issue 1(2013); Michel de Waele, "Le cadavre du conspirateur: peur, colère et défense de la communauté à l'époque de la Saint-Barthélemy", *Revue d'histoire moderne et contemporaine*, No.64-1(2017/1); Jessica Herdman, "Songs Danced in Anger: Music and Violent Emotions in Late Sixteenth-Century Lyon", *French History*, Vol.32, Issue 2(June 2018).

② Roger Chartier, "Introduction: Reading Practices and the Materiality of Texts", *French Historical Studies*, Vol.41, Issue 3(2018).

③ 汤晓燕、杨磊:《〈年鉴〉杂志与法国历史研究的新动向——法国社会科学高等研究院安托万•里勒蒂教授访谈》,《史学理论研究》2018 年第 2 期。

④ Abby E. Zanger, "Making Books to Form Readers: Denis Janot's Recycled Images and the Materiality of Reading in Sixteenth-Century France", *French Historical Studies*, Vol.41, Issue 3(2018).

解了这种做法对于出版和阅读的意义，简单地将其视为经济和现实的需要。实际上，木版画的再利用可以理解为一种加诸于书籍的物质性特征。同一幅木版画在不同书籍中的反复出现，就如同品牌推广，使读者不只与单个作品发生联系，而会关注到该出版商出版的其他书籍，从而形成并扩大其读者群。此外，阅读场所也是阅读实践尤为关注的问题。蒂里·里戈涅（Thierry Rigogne）在专刊中探讨了咖啡馆中的读者与阅读实践。① 随着巴黎咖啡馆的兴起，这里日渐成为主要的城市阅读空间，这种公共空间中的阅读激发出大量图像、文本和档案的生产。里戈涅指出，咖啡馆在18世纪复杂的交流系统（communication system）中发挥着枢纽作用，阅读与其他的交流行为在这里融合，咖啡馆中的阅读和讨论有力地推动了公众舆论的形成。

有关咖啡馆的探讨同时也涉及物质文化史，尤其是消费文化史的研究。马克·布洛赫很早便在《旧日法国的食品》中谈到，"饮食史如同一架录音机，由于心理方面的阻力而在稍晚的时候记录着所有经济的兴衰更替"。《年鉴》杂志于20世纪50年代末曾组织过饮食史的调查，调查结果由埃马尔丹凯（Jean-Jacques Hémardin-quer）在70年代汇编成《研究饮食史论丛》（1970）。当时的主要目的是建立一种消费史，间接反映经济、人口的变动，并通过对饮食习惯的研究来表现社会分隔和社会对抗。② 随着历史人类学、日常生活史的兴起，饮食问题从作为经济和社会的表征，日渐被纳入物质文化的范畴，成为文化史研究的对象。③ 统计的文章中涉

---

① Thierry Rigogne, "Readers and Reading in Cafés, 1660–1800", *French Historical Studies*, Vol.41, Issue 3(2018).

② 雅克·勒高夫、皮埃尔·诺拉、罗杰·夏蒂埃、雅克·雷维尔主编：《新史学》，姚蒙译，上海：上海译文出版社，1989年，第243页。

③ 参见达尼埃尔·罗什：《平常事情的历史：消费自传统社会中的诞生（17世纪初—19世纪初）》，吴鼐译，天津：百花文艺出版社，2005年。

及咖啡馆、地方特产、丧葬消费等的研究。其中茱莉亚·兰德韦伯（Julia Landweber）较为全面地探讨了 1644 年至 1788 年间咖啡如何为法国文化和饮食所接纳。① 从 1670 年之后约半个多世纪的时间里，咖啡从最初不被人信任，到成为深受法国人喜爱的饮料，并催生出咖啡馆这一新的空间，发展出迷恋异国情调的新的消费文化。兰德韦伯指出，通过研究咖啡，我们不仅可以探讨 18 世纪咖啡的全球贸易、现代烹饪的兴起，还可以考察法国与咖啡来源地奥斯曼帝国之间的文化关系，探讨城市中产阶级社交结构的变化，或是分析商人、医生和药剂师在评估新食品安全性方面的作用。克雷格·科斯洛夫斯基（Craig Koslofsky）的文章则从比较视角出发，利用英国和德国旅行者的记录，对巴黎咖啡馆与公共空间、性别和社会等级之间的关系做出了新的思考。②

在文化史的研究中，除精英阶层所主导的精英文化③ 和公共空间外，另一个备受关注的领域是大众文化研究，如对城市和乡村中的节庆、仪式和游戏的考察。④ 其中奥利维耶·里夏尔（Olivier

---

① Julia Landweber, "'This Marvelous Bean': Adopting Coffee into Old Regime French Culture and Diet", *French Historical Studies*, Vol.38, Issue 2(2015).

② Craig Koslofsky, "Parisian Cafés in European Perspective: Contexts of Consumption, 1660–1730", *French History*, Vol.31, Issue 1(March 2017).

③ 如 Georgia J.Cowart, "De la fête monarchique à la fête galante dans Les Plaisirs du bal de Watteau", *Dix-huitième siècle*, Vol.49, No.1(2017); Pauline Valade, "Un spectacle contrarié : la mise en scène de la joie publique à Paris", *Dix-huitième siècle*, Vol.49, No.1(2017); Alexander Robinson, "'Et le roi prit tant plaisir à la musique': Royal Taste and Music in the Renaissance—the Case of Henri IV of France, 1589–1610", *French History*, Vol.31, Issue 3(September 2017).

④ 如 Laura Crombie, "French and Flemish Urban Festive Networks: Archery and Crossbow Competitions Attended and Hosted by Tournai in the Fourteenth and Fifteenth centuries", *French History*, Vol.27, Issue 2(June 2013); René Favier, "La cérémonie de l'âne en question à la fin du XVIIIᵉ siècle Veurey-en Dauphiné, janvier 1786", *Histoire, Économie & Société*, 34ᵉ année (2015/4).

Richard）对城市游戏、仪式与残疾者的探讨颇有意思。[1] 中世纪晚期，包括巴黎、布鲁日、吕贝克、伊普尔、科隆等在内的一些欧洲城市会进行一种奇怪的游戏：几个盲人和一头猪被关在一起，每个盲人手中拿一根棍子打猪，直至将其打死，得胜者可将打死的猪带回家，而围观的人群则更乐意看到猪圈中的盲人互相打来打去。自文艺复兴以来，此类游戏一直是许多文学和艺术作品的主题。之前的研究大都认为，游戏体现的是对残疾者的戏弄、嘲笑和羞辱。里夏尔则指出，残疾也是一种社会和文化建构，应该从其被建构的背景中来理解这种仪式性的"游戏"。它一方面可以被看作城里人对恐惧和厌恶的宣泄，因为盲人大都是乞丐和穷人，在城市里是不受欢迎的群体。另一方面，无论是在神学上还是在中世纪的想象中，猪通常与魔鬼或罪恶相联系，在游戏中，它实则被视为盲人的替身，受到嘲弄和虐待。此外，里夏尔还指出，这些游戏可能由城市当局组织，具有一定的政治沟通的作用，在性质上与狂欢节类似。在大众文化的研究中，游戏和仪式因此被视为社会的"安全阀"，在让民众宣泄对现有秩序不满的同时，提醒他们游戏结束后要回归现有的秩序，从而达到社会控制的目的。[2]

在全球史和跨文化交流的研究中，近代早期的旅行成为近年来文化史的新兴领域。《17 世纪的法国旅行者及其与印度历史的相遇》[3]一文考察了近代早期 4 位法国旅行家弗朗索瓦·贝尼耶（François Bernier）、让－巴蒂斯特·塔韦尼耶（Jean-Baptiste Taver-

---

① Olivier Richard, "The Blind Beating the Pig. Rite, Disability and Urban Society in the Late Middle Ages", *Revue historique*, No.675 (2015/3).

② 参见娜塔莉·泽蒙·戴维斯：《法国近代早期的社会与文化》，钟孜译，北京：中国人民大学出版社，2011 年；彼得·伯克：《欧洲近代早期的大众文化》，杨豫、王海良等译，上海：上海人民出版社，2005 年，第 216—247 页。

③ Michael Harrigan, "Seventeenth-century French Travellers and the Encounter with Indian Histories", *French History*, Vol.28, Issue 1(March 2014).

nier）、让·泰弗诺（Jean Thévenot）和巴泰勒米·卡雷（Barthélemy Carré）对印度历史的书写，并分析了这些文本的历史叙事所反映出的 17 世纪法国历史书写的一般性特征，如在讲故事（histoire）的基础上进行说教，同时还糅合了古典时代以虚代实的传统。《17世纪》杂志在 2018 年第 1 期推出的专刊文章 "前往伊斯法罕：17世纪在波斯的旅行"，分别探讨了法国在波斯地区的传教和外交商业活动、进入波斯的途径、游记中所反映的法国和异域文化的交流和差异，以及旅行者在文本中对自身形象的建构等问题。① 《历史、经济与社会》杂志在 2018 年第 1 期也推出了一组专刊文章，探讨近代早期外交出访中的物质文化，即如何组织出行。此前历史学家多关注巡游或外交出行中的排场、仪式及象征物的政治文化内涵，对外交出行的组织、后勤、旅程中的风险等物质层面则关注不多。其中弗朗索瓦·布里泽（François Brizay）的文章展现了 1547—1768 年，6 位法国大使在前往君士坦丁堡途中的物质状况，如在巴尔干半岛和海上遭遇的困难和危险、旅行工具和住宿条件，以及在路上受到的接待等。② 另一篇文章则以法国使臣弗朗索瓦·德·贝尔尼（François de Bernis，1715—1794 年）分别前往威尼斯和教皇国参加外交活动为例，指出 18 世纪下半叶外交出行的方式逐渐从宫廷规定的繁文缛节中摆脱出来，日趋简单化和私

---

① 专刊 "Vers Ispahan. Le voyage en Perse au XVIIᵉ siècle": Nicolas Fornerod, "Une alliance française? Missionnaires capucins et voyageurs réformés à la cour safavide", *Dix-septième siècle*, Vol.278, No.1(2018); Yasmine Atlas, "Une frontière qualifiante: Représentation du passage en Perse chez quelques voyageurs français", *Dix-septième siècle*, Vol.278, No.1(2018); Pascale Barthe, "Convivialité et connivence à Ispahan? Jean-Baptiste Tavernier à la cour de Shah Abbas II", *Dix-septième siècle*, Vol.278, No.1(2018); Vanezia Parlea, "Comment peut-on être Français en Perse au XVIIᵉ siècle ? Échanges interculturels, regards et contre-regards", *Dix-septième siècle*, Vol.278, No.1(2018).

② François Brizay, "Le voyage de Paris à Constantinople de l'ambassadeur de France auprès du sultan ottoman (XVIᵉ-XVIIIᵉ siècle)", *Histoire, Économie & Société*, 37ᵉ année (2018/1).

密化。[1]

社会史和宗教史

统计的文章中涉及近代早期法国社会史的文章有 20 多篇，涵盖的主题包括慈善与济贫、疾病与医疗、大众叛乱、犯罪与司法诉讼、社会群体等。

以婚姻为基础的家庭无疑构成了近代早期法国社会结构的基本单元。不同阶层和群体的婚姻选择、家族传承和亲属关系都有着不同的特征，对这一问题的研究构成社会史以及日常生活史兴起以来的重要主题。比如私生子一直是婚姻和家族传承中的一个棘手问题。自 16 世纪中叶以来，国家日益介入婚姻等私人领域，甚至下令剥夺那些不经父母同意、秘密结婚的子女的继承权。对秘密婚姻及私生子的态度，反映出当局对此类行为可能危及社会秩序的忧虑。不过到了 17 世纪，巴黎的沙龙文学和沙龙文化似乎助长了秘密婚姻。卡罗琳·查普尔·卢热（Carolyn Chappell Lougee）的文章便以 1672 年一位来自圣东日（Santonge）的贵族寡妇与一位假称萨克森亲王的男子的结婚丑闻为例，探讨了 17 世纪对待秘密婚姻态度的转变，以及王室管制婚姻的影响。[2] 此外，杰弗里·梅里克（Jeffrey Merrick）通过圣莫尔（Sainte-Maure）伯爵和伯爵夫人的离婚案，展现了 18 世纪司法程序中离婚案的一些典型和非典型特征。[3] 埃利·阿达德（Elie Haddad）则以来自曼恩的瓦

---

① Gilles Montègre, "Matérialité et représentation des mobilités diplomatiques au temps des Lumières: les déplacements de Bernis ambassadeur dans l'Italie du XVIIIᵉ siècle", *Histoire, Économie & Société*, 37ᵉ année (2018/1).

② Carolyn Chappell Lougee, "The New Princess of Saxony: Paris, Imposture, and Secret Marriage in the Seventeenth Century", *French History*, Vol.30, Issue 3(September 2016).

③ Jeffrey Merrick, "'Ces affaires sont toujours fâcheuses': The Marital Separation Case of the Comte and Comtesse de Sainte-Maure, 1724–31", *French History*, Vol.31, Issue 4(December 2017).

塞（Vassé）家族为例，对 17、18 世纪法国贵族的亲属关系、财产的代际传递及其与家族命运之间的关系做了深入的探析。[1]

慈善和济贫也是社会史关注的重要话题。尤其在近代早期，在教会承担的慈善救济体系之外，国家和城市日益介入并试图接管城市的济贫工作，这三者之间的合作与斗争是理解近代早期法国慈善和济贫实践的关键。格雷戈里·古多（Gregory Goudot）的文章以克莱蒙济贫院的公共援助为例，考察城市和教会在慈善和济贫中的关系。[2]《历史、经济与社会》杂志在 2016 年第 3 期推出专刊，探讨 13—19 世纪城市精英的宗教与慈善实践。[3] 其中尼古拉·利翁－卡昂（Nicolas Lyon-Caen）的文章关注冉森派在巴黎慈善活动中的作用。冉森派通常被视为天主教中极具个体性且知识水平较高的群体。作为圣奥古斯丁的支持者，在神学上他们强调恩典论和预定论，反对善功。然而，这一派的追随者却热衷于慈善活动。如何理解这一看似矛盾的举动？利翁－卡昂指出，在巴黎，大多数冉森派的成员都是城市显贵，如法官、大商人或律师等，慈善事业对他们而言是一项既定的传统义务，从事慈善活动既能体现出他们的身份和地位，同时还在社会地位与救赎之间构

---

[1] Elie Haddad, "Kinship and Transmission within the French Nobility, Seventeenth and Eighteenth Centuries: The Case of the Vassé", *French Historical Studies*, Vol.38, Issue 4(2015).

[2] Gregory Goudot, "Between Town and Church: Public Assistance and Charity in the Clermont hospitals in the Sixteenth and Seventeenth Centuries", *French History*, Vol.29, Issue 4(December 2015).

[3] 专刊 Véronique Beaulande-Barraud et Bertrand Goujon, "Le salut par les œuvres? Pratiques religieuses et charitables des élites urbaines (France, XIIIe-XIXe siècle) ", *Histoire, Économie & Société*, 35e année (2016/3); Séverine Niveau, "Le salut par les œuvres: les bienfaiteurs laïcs de l'Aumône Notre Dame de Chartres à la fin du Moyen Âge", *Histoire, Économie & Société*, 35e année (2016/3); Nicolas Lyon-Caen, "La charité collective contre l'individuation du salut. Les bonnes œuvres des jansénistes parisiens au XVIIIe siècle", *Histoire, Économie & Société*, 35e année (2016/3).

建起一种话语，通过信仰的虔诚及慈善实践来反对官方神职人员对权力的垄断。

慈善救济与疾病和医疗有着千丝万缕的联系。伊莎贝尔·科基亚尔（Isabelle Coquillard）探讨的便是 17、18 世纪法国医学院精英们的慈善行为。医学院的博士理事会于 1644 年设立了专门为穷人提供的每周两次的义诊服务，同时还为其他慈善机构提供医疗服务，包括探访穷人、筛查病人，为其定制饮食和药物等。1770年之后，对堂区穷人的医疗救济逐渐发展出小型的医疗救济机构，可见这一历时长久的慈善活动对 18 世纪巴黎医疗体制的形成有着深远的影响。①

20 世纪六七十年代曾作为近代早期社会史研究焦点的大众叛乱和民众运动等主题② 在近几年的期刊文章中不多见，仅有《17 世纪》杂志在 2017 年第 2 期专刊中推出的一组文章着重分析了 17 世纪的人对以往叛乱和革命的叙述和书写。③ 有关犯罪与司法诉讼的研究，如卡罗琳·卡拉尔（Caroline Callard）对宗教战争时期一桩以幽灵为证人的谋杀诉讼案的解读④；雷纳尔·阿巴德（Reynald

---

① Isabelle Coquillard, "The Doctor Regents of the Paris Faculty of Medicine and Caring for the 'Sickly Poor' in Parisian Parishes (1644–1791) ", *Revue historique*, No.668(2013/4).

② 参见高毅：《"波穆之争"的来龙去脉及其他》，《清华大学学报》（哲学社会科学版）2008 年第 5 期。

③ 专刊 "Raconter les révoltes et révolutions dans l'Europe du dix-septième siècle": Brice Evain, "Raconter la révolte: l'exemple des Nu-Pieds de Normandie (XVIIᵉ siècle - XVIIIᵉ siècle) ", *Dix-septième siècle*, Vol.275, No.2(2017); Philippe Hamon, "Travailler la mémoire d'une révolte au XVIIᵉ siècle: le chanoine Moreau et le soulèvement bas-breton de 1490", *Dix-septième siècle*, Vol.275, No.2(2017); Gauthier Aubert, "Dentelles et Bonnets rouges : les révoltes du Papier timbré vues par la marquise de Sévigné", *Dix-septième siècle*, Vol.275, No.2(2017).

④ Caroline Callard, "Fighting ghosts in court: the Anne du Moulin Affair", *Revue historique*, No.687 (2018/3).

Abad）对从路易十四亲政到大革命前夕伪造身份问题的考察^① 等。有关城市共同体的研究，如朱利安·皮热（Julien Puget）以马赛为例，探讨 "市民共同体"（communautés citadines）这一概念在近代早期法国城市社会中的适用性问题。^② 此外，对社会群体的研究，可参考《近现代史杂志》2017 年第 2 期的专刊，关注处于社会底层的无权之人，如移民、被征服者和穷人等。^③

与近代早期宗教史相关的文章约 15 篇，涉及的主题包括宗教改革，宗教战争中的暴力与宣传^④，宗教共同体与身份认同，17、

---

① Reynald Abad, "La Falsification d'Identité en France, du Règne Personnel de Louis XIV à la Veille de La Révolution", *French Historical Studies*, Vol.39, Issue 3(2016).

② Julien Puget, "Construire une "cite républicaine" à Marseille à l'époque moderne. Embellissement, fiscalité et intégration citoyenne", *Dix-huitième siècle*, Vol.49, No.1(2017).

③ 专刊 "Gens sans droits? La capacité d'agir des migrants, des vaincus et des misérables (XVᵉ-XXIᵉ s.) ": Jérémie Foa, "Les droits fragiles. L'insécurité juridique des huguenots au temps des guerres de Religion", *Revue d'histoire moderne et contemporaine*, No.64-2 (2017/2) ; Marie Kervyn, "Étrangers de droits, Français de nation : intégration des migrants dans les corporations de métiers aux Pays-Bas espagnols (XVIIᵉ siècle) ", *Revue d'histoire moderne et contemporaine*, No.64-2 (2017/2); Jean-Baptiste Xambo, "Servitude et droits de transmission. La condition des galériens de Louis XIV", *Revue d'histoire moderne et contemporaine*, No.64-2 (2017/2).

④ 参见 Ariane Boltanski, "Forging the 'Christian soldier'. The Catholic Supervision of the Papal and Royal Troops in France in 1568-1569", *Revue historique*, No.669(2014/1); Thierry Amalou, "Holy War or Sedition? The Prophetism of Parisian Preachers and Catholic Militancy, 1558–1588", *French Historical Studies*, Vol.38, Issue 4(2015); Tom Hamilton, "The Procession of the League: Remembering the Wars of Religion in Visual and Literary Satire", *French History*, Vol.30, Issue 1(March 2016); Tomaso Pascucci, "Confessional Change and Political Engagement at the Beginning of the French Wars of Religion: The Case of Antoine de Croÿ, Prince de Porcien", *Revue historique*, No.687(2018/3).

18 世纪的政教关系和宗教实践①，等等。从中可以看出，20 世纪七八十年代以来，德尼·克鲁泽（Denis Crouzet）、娜塔莉·泽蒙·戴维斯（Natalie Zemon Davis）、芭芭拉·迪也芬多夫（Barbara Diefendorf）、菲利普·本尼迪克特（Philip Benedict）等学者的研究在很大程度上推动了宗教史研究的文化转向，尤其是对不同宗教群体的身份认同、宗教冲突中的文化因素及其表征的关注。马克·霍尔特（Mack P. Holt）强调应从近代早期的语境中来理解"宗教"（religion）一词的含义。他指出，对普通信徒而言，16 世纪的"宗教"指代的是社会学意义上的信仰者实体，即信仰者共同体，而非神学意义上的信仰共同体。② 这种以共同的宗教实践为基础的信仰者群体在遭遇"他者"时，通常将对方视为对共同体既有秩序的威胁。泽蒙·戴维斯很早便指出，在 16 世纪法国的宗教冲突中，"污染"（pollution）一词经常为暴动者所提及。新教徒和天主教徒彼此都将对方看作自身社会肌体的污染物，是对他们概念中有序社会的威胁。双方的冲突既是神学冲突，也是文化冲突，通常以暴力仪式的方式上演。③

---

① 参见 Grégory Goudot, "The Devout and the Foundation of Convents in Auvergne in the 17th Century", *Revue historique*, No.668(2013/4); Jean-Pascal Gay, "The "Maimbourg Case" or the Possibility of Jesuit Gallicanism in Seventeenth Century France", *Revue historique*, No.672 (2014/4); Jotham Parsons, "Vocation in Seventeenth-Century France: the Catholic Ethic and the Spirit of Étatisme", *French History*, Vol.28, Issue 3(September 2014); Hannah Williams, "Saint Geneviève's Miracles: Art and Religion in Eighteenth-Century Paris", French History, Vol.30, Issue 3(September 2016); Owen Stanwood, "From the Desert to the Refuge: The Saga of New Bordeaux", *French Historical Studies*, Vol.40, Issue 1(2017); Bryan A. Banks, "The French Protestant Enlightenment of Rabaut Saint-Étienne: *Le Vieux Cévenol* and the Sentimental Origins of Religious Toleration", *French History*, Vol.32, Issue 1(March 2018).

② Mack P. Holt, *The French Wars of Religion, 1562–1629*, Cambridge: Cambridge University Press, 1995, pp.2-3.

③ 娜塔莉·泽蒙·戴维斯:《法国近代早期的社会与文化》，第 217—218、240 页。

在《法国史研究》2017 年第 3 期有关共同体与宗教认同的专刊文章 ① 中，热雷米·福阿（Jérémie Foa）的文章便探讨了信仰共同体内部出现"敌人"、遭遇信任危机时经历的种种磨难。在这样的环境中，遭遇"他者"、表达"自我"成为生死攸关的大事。苏珊·布鲁姆霍尔（Susan Broomhall）在 2013 年发表的一篇文章则着重探讨 16 世纪的人如何看待并记录宗教暴力。② 当时经历或目睹各种极端悔罪暴力（confessional violence，如亵渎圣物、血腥屠杀等）的人，留下了各种记载这些可怖事件的文本，而解读文本产生的背景及其所创造和展现出的身份认同，可以使我们更好地理解当时的个体是如何在其生活中调和对暴力的记忆的。

历史学家对暴力和身份认同、共同体信任危机的忧虑实则有着最深切的现实关怀，这些研究在不断提醒我们，在我们身处的世界中，暴力依然甚嚣尘上。正如阿莱特·茹阿纳（Arlette Jouanna）所言，历史上诸如圣巴托罗缪大屠杀"……这些黑暗时刻的意义在于它们能够教育人们承担起'记忆的义务'。这是一种意味深长的变化。人们直至近些年仍然坚信，类似的野蛮行径属于过去世纪中的凶残兽性，无法想象这样的一幕在文明开化的时代重新

---

① 专刊 "Communities and Religious Identities in the Early Modern Francophone World, 1550–1700": Virginia Reinburg, "Storied Place: Land and Legend at Notre-Dame de Garaison", *French Historical Studies*, Vol.40, Issue 3(2017); Christian Grosse, "Praying against the Enemy: Imprecatory Prayer and Reformed Identity from the Reformation to the Early Enlightenment", *French Historical Studies*, Vol.40, Issue 3(2017); Jérémie Foa, "Who Goes There?: To Live and Survive during the Wars of Religion, 1562–1598", *French Historical Studies*, Vol.40, Issue 3(2017); Scott M. Marr, "Conversion, Family, and Authority in Seventeenth-Century Saumur", *French Historical Studies*, Vol.40, Issue 3(2017).

② Susan Broomhall, "Reasons and Identities to Remember: Composing Personal Accounts of Religious Violence in Sixteenth-Century France", *French History*, Vol.27, Issue 1(March 2013).

出现。……现在，团体间紧张关系再度出现，令人们又一次开始担忧'文明'对暴力失控的约束力。……这种恐惧与焦虑、这种视角的扭曲，难道不是随时会死灰复燃吗？"[1] 而今天的我们又该如何面对暴力，如何抑制暴力？又如何与暴力和解呢？

经济史和财政金融史

有关经济史和财政金融史的文章有 20 余篇，涵盖的主题包括乡村土地与农业、行会与商人[2]、生产和消费、信贷与金融、财政危机与财政改革等。总体而言，经济史的文章所占比重不高，包括曾作为经济社会史主要阵地的《年鉴》杂志，自 20 世纪七八十年代之后也体现出明显的文化转向。

旧制度晚期贵族衰落与否及其与大革命的关系一直是传统史家和修正史家争论不休的问题。尤其是 20 世纪 60 年代兴起的修正之风在很大程度上改变了 18 世纪贵族衰落的传统印象。一些研究表明，18 世纪的法国贵族在经济上并不那么落后，有些贵族领主甚至以获取利润为目的来经营地产，为市场而生产，成为紧跟时代、以市场为导向的新型地主。[3] 南希·菲奇（Nancy Fitch）的

---

[1] 阿莱特·茹阿纳：《圣巴托罗缪大屠杀：一桩国家罪行的谜团》，梁爽译，北京：北京大学出版社，2015 年，第 321—322 页。

[2] 论及商人群体的文章如 Nicolas Lyon-Caen, "Les hommes du bas: fabriquer et vendre dans la bonneterie parisienne, XVIIᵉ-XVIIIᵉ siècles", *Revue d'histoire moderne et contemporaine*, No.60-1(2013/1); Nicolas Lyon-Caen, "The Merchants of the Temple. The Shops of the Paris Courthouse (Sixteenth-Eighteenth Century)", *Revue historique*, No.674(2015/2); Arnaud Bartolomei, Matthieu de Oliveria, Fabien Eloire, Claire Lemercier et Nadège Sougy, "L'encastrement des relations entre marchands en France, 1750-1850", *Annales. Histoire, Sciences Sociales*, 72ᵉ année (2017/2); Stéphanie Lachaud-Martin, "The Wine Brokers of Bordeaux, Intermediaries in the Wine Market in the Seventeenth and Eighteenth Centuries", *Revue historique*, No.686(2018/2).

[3] William Beik, *A Social and Cultural History of Early Modern France*, Cambridge: Cambridge University Press, 2009, pp.32-33.

文章通过对大革命前夕法国中部贵族领主土地经营策略的考察，为这一论点提供了进一步的佐证。[1] 这里的贵族在大革命前夕利用时机大量兼并农民土地，形成大地产。为获取更多的利润，一些贵族领主将当时新兴的工业与传统农业结合起来进行经营。菲奇认为，法国中部的情况一方面表明具有"企业家精神"的贵族领主确实在一定程度上推动了 18 世纪资本主义的发展；另一方面，贵族对土地的兼并也加深了农民的不满和憎恨，从而导致革命爆发后农民对贵族的反抗。

在近代早期的法国城市中，职业行会仍然是生产和经营的主要组织形式，尤其是职业行会与宗教兄弟会之间的关系是理解这一时期行会性质及其运行的关键。不过，16、17 世纪，随着中央权力日益介入城市管理，中世纪法国城市享有的自治权逐渐被剥夺，行会组织无疑也受到了影响。[2]《近现代史杂志》在 2018 年第 1 期推出的两篇文章着重探讨这一问题。[3] 文章均以巴黎的行会（corporation）和职业兄弟会（confrérie de métier）为例，考察两者在 17、18 世纪经历的变化。18 世纪之前，行会和职业兄弟会往往由同一批人管理，无论是选举行会官员、管理资金用度，还是举行宗教庆典或其他仪式，都构成行会与兄弟会日常生活和身份认同的主要组成部分。这种关系也表明世俗生活与精神生活的密不可分。然而到 18 世纪，巴黎的职业行会日渐世俗化，宗教兄

---

[1] Nancy Fitch, "'Entrepreneurial Nobles' or 'Aristocratic Serfs'?: Reconsidering Feudalism in Old Regime Central France", *French Historical Studies*, Vol.39, Issue 1(2016).

[2] Philip Benedict, "French Cities from the Sixteenth Century to the Revolution: An Overview", in Philip Benedict ed., *Cities and Social Change in Early Modern France*, London: Routledge, 1989, pp.39-48.

[3] David Garrioch, "Confréries de métier et corporations à Paris (XVIIe-XVIIIe siècles)", *Revue d'histoire moderne et contemporaine*, No.65-1(2018/1); Mathieu Marraud, "La confrérie dans le métier. Spirituel et temporel corporatifs à Paris aux XVIIe-XVIIIe siècles", *Revue d'histoire moderne et contemporaine*, No.65-1(2018/1).

弟会则陷于衰落，主要的原因在于王室的介入和干预。为尽可能多地从行会获取收入，路易十五上台之初，政府便建立特派官监管行会的账目，要求将兄弟会和行会的账目分开，限制行会支出，并对团体组织的职业活动与宗教功能进行明确的划分，行会的宗教功能因此被弱化。当然，王室此举并非要压制宗教活动，恰恰相反，在天主教改革之后，很多人主张应该将宗教与世俗相分离，以更好地保护精神生活的纯洁性。在王室特派官看来，工作属于世俗世界，不同于属灵的兄弟会，兄弟会因此失去存在的依托，在 1776 年行会改革后逐渐衰落下去。

自美国经济史家德·弗雷斯（Jan De Vries）提出"勤勉革命"（Industrious Revolution）以来，这一概念的使用从英国扩展到了整个西北欧。德·弗雷斯的勤勉革命以消费革命为前提。在他看来，在工业革命之前，消费需求的增长和消费品位的变化，推动了家庭决策的变化。为提高消费，家庭为市场贡献出更多的劳动量，推动了生产的发展和消费的进一步扩大。[1] 不过，这一概念提出后也引起很大的争议。《近现代史杂志》在 2017 年第 4 期便推出专刊文章，探讨"工作与生活水平：兼论勤勉革命的争议"。其中法国著名的经济史学家和农业史学家热拉尔·博尔（Gérard Béaur）对勤勉革命在法国的适用性提出疑问。[2] 博尔指出，从加泰罗尼亚和法兰西岛的死后财产清册（inventaires après décès）来看，似乎并没有迹象表明对需求的渴望带来了劳动量的强化。劳动量的增加可能是

---

① 刘景华、张松韬：《用"勤勉革命"替代"工业革命"？——西方研究工业革命的一个新动向》，《史学理论研究》2012 年第 2 期。

② 专刊 "Travail et niveau de vie ou la " révolution industrieuse " en débat": Gérard Béaur, "Introduction: La révolution industrieuse introuvable", *Revue d'histoire moderne et contemporaine*, No.64-4(2017/4); Gérard Béaur, "Niveau de vie et révolution des objets dans la France d'Ancien Régime. Meaux et ses campagnes aux XVIIᵉ et XVIIIᵉ siècles", *Revue d'histoire moderne et contemporaine*, No.64-4(2017/4).

各种新情势融合的产物，比如新市场的开辟、歉收和战争等天灾人祸的减少等，为劳动者带来更多的工作机会，推动了收入的增长和生活水平的提高。莫城（Meaux）的例子则表明，18世纪这里的城市和乡村确实经历了一场消费革命，但并未带来勤勉革命，因为社会再分配的主要受益者是那些并不直接参与劳动的城市资产阶级。

在经济财政史的研究中，财政史（广义上包括货币、信贷和金融史）在最近二三十年异军突起，甚至大有独立于经济史之外，成为一门"独立学科"的态势。究其原因，主要得益于20世纪80年代以来新财政史在西方学界的兴起。受政治史、财政社会学、历史社会学、政治经济学的影响，财政体系不再仅仅被视为一种单纯的制度设计或社会经济表征，它可能构成政治、经济和社会变迁的动力或阻碍。因此，历史学家更为关注作为"动因"的财政对政治体制、国家形成、社会结构、经济情势，乃至文化心态的影响。[1] 除货币、信贷和金融等问题[2]外，旧制度末年的公共信贷与财政实践、财政改革和财政危机[3]是经济史学家和财政史学家关

---

[1] 参见熊芳芳：《新财政史视域下法兰西近代国家形成问题述评》，《历史研究》2018年第3期。

[2] 有关货币的兑换和流通，可参见《近现代史杂志》专刊 "Gagner au change: les circuits de l'argent - La peine et la grâce": Raphaël Morera, "Du commerce aux finances. La fortune de Jean Hoeufft (1578-1651), entre la France et les Provinces-Unies", *Revue d'histoire moderne et contemporaine*, No.63-1(2016/1); Jacques Bottin, "En quête de profits. La pratique des changes à Rouen et en Europe de l'Ouest(1580-1640) ", *Revue d'histoire moderne et contemporaine*, No.63-1(2016/1); Guillaume Foutrier, "L'argent dans l'enclos du Commerce: courtiers et agents de change à la Bourse de Rouen (XVIIe-XVIIIe siècles) ", *Revue d'histoire moderne et contemporaine*, No.63-1(2016/1).

[3] 除下面引介的文章外，有关财政改革和财政实践的研究还可参考 Arnaud Orain, "Soutenir la guerre et réformer la fiscalité: Silhouette et Forbonnais au Contrôle général des finances (1759) ", *French Historical Studies*, Vol.36, Issue 3(2013); Joël Félix, "Profit, Embezzlement, Restitution. The Role of the Traitants in the Nine Years' War and Chamillart's Tax on Financial Benefits", *Revue historique*, No.676(2015/4).

注的核心话题。

《历史与计量》杂志在 2015 年第 2 期出版专刊文章，探讨旧制度末期政府的财政运作和债务，强调财政透明度对国家财政良性运转的重要性。[①] 其中，丹尼尔·鲍（Daniel Baugh）的文章指出，在 1689 到 1713 年进行的奥格斯堡同盟战争和西班牙王位继承战争中，英法长期对峙使两国政府的财政管理能力受到极大考验。英国建立的一套长期信贷体系满足了战时财政需求，同时，其短期债务的管理也日益中央集权化和透明化。而法国则通过大量半官方半私人化的中间团体来发行和管理债券，尤其是 1702—1713 年间发行的短期债券不断膨胀，管理无序，对 18 世纪的公共信贷和财政造成了极大的负面影响。热罗姆·卢瓦索（Jérôme Loiseau）的文章则探讨了旧制度最后十年，对财务透明度的追求推动了管理学，尤其是公共会计的发展。尽管有些为时已晚，当时的中央政府和省三级会议都在尝试提高自身管理财政的技术和能力。

玛丽—洛尔·勒盖（Marie-Laure Legay）和罗伯特·克鲁克贝格（Robert Kruckeberg）从不同角度对 17、18 世纪国家进行金融创新的研究也颇具新意。勒盖的文章探讨了国家博彩业于 17 世纪晚期至 18 世纪中叶前后在欧洲各国的相继确立（罗马、维也纳、巴黎、布鲁塞尔、马德里、柏林、华沙等）。接连不断的战争，使得欧洲各国金属货币日益吃紧，对财政资金的渴求，促使欧洲各

---

① 专刊 "Before Fiscal Transparency": Daniel Baugh, "Parliament, Naval Spending and the Public. Contrasting Financial Legacies of Two Exhausting Wars, 1689-1713", *Histoire & Mesure*, Vol.XXX, No.2(2015); Jérôme Loiseau, "From Blind Obedience to Informed Consent. Financial and Administrative Knowledge as a Political Tool in some French Provincial Estates during the Ancien Régime, 1751-1789", *Histoire & Mesure*, Vol.XXX, No.2(2015); Mathieu Marraud, "Mastering the Guilds' Debts in Eighteenth-Century Paris. Royal Scrutiny, Debt Reduction and State Coercion", *Histoire & Mesure*, Vol. XXX, No.2(2015).

国相继建立起国家博彩业，并逐步取缔或压制此前的商业彩票和慈善彩票。尤其是 18 世纪中叶，来自热那亚的博彩方式（lotto）作为一种新型的财政金融工具确立下来，对博彩业的管理推动了政府管理技术的提高。① 可见，与上述两篇文章的立足点相似，勒盖的研究重点在于财政金融创新与管理型君主制发展的得失。克鲁克贝格则从政治文化史的视角切入，探讨路易十六统治时期王室博彩业的出台及其影响。在王室政府看来，购买彩票属于公众的自愿消费行为，可以避免与巴黎高等法院在征税问题上引发政治争议，被冠以"专制"之名。王家彩票署的设立，使君主直接面向市场，参与到新的消费模式和金融创新中。博彩业给政府带来了巨大的收益，但与此同时，国王也遭到猛烈的抨击。批评者认为它损害了国王的政治权威，破坏了旧制度的社会、道德和意识形态结构。因为国王从父权制下作为臣民保护者的家长，变成了臣民财富的贪婪的剥削者和掠夺者。此类言论无疑推动了大革命前夕政治舆论的进一步恶化。克鲁克贝格因此将王室博彩业的发展看作理解大革命与旧制度之间发生断裂的重要因素之一。②

另有涉及思想观念史、军事外交史、殖民史和史学史等主题的文章若干，这里不再一一引介。我们可以大体归纳出近几年西方学界近代早期法国史研究的若干基本特点：其一，相对政治史和文化史的蓬勃发展，曾经主导年鉴学派研究取向的经济社会史自 20 世纪七八十年代之后，便始终处于历史研究的二线。不过这两个领域仍在不断寻求研究主题和方法上的突破和拓展，新的研究也为我们提供了推进、深化或是反思、质疑传统研究的可能。其

---

① Marie-Laure Legay, "Financial Crisis and Statecraft under Louis XIV: The Jacobite Jean Glover and Europe's First Popular Lotteries", *French History*, Vol.28, Issue 4(December 2014).

② Robert Kruckeberg, "The Royal Lottery and the Old Regime: Financial Innovation and Modern Political Culture", *French Historical Studies*, Vol.37, Issue 1(2014).

二，始于20世纪七八十年代的"文化转向"仍主导着对近代早期法国史的研究。侧重文本分析与文化因素及其象征意义的文化转向，在过去30多年的时间里极大地拓展了历史研究的视野和范围，并蔓延至史学研究的各个领域。我们统计的文章中就不仅包括与传统文化史相对应的新文化史研究，还涉及政治文化史、社会文化史、宗教文化史等各方面。过去作为经济史研究领域的消费也成为物质文化史的组成部分，从物质产品的消费到文化产品的消费都成为历史学家研究的对象。其三，文化转向同时还推动了历史学家对既有历史文本、图像、档案的批判性分析，更为关注这些历史素材产生的语境、生产方式、文本的物质性，以及文本的流通、消费和影响等。其四，不同国家的历史学家受既有学术传统的影响，在研究取向中体现出一些不同的特点。比如法国学者非常注重区域史的研究，较之英美学者，他们更强调近代早期的地区差异与地方多样性在历史中的呈现，并将之视为构建法国历史文化独特性的基本要素。在政治史的研究中，较之法国学者，英美学者受修正主义的影响，更热衷于解构"绝对主义"的神话。"文化转向"对英美和法国学者的影响也不尽相同。相比推崇"语言学转向"的美国学者，罗杰·夏蒂埃等法国文化史家则更强调阅读实践所体现出的社会文化特性，在社会史的维度中理解文化的生产和消费。其五，尽管我们没有统计这一时期有关全球史、跨区域史的文章，不过从中仍可以看出"全球转向"对国别史研究的影响，如论及近代早期的旅行，只有将其置于跨文化的语境中，才能更好地理解和挖掘相关文本所蕴含的信息。

国内学界近些年对近代早期法国史的研究也取得了长足的发展。从人们大致统计的近5年发表的成果可以看出，国内法国史学者紧随西方学术研究前沿，在政治史和文化史领域有很好的推进。涉及的具体主题包括领土和空间的观念和话语的演变、王权与省级社会、女性与法国的王位继承、高等法院的社会职能、官职买卖与绝对君主制、公共财政与国家形成、绝对君主制性质的再探讨、18世纪的政治话语与公共舆论、启蒙时代的思想观念和政治论战、宗教暴力与宗教认同、节庆游戏、服饰的政治文化、身体和疾病史等。这些研究极大地深化了我们对近代早期法国史的理解，同时也提出了诸多还值得进一步思考的问题。从研究领域来看，相比英国史研究，国内法国史学者对经济史和社会史的研究还非常不足。尽管西方学界研究近代早期法国经济社会史的热潮已退，但这两个领域对我们理解中世纪以来法国历史的演变和转型，实为必要之基础。此外，就中国的法国史和世界史学者而言，我们还须更深入地思考，如何立足于我们自身所处的历史和文化语境，生发出基于自身问题意识的法国史研究。在这点上，前辈学者在法国大革命史、法国农村社会转型、法国的工业化、法国知识分子史的研究等方面，做出了表率。

法国新史学的开拓者

——访著名历史学家米歇尔·伏维尔教授 [①]

中山大学历史学系　周立红

　　米歇尔·伏维尔（Michel Vovelle），1933 年出生于法国厄尔和卢瓦省的加拉尔东公社，父母为乡村小学教师。他 1953 年入读圣克鲁高师，1956 年通过教师资格考试（agrégation）；1961 年起任职于艾克斯－普罗旺斯文学院（后成为艾克斯－马赛大学），历任副助教、助教、教授、副校长。1983 年，他接替索布尔担任索邦大学法国大革命史讲席教授、法国大革命史研究所所长。

　　从 20 世纪 50 年代后期跟随拉布鲁斯研究 18 世纪夏尔特的社会阶级，到 20 世纪 60 与 70 年代之交完成著作《根据炼狱灵魂祭坛所见的 15—20 世纪普罗旺斯的死亡观和来世观》和博士论文《18 世纪普罗旺斯的巴洛克虔诚与非基督教化》，伏维尔"从地窖爬到了顶楼"，实现了从社会经济史到"新史学"的转型。伏维尔使用拉布鲁斯的计量史学方法来分析普罗旺斯的遗嘱和图像等新史料，考察近代普罗旺斯人对待死亡和宗教的态度，他的研究成为兴盛一时的心态史的代表成果。伏维尔还把心态史的方法应用于法国大革命史研究，从长时段的视角探究法国大革命中的非基

---

① 本访谈发表于《世界历史评论》2019 年夏季号，总第 12 期。

督教化现象的起源，推动了法国大革命的文化史研究。伏维尔指导了一批高质量的博士论文，推动了法国革命史学的更新，当今国际学界执牛耳的法国革命史学家多是其弟子，如法国的比亚尔（Michel Biard）、塞尔纳（Pierre Serna），美国的塔克特（Timothy Tackett），意大利的比尔斯坦（Haim Burstin）。

伏维尔的一生是战斗的一生。在学术领域，他自 20 世纪 80 年代筹办法国大革命二百周年庆典起，就不断与以孚雷、奥祖夫为代表的法国大革命批判史学和以皮埃尔·肖努（Pierre Chaunu）为代表的法国大革命反动史学进行斗争，捍卫大革命的立场，阐释大革命的原则对当今法国的价值。在公共生活领域，伏维尔是忠实的法共党员，全法高等教育工会的骨干，始终捍卫左翼精神和公平原则。在私人生活领域，他一生都在与死亡抗争。童年时期，祖父、舅舅和表兄在两次世界大战中被杀，这成为他幼小心灵的重压。中青年时期，他志同道合的夫人盖比·伏维尔（Gaby Vovelle）与癌症抗争多年后离世，又对他施以重创。晚年时，他本想与相濡以沫的第二任夫人莫妮克·勒布蒂埃（Monique Re-botier）共度余生。不料，2008 年 10 月 13 日，患病多年的莫妮克也去世了，伏维尔又陷入丧妻的剧痛中。莫妮克去世后，他又度过了 10 年的岁月。其间，他经历了双胞胎兄弟让·伏维尔（Jean Vovelle）的死亡，自己也遭受着多种疾病的折磨，但他始终坚持学术研究，先后出版了《马赛的无套裤汉：从雅各宾主义到联邦主义的区级运动（1791—1793）》（2009）、《村庄里的大革命：加尔省圣让·德·马吕埃若勒公社（1750—1815）》（2013）、《留存或失去的记忆：论历史与回忆》（2018 年）、《法国大革命二百周年庆典时的战斗》（2018）。

2008 年 7 月—2009 年 3 月，笔者在巴黎人文之家基金会做博士后，研究题目是"生于 1925—1935 年的一代法国历史学家"。笔者与伏维尔约好2008年10月14日去他位于艾克斯的家中进行访谈，但当我动身前一晚打电话确认行程时，却得到了他夫人莫妮克去世的噩耗。访谈推迟到2019年1月27日下午，那时悲痛已经在他的心底沉淀了下来，他步履蹒跚地在宽敞的寓所招待我。早在20世纪80年代，伏维尔曾受张芝联先生邀请来北京大学讲学，自此与张芝联先生和高毅教授结下了深厚情谊。2018年2月，我通过马佐里克（Claude Mazauric）教授向他转达业师高毅教授的邀请，希望他能拨冗出席10月举办的"纪念张芝联先生百年诞辰暨法国史国际研讨会"，但他此时已行动不便，只能谢绝。10月6日，伏维尔在艾克斯与世长辞。10月20日—21日，研讨会如期在北京大学举办，伏维尔的弟子比亚尔回顾了他一生的学术历程，与会学者表达了对他的敬意。周年将至，谨以这篇访谈缅怀这位杰出的历史学家。

师道传承

周立红：我知道您是小学教师的孩子。您属于这样一代人，凭借才能（par le mérite）攀升到更高的社会阶层。

伏维尔：对。我父母在博斯地区的夏尔特担任小学教师。我父亲是村里鞋匠的儿子。虽然我对家谱不熟，但还是了解父系和母系的先辈，他们全都是平民。我再上几辈的先祖们是村里的短工（journalier），在大农耕作的平原地区，人们称之为"谷仓里的搅拌器"（batteurs en grange）。他们农忙时节当日工，先收牧草，再收小麦。在气候恶劣的季节，他们秋天在卢瓦河河谷摘葡萄，冬天在农场的谷仓拿着连枷打谷子。这是农村最卑微的工人了。但我祖父爱弥儿已经开始在社会阶层中攀升了，不再是最底层的短工，而是成了小工匠。在农场，小工匠（同时也是商人，因为他做鞋出售）识文断字，接受了一点儿教育。我父亲说，作为鞋匠的儿子，在农村的学校，他已经是好学生了，坐在教室第一排，不像其他孩子那样坐在教室后面。他享有这种特权，很微小的特权，因为他父亲——我从来没有见过的祖父——于1914年的大战期间被杀。我父亲生于1899年，战后失去了父亲，由母亲抚养成人。他靠一份奖学金读完中学，随后升入夏尔特小学教师师范学校。他完成了我们家族社会晋升的第一个阶段。

在我母亲这边，祖先最初是种葡萄的，后来在铁路部门工作。我外祖父叫克洛维（Clovis），是夏尔特，也是整个"西部路段"的火车机械师，这是另一种社会晋升的方式。他儿子在凡尔登被杀害，他的一个女儿，也就是我的母亲露西安娜上了女子师范学校。我的双亲就是通过这种社会晋升途径成为小学教师的。他们都对学问感兴趣，都想通过阅读打开眼界，他们读经典名著，读那个时代著名作家的作品，如罗曼·罗兰的作品。用欧内斯特·拉布鲁斯的话说，这是一个预塑（préformation）的过程。我父母没有准备圣克鲁高师或丰特内高师的入学考试，但他们希望孩子们适应这种建立在才能基础上的社会晋升体制。因此我和兄弟们（我有一个年长我几岁的哥哥，还有一个双胞胎兄弟）都进入夏尔特的马尔索中学读书。我父母在乡村的学校工作到1939年。为了让我的兄长读高中，他们想方设法调到省城夏尔特教书。就这样，在艰苦的战争环境下，我们兄弟先后在夏尔特的马尔索中学完成了学业。父母对我们管教很严，但并不粗暴，只是对我们的学习、对我们的教养很上心。我们是好学生，很听话，很用功。我们接受了古典教育，我哥哥皮埃尔学习拉丁文、希腊文，后来他成了工程师、化学家、物理学家。快读完中学时，我和孪生兄弟让的兴趣产生了不同。他对自然科学感兴趣，成了生物学家，研究比较解剖学，受业于比较解剖学大师马塞尔·普雷南（Marcel Prenant），后入职巴黎六大。我转向文科，为了准备巴黎高师的入学高师，我成为路易大帝中学的精英学校预科班（Khâgne）的寄宿生，米歇尔·塞尔（Michel Serres）[1]和德里达是我同班同学。我父母那时比较拮据，而老师又没有权利为子女申请奖学金，所以我想到精英学校读书，因为每个月能领到一笔工资。就这样，我在1953年进入圣克鲁高师读书。

我在圣克鲁高师学习期间通过了教师资格考试，然后当了两年助教。1958年，我去服军役。这是我人生中很艰难的一段时期，我服了29个月军役，有一整年待在阿尔及利亚。这是很难熬的一段岁月，很辛苦，强烈地影响了我后来对事情的看法。1960年，我服完了军役。我很幸运，有三个职位可以选择，分别位于卡昂、斯特拉斯堡和艾克斯。我不敢给现在的年轻学者说这事，他们太难找到教职了。我选择了去艾克斯，最先是当副助教，然后历任助教、教授、副校长。1982年，在索邦大学讲授法国大革命史同时担任法国大革命史研究所所长的索布尔去世了，我接替了他的职位。我从1983年起在索邦教了10年书，直到1993年退休才结束了40年大学生涯。我没有入选法兰西公学，更没有进入法兰西学院，但我可以说，尽管面临很大困难，我还是从一个小助教到1982年晋升为艾克斯－马赛大学副校长。对我的大学生涯我没有抱怨。在这期间，我的第一任妻子盖比与癌症抗争后在1969年去世，这给了我很大的打击。我后来的妻子莫妮克陪伴我至今。我们有两个孩子，如今他们都已结婚，成了一家之主。在某种程度上，我经历的就是这样一条道路。我不能说我的职业生涯是个典范，但它很传统。这是通过功绩换来的社会晋升之路。您看，我的祖先是农民，然后爬到了工匠或工人这个台阶，后来我父母再爬到小学教师这个台阶。虽然曾有人这么诋毁我，"父母是乡村的

---

[1] 米歇尔·塞尔（1930—），法国哲学家、科学史家和文学家，1990年当选为法兰西学院院士。

小学教师"，但我为这样的父母感到骄傲。

周立红：您从来没有过在中学教书的经历？

伏维尔：有，不过很短。在我服军役期间，除了有一年在法国派往阿尔及利亚的占领军（armée d'occupation，如果我可以这么说的话）中服役，其他时间都在莱桑代利（Les Andelys）[1]的军事学校当老师，我的头衔既是文职，也是武职。索布尔尖锐地批判我们这代学者，说我们不愿意像他那样长年累月地在中学教书。我虽然没有长期在中学教书的经历，但是我对此有所了解，并进行了实践，在心中留下了印记。

周立红：这是我第一次听说您服过军役。您这一代人中克洛德·马佐里克、让·尼古拉好像都没有这样的经历。

伏维尔：正常时期是服一年军役，但战争时期延长了——我们都被召唤到国旗下——因此，我服了两年多，也就是29个月军役。克洛德·马佐里克和让·尼古拉免服军役。这造成了我们对事物的不同看法。对我来说，在阿尔及利亚那一年真是度日如年，因为在我的生命里有很沉重的战争遗产或压力。我的祖父战死沙场，我的舅舅勒内在凡尔登被杀，我的童年一直伴随着家人对他们的追忆。1940—1945年战争期间，我的家庭又遭遇了一次创伤，我母亲的一个侄子在抵抗运动中被杀害了。他在我母亲的家族很受宠爱，为了纪念一战中殉职的亲人勒内，家里人也叫他勒内。我的青年时代笼罩在战争的阴影下。阿尔及利亚的经历更残酷，我是战士，但不是抵御外敌入侵的战士，而是占领他国的战士，这种处境让我备受煎熬。我在政治上已经介入了，我是法共党员，我知道必须服军役，但这样做时又良心不安。您采访的历史学家中有一些人没有这种经历，或者是以一种不同的方式经历了。较

---

[1] 莱桑代利是法国厄尔和卢瓦省的一个市镇。

年长的历史学家与我这一代不同。有一天，莫娜·奥祖夫（我与她有一种友善但疏远的关系，现在很疏远）问我："我们几乎是同龄人，为什么你说我们之间有不同的地方？"我说："因为阿尔及利亚。"这是 5 年的年龄差距，例如在莫里斯·阿居隆与我，或玛德莱娜·勒布里埃（Madeleine Rebérioux）[1] 与我之间，差距在于莫里斯·阿居隆属于那些反对阿尔及利亚战争而且已经服过军役的人，还有一些人没有服军役是因为身体原因，例如克洛德·马佐里克和弗朗索瓦·孚雷。与我们这些置身现场的人相比，他们在一种迥然不同的状况下经历了战争。

周立红： 您说自己是拉布鲁斯学派培养成的计量史学家。您是在圣克鲁高师读书时遇见拉布鲁斯的吧？

伏维尔： 对，这是一个有意思的奇遇。您采访的这一代历史学家都有这样的奇遇。大概几乎所有人都师从拉布鲁斯，或者在他身边待过。拉布鲁斯是一个伟大的老师，或者说是那个时代两个伟大的老师之一。那个时代有两位杰出的学者，一位是布罗代尔，另一位是拉布鲁斯。拉布鲁斯是索邦大学经济社会史教授，具有非凡卓越的人格，正是他推动了经济社会史的研究。他的代表作《18 世纪法国价格与收入变化纲要》和《旧制度末期大革命初期法国经济危机》[2] 奠定了他在学术界的重要地位，吸引了我们这一代学者。但在某种程度上，这看上去是一种悖论，因为他是马克思主义史学的代表，但我们又没有像他青年时代那样具有介入精神。您知道，他年轻时是饶勒斯主义者，在 20 世纪 20 年代是《人道

---

① 莫里斯·阿居隆（1926—2014 年）是研究法国 19、20 世纪历史的著名历史学家，马德莱娜·勒布里厄（1920—2005 年）是研究法兰西第三共和国史的专家，但他们的年龄和伏维尔所差不止 5 岁，这应是伏维尔的口误。

② Ernest Labrousse, *Esquisse du mouvement des prix et des revenus en France au XVIIIᵉ siècle* , 2 vols, Paris: Librairie Dalloz, 1933 ; Ernest Labrousse, *La crise de l'économie française à la fin de l'Ancien Régime et au début de la Révolution,* Paris: PUF,1944.

报》的负责人、法共党员，写了一批檄文，例如，《怎么根据伟大的法国革命解释布尔什维克革命》。后来，他退出了法共，但他仍是左派，不管是在社会党，还是在统一社会党（PSU），他都是鲜明的左派，虽然并不是很活跃。他在法国大学是一个标杆，年轻学者因为意识形态上的好感和学术的吸引力聚集在他身边，受到他从事的在当时仍具有霸权地位的经济社会史的吸引。下面这件事可以解释这种悖论，我在圣克鲁的老师埃米尔·泰尔塞纳（Emile Tercenne），他是法共党员，还有让·布吕拉（Jean Bouhura），他们都对我说："你应该去找拉布鲁斯。"我心里说，拉布鲁斯，我们很长时间指责他是社会民主派，是莱昂·布鲁姆（Léon Blum）和美国人的朋友，但也只有他了。于是我去敲他的门——尽管我在圣克鲁或在索邦从来没有上过他的课——向他请教高等教学研究文凭（diplôme d'études supérieures）① 论文的选题。像所有人一样，我想研究巴黎公社。拉布鲁斯对我说："我让另一个学校的学生做了这个题目。我有一个更好的选题给您。您来自博斯的夏尔特。您返回您的城市吧，去研究18世纪末和法国大革命期间夏尔特的社会阶级。"于是我带着激情研究了旧制度的税收档案，钻研了计量社会史所需的资料，我就这样成了学徒，学习如何研究历史。

心态史的开拓者

周立红：您就这样开始研究夏尔特了？

伏维尔：对，我研究夏尔特，同时也研究整个博斯地区。我本来想以这个地方的大农耕作为主题写博士论文，但没能如愿。乔治·勒费弗尔对我说："不，博斯不是为你准备的，是为迪帕基耶（Jacques Dupâquier）准备的。"实际上，迪帕基耶并没有研究博斯。

① 这是1886年在欧内斯特·拉维斯的要求下设立的高等教学研究文凭，本科毕业生如要参加教师资格考试，必须持有该文凭。

我写了几篇文章，尤其是应拉布鲁斯之邀写的。我作为年轻学者的最早的一份研究成果，就是拉布鲁斯让我写的一份一百来页的论文，题目是《从社会史视角谈公证人文书使用中的方法论问题》。在那个时代，这类档案被夹在各省历史档案中，还没有人查阅。我做的是开拓性工作，整理了成千上万封公证人文书——继承、结婚、赠送以及地租或房租租约方面的。我从事这项探索性研究的目的并不是为了完成一篇论述博斯的博士论文，虽然我发表了研究博斯的文章，主题涉及城镇人口的形成、农业骚动，还有一篇研究法国大革命末期督政府时期博斯的强盗，题目是《从行乞到抢劫：法国大革命时期博斯的流浪汉》①。这是计量史学。我分析整理了所有监狱、司法诉讼案件的卷宗，这是我在 18 世纪和法国大革命时期社会史领域的一项探索。社会出版社的社长弗朗索瓦·伊科尔（François Hinckert）在 20 世纪 80 年代满怀感触地将这些文章结集出版，书名是《城镇与乡村：18 世纪的夏尔特与博斯》。这本书算是向这项本可以发展成博士论文的研究的告别。您知道，您采访的我们这一代历史学家，很多人都有我这样的经历：这像穿过戈壁沙滩，路上到处都是骆驼的骨骼，这就是没有动手做的博士论文，是放弃的博士论文。在写那篇真正成为博士论文的文章②之前，我有三四个题目可以写成博士论文：战后的问题、博斯、大农耕作的平原。

---

① Michel Vovelle, "De la mendicité au brigandage. Les errants en Beauce sous la Révolution française", *Actes du 86ᵉ Congrès National des Sociétés Savantes,* dans *Bulletin de la Section d'Histoire Moderne et contemporaine du Comité des Travaux historiques et scientifiques,* Paris, 1962.

② 1971 年，伏维尔在里昂第二大学通过博士论文答辩，论文题目是：*Piété baroque et déchristianisation en Provence au XVIIIᵉ siècle. Les attitudes devant la mort d'après les clauses des testaments,* 论文导师是里昂第二大学文学院当代史讲席教授安德烈·拉特雷耶（André Latreille，1901—1984 年）。

周立红: 您出版的第一本著作是什么?

伏维尔: 是 1963 年出版的《马拉选集》[1]。这是一本小书。那时我 30 岁, 还年轻, 这是社会出版社向我约的稿。我收集了马拉的一大批手稿, 他并不是我心仪的英雄, 但是让我激情澎湃。这是我的第一本书。然后我重回艾克斯, 去找一个新的博士论文选题。我想探讨的第一个主题, 是法国的反革命。但我很快停止了这项研究, 因为有人告诉我还有一个研究者在做这个主题, 尽管他还什么成果也没出。我后来把主题定为法国大革命时期马赛的阶级斗争。就这样我被带到这个主题上。很有意思的是, 我现在要出版一本探讨马赛无套裤汉的书[2], 根据 1793 年的人口统计, 马赛有 5000 名无套裤汉。但在当年, 我并没有深入研究这个主题, 而是转向了心态史, 这个研究方向当时处于萌芽状态, 对我来说很有吸引力。正是在这一点上, 我的个人研究轨迹与很多人重合了, 换句话说, 这就是拉布鲁斯退休后计量社会史的勃兴。这一转向具有史学史、认识论和意识形态三个方面的特征, 与 1956 年后意识形态的危机和传统的社会史受到质疑有关。我自己转向了非基督教化进程研究: 共和二年 (1794 年) 的非基督教化, 也就是革命时期的非基督教化。这是一种粗暴的非基督教化进程, 也是被强加的, 但我也从中看到, 不同地域的人们态度不同, 这可以追溯到一种长时段的传统。这种长时段的遗产是另一种非基督教化, 是在历史长河中发生的非基督教化进程。作为拉布鲁斯的学生, 我通过公证人档案、遗嘱进行研究。有一部分遗嘱, 人们尚未触及, 那就是关于临终遗愿的遗嘱。于是, 我从对非基督教化进程的研究进入了对死亡以及对死亡的集体表象的研究。这就是

---

① *Marat: textes choisis*, introd. et notes par Michel Vovelle, Paris : Editions sociales, 1963.

② Michel Vovelle, *Les sans–culottes marseillais, le mouvement sectionnaire du jacobinisme au fédéralisme 17911793*, Aix-en-Provence: Presses universitaires de Provence, 2009.

1964—1970 年我学术生涯的一个转向。

周立红： 把遗嘱作为资料用，这是您的一项发明吗？在拉布鲁斯的研究计划中，重要的是公证人档案，而不是遗嘱。

伏维尔： 拉布鲁斯的学生们研究财产清单、土地分配和婚姻协议，例如，弗朗索瓦·孚雷、阿德莱娜·多玛尔（Adeline Daumard）、达尼埃尔·罗什（Daniel Roche）都研究财产清单。有法学家研究遗嘱，用法律史的方法研究遗产的分配。但总的来说，历史学家不认为遗嘱可以作为材料使用。

周立红： 您的研究对象转向死亡，这是内在研究路径的发展，还是受到了时代氛围的影响？我发现 20 世纪 70 年代，有好几项关于死亡的研究。

伏维尔： 您向我提出了一个很根本的问题。每个人都追随自己的心路历程。对我来说，我的第一任夫人盖比·伏维尔的病逝对我影响很大。[①] 但这并不是促使我研究死亡的原因。在乔治·杜比和罗伯特·芒德鲁（Robert Mandrou）的影响下，我向心态史转型的内在动力使我关注出生、性欲、婚姻、生命和死亡的各种表象形式。表象史激发了一堆兴趣点、一系列问题意识，死亡就这样成了研究对象。我的历史研究正是发生了这样一个转向，不仅是意识形态的转变，也是集体感觉的转变。那个时代最显著的特点是，每个人都在自己的角落里从事研究。在 20 世纪六七十年代，几个学者是在互不通气的情况下发现了这个研究领域。例如，我相对来说很晚才认识菲利普·阿利耶斯（Philippe Aries），他没有对我产生影响。而且，我们的研究方法有根本的不同。但他研究死亡，

---

① 伏维尔的第一任妻子盖比·伏维尔与伏维尔合著有《根据炼狱灵魂祭坛所见的 15—20 世纪普罗旺斯的死亡观和来世观》（Gaby et Michel Vovelle, *Vision de la mort et de l'au-delà en Provence d'après les autels des âmes du purgatoire (XVe-XXe siècles)*, Paris: A.Colin, 1970）。

我也研究死亡，弗朗索瓦·勒布伦（François Lebrun）那些年研究过安茹的死亡①。对社会交往（sociabilité）的研究也是如此。看上去奇怪，甚至成悖论的是，我与莫里斯·阿居隆是同事和挚友，但我们很晚才发现对方也在研究社会交往，阿居隆对苦修会团体的研究和我的研究很有默契，联系密切。但我们像工匠一样，每个人都干自己的一摊事，只有在集体或个人的兴趣点产生交集时，我们才发现对方的研究。

周立红：心态史的研究难道不是一项集体行为吗？

伏维尔：学者们的协调一致是后来才有的。在那个时代，心态史仍是边缘的或个人的冒险行为。我援引——您可以读到——我在艾克斯的"老板"皮埃尔·盖雷德（Pierre Guérald）的一句话，他是一位非常好的古典学教授，但嫉妒同事乔治·杜比，他这样说心态史："伏维尔，您没有在我面前说出'心态史'这个词，这让我感到很高兴。"人们认为心态史是一个时尚的领域：对盎格鲁—撒克逊世界的学者来说，这是一个陌生的领域，是法国式的时尚，在法国，人们对此也充满了好奇。于是，出现了一个蔚为壮观的转向，经济社会史的垄断突然终结，心态史勃然兴起，无孔不入，直到在文学史、艺术史领域也引起一场变革。

周立红：20世纪60—80年代，包括您在内，有一批重要的历史学家在艾克斯—马赛大学任教。

伏维尔：今年②初秋我们开了一个规模很大的会议。会上，有人提出20世纪60—80年代艾克斯学派留下的遗产问题。我们是否可以说有一个艾克斯学派呢？无可置疑，在艾克斯—马赛大学，曾经有一批重要的历史学家在那里工作，例如乔治·杜比、保罗·

---

① François Lebrun, *Les hommes et la mort en Anjou aux xvII^e et xvIII^e siècles*, Paris- La Haye: Mouton, 1971.

② 指的是2008年。

韦纳（Paul Veyne）[1]、莫里斯·阿居隆。如果说这是一个学派，但我们之间的交往有限。我没有看轻乔治·杜比的贡献，我也感受到了莫里斯·阿居隆的影响，但我们每个人都在自己的领域工作。让我感到震惊的是，最终，艾克斯学派的人接连去了巴黎。我听到乔治·杜比说："我们嘲笑巴黎人，嘲笑巴黎的垄断地位，这些东西我们不想要。"但后来，他走了，然后保罗·韦纳走了，莫里斯·阿居隆走了，我也走了。

周立红：这是你们这一代人的一个共性。你们的职业轨迹几乎都是这样：在巴黎完成高等教育，然后在外省的一所中学教书，然后进入外省的一所大学教书，如蒙彼利埃大学，艾克斯－马赛大学，最后，北上巴黎当教授。

伏维尔：这叫作"人才的外流"，英文是 brain drain。人才外流到巴黎，确实存在这种现象，而且，这种现象非常严重。

周立红：当您北上巴黎就任索邦大学法国大革命史研究所所长后，您的研究课题出现了两种变化：一是从研究普罗旺斯的死亡到研究法国大革命时期的死亡；二是从研究艾克斯的具体情况到研究全国的总体情况。

伏维尔：这是我不可避免要做出的一个跨越。不可避免，这是就我的职业生涯和个人研究而言。可以说，有一种自发的动力，促使我首先研究专题范围内的死亡，然后推延到全国范围，我写了《昔日的死亡》，这本小书探讨的是古典时代人们面临死亡的态度。再后来，在《1300 年至今的死亡和西方》中，我在时空上进一步扩展了死亡这个主题。我们可以说这是研究不断深入时出现的现象。但还有一个原因是，我离档案远了，开始关注一些综合性著作，职位的变动也使我具有了更大的责任感。基于上述因素，

---

[1]　保罗·韦纳（1930— ），法国著名考古学家，古罗马史专家，法兰西公学荣誉教授。

我的研究发生了这样的变化。

周立红：您参加了雅克·勒高夫的项目，为《新史学》①写了一篇文章《历史学与长时段》？

伏维尔：对。这表明我相对于年鉴学派和《年鉴》杂志所处的独特地位。雅克·勒高夫在盖比·伏维尔去世后出版了她和我合著的《根据炼狱灵魂祭坛所见的 15—20 世纪普罗旺斯的死亡观和来世观》。我不能说年鉴学派把我边缘化了，但就像我说的，与其说我把自己定义为布罗代尔主义者，倒不如说我把自己定义为拉布鲁斯主义者。换句话说，作为拉布鲁斯的学生，面对布罗代尔的体制，我既不挑衅，也不批判，总是孑然一身。您刚才提到，我参加了雅克·勒高夫的《新史学》，您可以看到他惩罚我做了一件讨厌的工作：二十年后重写"长时段"——这是布罗代尔用过的标题。这确实是一件棘手的工作，我按我的方式做，带着自由，这使得雅克·勒高夫在这本书的前言中写道："他断言的内容我们不一定都接受。"我是被他点名的唯一一位合著者。相对于年鉴学派，我总是有某种自由度。随着年鉴学派在布罗代尔时代以及布罗代尔去世后的发展，现在已经使历史领域出现了某种碎片化，正如人们说的那样，发展成了一种"碎片化的历史学"，这让我摸不着头绪。

周立红：1958 年，布罗代尔发表文章《历史学和社会科学：长时段》②，您研究非基督教化进程时，是否发现应该从长时段的视角来研究？

伏维尔：当然了。在这点上，可以说我与布罗代尔的长时段并没有不一致、不相容的地方。我投入到了那项完全不可能的事业

① Jacques Le Goff, ed., *La nouvelle histoire*, Bruxelles: Complexe, 1988.

② Fernand Braudel, "Histoire et Sciences Sociales : La longue durée", *Annales. Économies, Sociétés, Civilisations*, Vo. 13, No. 4, 1958.

也证明了这一点，这就是撰写我的著作《1300 年至今的死亡与西方》①。在这本书中，作为一位研究现代史的历史学家，我上溯到中世纪，同样困难的是，我也下延到当代。我认为这很重要。但这个长时段，我看到它不时被打断。在特定时段，集体心态会发生巨大转变，从关于死亡的一个表象体系过渡到另一个：从阴森恐怖的中世纪末期过渡到 16、17 世纪之交的巴洛克转型时代，再过渡到资产阶级死亡危机出现的 19 世纪末期，再过渡到死亡禁忌体系形成的 20 世纪。因此，这是长时段，但也有转变和变化。在这一点上，我与布罗代尔的"圣经"不一样。

周立红：您刚才谈到"布罗代尔体制"，孚雷也批判索布尔和法国大革命传统史学把法国大革命史制度化了，变成了"国家财产"。

伏维尔：这是孚雷的批判。孚雷选择了自己的路。我们都是拉布鲁斯学生时，他研究 18 世纪的巴黎。他研究了婚姻协议，与阿德莱娜·多玛尔出版了《18 世纪巴黎的结构与社会关系》②。我记得有一次，我和达尼埃尔·罗什去拜访他。那时，我和罗什都很年轻，罗什还是我在圣克鲁的学生。孚雷对我们说："我做了关于巴黎社会的 2 万张卡片，我不知道能写什么。"他在左右摇摆，从来没有做博士论文。因此他拒绝进入这个制度体系（当然并不完全是这个原因），因为他不可能当大学教授。但他在芝加哥大学，尤其是在法国高等社会科学院，干得都很出色。这是另一个领域。自那时起，他大声宣扬遭受的指责以及被大学制度逐出教门的经历，因为这种姿态，这种立场，给他带来了很多好处。一方面，我们的大学要面对众多的学生，面对阶梯教室和教学方法等问题；

---

① Michel Vovelle, *La Mort et l'Occident de 1300 à nos jours*, Paris: Gallimard, 1983.

② Adeline Daumard et François Furet, *Structures et relations sociales à Paris au milieu du XVIIIᵉ siècle*, Paris: A. Colin, 1961.

另一方面，法国高等社会科学院和布罗代尔的人文之家却有很大的自由度。从这个角度而言，我讨厌这种说法，就是有人说自己被排除在一个封闭的体系之外，在意识形态上受到禁闭，自己是自由的代言人。他们对法国大革命传统史学（历史学家们已经将法国大革命传统史学发展成雅各宾史学或共和派史学，然后是雅各宾－马克思主义史学）的论说中有一点我是拒绝、排斥的，就是大学史学抵制其他路径，也就是抵制孚雷倡导的其他方法的竞争。也有其他学者拒绝写博士论文，但卓有成就，例如雅克·勒高夫。对于我来说，孚雷描绘的这幅大学史学的讽刺画，是处于转型中的自由主义的图景，在大学机构内部，自由或新自由思想冉冉升起。在这些新自由主义者中，我们看到某些人，像我一样，是凭借个人的才干或大学教育实现了社会阶层的攀升，但他们却中断了这种延续性。莫娜·奥祖夫就是这样，她是小学教师的女儿，却抛弃了这种遗产。因此我们这一代人有好几种道路，好几种路径，我和莫里斯·阿居隆走了相同的路。

周立红： 让我们再回到心态史。您指出，在拉布鲁斯的研究计划中，已经可以看到心态史的萌芽。

伏维尔： 当然。您知道，在莫里哀的《贵人迷》（*Le bourgeois gentilhomme*）中，主人公儒尔丹（Jourdain）先生很吃惊：人们在不知道诗歌散文是什么时，就可以写诗歌散文了。我觉得道理一样，我们在不知道心态史是什么时，在心态史的标签还没有发明出来，还没有正规化时，就已经在做心态史了。我们可以说，在米什莱呈现"人民的神话"这个主题的过程中，在他对群众、节庆和行为的呈现中，已经在使用一种心态史出现之前的心态史方法了。如果我们不愿意这样向前追溯的话，如果我们避免滥用一些先驱的话，那么我认为，我们可以称之为心态史的一个最早的参照，就是乔治·勒费弗尔（Georges Lefebvre）。我经常参考的一本伟大的奠基性著作，就是他在 20 世纪二三十年代写的《大恐慌》①。这种方法，这种研究，就是心态史。这是集体恐慌史。这是社会史和政治史，但同时也使用了后来出现的心态史的研究方法。20 世纪 60 年代，杜比和芒德鲁完成了向心态史的正式转向，芒德鲁写了《现代法国导论》②。

周立红："从地窖到顶楼"的表述是您发明的？

伏维尔：不，不是我。如果非要说是我的话，那也应该追溯到一次谈话。在我的整个职业生涯中，我没有得到多少帮助或支持。但有一年，那一年我的第一任妻子去世了，我被派遣到国家科研中心待了一年。被派遣到国家科研中心的人，都有一个教父（parrain），换句话说，一个老板，一个赞助人，一个保护人。我的教父是埃马纽埃尔·勒华拉杜里。

周立红：勒华拉杜里是您的教父！

伏维尔：对，但我可以笑着说，他只当了一次教父！有一天，他请我共进午餐，我们断断续续地讨论一些问题。我向他汇报手头的研究。那个时代我在死亡史和普罗旺斯的研究之间寻找新课题。他对我说："您已经爬到顶楼了，我还在地窖。"这种表述很讨我喜欢，我的书名《从地窖到顶楼》③就来自它。地窖，这是社会经济史，这是传统。顶楼，我们现在称之为表象史。这本书收集了我对普罗旺斯的研究，从社会学、人口学、社会斗争到城市或乡村，直至行为方式、文化态度或宗教信仰诸方面。这本书起初没有人愿意出版，最终，魁北克的一个编辑出版了它。这说明在那

---

① Georges Lefebvre, *La Grande peur de 1789*, Paris: A. Colin, 1932.

② Robert Mandrou, *Introduction à la France moderne, 1500-1640: essai de psychologie historique*, Paris: A. Michel, 1961.

③ Michel Vovelle, *De la cave au grenier: Un itinéraire en Provence au XVIIIe siècle : de l'histoire sociale à l'histoire des mentalités*, Québec: S. Fleury ,1980.

个时代，让人接受两种史学——社会经济史和这种新的兴趣——的过渡和延续是有困难的。莫娜·奥祖夫写了一篇书评，让我感到震惊的是，她既说了赞扬的话，同时也指出："他很精彩地向我们展示了地窖和顶楼，但没有说我们怎么从地窖爬到顶楼。"这的确是一个问题。我们怎么爬到顶楼的呢？

周立红：实际上，您从来没有离开地窖。

伏维尔：确实没有。这是我与菲利普·阿里耶斯等人不同的地方。对菲利普·阿里耶斯来说，死亡史成为集体无意识史，因自身的动力而成熟，有自己的能动性。阿里耶斯写的历史都是"垫在气垫上"的。我拒绝的正是这种历史。我始终坚持的一个方法论，就是尽力将不同的因素联系起来，而不是在经济或其他方面寻求最终解释，寻求机械的解释。人们可以在我的《1300年至今的死亡与西方》中找到这种方法，在这本书中，我把人口学、社会学、人类学与文化、意识形态或精神因素归并到一起。

周立红：就此而言，您的方法和林·亨特的新文化史，还有孚雷的政治文化研究是不一样的。我注意到，20世纪80年代，您和林·亨特先后被张芝联先生邀请到北京大学讲学，你们共同推动了中国历史学界的政治文化研究。

伏维尔：我和林·亨特有些交集，相处得比较融洽。时代氛围促使我们去读对方的作品。无论如何，我们提出了同样的问题。孚雷推动了政治文化的研究，但他在方法论上故步自封。他认为话语、文字、政治具有自主性。对他来说，一切东西都能在话语内部找到原因，因此他疏忽了社会史。

伏维尔：为什么美国学界不欢迎计量史学？

伏维尔：好问题。很长时间以来就是这样了。1976—1977年，我有幸在普林斯顿大学高等研究院访学一年，我看到很多美国同事拒绝计量史学，他们认为计量史学不只是一种时尚，还是一种法国霸权形式，因此想摆脱它，想抽身而出。这一点是对的。但与此同时不要忘了，美国人有一段时间很想当计量学者。他们曾打算转向计量史学，他们也有这种系列，但是没有很好地接受它，有时还回避它。比如，在阿里耶斯和我研究死亡的两种方法中，阿利耶斯的方法让他们感到更自在，而我的方法使他们担心卷入一种马克思主义史学。这是很荒谬的，因为我们可以是计量史家而不是马克思主义者，我们也可以是马克思主义者而不是计量史家。他们也担心一种解释一切、解释过多的历史学。我想到勒华拉杜里为我研究巴洛克虔诚和遗嘱的博士论文写的评论，其中有一句话意味深长："这位马克思主义历史学家向我们解释了怎么样，但是没有解释为什么，这是怎么回事？"人们认为马克思主义历史学家也会说为什么。我认为美国人总是有这种顾虑，怕卷入皮埃尔·维拉（Pierre Vilar）的史学，一种综合史学，一种要容纳太多内容的史学。

周立红：一种整体史，这不是年鉴学派的传统吗？

伏维尔：多少是。在布罗代尔的著作中，在某种程度上，他有一种整体史的梦想。正是在这点上布罗代尔自称接近马克思主义。

周立红：您怎么看待定性史学在意大利的回归？

伏维尔：我认为这曾经是一个关键的时刻，相当有趣，无疑在某种程度上也是必需的。一开始，卡尔·金兹伯格（Carlo Ginzburg）为意大利史学注入的创新精神，还有他对计量史学的批判，对个案研究的呼声，吸引了我这样的历史学家。在我看来，他提出的观点都很重要，很根本。当然，他批判计量史学也是因为没有弄懂它，没有了解它，将它简化了。我认为计量史学和定性史学并不互相排斥，也没有水火不容。如果把我当成计量史学家的话，那么我转向个案研究时采取的方法与系列方法或计量方法并不冲突，而且同样具有启发性。这正是我为《霍布斯鲍姆纪念论文集》写的文章中尽力表达的内容，它被放在了论文集的第一篇。对我来说，当我研究一个人物时——我确实做过几个人物的研究，并未否定其他时候采用的计量方法。这是我的一种折中办法，如果您想这么说的话。

法国大革命史学的传承与创新

周立红： 1958 年，您已经接触了法国大革命这个主题。

伏维尔： 对，法国大革命这个主题不是我后来才发现的，我向您说过，我的第一本书就是《马拉选集》。

周立红： 您在哪一点上继承了法国大革命传统史学，又在哪一点上作出了创新？

伏维尔： 简而化之，一位非常尖锐当然也是非常友好的英国历史学家彼得·琼斯（Peter Jones）把我描述成年鉴学派的边缘人物、一个低劣的马克思主义者。我不是皮埃尔·维拉那样的马克思主义历史学家。我的教育中有什么东西，使我可以有马克思主义文化呢？我认为，所有历史从本质上说都发生在社会之中，并不是像阿尔都塞说的那样，对复因决定论有一种机械的依赖关系。我认为社会史具有一种延续性，心态史是社会史结出的果实（fine pointe）。这些年史学的发展证明了这一点。我年事已高，您研究的我们这一代人都是这样，我们认识到历史并不简单。我们起初心中有这样一幅图像：进步是延续的，历史是有终点的，是有结局的。现在我们了解到历史要比这更复杂。因此应该从其他层面理解表象的方法，这样才能向前进一步推进，当然不是为了提供一套最终的方法，而是更好地考察人们制造历史和体验历史的方式。这就是我对自己研究路径的总结。在这条道路上，我并没有怀揣某种信念，而是抱有某些忠诚，这看上去有些过时，但对我来说，我从事历史研究是与改变世界的梦想分不开的，这也是我们这代人的梦想。您研究的这些人，不管是已身故或仍健在，都走过了错综复杂的职业生涯，走上了各式各样的研究道路，但他们都是带着这种梦想出发的。

周立红：您推动了对法国大革命的图像研究，这也是围绕法国大革命二百周年庆典举办的学术会议的一个主题。

伏维尔：这是另一个领域，另一种路径。图像，取的是该词的文学含义。您看到我对图像是多么情有独钟，因为凭借它们，我们有可能理解平庸的文字提供不了的含义，有可能窥探某种秘密。在图像的文学层面，我考察的两个领域汇合了。我最早涉猎图像领域，是与盖比·伏维尔一起考察教堂的祭坛，为的是认识人们对来世观念的变迁，这种变迁通过图像要比通过文字更好辨识，因为文字中关于宗教的言说铁板一块，具有很强的连贯性，而图像则不断变化。这就是我最初的研究。后来，我有机会出版《法国大革命：图像与叙事》①，其中收藏了 3000 张图片，但是与其他类似图书不同，在我这本书中，图像统领着文字。文字并不是不存在，但图像构成了一套视觉话语。这就是我的一个方法。这是对"史料"认识的一种突破，是史学创新的一个重要转折点，一个重要时刻。

周立红：您在 20 世纪 80 年代当选索邦大学法国大革命史研究所所长和讲席教授，您遇到了一个历史性时刻，因为要准备法国大革命二百周年庆典。

伏维尔：对，我不知道这是机遇还是噩运，因为我在艾克斯待得并不是不好：我有几个助理，我在 1982 年成了大学副校长，我遭遇重大不幸后重组了家庭。②然而出现了这么一段插曲。我和

---

① Michel Vovelle, *La Révolution française, images et récit, 1789-1799*, 5 vols, Paris: Messidor,1986.

② 1971 年，伏维尔与莫妮克·勒布蒂埃 (1931—2008) 重组家庭，莫妮克当时任艾克斯－普罗旺斯沃夫那戈中学（Lycée Vauvenargues）历史地理学教师。

阿贝尔·索布尔曾经是朋友，我们也有过冲突，他使我感到厌烦，做了一些恶毒的事，但我们又重归于好了。1981年的一天，他邀请我在他巴黎的住所附近共进午餐，他对我说："他们想让我退休。我要退休了，无论如何我要死了。"（的确，几个月后他就去世了。）他对我说："你应该申请这个职位，你应该成为继承我的职位的候选人。"他认为我有特别的影响，可以承担起这份遗产。他去世后我被选入索邦大学，然后就有了这段准备法国大革命二百周年庆典以及由此引发大辩论的插曲。在这期间，我既执掌法国大革命史研究所，又担任国家科研中心庆典筹备委员会主席。这十年我过得很艰辛，没有休息一天。我尽力处理各种问题，如履薄冰地履行着我的职责：我被官方赋予的职责要求我必须保留自己的观点，平衡各种争论。与此同时，我被当作法国大革命传统史学或雅各宾—马克思主义共和学派的代表人物，并因此受到一些历史学家的指责。我应该承担并且调和我的学术态度、意识形态立场和责任心。这是一种开放的态度。雅克琳·卢卡斯（Jacque-line Lucas）以及世界上其他几位历史学家都认为我成功地完成了这个使命，1989年7月14日的世界大会取得了巨大成功，历史学家们欢聚一堂，尽管辩论是以最让人讨厌的方式进行的："谁赢了？""谁是法国大革命二百周年庆典的学术王？"这场辩论被大众传媒广为宣传，但同时也受到那些年法国的政治变动的影响。

周立红：实际上您的学术态度、意识形态立场和责任心是相互冲突的。

伏维尔：当然了，是相互冲突的。我尽量承担好。我认为最终我们在媒体层面、在政治层面都取得了成功。孚雷写道："我赢了。"他这样写有他的道理，他使历史批判话语成为解释法国大革命的通俗话语。但他并没有真赢，因为首先，法国大革命二百周年庆典举行了，人们认为辩论并没有终结。至少我是这样认为的。

周立红：如果法国大革命没有终结的话，它与当今法国有什么联系？

伏维尔：这是一种很远、很宽泛的联系。我认为法国大革命的传说，在教育中或想象中的遗产，逐渐从集体记忆中脱落了。《马赛曲》终结了，玛丽安娜终结了。的确结束了。那么还剩下什么？这是我尽力在《1789：遗产与记忆》①中提出的问题。这是我问自己的问题：还剩下什么东西？我研究了记忆、遗忘，以及努力遗忘的过程中进行的各种探险，这些都存在于政治文化和不同的政治态度中。在意大利，有一个朋友认为应该占领圣彼得堡去进行革命，但在象征中，在教育中，在记忆和想象中，还剩下什么东西？我用回归乌托邦那一章内容结束了这本书。

周立红：法兰西第三共和国认为她根植于法国大革命中。在今天，法兰西第五共和国是否还与法国大革命有一种特别的联系？

伏维尔：当然了。但今天共和国代表着什么呢？这又是一个问题。我们可以说共和国的一部分传统延续了下来，被征服，但也被庸俗化了。我们不再关注"自由、平等、博爱"的口号，但人们仍谈论团结（solidarité）。象征和力量逐渐消失。今年9月，艺术史学家热拉尔·莫尼埃（Gérard Monnier）在巴黎举办了一场大型研讨会，探讨共和国的象征。在会上，人们考察了共和国不同的象征以及遗忘的力量。

周立红：20世纪80年代，孚雷和他的团队也在准备法国大革命二百周年庆典，你们这两个团队有沟通吗？

伏维尔：莫娜·奥祖夫最初写道，不应该庆祝法国大革命。莫里斯·阿居隆很愤慨，做出了回应。莫娜·奥祖夫的一句话后来人们经常提到："法国大革命结束了。"这是奥祖夫－孚雷的口号，法国大革命结束了，因此没有理由再庆祝了。随后，他们的态度有

---

① Michel Vovelle, *1789. L'héritage et la mémoire*, Toulouse: Privat, 2007.

所调整，但孚雷从没有积极参加我担任主席的国家科研中心科学委员会。他采取的是一种置身事外的态度，出版了《法国大革命批判词典》[1]，他在外围与基斯·贝克、科林·卢卡斯（Colin Lucas）在芝加哥和其他地方合作，举办了几次国际学术研讨会。[2] 他在机构之外进行活动，所处的位置得到媒体的认可，电视台把他加冕为"法国大革命二百周年学术王"，这是一种置身事外，但同时又在某种程度上有所参与的态度。他拒绝承认法国大革命的遗产，拒绝进行和解，宣布纪念的举措无效。我说这些是为了阐明他的态度：他并没有参加法国大革命二百周年庆典的世界大会。

在《世界报》上，有罗杰·夏蒂埃的一篇书评，很具有嘲讽性和幽默感，里面有一幅漫画，有两个无名氏，其中一个说："想了一下，明年我或许去参加世界大会。"如果从漫画的角度说，当时是我赢了。但从长时段来说，是孚雷所代表的潮流赢了，尽管您在法国大革命史研究所看到皮埃尔·塞尔纳（Pierre Serna）等历史学家与法国大革命传统史学走得更近。但今天，孚雷的遗产终结了。他的批判遗产并不具有创造性。这是这种遗产的不幸。他认为，一切都存在于话语中，都是虚幻的图景，除此之外，没有更多的东西要说了。

周立红：法国大革命传统史学的代表人物，自奥拉尔到索布尔，都写历史教科书，都扮演三种角色：教育工作者、学者和共和

---

[1] François Furet et Mona Ozouf, eds., *Dictionnaire critique de la Révolution française*, Paris: PUF,1989.

[2] 会议成果参见Keith Michael Baker, ed., *The French Revolution and the Creation of Modern Political Culture* , Vol.1, *The Political Culture of the Old Regime* , Oxford, New York: Pegamon Press, 1987; Colin Lucas, ed.,*The French Revolution and the Creation of Modern Political Culture*, Vol.2, *The Political Culture of the French Revolution*, Oxford, New York: Pegamon Press, 1988; François Furet and Mona Ozouf, eds, *The French Revolution and the Creation of Modern Political Culture*, Vol 3, *The Transformation of Political Culture, 1789-1848* , Oxford, New York: Pegamon Press, 1989.

主义者。

伏维尔：对，因为法国大革命传统史学从来没有与它承担的公民教育的义务分开过。但今天这个传统是否仍旧兴盛就是另外一个问题了。我总是拒绝写法国大革命史的教材。人们问过我不止一次："为什么你不写法国大革命史教科书？"我总是拒绝写像马迪厄、勒费弗尔、索布尔、孚雷那样再写一本教科书。我的回应是写一本《政治的发现：法国大革命的地缘政治》[①]，这不是一本教材，而是一本反思和开启问题探索的著作。

周立红：您最近刚出版了一本书：《给我的外孙女讲讲法国大革命》[②]。

伏维尔：对，但这是很可怕的一件事。我不知道您是否读到了《世界报》的记者对我进行的令人恶心的批判。他指出了我犯的所有错误。例如，我谈到奥地利皇帝，我当然知道1792年还没有奥地利皇帝，但这是一种简化。他最后总结道："我们怎么能在孚雷之后写这样一本书？"我认为这种说法不严肃。

周立红：您认为索布尔在教科书中的主张和在《共和二年的巴黎无套裤汉》中的观点有矛盾吗？

伏维尔：我认为这之间没有冲突。还应该看到，他的法国大革命史教科书在不断深化：最先，他的书读起来很粗糙。然后，他在更深广的领域不断地阐释他的主张，诸如在《文明与法国大革命》[③]中所做的那样。但对我来说，奠定索布尔历史学家地位的是《共

---

① Michel Vovelle, *La Découverte de la politique: géopolitique de la révolution française,* Paris: La Découverte, 1993.

② Michel Vovelle, *La Révolution française expliquée à ma petite-fille*, Paris : Seuil, 2006.

③ Albert Soboul, *La Civilisation et la Révolution française*, 3 vols, Paris: Éditions Arthaud, 1970,1982,1983.

和二年的巴黎无套裤汉》①，他读了达尼埃尔·盖兰（Daniel Guérin）对无套裤汉的经典论述，与之不同，他阐明了无套裤汉的心态在社会学和意识形态上的复杂性。就此而言，他写的不是一本陈旧的书，而是具有革命性的著作。正是这种创新，奠定了索布尔在法国大革命传统史学中的重要地位。

周立红： 您的学术观点与索布尔有所不同吧？

伏维尔： 对，我没有重复或模仿索布尔的论说。索布尔的学说有一些排他性，有一些限度。因此，在我们的学术交往中，他对我很不友善。当我向现代历史协会提交我早期的研究成果时，索布尔不仅批评了我，还咄咄逼人。他指责道："我从不允许用计量方法考察信仰问题。"这让很多人感到高兴。索布尔把我作为拉布鲁斯的学生进行批评，他并不太喜欢量化，他说："不要社会学化太多。"对他来说，拉布鲁斯的研究方法太具有经济学色彩了。另一方面，他总是对心态持保留意见。他认为，心态史的方法就是朝一种故弄玄虚的历史发展。正是在这个问题上，我与皮埃尔·维拉有一场友好的对话。马克思主义研究所邀请我做关于死亡面前的表象的报告，皮埃尔·维拉友好地对我说："您没有发现这些主题有些病态吗？难道研究认识（la prise de conscience）不是更好吗？"这是他对我的误会。因为对于我来说，在死亡面前的态度也是意识的形式。我认为在索布尔那里，也有这种对历史研究的方法和程序的误解。

周立红： 为了准备法国大革命二百周年庆典，您在全球巡回演说。为什么在讲法语的国家，法国大革命二百周年庆典没有受到特别欢迎？而在其他一些国家，庆典却受到欢迎？

---

① Albert Soboul, *Les Sans-Culottes parisiens en l'An II. Mouvement populaire et gouvernement révolutionnaire : 2 juin 1793 - 9 thermidor an II*, Paris: Éditions Librairie Clavreuil, 1958.

伏维尔：在对法国大革命二百周年庆典接受的差异中考察国际影响的地理分布是很有意思的。有一些惊喜，例如在意大利，举行了很多研讨会、聚会和游行，这证明对意大利人来说，法国大革命属于他们的文化遗产、公民和革命想象的一部分。在英国人那里，先是拒绝，但最后是对抗性的反思……在美洲人那里，反应是完全不同的。因此有一种差异化的地缘政治，在拉丁美洲，人们相信法国大革命。在非洲，法国大革命刀枪不入。也有一些国家，如日本，庆典只在有限的范围内举行。

周立红：您在法国大革命二百周年时去了美国，您发现在那里没有恐怖和悲痛。为什么会是这样？

伏维尔：法国大革命二百周年庆典在美国没有发生冲突，而有着某种程度的一致性。而在法国，则有巨大的冲突。这可能是因为文化和政治遗产不一样。我举个例子：1976—1977年我在普林斯顿大学访学，有一组讲授革命的课程，我负责讲授法国大革命，还有一门课程讲授俄罗斯革命，也有一门课程讲授中国革命。他们对我说："去年本来还要有一门课程讲授美国革命，但我们取消了，因为我们不再确定这是一场革命。"您看，就是这样。

周立红：谢谢您接受我的访谈。

探究法兰西独特性

——访法国著名史学家莫娜·奥祖夫 [1]

中山大学历史学系　周立红

　　莫娜·奥祖夫（Mona Ozouf）1931 年出生于布列塔尼一个小学教师家庭，1952 年进入巴黎高师哲学系读书，后任法国国家科研中心研究员，她围绕"何谓法兰西的特性"这一核心问题，出版了一系列影响深远的历史著作。她与弗朗索瓦·孚雷共同主编《法国大革命批判词典》（1988）、《吉伦特省和吉伦特派》（1991）和《共和政体降临的世纪》（1993），她本人亦出版论法国大革命的专著《革命节日》（1976）、《新人：论法国大革命》（1989）和《瓦伦：君主政体的覆灭》（2005），这些努力更新了对法国大革命史的研究，开创了法国大革命批判史学。围绕"学校与共和国"这一主题，她出版了专著《小学、教会和共和国：1871—1914》（1962）、《法国的小学：论法国大革命、乌托邦和教育》（1984），还和同为历史学家的丈夫雅克·奥祖夫（Jacques Ozouf）一起出版了《小学教师的共和国》（1995）。莫娜·奥祖夫退休后仍旧笔耕不辍，如鱼得水地穿梭在法国大革命、公立学校、女性、小说等几个研究领域，张弛有度地在历史学、人类学、文学几个学科采撷精华，出

---

[1]　本访谈原发表于《史学理论研究》（1004-0013）2009 年第 4 期。感谢清华大学刘北成教授在访谈的问题设计和翻译上提出的宝贵建议。

版了著作《女性的话语》（1995）、《民主的缪斯》（1998）和《小说鉴史》（2001）。奥祖夫的著作屡获大奖，《瓦伦：君主政体的覆灭》一书获得参议员奖（prix du Sénat），《小说鉴史》获得吉佐—卡尔瓦多斯奖（Le Prix Guizot-Calavados）。2004年，凭借在历史研究领域的卓越成就，她获得法兰西学院年度大奖——戈贝尔大奖（Grand Prix Gobert）。

2008年11月7日，笔者利用在法国访学的机会到巴黎六区莫娜·奥祖夫家中对她进行了长达两个半小时的访谈。

周立红：首先感谢您接受我的访谈。我们先从您的家庭出身谈起，您出生在布列塔尼一个小学教师家庭，这是否对您后来从事法兰西第三共和国学校和小学教师的研究有些影响呢？

奥祖夫：没错，是有些影响。我父母在布列塔尼一个乡村当小学教师。20世纪30年代，布列塔尼的乡村被学校战争（la guerre scolaire）① 一分为二：一边是公立学校，一边是天主教学校。两个世界隔阂已久，相互为敌。公立学校传授共和国价值观，正是多亏小学教师的工作，共和国才在法国扎下根来。我的童年就是在学校这个封闭的世界里度过的。因此，我第一本书写的是学校、

---

① 是指在赞成和反对世俗学校的人之间引发的冲突。法国大革命之前，法国的学校教育主要由教会掌管。法国大革命确立了一个原则，即国家有义务组织教育，但这项原则在19世纪推行起来非常艰难，直到1876年第三共和国建立初期，40%的小学教育仍由教士负责。随着反教权势力的壮大，要求教育摆脱教会控制的呼声越来越高，在朱尔·费里（Jules Ferry）的推动下，政府在1881年和1882年先后通过改革学校教育的法令，确定了免费、世俗和义务教育的原则，小学教师开始取代教士承担教育职责。这自然引起了天主教势力的反对，后者以"自由"为旗帜，对抗国家的世俗教育，利用一些支持私立学校的报纸展开论战，学校战争随之爆发。最激烈的一步是，激进主义者埃米尔·孔布（Emile Combes）政府于1904年7月7日颁布法令，废除天主教会私立学校，禁止教会团体办教育。关于世俗学校的争论在整个20世纪持续下来，1984年，在公立学校和私立学校的支持者之间又引发了一场"学校战争"。

教会和共和国的关系 [①]，这并不是偶然的。

周立红：您的父亲是小学教师，也是布列塔尼民族主义运动的积极分子。正如您刚才所说，共和国是靠小学教师立足的，那这两种身份在他身上不是有些矛盾吗？这种矛盾对您来说又意味着什么呢？

奥祖夫：的确有两种互相对立的传统：共和国传统主张的是普世主义，而布列塔尼传统强调地方主义。我在学法语之前先学的是布列塔尼语，前者用于公共生活，后者用于私密场合。还有两个图书馆：家里的书房摆放着三位布列塔尼法语作家——夏多布里昂（Chateaubriand）、拉梅内（Lamennais）和勒南（Renan）——的全集；学校的图书馆则收藏着保罗•玛格丽特和维克多•玛格丽特（Paul et Victor Margueritte）、埃克多•马洛（Hector Malot）、阿尔封斯•都德、法朗士、雨果的作品。家里和学校讲述两种版本的故事，推崇各自的名人，呵护各自的高傲。两边说的不是同一类事，翻开的也不是同一类书。盖克兰（Bertrand du Guesclin）[②] 在学校被尊奉为布列塔尼英雄，在家里我们却叫他叛徒（Trubard）。相反，家里把爱尔兰新芬党成员（Sinn-Feiners）看作爱尔兰独立的英雄，学校却贬低他们。所以我的童年充满困惑，这对我后来的人生影响很大。我正在写一本书，谈的是法兰西民族的构建以及法国人接受多样性的过程中经受的种种挫折。[③]

---

① Mona Ozouf, *L'Ecole, l'Eglise et la République 1871-1914*, Paris: Armand Colin, 1962.

② 盖克兰于 1320 年出生于布列塔尼的一个贵族世家，在英法百年战争期间被查理五世任命为法国陆军统帅，帮助法国国王驱散英军、收复失地，被誉为"布列塔尼之鹰"。但他被 20 世纪布列塔尼民族主义者视为布列塔尼的叛徒，在二战中，亲纳粹的布列塔尼社会—民族工人运动组织（Mouvement ouvrier social-national breton）炸毁了他在雷恩的一座雕像。

③ 此书已于 2009 年 3 月由伽利玛出版社出版，参见 Mona Ozouf, *Composition française. Retour sur une enfance bretonne,* Paris: Gallimard, 2009.

周立红：作为小学教师的孩子，您的求学路线沿着普卢阿（Plouha）—圣布里厄（Saint-Brieuc）—雷恩（Rennes）—巴黎一路走来，成绩优异；后来您成长为一名杰出的历史学家，著作等身，且屡获大奖。法兰西共和国"量才录用"（méritocratie）的体制是否在您身上发挥了作用？

奥祖夫：当然了，小学教师的孩子在学习上欠了一笔债，取得优异成绩就像枷锁一样难以逃脱，做好学生是本分。的确，我这一代不少历史学家都出身于小学教师家庭，比如阿居隆、伏维尔、尼古拉（Jean Nicolas）。

周立红：我知道您在巴黎高师学的是哲学，您是怎么从哲学家转变成历史学家的？

奥祖夫：我根本不认为自己是历史学家，我总是在文史哲三门学科的交叉地带做研究。我曾在中学教过哲学，我之所以参加哲学教师资格会考，原因很简单，就是哲学老师每星期只给同一个班的学生上 9 小时课，这是很大一个优势。

周立红：您是否只有阿方斯·迪普龙（Alphonse Dupront）一位老师？

奥祖夫：不是，我在哲学领域还有其他老师，尤其值得一提的是加斯东·巴什拉（Gaston Bachelard）和亨利·古耶（Henri Gouhier）。但是在历史领域，给我教诲最多的是阿方斯·迪普龙。他是宗教史学家，这一点人尽皆知，但他的另一个兴趣点是第三共和国的奠基者，比如朱尔·费里（Jules Ferry）。此外，他还是一位出色的文本和图像的评注者。

周立红：您这一代大多数历史学家都有"从地窖爬到了顶楼"，您的学术生涯是否也发生了这样的转变？

奥祖夫：根本没有这种转变，因为我从来没有搞过经济史，尽管我一度对社会史感兴趣，比如我曾研究过第三共和国小学教师这一社会群体。

周立红: 您和拉布鲁斯有师承关系吗？

奥祖夫: 由于我没有学过历史，所以也从来没有上过拉布鲁斯的课。但我所有历史学家朋友都把他看作是最值得尊敬的老师。米歇尔·佩罗、让·尼古拉、弗朗索瓦·孚雷，还有我丈夫雅克·奥祖夫，他们都跟拉布鲁斯做过研究。

周立红: 您能说一下《革命节日》[①] 的写作背景吗？

奥祖夫: 有学者猜想这本书的写作背景是 1968 年 5 月的局势和那个时代的节日氛围，根本没这回事。实际上我是 70 年代初开始动笔的，它花了我不少时间，因为我当时既要带孩子，又要教书。但我对法国大革命感兴趣，而且新史学的研究对象吸引了我，在我看来，节日就是一个新的研究对象。况且，我在这个时候认识了阿方斯·迪普龙，他的授课对我影响很大。最初我本来是去征求索布尔的意见，他告诉我应该根据年代把主题分成三部分：资产阶级节日、雅各宾党人节日和热月党人节日。这个方案让我很泄气，因为我是打算把节日当作一个整体来研究的，迪普龙很快领会了我的想法，建议我把"心理—社会学研究"作为著作的副标题。

周立红: 根据拉布鲁斯的"抽屉理论"，依次是经济、社会、文化和心态，文化是位于第三层次的。那么在您的研究中，您又是如何定义文化的呢？

奥祖夫: 我认为这三个层次理论没有效力。在我看来，文化就像政治一样，并不是步经济和社会之后尘而开花结果，它本身就是一切要素的统一体。

周立红: 您怎么界定您后来写的书，是文化史还是政治史？

[①] Mona Ozouf, *La Fête révolutionnaire*, 1789-1799, Paris: Gallimard, 1976. 该书中译本于 2012 年出版，参见莫娜·奥祖夫:《革命节日》，刘北成译. 北京：商务印书馆，2012 年。

奥祖夫：我没打算把两种研究分割开。我的很多著作既可以当作政治史著作阅读，也可以当作文化史著作阅读。《革命节日》就是这样的例子。我在研究第三共和国的小学教师群体时，既给他们的政治传统留足了空间，又在他们的文化知识上用尽了笔墨。

周立红：我读过日本历史学家近藤和彦对林·亨特的访谈——《关于母亲/政治文化/身体政治：林·亨特访谈录》[1]，林·亨特说她每年暑假来法国时都来见您，你们相互产生了影响？

奥祖夫：没错，她经常来法国，尽管近几年我见她少了。我俩有很多共同兴趣点，比如表象、图像和象征物。她在评论拙作《女性的话语》[2] 时显现出了宽容大度的品质，发现了一些连我本人都没注意到的观点。我俩之间的确心智相通，交往充满友情。

周立红：您怎样看待林·亨特的新文化史研究？

奥祖夫：林·亨特以《新文化史》为标题，极其聪慧地收集了一系列理论文章——它们又一次证明了历史学的灵活性。令我感兴趣的是，它们相对于解构主义是一种退却。但这个标题在我看来是一个太宽泛的标签，从而无法真正有效。我认为历史学家针对现实的理论思考有时疏远了研究对象。相对于林·亨特的理论篇什，我更喜欢她写的关于大革命在特鲁瓦和兰斯的情况 [3] 或关于法

---

① 近藤和彦：《关于母亲/政治文化/身体政治：林·亨特访谈录》，荒井麦、蒋竹山译，载陈恒、耿相新主编：《新史学》，第四辑，郑州：大象出版社，2005 年，第 261 页。

② Mona Ozouf, *Les Mots des femmes. Essai sur la singularité française*, Paris : Fayard, 1995. 中译本参见莫娜·奥祖夫：《女性的话语：论法国的独特性》，蒋明炜、阎雪梅译，北京：商务印书馆，2017 年。

③ Lynn Hunt, *Revolution and Urban Politics in Provincial France: Troyes and Reims, 1786-1790*, Stanford : Stanford University Press, 1978.

国大革命家庭罗曼史 ① 的精美著作。

周立红： 您是孚雷的挚友和合作者。我们知道孚雷的思想在一生中不断发展变化，由此有学者认为有"三个孚雷"。"第一个孚雷"是 1965 年和 1966 年出版的《法国大革命》② 一书的作者，"第二个孚雷"是 1978 年问世的《思考法国大革命》③ 一书的作者。

奥祖夫：《法国大革命》是孚雷和德尼·里歇写的书，仍受拉布鲁斯启发。尽管该书的语调别出心裁，但在解释方面创新很小。尽管如此，此书对孚雷的思想发展功不可没。大学对该书充满敌意，这引发孚雷进一步阐明思想，坚守立场。这有助于他抛弃二重革命假说，即一场革命是另一场革命的侧滑。正是从《思考法国大革命》起，孚雷与双重革命说决裂。他开始认为自 1789 年革命起，激进的种子，尤其是通过与过去决裂的意识形态，就已经萌芽了。我们可以把这说成是"第二个孚雷"。

周立红： "第三个孚雷"出现在柏林墙倒塌后，他认为法国大革命是 20 世纪极权主义的母体。

奥祖夫： 没有，孚雷从来没有这样说过。我完全不赞成这样一个所谓的"第三个孚雷"。孚雷经常说，如果把古拉格的债算到启蒙运动、卢梭甚或法国大革命身上，这种说法太简而化之了。他向来抵制这种粗糙的解释。如果说有"第三个孚雷"的话，应该在别处寻找。他曾在《思考法国大革命》中说道，他很遗憾大革命史学家常常认同革命者的言谈、情感、意图，要想撰写法国大革命

---

① Lynn Hunt, *The Family Romance of the French Revolution*, Oakland：University of California Press,1993. 中译本参见林·亨特：《法国大革命时期的家庭罗曼史》，郑明萱、陈瑛译，北京：商务印书馆，2008 年。

② François Furet et Denis Richet, *La Révolution,* 2 vols, Paris: Fayard, 1965, 1966.

③ François Furet, *Penser la Révolution française*, Paris: Gallimard, 1978. 中译本参见弗朗索瓦·傅勒：《思考法国大革命》，孟明译，北京：生活·读书·新知三联书店，2005 年。

史，就应该与革命者的论说保持距离，避免情感同化。相反，在孚雷思想发展的第三个阶段，他更多地相信革命者本人对其行为的叙述。您会想到马克思的一句话："人们创造自己的历史，但并不知道。"思想成熟时期的孚雷认为，就算说人们创造历史，实际上并不清楚他们所做的一切，但他们起码知道很多。换句话说，我们仍然可以凭借他们的文字、言谈从内部理解法国大革命。您看，正是在这个意义上出现了"第三个孚雷"，但并不是那个把极权主义归结到启蒙运动的意识形态，甚至是大革命自身的意识形态上的孚雷。对他来说，极权主义并不是大革命的本质。他认为即便是在恐怖统治时期，大革命也没有完全脱离个人主义原则。

周立红：难道法国大革命的恐怖统治和极权主义之间就没有关联吗？

奥祖夫：实际上恐怖统治和与过去决裂的意识形态有关，和再造新人的计划有牵连，我们在其他革命中也可找到类似计划。但并不能就此做出法国大革命孕育了极权主义的论断，中间还有逻辑链条，孚雷从来没有越过这些逻辑链条把两者联系起来。

周立红：20 世纪 80 年代，您和孚雷筹备法国大革命二百周年庆典，同时，索邦大学法国大革命研究所所长米歇尔·伏维尔教授受政府委托也在筹备二百周年庆典。您怎样看待这两个团队？

奥祖夫：的确有两个团队在筹备庆典，但目标不一致。伏维尔成了法国大革命的旅行推销员，几乎想在世界各地传播大革命的福音。孚雷想写几本书。这两种活动很不同。

周立红：这是两种不同的活动，但两者之间是否也有些矛盾呢？

奥祖夫：这是两种不同的活动，但并不一定敌对。打个比方，孚雷和我依次在芝加哥、牛津和巴黎组织了三场大型国际会议，会议成果由帕格蒙出版社（Pergamon Press）结集分几卷出版 ①。伏维尔参加了第一场国际会议，但拒绝参加后两场。此后他着手筹备以"法国大革命的图像"为主题的世界大会（Le Congrès Mondial）②，会议主旨与我们的迥然不同。凡是对法国大革命有些想法的人都被邀请参加，这种组织方式给人好感，但缺少固定的主线。相反，我们聚集起的编纂《法国大革命批评词典》③ 的团队成员构成很单一。我们的目标很明确，就是做法国大革命的政治史，吸收一小批趣味相投的人参加。

周立红：但为什么一些美国学者认为两者之间有冲突呢？比如，孚雷曾对一个记者说："我赢了！"伏维尔为此很不高兴。

奥祖夫：这是一个荒谬的故事。孚雷去意大利做报告，看到当地媒体对伏维尔的大篇访谈，标题是"打倒孚雷！"，这极有可

---

① Keith Michael Baker, ed. *The French Revolution and the Creation of Modern Politique Culture* , Vol. 1, *The Political Culture of the Old Regime* [Conference on the Political Culture of the Old Regime, held in Chicago on September 11-15 1986] , Oxford, New York: Pergamon Press, 1987; Colin Lucas, ed. *The French Revolution and the Creation of Modern Politique Culture* , Vol.2, *The Political Culture of the French Revolution*, [Conference on the Political Culture of the French Revolution, held in Oxford on September 5-9 1987] , Oxford, New York: Pergamon Press, 1988; François Furet and Mona Ozouf, eds. *The French Revolution and the Creation of Modern Politique Culture*, Vol.3, *The Transformation of Political Culture, 1789-1848* [Conference on the French Revolution and Modern Political Culture, held in Paris, Sept. 14-18, 1988] , Oxford, New York: Pergamon Press, 1989.

② 这是指作为法国大革命二百周年庆典的一个组成部分，1989 年 7 月 6 日—12 日在索邦大学召开的世界大会，会议的主题是"法国大革命的图像"。大会是在法国国家科研中心二百周年庆典历史研究委员会 (Commission de Recherche Historique pour le Bicentenaire)、法国大革命史国际委员会 (Commission Internationale d'Histoire de la Révolution) 和巴黎一大法国大革命史研究所的共同建议下召开的。会议成果由帕格蒙出版社以《法国大革命的图像》（三卷本）为标题于 1989 年结集出版。

③ François Furet et Mona Ozouf, éds., *Dictionnaire critique de la Révolution française*, Paris: Flammarion, 1988.

能是记者的发明。他们总是乐意夸大对立。孚雷因此回应了一句："我赢了！"这本是句玩笑，但采访的记者又掉过头来将它炒作了一番。不要太在意这些小争论。伏维尔对"大革命的图像"感兴趣，选择的主题比较炫目，也更能兼收并蓄，但与我们的主题相比，缺少论战性，也不太明确。

周立红：一些文章提到两个团队为争夺解释法国大革命的正统地位展开了一场竞争，弗朗索瓦·孚雷最后在大众传媒的支持下取得了对法国大革命的解释权。

奥祖夫：纯属无稽之谈，一个彻头彻尾的离奇故事。说真的，在媒体上扮演最重要角色的是伏维尔。他曾是世界大会的主席，在索邦大学当着共和国总统的面发表了一场盛大的演说。在媒体露面的是伏维尔。的确，是有人把孚雷塑造成"大革命二百周年庆典学术王""媒体王"。其实完全不是这回事儿，如果说有人讨厌电视，至少没有把最好的一面在电视上展现出来，这就是孚雷了。如果说他看上去主导了媒体，这不应归因于他本人，而应归因于他的著作，因为他与古老的史学史一刀两断。我认为实际上是这种断裂发挥了作用。孚雷对大革命的解释新意连篇，极具说服力，再加上思想的原创性，很可能是这些使他开玩笑说："我赢了！"。

周立红：学界的通常说法是两派的论争持续了 30 年左右，法国大革命二百周年庆典把论争推向了高潮，故事的大结局是弗朗索瓦·孚雷赢了。

奥祖夫：我们可以这样叙述这段历史，但把它描写成一场三十年战争则是用了漫画手法。的确柏林墙的倒塌使孚雷的论点具有了一种特别的力量，为什么这样说呢？因为民主变成了革命的未来，而在雅各宾派史学的论述中，革命是民主的未来，民主仅仅是一张草图。柏林墙的倒塌意味着什么呢？这就是我们从此之后不能从民主走向革命，而应从革命走向民主。历史背景让孚雷的论点显得更有力。正是在这种意义上，我们可以说弗朗索瓦·孚雷赢了。

周立红：这么说来，这场争论是在相对友好的气氛下展开的？

奥祖夫：友好，我不能这么说，毕竟还是有一些不那么令人愉快的对立。但不要忘记，双方介入论争的这些人熟识已久，有些还是老朋友。他们之间有一种东西，可以说是交战者的默契（complicité belligérante）。斯蒂文·卡普兰 [1] 在美国臆想出来的这场戏很大程度上是虚构的。

周立红：您怎样看待二百周年庆典过后法国大革命传统史学的研究成果？

奥祖夫：我有一种印象，法国大革命史研究有点陷入停滞状态了。当然一些有意思的著作不断涌现，但论战已经被耗干了。学者们对法国大革命的兴趣有所降温，而且编辑们也不那么倾向于出版这方面的著作了。

周立红：我发现法国大革命传统史学同样对研究历史的新方法敞开了大门，比如他们从事图像史、文化史和心态史的研究。

奥祖夫：没错，您说得对。近些年来，法国大革命史学接纳了一些新对象，比如节日、家庭、女性、谣言和边缘人群，而从前在他们对革命事件的分析中，是没有这些对象的一席之地的。

周立红：您一直是左派，那么我们是否可以说孚雷也是左派？

奥祖夫：我一直觉得自己是左派，即使我不再像以前那样赞成那些居于左派和右派中间的人。孚雷习惯于说他在右派面前感觉自己是左派。他对左派有一种家庭式的忠诚。左派像是他的家庭，他的出身。但人往往对自己的家人缺少宽容，更为苛刻，左派的人更容易对左派而不是对右派失望，因为他对后者并不抱多大期

---

① Steven L.Kaplan, *Adieu 89*, Paris: Fayard, 1993.

望。孚雷仍旧是左派，只不过他对左派要比对右派更严厉。右派身上的一个主要特征是带有社会恐惧心理，害怕民众上街，孚雷身上绝对没有这个特征。

周立红：请您谈一下您和孚雷在学术研究上的异同。

奥祖夫：起初我和孚雷一同研究法国大革命、编纂《法国大革命批判词典》时，他绝对比我博学得多，对于法国大革命这一主题，他是无可置疑的专家。因此我过得并不是很自在。但由于我们相处得很融洽，我接受挑战，和他一起主编了《法国大革命批判词典》。我们互相阅读对方写的东西，提出修改建议，有时甚至让对方重写一个词条。他认为我写的关于国王诉讼案的词条不好，让我重写，他有道理。我呢，反过来也让他重写关于路易十六肖像的词条，因为我认为他没有重视细微差别。在我们共同打造这本词典的过程中，我们只有一点点分歧。举个例子，我们只想给少数几个人物做肖像描写，孚雷想把圣茹斯特放进来，我不赞成，因为在我看来，圣茹斯特是大革命中心智最混乱的人物。孚雷依了我。但后来我们因为没有吸纳圣茹斯特而受到严苛批评，以至于我们出袖珍本时决定给他一席之地。孚雷对我说："既然你该为少了圣茹斯特负责，那么就由你写一个词条补救吧。"我这样做了，但毫无激情。您看，我们有这样的争辩，这么说吧，都是些细枝末节的问题，在关乎词典的大方向上，尤其是给词典加上"批判的"这样一个修饰语上，我们没有任何分歧。

周立红：您和年鉴学派有关联吗？

奥祖夫：我和年鉴学派的关联显而易见，因为让我小有名气的《革命节日》一书的主题正是年鉴学派青睐的典型样式，这么说吧，它选取的研究对象非同寻常，但难以辨认，多重旋律交织，位于人类学、集体心理学和社会学的交汇处。我选择这样一个题目无疑是受到了我经常交往的历史学家圈子的影响。后来我对法国大革命的研究使我更倾向于政治史，我的好奇心远离了年鉴学派的关注点。实际上我很少关心方法论问题，更确切地说，我认为每个主题都有自己的方法。笛卡尔认为同样一个主题，在理性引导下可以探究所有问题，与此不同，帕斯卡主张每一主题都有自己独特的方法，我认为他说得对。

周立红：那孚雷与年鉴学派有关联吗？

奥祖夫：既有，也没有。他在《历史学的作坊》①中解释过这个问题。如果说有的话，那是因为年鉴学派坚决主张历史学具有开疆拓土、将未知领域一网打尽的能力，年轻历史学家从中获得了奇妙的自由感。另外也是因为年鉴学派历史学家都是他的一些朋友。当有人问孚雷关于年鉴学派的问题时，他总是开玩笑地说："年鉴学派，我在电梯里遇见他们。"如果说没有的话，那是因为孚雷也说过，这些年轻历史学家就历史编纂并没有达成一致看法。他认为年鉴学派既不是一个思想学派，也没有创立一种学说。他们只赋予历史学科一种有益的弹性。

周立红：您和福柯有交往吗？您怎么评价他谈论历史的著作？

奥祖夫：我当初打算研究法国大革命节日时曾去见过福柯，想听听他的建议。他给了我很大的鼓励。但除此之外，我和他就没有私交了。当然了，我们这一代历史学家都读了他很多书，我曾带着激情读他的《疯癫史》，后来又读了《词与物》。但读到马塞尔·戈歇对《疯癫史》的批评文字时，我的感情起了变化。戈歇解释说19世纪关于疯癫的医学的普及根本不是福柯所说的规范式倒退（régression normative），而是对疯子的认识发生变化的结果。在旧制度时期，人们认为疯子与正常人迥异，可以嘲笑、愚弄他们，但也可以在某种程度上容忍他们，因为他们毕竟是不一样的人。

---

① François Furet, *L'Atelier de l'histoire*, Paris：Flammarion, , 1982.

大革命后，人们开始认为疯子与正常人是同样的人，既然这样，就应该对他们进行医学治疗，就应该对他们实行另一种形式的禁闭，福柯轻率地称之为一种新型的压制（répression）。对于福柯的另一本书《规训与惩罚》，我有同样的保留意见。福柯指出，大革命后废除酷刑是为了引入一种或许比旧制度的惩罚更可怕的规范（norme），比如学校、兵营和监狱；所有监禁与监视个人的方式在他看来都是等同的。福柯认为所有权力，不管是温和的暴力还是粗鲁的暴力，都是一种惩罚，都是令人难以忍受的，正是这一点让我脱离了他。

总之，我对福柯著作的欣赏限于文学层面，它们很有爆发力，但福柯并没有很强的自由意识。在我看来，他给人类创造力留的间隙太小了。在他的思想里，还有一种深层的反法制主义（antijuridisme）倾向，这表现在他对大革命某些事件的解释方式上，比如他把九月大屠杀解释成一系列的拯救事件。

周立红： 我发现您很大一部分著作都是退休后写作和出版的。

奥祖夫： 没错，理由很简单，因为我的时间多了。您知道女人的问题就在于她在一生中不能将作品写得太早，因为她要照顾一家老小。确实我是在人生比较晚的阶段才找到时间为自己工作。我认为这很大程度上是一种女性现象。

周立红： 但您退休后比较自由了，您可以写些更具个性化的著作，比如《女性的话语》、《民主的缪斯》和《小说鉴史》①。

奥祖夫： 并不总是这样，我最近出的一本书是《瓦伦：君主政体的覆灭》②，仍旧论述法国大革命。这很大程度上要分场合。我目

---

① Mona Ozouf, *La Muse démocratique, Henry James ou les pouvoirs du roman*, Paris : Calmann-Lévy, 1998; Mona Ozouf, *Les Aveux du roman. Le XIXe siècle entre Ancien Régime et Révolution*, Paris : Fayard, 2001.

② Mona Ozouf, *Varennes. La mort de la royauté, 21 juin 1791*, Paris : Gallimard, 2005.

前在写的一本书又是个性化的著作。这总是由机缘决定的，机会、别人的建议以及与朋友的相聚，都起了很大作用。我从来都没有一个固定不变、构思缜密的职业规划。

周立红： 这么说来，社会交往在您的职业生涯中发挥了很大作用，您的社交圈子，孚雷、诺拉、勒华拉杜里这些朋友，还有巴黎高等社会科学院的雷蒙·阿隆政治研究中心，以及圣西门基金会，对您的事业发展影响很大。

奥祖夫： 的确是这样，但不要把机构和朋友分开，因为圣西门基金会和雷蒙·阿隆中心都是与朋友碰面的场合。朋友们对我的事业是起决定作用的，我认为如果我没有朋友的话，我将一事无成，什么也写不出来。我的作品，最初往往都开始于友好的请求："你可以给我们写 15 页关于什么或什么主题的东西吗？"为什么不写呢？

周立红： 我觉得您像个混合体：您是哲学科班出身，却成了历史学家和杂志记者 ①，有人说您是哲学历史学家、历史哲学家。您还写了一些探讨小说、文学的书。那么您对自己的身份定位是什么？

奥祖夫： 我不喜欢一些标签，我也从来不喜欢身份定位，我讨厌这些东西。我总有这种印象，我写的书都是漂泊流浪之作，是在几个学科之间走私来的产品。

周立红： 对于中国读者来说，您有何建议帮助他们理解您的著作？因为它们既是历史著作，又有文学色彩，更有哲学的启迪。

奥祖夫： 我认为大学的学科通常是人为划分的，其实没有任何理由将它们分割开来。打个比方，我深切地体会到要想理解 19 世

---

① 莫娜·奥祖夫为《新观察家》（*Le Nouvel Observateur*）杂志写过很多文章，他们这一代历史学家大都是身兼历史学家与杂志记者，比如孚雷、雅克·奥祖夫、勒华拉杜里。

纪的社会生活，如果说小说家不比历史学家更重要的话，他们至少也与后者一样重要。因此为什么不参考一下小说家的作品呢？为什么不看看艺术史的东西呢？我不是一个专家，尽管我主钻法国大革命。我同样也对文学史，对妇女在法国社会的地位感兴趣，我还有一本书是写美国一个小说家的。成为历史学某一个分支领域的万事通，从来都不是我的抱负。就这一点来说，我大学没有学过历史大概能在很大程度上说明这一切：我一开始就没有把自己放在历史学的思考框架内。

周立红：探究法兰西独特性是不是您研究工作的一个主线？

奥祖夫：完全正确。如果把我著作的所有主题集中起来，会发现都是围绕着一种研究，即什么构成了法兰西的独特性。法国大革命是我国历史上一个象征性事件；学校制度是我们国家的一个主要特征，这一点外国人有时很难弄明白；我们还可以说文学占据了中心地位；在法国社会中男女之间维持的关系在我看来也是独特的。我的著作都是围绕着法兰西的独特性展开论述的。

《年鉴》杂志与法国历史研究的新动向
——访法国社会科学高等研究院安托万·里勒蒂 [①]

浙江大学历史学系　汤晓燕

河南大学历史文化学院　杨磊

关于启蒙时代新的研究路径及法国史学领域的团队合作

问：安托万·里勒蒂教授，很荣幸能够有机会采访您。在您访问浙江大学期间，您的讲座《私人生活与公众形象：18世纪名士的诞生》在相关领域引起了很多关注。据悉，您的两部杰作《沙龙的世界》和《名人的发明》的中译本即将出版。您通过研究社交来解释法国的启蒙运动，这与强调思想史的传统有很大不同。这种研究路径对中国学者很有启发性。因此，或许让我们先从您的个人经历谈起。您是怎样成为一名历史学家的？成为一名历史学家与您的家庭或学术生活有什么联系？

答：这不是一个简简单单就能回答的问题，因为这很容易变成对我个人经历的一系列回顾。当我还是一名学生的时候，我曾在历史学和文学之间摇摆不定，同时我还对社会学等其他社会科学感兴趣。最终，我选择了历史学，因为我认为历史学是最严谨的。当你是一名历史学家的时候，你可以讲故事、阅读和解释文本，尝试去理解社会的机制。最重要的是，我最喜欢历史研究的一点，

---

① 本文发表于《史学理论研究》2018年第02期，第149—156页。

是在陌生与熟悉之间的互动。历史学家为了理解自己所处的社会，要么通过差异性（比如有什么发生了变化），要么通过相似性（即我们继承了什么）。他们在档案和古代材料的基础上形成了一套独特的知识，所以，他们在理解当下问题的时候，会提出自己十分独到的看法。从这个角度来说，启蒙运动毫无疑问是值得研究的重要时期，因为它至今仍被认为是现代世界形成的重要分水岭。

我通过"社交性"来研究启蒙运动，确实与同传统的思想史之间存在着距离。启蒙运动不仅仅是哲学史的一个片段，还是一个社会、政治和文化变革的重要时期。这就是为什么我一直试图用"社交性"（sociability）这个概念来强调知识分子生活的社会层面，并且更加广泛地强调 18 世纪欧洲社会的转变（例如，媒体传播的兴起使得大量报纸出现以及消费社会的诞生）。

问：既然谈到了您的研究，我还想就您的新作提一个问题，您为什么选择"名人的发明"（the making of Celebrity）这个主题来研究法国启蒙运动？这与您的导师达尼埃尔·罗什的指导有什么联系？还是正如您在浙江大学演讲说过的那样，这个论题（"名人的发明"）已经是现代社会日常生活的一部分，这个选择更像是源自对现实的思考？

答：我的第一本学术著作，是研究巴黎沙龙的，在这本书里，我已经表明上层社会是如何推动文学风尚和提高社会名望的。沙龙不仅仅只是文学娱乐的场所，它们还有重要的社会功能。因此我对精英圈内个人名望的传播产生了兴趣。然后，我意识到，随着人们越来越关心声誉或名望，名人的出现是 18 世纪最重要的变化之一。作家、演员、歌手以及政治家变成被大众熟知，远超过他们个人专业领域的范围。他们的名字和形象得到广泛传播。人们开始思考这些变化，以及出名意味着什么。我们今天经常认为名人是一个新近才出现的现象，是当代大众传媒，甚至是启蒙公共领域衰落的结果。但是，实际情况恰好相反。名人文化（Celebrity culture）有很深的历史渊源，因为在 18 世纪，伴随着近代公共领域以及公共性的观念的出现，名人文化就开始出现，并且得到了迅速发展。基于这一点，此书的构思事实上是一个面向当下的问题，是希望从过往历史中寻找答案的一次尝试。

问：您的导师达尼埃尔·罗什是法国最负盛名的历史学家之一，著作等身。中国学术界对于他的研究非常熟悉。《启蒙运动时期的法国》都已经在中国出版。您可以谈一下他对学生的指导吗？

答：达尼埃尔·罗什研究启蒙运动达 40 年之久，是该领域最重要的学者。他教会了我们很多。我要强调三点。首先，他经常告诫我们，研究文化史的历史学家不应该割裂经济史和社会史。尽管达尼埃尔·罗什本人是由于他那些关于学术和思想的社会化的著作而闻名，但他同时还是一名研究物质文化史的历史学家，他对日常生活的形式和行为有着浓厚的兴趣。他甚至写了一本《平常事情的历史》（*Histoire des choses banales*）①。他对物质性的坚持，对摆脱时不时占据知识分子史的那种理想化偏见至关重要。其次，罗什要求我们不要放弃对总体史的野心。他写的每一本书都给一个问题提供宏观分析，试图在整体视角上理解这些主题（消费、流动、大众文化、服饰文化等）。最后，我们从他那里学到，历史应当是一项集体工作。他是一位非常慷慨的教授，总是乐于分享他的知识，鼓励年轻学者，将不同年龄段的研究者组织成团队。

问：我们都知道集体研究对于法国史研究非常重要。弗朗索瓦·孚雷主编的《18 世纪法国的书籍与社会》就是最好的例证之一，而且曾在拉布鲁斯指导下进行集体研究的学者，后来都成了重要的历史学家。在另一份采访当中，达尼埃尔·罗什提到了他

---

① 达尼埃尔·罗什著，《平常事情的历史》，吴瑶译，天津：百花文艺出版社，2005 年。

的著作《希望之城：巴黎的流动与接待》（*La ville promise: mobilité et accueil à Paris*，2000）也是集体工作的结果。因此我们想知道，从达尼埃尔·罗什到您这一代人，法国历史研究的训练有什么变化？集体研究是否依然重要？

答：集体研究之所以受到重视，是因为这种方法曾经被当作是与自然和物理学科竞争的一种手段。法国科研领域的组织机构（尤其是在法国国家科学研究院内部）使其得到了加强，人们都认为历史研究应当以层级分明的形式组织起来，上面由一位教授领衔，由他来确定主题，布置任务，最后出书。当达尼埃尔·罗什出版《希望之城》时，这种模式实际上已经发生了改变，这其实是由多名历史学家在个人研究的基础上合作完成的一部著作。十年前，很多人经常说集体研究的时代已经结束了。但是，情况正在发生变化，因为新形式的资助以及人文学科数字化的趋势鼓励集体工作。我必须承认，我个人并不总是对历史研究中集体研究的效率感到放心。我更加倾向于另一种形式的集体工作：阅读其他人的著作，进行讨论，针对不同的发现，最后得出准确的概念工具。

近年来《年鉴》杂志的变化与法国史学研究的主流

问：您曾经是《年鉴》杂志的主编，现在仍然是编委会成员。这份杂志是现代历史编纂的先锋和先驱。自从 20 世纪 80 年代以来，中国教授张芝联将年鉴学派介绍到中国后，中国学者对马克·布洛赫、吕西安·费弗尔、费迪南·布罗代尔、埃马纽埃尔·勒华拉杜里等人的杰作越来越感兴趣。彼得·伯克的《法国历史学革命：年鉴学派 1929—2014》和弗朗索瓦·多斯的《碎片化的历史学：从〈年鉴〉到"新史学"》也已经有了中译本。年鉴学派的方法论已经得到了广泛应用。因此，我想请您谈一下《年鉴》杂志自从勒华拉杜里那代人之后的变化，例如杂志的目标和出版标准的变化。

答：《年鉴》杂志自从勒华拉杜里那代人之后发生了很大变化。例如，《年鉴》杂志欢迎应用社会学（pragmatic sociology）的新潮流、由意大利人提出的微观史学（microstoria）的主张，最近，我们也欢迎关联史学（connected histories）。它不再局限于一种方法论，或者某一独特的领域，不管是经济史、社会史，还是文化史。《年鉴》杂志更加多元，致力于推动更多历史书写上的创新：我们出版多个领域的文章，既有计量史学也有叙述史，也包括思想史和环境史。

但是，今天的《年鉴》杂志仍然坚持强调以下几个宗旨，这也是本刊的特色：首先，最重要的一点是，《年鉴》注重历史学与其他社会科学的对话，包括人类学、社会学、地理学。我们认为历史学完全属于社会科学领域，我们欢迎有助于对不同学科交叉领域进行总体讨论的文章。其次，《年鉴》的第二个独特之处在于重视非西方史学的作用。很显然这是费迪南·布罗代尔《文明史纲》（Grammaire des civilisations）的遗产。尽管"文明"这个概念受到了批评，但是《年鉴》杂志坚信历史学家应当研究不同的领域，避免欧洲中心论，加强比较研究。第三点是我称作的"反思史学"，历史学家不应只书写过去，他们必须明确他们使用的概念，他们提出的理论问题，他们强调的历史编纂问题，以及最终明确他们的个人立场。

最近，非常有幸能同剑桥大学出版社合作。一个主要的变化就是《年鉴》的英文版现在上线了。我们希望这项合作能够增强《年鉴》杂志对中国读者的吸引力。

问：自从20世纪60年代以来，心态史和总体史的概念几乎已经成了年鉴学派的象征。但是据我所知，围绕着这两个概念的相关讨论变少了。没有那么多的著作标榜为心态史或总体史。我不确定这种印象是否准确。这些观念（在法国）是否仍然代表着历史研究的主流？如果已经发生了变化，那请您谈谈其中的原因。

答：你说的非常正确。"心态史"的概念在 20 世纪 60 年代和 70 年代非常重要，到了 20 世纪 80 年代几乎被完全抛弃了。这个概念由于过于宽泛而遭到批评，它意味着在一个特定的社会里，所有人都有相同的观念。它已经被表象的概念取代，表象的概念由罗杰·夏蒂埃在一篇重要文章《作为表象的世界》（Le monde comme représentation，《年鉴》1989 年 11—12 月，第 44 卷第 6 期）中提出。现在，表象的概念甚至比心态史更加微妙和复杂，这两个概念之间有着重要的连续性。它们都强调与文化史有关，尤其是在集体观念和信仰的层面上。

至于"总体史"，有必要作出区分。如果"总体史"意味着历史学家不必在社会史、政治史、经济史或文化史当中做出选择的话，而是应该从不同的角度研究过去的社会，它仍然与《年鉴》有所联系。但是如果假设用一种个别的观点对历史做出总体性解释，对此我并不认同。历史学家强调多种层面上的分析：在微观分析（例如传记或地方个案）层面上所见到的不一定与宏观史、全球史的结果相一致。因此，一个重要的问题是：如何使个案研究一般化，如何使不同层面的研究相互贯通，如何用连贯的叙述总结历史研究的结果？

问：因此，政治史是否回归了？因为《年鉴》最具争议性的一个话题之一是它忽视了政治问题，而过分强调文化范畴，至少在中国是如此。

答：在法国也同样如此，这一直以来都是对《年鉴》的批评。的确，政治史从来都不是《年鉴》编辑政策的核心。但是有必要具体问题具体看待。《年鉴》一直都批评狭义上的政治史：政治生活的记录、政治人物的传记、君主的行为。但是《年鉴》杂志很重视从社会史和人类学的角度，分析经政治仪式、国家角色、抗议与革命以及政治经济等层面所体现出来的权力问题。不过，尽管如此，在本刊发表的文章中，政治史依旧是次要的话题。

问：20 世纪 80 年代末，《年鉴》杂志上的一些文章呼吁从总体的角度反思人文科学。其中的一些文章还声称社会科学存在普遍危机。一些人宣称我们应该放弃当时的主流范式。在这些文章当中，罗杰·夏蒂埃的论文《作为表象的世界》在我看来最具代表性，它也被翻译成中文了。您认为是什么原因，引起了这些反思？而这些反思，是否意味着自结构主义诞生以来的总体性和结构主义范式会遭到否定？

答：在 20 世纪 80 年代，《年鉴》杂志面临着自身认知论范式（epistemological paradigms）的普遍危机。当时，由于后现代主义思潮的兴起和所谓的"语言学转向"产生，社会科学出现了普遍危机。在社会史主导基础上的知识积累模式也遭到了抨击。《年鉴》杂志通过提出"批评性转向"（参考《年鉴》杂志 1988 年 3—4 月，第 43 卷第 2 期）来应对这个挑战：他们接受了一些对传统社会史和结构主义观念的批评，但是他们试图保留历史学作为一种科学化的社会科学的野心。这种解决方式重新与社会科学的不同潮流（应用社会学、新制度经济学、文化人类学、微观叙事）建立了新的联系。

然而，这些努力并没有产生一种新的范式，甚至没有一种连贯的方法论，这让那些热衷于将《年鉴》定义为一个同质化"学派"的人深感不安。但是，它为历史编纂的实验提供了一个创新性的空间：新的目标、新的问题、新的方法、新的叙述。例如，你提到的罗杰·夏蒂埃的文章既可以解读为《年鉴》重申社会学传统，反对过度的"语言学转向"，也可以解读为在全新的理论根基上重建文化史（这些理论基础包括路易·马兰①、米歇尔·德赛陶②、诺贝特·埃利亚斯和皮埃尔·布尔迪厄等人的理论）。

问：如果说罗杰·夏蒂埃的文章显示出他对"语言学转向"的审慎态度以及对社会学传统的重新肯定，那么在他之后，哪些法国历史学家跟随了他的倡议并且取得了进展？

答：罗杰·夏蒂埃的文章的重要影响至少可以从以下三个层面展开。首先，书籍史与阅读史成为新文化史中一项核心要素。许多历史学家开始潜心于关注文本传播与出版的历史，关注文本的物质性（matérialité），同时也注意考察它们所带来的经济与政治效果；以此反对那些唯心主义的，或者脱离物质性的观念史（l'histoire des idées désincarnée）。其中比较有代表性的有克里斯汀·儒奥③对 17 世纪法国所作的研究，或者让—伊夫·莫里耶④对 19 世纪的书籍史的研究。第二点影响表现在：夏蒂埃非常重视"占有"的概念（la notion d'appropriation），强调读者拥有一种从他们阅读的作品中创造出意义的能力。换言之，读者阅读的过程，便是把文本意义"据为己有"的过程。在这种情形下，作品的含义就变得更为开放、更为复杂。最后，对夏蒂埃来说，表象的概念（la notion de représentation）至关重要，因为它让人去思考一种方式。这是一种不同个体构建这个世界与这个社会的表象的方式，而这些表象使得个体得以自我判断定位并在其中诉诸行动。像米歇尔·佩罗的学

① 路易·马兰（Louis Marin，1931—1992 年）：法国哲学家和符号学家，专长于研究 17 世纪法国的文学与艺术，曾在加州大学圣地亚哥分校、约翰斯·霍普金斯大学、法国社会科学高等研究等多所知名高校任教，代表作《表象》。

② 米歇尔·德赛陶（Michel De Certeau，1925—1986 年）：法国史学家和心理学家，代表作《日常生活的实践》。

③ 克里斯汀·儒奥（Christian Jouhaud）：法国史学家，研究领域为 17 世纪法国社会政治与文化，尤其关注文学与权力的关系，代表作《文学的权力，悖论的历史》。

④ 让—伊夫·莫里耶（Jean-Yves Mollier）：法国出版史专家，代表作《19 世纪法国的书店行业（1798—1914）》《20 世纪法国的出版、报业与权力》。

生，多米尼克·卡里法[①]，在其研究中就借鉴发展了这种表象史。

总体而言，大部分从事文化史的历史学家对于"语言学转向"都持谨慎保留的态度。他们更愿意采用某种对社会文化实践（阅读、社交以及权力关系）赋予更多重要性的研究路径，同时也与社会学保持紧密的关联。与此类似，法国历史学家也非常关注科学史的研究成果，例如斯特凡纳·范达姆[②]就很重视这方面的研究。

问：对《年鉴》来说，在这次反思之后，在历史学理论和方法论上有什么新的发展或进步吗？我相信这是中国学者最想知道的问题，因为了解法国史学的动态，对推进我们中国自己的研究很有帮助。您能详细地谈一下吗？

答：在过去的 15 年里，《年鉴》有了很多发展（全球史和关联史学，"长时段"与短时段，历史叙述的形式，环境史，新科学史等）。下面我就聚焦于一些常见的问题。

首先，原始材料。历史学家越来越多地用批判性的目光看待他们所使用的材料。他们意识到档案有着自己的历史：档案被生产、选择、保存、流传。这种所谓的"档案转向"（archival turn）并不是为了反对语言学，从而回归一种以档案材料为基础的实证主义的历史研究概念，相反，这是尝试将档案本身放在历史研究的中心位置。与此同时，像文学文本和图像等其他材料也越来越被审慎地使用，运用起来更加谨慎，在方法论上也是如此。文学材料的运用是一个重要问题，对于《年鉴》来说，过去的十年间也

---

① 多米尼克·卡里法（Dominique Kalifa）：现为巴黎一大历史学教授，研究领域为19世纪法国犯罪史与表象史，代表作有《19 世纪的罪行与文化》《墨与血，罪行书写与美丽时代的社会》。

② 斯特凡纳·范达姆（Stéphane Van Damme）：法国史学家，研究领域为自然环境史以及全球背景下的科学与知识的启蒙运动，近期代表作《驶向真理之帆，启蒙时代哲学的另一种历史》。

有所讨论，例如，2010 年 2 月的特刊《文学的认知》(*Savoirs de la literature*)。

档案转向最明显的一个例子便是 2004 年《综合期刊》(*Revue de synthèse*) 出的第 5 期专栏，名为《制造档案，制造历史》(*Fabriques des archives, fabrique de l'histoire*)。事实上，这也是国际历史编纂学的一股趋势。最近的研究成果较为突出的有菲利普·维沃[①]发表于 2013 年《年鉴》上的文章:《国家之心，张力之域，从威尼斯看档案转向》("Coeur de l'Etat, lieu de tension, le tournant archivistique vu de Venise")。

这一趋势呼应了对档案形成过程中的历史性的更深层次的思考。档案的收集、形成，不仅涉及对此加以编撰的历史学家，同时也关涉了某种对于档案性质的政治思考，以及这种思考自身的历史。亚纳·波坦的《档案与法律的诞生》[②]，以及苏菲·克尔[③]，瓦莱丽·蒂埃斯[④]等人在档案领域的研究成果很好地展现了法国历史学家在这一方向上取得的成就。

其次，历史学家试图超越社会史和思想史的传统对立。这种僵化、枯燥的对立曾经是吕西安·费弗尔在 20 世纪 30 年代关注的主要问题，一直延续到今天。思想史学家批评"社会还原论"(social reductionism)，反过来，社会史学家轻视"观念史"(history of ideas)。但是，如果想要理解历史性变革，就必须要考虑到历史事

---

① 菲利普·维沃 (Filippo de Vivo): 现为伦敦大学历史系教授，研究领域为近代早期意大利与威尼斯共和国，代表作《威尼斯的信息与交流，反思早期现代政治》。

② 亚纳·波坦 (Yann Potin): 现为法国国家档案馆研究人员，代表作《档案与法律的诞生》。

③ 苏菲·克尔 (Sophie Coeuré): 现为巴黎七大历史系教授，研究领域为 19—20 世纪俄国在西方的形象，代表作《档案》。

④ 瓦莱丽·蒂埃斯 (Valérie Theis): 法国中世纪史研究学者，近期代表作《维奈桑伯爵领地的教宗统治》。

实的复杂的多个层面，尤其是概念与社会之间的联系。《年鉴》杂志一直致力于消除这种对立。

我最后要强调的一点是：正如我们所知的那样，历史学家不能脱离他们研究的历史，以及他们与过去的相互联系（通过他们使用的概念、他们自己个人的经历、他们自己的社会与他们所提出问题之间在政治层面上的复杂关联等等）。由于强调历史写作的客观性，这一点很容易被忽视。但是今天很多历史学家尝试将自己的立场和自己的思想工具作为历史的一部分。这并没有削弱历史知识。相反，这让历史知识更具有反思性，让历史有了更多的解释角度，因此也使得历史更加有用。

法国历史研究的国际化与全球史的发展

问：以前，中国学者总有一个印象，那就是法国学者过去对国外的研究不是很感兴趣，相关的翻译也很少。但是现在已经完全改变了。学术研究越来越国际化。一些国外学者在法国也很有影响力。罗伯特·达恩顿就是个著名的例子。您能否谈一下法国历史研究的国际化？

答：首先，在我看来，法国学者过去对国外历史著作不太关心这个说法有些夸大了。举例来说，如果你去翻阅《年鉴》过去的主题，就会发现有很多关于非法语书籍的书评。马克·布洛赫非常关注英国和德国历史学家，布罗代尔与全世界的历史学家建立并维持了一个庞大的交流网络。更近一点，意大利的微观史学（卡洛·金兹伯格、乔凡尼·列维等）很快就被法国人熟知并且出版了译著。很显然，这种情况在近些年随着法国历史研究的国际化已经发生了转变。这是一个普遍现象，是知识全球化和图书、文章、人员快速流动的结果。但是这对法国学者来说有着特殊的影响，因为法语不再是以前那样的国际语言了。法国历史学家现在面临着两难的处境：为了国外读者考虑，他们必须用英语出版，但他们还需要保留独特的思想传统和历史写作风格，比如他们需要与社会科学对话；但这种两难的困境在美国或英国就不存在。这就是为什么《年鉴》杂志为什么要做双语版（法语版和英语版）：也就是要做一份有英语版的历史研究法语杂志，而不是做一份法语版的历史研究英语杂志。

问：全球史在当前是一个热议的话题。在我们的理解中，全球史与世界史的概念完全不同，它强调跨区域、跨国家，甚至是超越单一文明的研究。全球史在中国学界比较受欢迎，例如，中国的首都师范大学在 2004 年建立了全球史研究中心并且从 2008 年开始出版了《全球史评论》。此外，学界也很积极地引进这方面的优秀著作。我们想知道，法国学界对全球史有什么反应？法国学者也会在自己的研究中引入这一新取向吗？如果有，有哪些代表著作？

答：我认为很难轻易地将全球史和世界史明显区分开来。不仅在中国对此有讨论，这个争论在法国同样也很活跃。不过在法国，它经常被掩盖在认识论困惑和政治争论之下。《年鉴》杂志在 2001 年出版了一篇与该话题相关的论文《全球视野下的历史》（"Une histoire à l'échelle globale"，《年鉴》2001 年，第 56 卷第 1 期），自此以后还有对这些问题持续的讨论，这一领域最著名的法国历史学家塞尔日·格鲁金斯基[1] 发表了多篇论文。

简而言之，我认为《年鉴》鼓励植根于地区背景下的全球史概念。因为这样既能把握准确的语境，又能避免目的论和宽泛概括

---

① 塞尔日·格鲁金斯基(Serge Gruzinski): 法国史学家，专长拉丁美洲史，近作如《世界的四部分：一部世界化的历史》。

的风险。罗曼·贝特朗① 《均分的历史，东西方相遇的故事（16—17 世纪）》（*L'Histoire à parts égales. Récits d'une rencontre Orient-Occident, XVIe–XVIIe siècle*，2011）和安东内拉·罗马诺② 最新的著作《中国印象》（*Impressions de Chine. L'Europe et l'englobement du monde,16^⑤-17^⑤ siècles*，2016）都关注了跨文化的碰撞，无论是殖民史、宗教史还是文本的考证，都是将相互关联的历史与社会文化的思考结合起来的尝试。这恰与《年鉴》的考虑不谋而合。

　　在更加政治化的层面，法国正在进行一场激烈的争论，争论的双方是传统民族史的支持者和试图用全球视角重写民族史的人，前者强调保留"民族叙事"（national narrative）的重要性，有时被称作"民族故事"（national novel）。2017 年，帕特里克·布舍龙③ 主编的文集《法国的世界史》（*l'Histoire Mondiale de la France*，2017 年）成了畅销书，同时也引发了来自保守历史学家和记者的激烈批评。

　　问：我们知道，法国的史学研究在其方法路径以及研究对象等方面，与英美国家存在着不小的差异，那么在国际史学领域都兴起全球史研究的热潮之下，法国的全球史研究是否也有其特色？您个人认为法国全球史研究目前处于一个什么样的整体状况？

　　答：首先应该区分两股不同的潮流。一方面，法国历史编纂在很大程度上受到布罗代尔的著作《文明史纲》的影响，因此，在进行研究时会以大的文明区域为单位进行。在此框架内，许多法国

---

① 罗曼·贝特朗（Romain Bertrand）：法国史学家，专长于研究欧洲在亚洲的殖民地历史，代表作除《均分的历史》之外，近作还有《殖民化，另一部历史》。

② 安东内拉·罗马诺（Antonella Romano）：法国史学家，专长于现代科学与知识传播史以及全球史，代表作还有《罗马和近代科学：从文艺复兴到启蒙时代》。

③ 帕特里克·布舍龙（Patrick Boucheron）：法国著名史学家，研究领域为中世纪及文艺复兴时期的意大利历史，罗马法国学院学术委员会主席，代表作《中世纪的公共空间》《莱奥纳多和马基雅维利》《15 世纪世界史》等。

历史学家研究欧洲地区以外的区域文明，但需要注意的是，这并不是一种真正的全球史，而只是立足于"俯瞰式视角"（un point de vue surplombant），寻找一种不同于以往的新切入点。在这些研究中，取得突出成果的可以列举以下几种：若瑟兰·达克连 ① 关于阿拉伯世界的研究，皮埃尔－弗朗索瓦·苏瑞 ② 关于日本的研究，克里斯汀·拉姆茹 ③ 关于中国的研究，尼古拉·巴雷尔 ④ 关于美国的研究，等等。值得一提的是，还有一些研究拉美历史的非常重要的法国学派也可以归类于此，例如安尼克·朗佩里埃 ⑤，奥利弗·孔帕尼奥 ⑥ 等人，以及研究非洲史的法国学者群，譬如卡特琳娜·科克里－韦德维奇 ⑦、埃马纽埃尔·希波 ⑧、卡米耶·勒费弗尔 ⑨ 等。

与此不同的是另一股潮流中的学者，他们致力于发展全球史或者关联史，他们强调传播、联系，甚至全球化史（l'histoire de la

----

① 若瑟兰·达克连（Jocelyne Dakhlia）：法国人类学家与史学家，研究法国与突尼斯历史，代表作《突尼斯：无喧嚣之城》。

② 皮埃尔 - 弗朗索瓦·苏瑞（Pierre-François Souyri）：法国研究日本史的专家，代表作《没有成为西方的现代，从起源到今天的日本》。

③ 克里斯汀·拉姆茹（Christian Lamouroux）：法国研究中国史专家，中文名蓝克利，代表作《不灌而治——山西四社五村水利文献与民俗》。

④ 尼古拉·巴雷尔（Nicolas Barreyre）：法国研究美国史专家，代表作《黄金与自由：一部美国独立战争之后的空间史》。

⑤ 安尼克·朗佩里埃（Annick Lempérière）：法国研究拉美史专家，关注 20 世纪墨西哥知识分子群体，代表作《伊比利亚美洲世界的政治和社会词典——基本的政治概念，1770—1870》。

⑥ 奥利弗·孔帕尼奥（Olivier Compagnon）：法国史学家，研究领域为 20 世纪拉美政治与文化史，代表作《20 世纪末的暴力和政治转型：欧洲与南美》。

⑦ 卡特琳娜·科克里－韦德维奇（Catherine Coquery-Vidrovitch）：法国研究非洲史专家，巴黎七大荣休教授，代表作《黑非洲：永久与断裂》《19 世纪的非洲与非洲人》。

⑧ 埃马纽埃尔·希波（Emmanuelle Sibeud）：法国史学家，研究领域殖民史与非洲史，代表作《帝国时期的殖民社会，1850—1960》。

⑨ 卡米耶·勒费弗尔（Camille Lefebvre）：法国研究非洲史专家，代表作《沙漠边境，纸张边境，领土与边境史》。

mondialisation）本身。前文提到的塞尔日·格鲁金斯基的研究脉络中可清楚呈现上述意图。在 2017 年，有两部与全球史相关的重要著作出版。一部是我之前已经提到的帕特里克·布舍龙主编的《法国的世界史》，以及西尔万·韦纳伊 [1] 和 皮埃尔·桑格拉维罗 [2] 主编的《19 世纪世界史》（ l'Histoire du monde au XIXᵉ siècle，2017），这两部作品问世之后广受关注。

关于如今法国全球史的整体研究状况，我认为，事实上，全球史在法国有相当长的历史，布罗代尔的著作便是最好证明。但近些年来，法国的全球史显得没有那么突出了。我们正在努力弥补这一缺憾，一方面是为了响应全球历史编纂的潮流，另一方面，也是为了回应公众的需求。就我个人而言，还有一个领域值得法国学者关注，那就是欧洲自己的历史，目前看来，在这个领域虽然已经有为数不少的尝试，但真正出色的成果依然还寥若晨星。

结语：非常感谢里勒蒂教授与我们分享这些观点，也衷心感谢您多次来中国与中国法国史学者进行深入广泛的交流，希望今后与您及《年鉴》杂志开展更进一步的合作。

---

[1] 西尔万·韦纳伊（Sylvain Venayre）：法国史学家，研究领域为时空表象史以及旅行文化史，代表作《19 世纪的旅行与回忆》。

[2] 皮埃尔·桑格拉维罗（Pierre Singaravélou）：法国史学家，索邦大学出版社主编，研究领域为殖民史以及全球史，入选法兰西学院，代表作《殖民帝国，19—20 世纪》。

图书在版编目（CIP）数据

当代法国史学研究新趋势 / 沈坚，乐启良主编.—
杭州：浙江大学出版社，2021.10
ISBN 978-7-308-21736-1

Ⅰ．①当⋯ Ⅱ．①沈⋯ ②乐⋯ Ⅲ．①法国－历史－
研究 Ⅳ．①K565

中国版本图书馆CIP数据核字(2021)第185307号

当代法国史学研究新趋势

沈　坚　乐启良　著

责任编辑　谢　焕
责任校对　陈　欣
封面设计　云水文化
出版发行　浙江大学出版社
　　　　　（杭州市天目山路148号　　邮政编码　310007）
　　　　　（网址：http://www.zjupress.com）
排　　版　杭州林智广告有限公司
印　　刷　浙江省邮电印刷股份有限公司
开　　本　710mm×1000mm　1/16
印　　张　28.25
字　　数　342千
版 印 次　2021年10月第1版　2021年10月第1次印刷
书　　号　ISBN 978-7-308-21736-1
定　　价　78.00元